Heidack · Betriebspsychologie/Betriebssoziologie

Moderne Wirtschaftsbücher
Herausgegeben von Prof. Dr. Eduard Mändle

Clemens Heidack

Betriebspsychologie/ Betriebssoziologie

Anwendungsorientierte Grundlagen für Studium und Praxis

GABLER

CIP-Kurztitelaufnahme der Deutschen Bibliothek

Heidack, Clemens:

Betriebspsychologie, Betriebssoziologie: Anwendungsorientierte Grundlagen für Studium u. Praxis / Clemens Heidack. – Wiesbaden: Gabler, 1983.
(Moderne Wirtschaftsbücher: 1, Betriebswirtschaftl. Grundlagen; 09)

ISBN 3-409-39720-5

NE: Moderne Wirtschaftsbücher / 01

Umschlaggestaltung: Horst Koblitz, Wiesbaden
Satz: H. E. Henniger, Wiesbaden
Druck und Buchbinderei:

Printed in Germany

ISBN 3-409-39720-5

Vorwort

Für Ursi

Fundierte Kenntnisse über menschliches und zwischenmenschliches Verhalten im Betrieb gehören immer mehr zum *Berufswissen von Führungskräften* aller Ebenen. Ihr Nutzen wird *auch qualifizierten Fachkräften* schon mit Beginn ihres Berufslebens deutlich, wenn sie z. B. mit anderen in Gruppen planen oder Probleme lösen sollen, und ihnen bewußt wird, daß der mangelnde Erfolg bei der Zusammenarbeit nicht an mangelnden Fachkenntnissen liegt.

Das hierfür notwendige Verhaltenswissen wurde bis vor wenigen Jahren nicht gelehrt und in griffiger systematischer Form von Grundlagen *dem zukünftigen Betriebswirt und Ingenieur* vermittelt. Die neuen Studienpläne für das betriebswirtschaftliche und ingenieurwissenschaftliche Studium berücksichtigen vielfach in speziellen Veranstaltungen diesen Bedarf, dem dieses Lehrbuch gerecht werden will. Es ist gleichermaßen *Studienhilfe* wie auch *Orientierungshilfe für den Praktiker.*

Über die vermittelten *Grundlagen* hinaus verweist, bei speziellem insbesondere wissenschaftlichem Interesse, eine Fülle von gezielten und problembezogenen Literaturangaben im Text auf vertiefendes Wissen und weiterführende *Probleme aktueller Fragestellungen.*

Der Anschauung und *Anwendungsorientierung* dienen über 100 Abbildungen, darunter viele Struktogramme, arbeitsmethodische und arbeitstechnische Hilfen, sowie Fallbeispiele mit Erklärungshinweisen für die besonders neuralgischen Punkte betrieblicher Verhaltenssituationen: Motivation und Förderung des Mitarbeiters; Kommunikation bei Mitarbeiteranliegen; Entstehung einer Gruppendynamik; Beteiligung an Entscheidungsprozessen und Lernen aus Fehlentscheidungen.

Betriebspsychologie und Betriebssoziologie werden thematisch zusammengefaßt, weil menschliches und zwischenmenschliches sowie sozial und organisatorisch bedingtes Verhalten im Betrieb *ein gewachsenes Ganzes* bilden und es sinnvoll ist, psychologische und soziologische Befunde und Erkenntnisse in ihrer Gesamtdynamik und in ihrem Systemzusammenhang *vornehmlich im Betrieb* zu sehen (vgl. 1. Kapitel, II).

Die Dynamik des *sozio-technischen und sozio-ökonomischen Wandels* hat zur Entwicklung eines neuen Aufgaben- und Führungsverständnisses geführt. Dieser Wandel verlangt Verhaltensänderungen, d. h. Lernprozesse und Flexibilität, die eine Organisationsentwicklung (OE) als geplanten Wandel durch mitarbeiterorientiertes und kooperatives Verhalten im Betrieb ermöglichen.

Hierzu beizutragen und schon im Studium ein *differenzierteres Problembewußtsein für Humanisierung der Arbeitswelt* und gemeinsamen Leistungserfolg durch kooperatives Verhalten im Betrieb zu schaffen, ist mein besonderes Anliegen in diesem Buch.

Clemens Heidack

Inhalt

Abbildungsverzeichnis

1. Kapitel: Verhalten im Betrieb als praktische Aufgabe und als Gegenstand wissenschaftlicher Forschung

I. Verhalten im Betrieb als wachsende Aufgabe für Führungskräfte und Spezialisten

A. Entwicklung zu einem neuen Aufgaben- und Führungsverständnis

Die Ursachen für die Entwicklung zu einem neuen Aufgaben- und Führungsverständnis, und damit verbunden zum mitarbeiterorientierten und kooperativen Verhalten im Betrieb, sind sehr vielgestaltig und komplex. Ihre *wichtigsten Erscheinungsformen* seien hier genannt:

(1) Die *Veränderung der sozialen Gesamtstruktur* läßt sich anhand eines häufig benutzten Modellvergleichs, wie er in Abb. 1 dargestellt ist, recht gut veranschau-

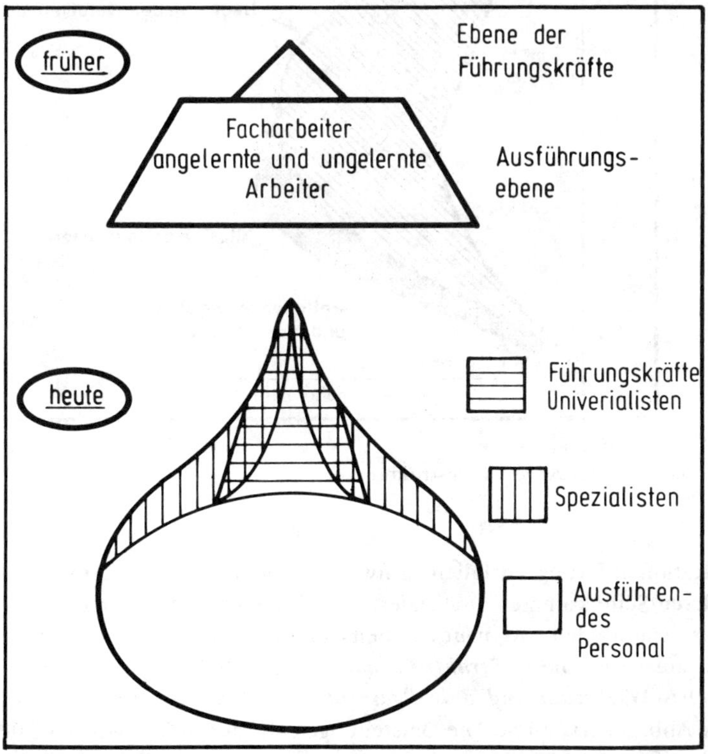

Abb. 1 Sozialer Strukturwandel

lichen (vgl. Fischer 1970, 3). *Aus der Pyramidenform* der Aufbaustruktur in der betrieblichen Organisation in der kapitalistischen Früh- und Hochindustrialisierung bis Ende der 20er Jahre ist in zunehmendem Maße ein *Zwiebelmodell* entstanden. Die Ursachen dieses Wandels, der vor allem in der Angestelltenstruktur besonders deutlich wird, zeigt Abb. 2. Dadurch, daß Routine- und Massenarbeit vor allem

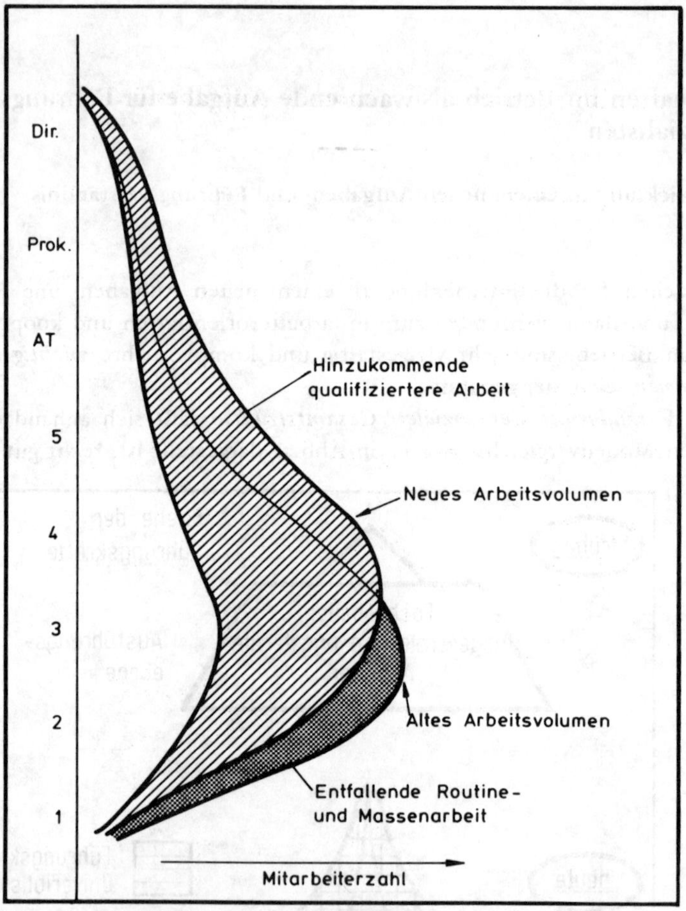

Abb. 2 Wandel in der Angestelltenstruktur

durch Rationalisierung entfallen, schwinden minder qualifizierte Tätigkeiten. Auf der anderen Seite kommen qualifiziertere Arbeiten hinzu, die in der Beschäftigungsstruktur dem Modell ein neues Arbeitsvolumen in höheren Bereichen der Tarifgruppen anlagern. Dieser *Strukturwandel* ist jedoch nur dann möglich, *wenn wirtschaftliches Wachstum und der allgemeine Bildungs- und Kenntnisstand wachsen*, was aus Abb. 3 hervorgeht. Die Darstellungen auf den verschiedenen Bildungsstufen veranschaulichen das Wachstum im oberen Bereich der Modelldarstellung.

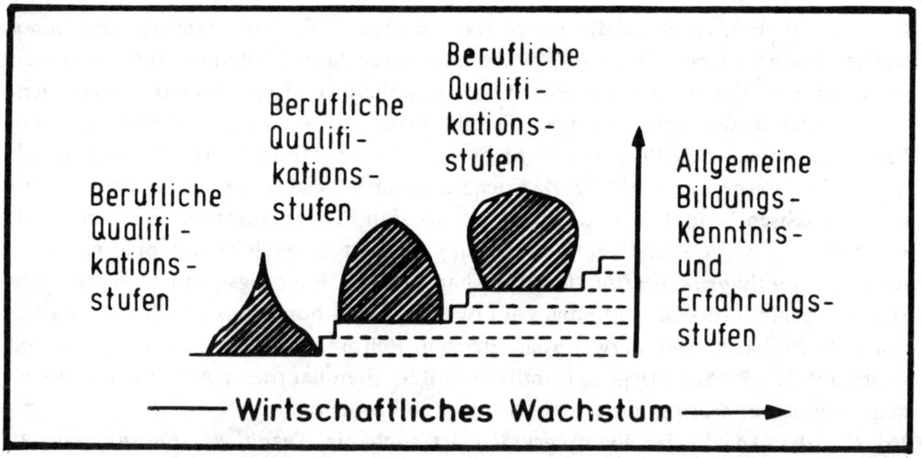

Abb. 3 Bildungsstrukturwandel in Abhängigkeit vom wirtschaftlichen Wachstum (nach Kneschaurek, St. Gallen)

> Insgesamt gesehen nimmt die *ausführende Tätigkeit* des Menschen im Betrieb ab, die *durchführende Tätigkeit* von Spezialisten aller Art wie auch die *Führungstätigkeit* nimmt zu.

(2) Mit dem starken *Ansteigen des Bildungsniveaus breiter Gesellschaftsschichten* stieg auch das Selbstbewußtsein und damit die Eigenständigkeit des Mitarbeiters im Betrieb. Aufgrund seiner Bildung ist seine Existenz heute gewissermaßen gesichert. Entsprechend verlangt er nach einer Behandlung, die seine Fähigkeiten entfalten läßt und fördert. Der Vorgesetzte kann nicht durch Einzelanweisungen oder einseitiges Befehlen führen. Dies wird heute vielfach als menschenunwürdig empfunden. *Fragen der „inneren Humanisierung“* (Sahm 1976, 11), die auf kooperative Verhaltensformen und Selbstentfaltung des Mitarbeiters abzielen, treten gegenüber *Formen der „äußeren Humanisierung“*, die vor allem mit Erleichterung der Arbeit und Rationalisierung verbunden sind, immer mehr in den Vordergrund. Mit steigendem Bildungsniveau steigt auch das *„humane Anspruchsniveau“* (Bleicher, 1969, 40). Die selbstbewußten Mitarbeiter stellen bestimmte, klar umrissene Anforderungen an ihren Arbeitsplatz und ihre Fortentwicklung. Vor allem erwarten sie einen Freiheitsbereich, in dem sie ihre Kräfte bei der Arbeit voll entfalten können. Dies schließt die Forderung nach *Freiheit von willkürlich ausgeübter Autorität des Vorgesetzten* ein. Außerdem suchen sie die Möglichkeit und Gelegenheit, sich weiter auszubilden und dort eine Anerkennung zu erlangen, wo sie in der Regel auch die meiste Leistung erbringen müssen: in ihrer Arbeitsgruppe. Der Vorgesetzte allein kann diese Bedingungen nicht erfüllen, wenn sie nicht auch in der Organisation verankert sind.

(3) Bei dem hohen Grad der noch immer steigenden *Spezialisierung* kann selbst ein hervorragender Fachmann nicht alle Probleme beherrschen. Auch er ist auf seine Kollegen angewiesen.

In noch höherem Grade ist der *Vorgesetzte in seiner Mitarbeiterführung angewiesen auf den kooperativen Beitrag von Spezialisten*, deren Ausschöpfen von Informationen vor allem über das wachsende Wissen von außerhalb, und auf das gute Zusammenwirken aller in der Arbeitsgruppe. Es gibt heute nicht wenige Arbeitszusammenhänge, in denen der Vorgesetzte mehr von seinen Mitarbeitern abhängig ist als umgekehrt. Ferner zeigt Abb. 2, daß der Rang der Spezialisten in der Betriebshierarchie gewachsen ist und bis in die hohen Ränge den Führungskräften vergleichbar ist.

(4) Neben dieser qualitativen Veränderung kommt es auch zu einem *Anwachsen der Zahl der Führungskräfte*. Dadurch hat sich die Führungs- und Organisationsstruktur verändert. Während noch vor etwa 50 Jahren höchstens 5 % der Beschäftigten in Wirtschafts- und Verwaltungsbetrieben Führungskräfte waren, ist der Anteil heute auf 15–20 % gestiegen. In mittleren Betrieben hat dieser Anteil am stärksten zugenommen und bringt dort auch die meisten Probleme.

(5) Mit der Anzahl der Führungskräfte ist auch die *Anzahl der Führungsebenen* gewachsen. Die schwierige Stellung der mittleren Führungskräfte als *Zwischenvorgesetzte* ist eine ständige Konfliktquelle. Sie verlangt von den Vorgesetzten eine gefestigte Selbständigkeit, aber gleichzeitig auch eine hohe Bereitschaft zu Kooperation. Im akuten Fall des Zwiespalts zwischen oben und unten in seiner Organisationsstellung muß sich der Vorgesetzte stets von übergeordneten Interessen leiten lassen und entsprechend das Verhalten steuern. Verunsicherungen können seinem Verhalten sehr schaden, da er dadurch nicht überzeugend wirken kann.

(6) Der *Bereich der Personalführung*, d. h. der Kreis der zu betreuenden, direkt unterstellten Mitarbeiter, *ist kleiner geworden*. Die Personen im Kontrollbereich sind qualifizierter und verlangen auch eine höhere Zuwendung aus führungspsychologischer Sicht. Personalführung ist wesentlich zur beruflichen Menschenführung geworden.

(7) Die *Führungsautorität* hat unaufhörlich ihren Herrschaftscharakter verloren und eine Art funktionalen Charakter gewonnen, in der Art, daß der Vorgesetzte Voraussetzungen schaffen muß, daß der einzelne und mit ihm die Gruppe sich leistungsmäßig voll entfalten kann. Von daher betrachtet hat Autorität ihre ursprüngliche Wortbedeutung wiedererlangt: Autorität kommt vom lateinischen Wort „augere“, d. h. fördern, vermehren. *Vorgesetzte können heute auf Dauer nur in dem Maße selbst erfolgreich sein, wie sie Mitarbeiter zu deren persönlichen Erfolg führen* und dabei in hohem Maße zur betrieblichen Leistungserstellung beitragen.

(8) Abstrakte Zweckrationalität beherrscht weitgehend die Leistungserstellung im Betrieb und damit die Arbeitsvorgänge und den Menschen. Der Mitarbeiter fühlt sich häufig dieser Macht des bloßen Zweckmäßigkeitsdenkens ausgeliefert. Gefordert werden von ihm in erster Linie Verstandes- und Willensqualitäten. *Gefühlswerte*, die sein eigentliches menschliches Bewußtsein ausmachen, bleiben zutiefst unbefriedigt. Dadurch treten *Konflikte und zwischenmenschliche Spannungen* (Konfliktfeld) auf, die den Leistungserfolg gefährden. Sie werden als Störfaktor angesehen und als solche bekämpft, sofern man nur reinem Zweckdenken huldigt. Dabei vollziehen sich jedoch die Handlungsvorgänge auf einer rationalen wie auch emotionalen Verhaltensebene. Beide müssen in gleicher Weise beachtet werden. Nur so kann der Vorgesetzte Konflikte lösen, was zunehmend eine seiner Hauptauf-

gaben wird. Im *Nichtbeachten von sozio-emotionalen Verhaltensaspekten* liegt weitgehend die Wurzel vieler Schwierigkeiten, die das Betriebsklima stören und die Verhaltenssteuerung zur kooperativen Zusammenarbeit schwierig machen.

B. Problematik der Humanisierung der Arbeitswelt

Wenn heute der Begriff „Humanisierung des Arbeitslebens" so häufig verwandt wird, daß das Konzept durch den inflatorischen Gebrauch dieses Schlagworts fast eine Leerformel zu sein scheint, so steht doch ein echtes betriebliches Anliegen der Mitarbeiter und auch der meisten Unternehmen dahinter.
Untersuchungen und Befragungen haben zum Ergebnis geführt, daß zunehmend kooperative Führung als Teilaspekt der Humanisierung des Arbeitslebens anzusehen ist (vgl. Wunderer/Grunwald, 1980, I, 3 ff). Die Bemühungen um den Menschen im Arbeitsleben haben einen langen Entwicklungsweg hinter sich, der zunächst durch die Ausbeutung der produktiven Kraft des Menschen gekennzeichnet war.
Eine vom amerikanischen Gesundheits- und Erziehungsministerium beauftragte Untersuchung zum Problem „Work in America" (1973, deutsche Fassung 1974), die eine gewisse Pionierrolle in der Diskussion über *Veränderungsstrategien im Arbeitsleben durch demokratie-orientierte und motivationsgerechte Arbeitsgestaltung* einnimmt, führte zur Feststellung von genereller Arbeitsunzufriedenheit bei Arbeitern und Angestellten bis hin in die mittleren Führungsbereiche.
Die hochgradige Arbeitsteilung mit Arbeitsmonotonie und Routine sind die Faktoren für die gesteigerte Unzufriedenheit, die von der Arbeit selbst als demotivierende Kraft ausgeht. Von den menschlichen, persönlichen Faktoren werden unter vielen anderen Gefühle der Anonymität und mangelnde Autonomie genannt, die mit dem Verlust eines einheitlichen und allgemein verbindlichen Wertsystems bei den im Betrieb Tätigen zum Identitätsverlust führen.
Folgende Charakteristika kennzeichnen die Arbeit mit dem sog. *Entfremdungssyndrom* (Blauner, 1964, 15, vgl. auch Seemann 1977):

- Sinnlosigkeit, Machtlosigkeit, Normlosigkeit, Selbstentfremdung, kulturelle Isolation, soziale Isolation.

Sie wirken sich im Betrieb in vielen Erscheinungsformen aus. Kern ist die genannte Arbeitsunzufriedenheit, die sich bei uns in „*Absentismus*": hohe Fehlzeiten, Krankheits- und Fluktuationsneigung, äußert. Die gleichen Ursachen wirken sich *in Japan* anders aus, sie zeigen sich im sog. „*Präsentismus*" (Shinoda, 1981, 455): „nie fehlend, nie zu spät, nie arbeitend".
Was die befragten Arbeitnehmer wollen, zeigt die *Rangordnung wünschenswerter Eigenschaften des Arbeitsplatzes*, die von mehreren tausend Arbeitnehmern aus 25 Merkmalen ausgewählt wurden:
(1) interessante Arbeit,
(2) genügend Unterstützung und Arbeitsmittel zum Ausführen der Arbeit,
(3) ausreichende Information am Arbeitsplatz,

(4) genügend Selbständigkeit am Arbeitsplatz,
(5) gute Bezahlung,
(6) Möglichkeit zum Aneignen von Spezialkenntnissen und -fertigkeiten,
(7) Sicherheit des Arbeitsplatzes,
(8) das Resultat der eigenen Arbeit sehen.

Die Verzahnung von betriebssoziologischen, organisatorischen und betriebspsychologischen Problemen wird aus den *Vorschlägen* deutlich, die die *amerikanische Studie* vorschlägt, die dem Entfremdungsprozeß entgegenwirken sollen. Es sollen vor allem sein (vgl. hierzu Kap. 1. I, C):

- Aufgabenerweiterung (Job-Enlargement)
- Aufgabenbereicherung (Job-Enrichment)
- Arbeitswechsel (Job-Rotation)
- selbstgesteuerte (autonome bzw. teilautonome) Arbeitsgruppen.

Gleiche Ergebnisse hatte auch eine Repräsentativerhebung des Instituts für die angewandte Sozialwissenschaft (Infas), die 1972/73 im Auftrag des Bundesministeriums für Arbeit und Sozialordnung 5782 Bundesbürger erfaßte (Benz u. a. 1973). Die Ergebnisse weisen deutlich den Weg, den eine Humanisierung des Arbeitslebens nehmen muß. Die Diskussion hierüber ist sehr breit gefächert. Es lassen sich mindestens fünf *Hauptströmungen* unterscheiden (Gaugler u. a., 1977, Scholz, 1974): Humanisierung als

(1) Strategie zur Realisierung von größerer Arbeitsautonomie gegen Tayloristische Tendenzen der Arbeit (innere Humanisierung),
(2) Strategie gegen psychische wie physische Überlastung und Verschleißerscheinungen (äußere Humanisierung),
(3) politische Mitbestimmung,
(4) Strategie zur Systemüberwindung,
(5) Strategie einer „herrschaftsfreien" Gesellschaftsordnung.

Wenn die konfliktgeladenen gesellschaftspolitischen Gedankenströmungen indirekt auch die sozialen Arbeitsbeziehungen betreffen, so sind innere und äußere Humanisierung maßgeblich für die betriebspsychologischen und betriebssoziologischen Belange.

C. Entwicklungsstufen der Humanisierung im Betrieb

1. Humanisierung als Entwicklung von Organisation und Qualifikation

Humanisierung im Bemühen um den Menschen im Betrieb verlangt die Beachtung seines Verhaltens (vgl. Abb. 4) zur Leistungserstellung (*Funktionsfeld*) und seine Qualifikation hierfür (*Lernfeld*). Sie bleibt auf die Spannungen innerhalb der Binnenstruktur im Betrieb bezogen, auch wenn diese von den außerhalb Betriebs wirksam werdenden sozialpolitischen Kräften beeinflußt ist (*Konfliktfeld*). Ihre Ausprägung spiegelt sich in der Geschichte der Theorien und Techniken der Organisation mit ihren entsprechenden Qualifikationsansätzen, die durch drei Phasen hindurchgegangen sind und als Entwicklungsstufen aufeinander aufbauend sich gegenseitig ergänzen (vgl. Brinkmann/Heidack, 1982, 97 ff.):

1. *Human Engineering*,
2. *Human Relations*,
3. *Human Integration*.

Konfliktfeld = Interaktionsfeld

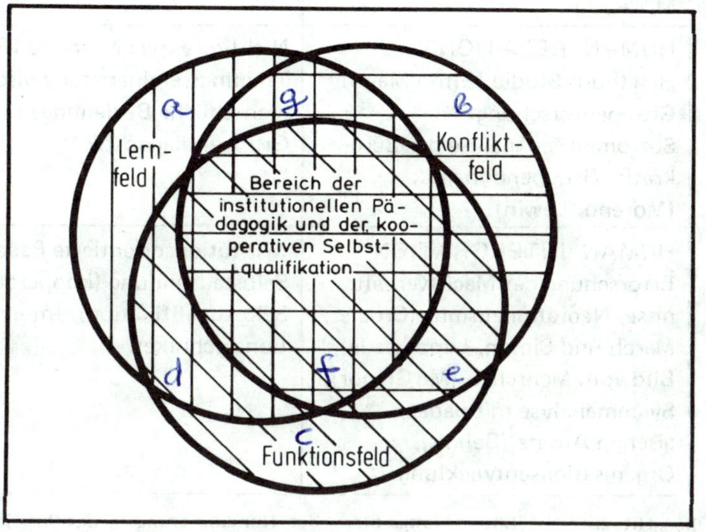

Abb. 4 Aktionsfelder der Verhaltenssteuerung mit Integration

Die Entwicklung der letzten 50 Jahre zeigt insbesondere im angloamerikanischen Raum eine Zuwendung zu Organisationstheorien und -techniken (vgl. vor allem Simon, 1981, March/Simon, 1976), die sich immer stärker von autoritativen, systemgebenden Formen lösen und nach Wegen suchen, die der menschlichen Natur besser angepaßt sind. Die Theorien und Methoden der betrieblichen Bildung weisen eine ähnliche Entwicklung auf wie die der Organisationstheorien, „deren Ergänzung und praktische Dimension sie sind" (Lappassade, 1972, 62).

Auch für McGregor ist die *Verquickung* seiner *Organisationstheorie* (vgl. 2. Kap. I, A, 1) *mit dem Bildungsgeschehen* kennzeichnend. Die Art der Gestaltung der Arbeitsumgebung ist für das konkrete Bildungsgeschehen eines jeden Mitarbeiters von zentraler Bedeutung: „Erweist sich seine Umgebung seinem Wachstum nicht als förderlich, so wird auch keine weitere Fördermaßnahme anschlagen" (McGregor, 1970, 232).

Hiermit wird der Trend zu einer Humanisierung der Organisation des Arbeitsplatzes mit seiner Auswirkung auf das Bildungsgeschehen deutlich ausgesprochen, wie er in der Organisationsentwicklung vollen Ausdruck findet, d. h. in der *Parallelentwicklung von menschlich ausgerichteter Organisationstheorie* (wo der tätige Mensch an seinem Arbeitsplatz in seinem Verhalten auch inhaltlich erfaßt wird) *und dem entsprechenden Ausbildungs- und Trainingsgeschehen* (vgl. dazu die Übersicht von Abb. 5).

	ORGANISATIONSTHEORIE	TRAININGSANSATZ
1. Stufe	HUMAN ENGINEERING Klassische Theorien der Arbeitswissenschaft (Taylor, Gilbreth) und Organisation (Fayol, M. Weber)	Arbeitsunterweisung als „Training Within Industry" (TWI)
2. Stufe	HUMAN RELATIONS Hawthorn-Studie (Elton Mayo) Gruppenforschung: Soziometrie, Analyse der Bürokratie, Gruppendynamik (Moreno, Lewin)	Nicht-direktive Methode (Rogers), Trainingsseminare für zwischenmenschliche Beziehungen und Gruppendiagnostik
3. Stufe	HUMAN INTERGRATION Erforschung der Machtverhältnisse, Neorationalismus (Crozier, March und Simon, Lappassade), Bild vom Menschen (Mc Gregor), Systemanalyse mit pädagogischen Ansatz (Bennis), Organisationsentwicklung	Institutionsorientierte Pädagogik, Selbstausbildung (kooperative Selbstqualifikation), Interventionstechniken

Abb. 5 Übersicht über die Entwicklungsstufen der Humanisierung in der Arbeitswelt (vgl. auch Lappassade 1970, S. 63)

2. *Human Engineering*

Das Human Engineering kennzeichnet den Beginn, menschliches Verhalten systematisch zu erfassen. Sein *Ziel* ist das effektive Organisieren des Leistungsverhaltens des einzelnen am Arbeitsplatz. Die *Methode* ist das Arbeitsstudium mit den Hauptgebieten: Arbeitsgestaltung, Zeitstudium, Arbeitsbewertung, Erarbeitung der Grundlage für eine leistungsgerechte Entlohnung und schließlich die Arbeitsunterweisung.

Die *Organisationstheorie* ist geprägt von den *„klassischen Theorien" der Arbeitswissenschaft von Taylor und Gilbreth und der Organisationslehre von Fayol und Weber*. In einer „Arbeitsorganisation" wird ein *mechanischer Rationalismus* vertreten. Der Mensch gewinnt nur insofern an Bedeutung, als er dazu beiträgt, eine möglichst hohe Produktion zu schaffen oder das Funktionieren der Organisation zu begünstigen.

Die *Ausbildung* oder das Training im Sinne der Taylorischen Organisationstheorie ist das sog. *„Training within Industry" (TWI)*. Zum Zwecke der Arbeitsunterweisung werden die *Arbeitsvorgänge in kleinste Arbeitsschritte* zerlegt, die durch Arbeitsstudien genau erfaßt werden und *am Arbeitsplatz* selbst *unterwiesen und gelernt* werden.

3. *Human Relations*

Die Kritik an dieser atomistischen Spezialisierung und der funktionalistisch formalen Denkart über Organisation wurde durch die Human Relations Bewegung von einem gegensätzlichen Standpunkt aus stark kritisiert. Gestützt auf die Ergebnisse der bisher größten betrieblichen *Sozialstudie in den Hawthorne Werken der Western Electric Comp.* wurden die persönlichen und sozialen Beziehungen und die gefühlsmäßigen Werte in Gegensatz zur Arbeit mit ihren zweckrationalen Bestimmungen gestellt. Man wollte Arbeitsgruppen nach Sympathiebeziehungen bilden und *in Frei- und Freizeiträumen das neu entdeckte Netz informeller Beziehungen ausnutzen, um Arbeitszufriedenheit zu erhöhen und Konflikte zu lösen*. Die junge gruppendynamische Seminarkultur konzentrierte sich mit ihren *Bildungsbemühungen außerhalb des Arbeitsplatzes*, um gefühlsmäßige Kontakte und die menschlichen Beziehungen in der Gruppe bewußt zu machen und zu trainieren. In manch naiver Auffassung von der Humanisierung der Arbeitswelt wurde viel „Sozialklimbim" geschaffen, an der eigentlichen Tayloristischen Form der Arbeitsbedingungen änderte sich meistens nichts. *Sozialkritische Stimmen* sehen hier eher Verschönung der Entfremdung durch das Arbeitsleben als einen Ansatz zur Humanisierung (Scholz/Altmann 1973, 38 ff.; Dahrendorf 1962, 43).

4. *Integrationsbewegung und Organisationsentwicklung (Human Integration)*

Aus dem *Unbehagen* an den in reiner Seminarkultur gepflegten und trainierten Gruppenbeziehungen der Gruppendynamik, die wegen der mangelnden Übertragungsfähigkeit in den Arbeitsalltag wenig effektiv war, wandte man sich der institutionalisierten Gruppe in der Organisation, der Arbeitsgruppe in ihrem Umfeld zu. Auch die Organisationstheorie wandte sich seit Mitte der 60er Jahre in breiterer Front der humanen Seite der Organisation zu. Die *Kritik* richtet sich auch an die verschiedenen Strömungen, die in der Systemtheorie zusammenlaufen: gegen die formelhafte Entleerung und der methodischen Entfremdung der Organisation am Arbeitsplatz. Auf dem berühmten Symposium an der University of California, Los Angeles (UCLA) 1962 lehnte der *Nobelpreisträger H. A. Simon* eine Unterteilung der verschiedenen Organisations- und Managementansätze ab und *bestand auf ihrer integrativen Einheit unter der Klammer der Systemtheorie, die die menschlich-soziale Seite nicht vernachlässigt.*

Es zeigt sich im Rahmen der *Organisationsentwicklung* (OE) ein *Trend zur institutionsorientierten Pädagogik der betrieblichen Weiterbildung*, wobei Bennis (1972, 26 ff.) das Anliegen der OE als „pädagogische Strategie" versteht. Die Bemühungen gehen dahin, in den institutionellen System- und Organisationsstrukturen, in denen jeder seinen Platz und sein Funktionsfeld hat, zu trainieren und die ganze Arbeitsgruppe oder ganze „Organisationsfamilien" zum Schulungsobjekt zu machen. Der organisatorisch-soziale Wandel zwingt dazu, im Funktions- und Konfliktfeld der Arbeitsgruppe zu lernen und macht weitgehend das Funktionsfeld zum Lernfeld, indem die Notwendigkeit von permanentem *Lernen als kooperative Selbstqualifikation im Arbeitsumfeld* auch verwirklicht wird (vgl. Abb. 4). Die nötige Lernmentalität entsteht nur in dazu angeleiteten Arbeitsgruppen qualifizierter Mitarbeiter. Es ist eine bedeutsame Aufgabe der Verhaltenssteuerung des Vorgesetzten, *im richtigen Augenblick ein „arbeitendes System" in ein „lernendes System" zu überführen.*

D. Anforderung an die Verhaltenssteuerung im Betrieb und Kennzeichnung der Schwierigkeiten

1. *Schwierigkeiten für den Vorgesetzten, Steuerungssignale zu erkennen*

Die Schwierigkeit, Verhalten zu steuern, liegt für den Vorgesetzten häufig darin, daß es an Verhaltenshinweisen fehlt, die es ihm ermöglichen, *Auswahl und Zeitpunkt angemessener Handlungsweisen* für sich selbst und die konkrete Situation in der Gruppe zu bestimmen.

Im technischen Bereich ist Steuerung einfach. Die Signale sind eindeutig und die Handlungsweise ist klar determiniert. Auch im Tierreich sind die Signale so eindeutig, daß es sich stets nachweisen läßt, „daß angeborenes Verhalten durch Schlüsselreize aktiviert wird". Der bekannte Verhaltensforscher Konrad Lorenz (1962) nennt diese Signalfunktion „Auslöser".

Auch im Verhalten des Menschen gibt es solche *Signale und symptomatische Verhaltensweisen*, die bestimmte Reaktionen auslösen. Sie sind aber vielgestaltiger und darüber hinaus noch amorpher. Ihre Bedeutung wird häufig nicht so ohne weiteres bewußt. Betriebsblindheit oder wenig waches oder geschultes Bewußtsein verstellen häufig Möglichkeiten, auf entsprechende Hinweise zu reagieren.

Solche komplexen Signale erfordern meist nicht Instinkt, sondern *Verständnis*, wobei die Sprache das dem Menschen ureigene und auch geeigneteste Mittel zur *Verständigung* ist, um auch Erleben und damit verbundene Gefühle mitzuteilen.

Ungewißheit der Indikationsmerkmale im menschlichen Verhalten *verunsichert* das Handeln und die Verhaltenssteuerung des einzelnen und belastet die Arbeitsatmosphäre der Gruppe. Um hier Lernfortschritte zu machen, ist für das Verständnis für das Verhalten von einzelnen und der Gruppe die direkte *Erfahrung in Konfliktsituationen* erforderlich, indem Verhaltenssignale bewußt gemacht werden. Konflikte müssen bereits in ihren Ansätzen erkannt werden. Solche Wahrnehmungen und Erfahrungen sind ein wesentliches Grundelement der Lernprozesse für jede Art von leitender Tätigkeit.

Zur *Wahrnehmung von Verhaltenssignalen* und einer entsprechenden Verhaltenssteuerung gehören:

(1) *Sensitivität*, d. h. waches Bewußtsein und Einfühlungsvermögen für die Gefühle und Einstellungen anderer, und Einschätzung des eigenen Verhaltens sowie der Wirkung desselben auf andere;

(2) *Verständnis* dessen, was in der Gruppe auf bewußter und nicht bewußter *Gefühlsebene* vorgeht;

(3) *Geschicklichkeit*, durch Verhaltenssteuerung zu bewirken, das die *Erfüllung von Aufgaben erleichtert* und nicht behindert wird;
(4) *Zielsetzung* der Verhaltenssteuerung, eine *Vielzahl von Situationen* zu schaffen, die günstige Bedingungen *für Erfolgs-, Bestätigungs- und Wesentlichkeitserlebnisse in Arbeits- und Lernprozessen* bieten.

Mängel im Erkennen von Verhaltenssignalen sind meistens ein Bewußtseinsproblem. Soweit sie nicht Betriebsblindheit sind, sind sie Verhaltensdefizite, die durch Lernen und Training ausgeglichen werden können. Sie verunsichern das Verhalten und die Verhaltenssteuerung des Vorgesetzten und belasten die Arbeitsatmosphäre der Gruppe.

2. *Schwierigkeiten, gefühlsmäßige Vorgänge und Verunsicherungen zu beachten*

Trotz besten Willens und anfänglicher Bereitschaft gerät eine Gruppe häufig in einen *Teufelskreis gegenseitiger Mißverständnisse und Fehlverhaltensweisen.* Sie äußern sich meist in aggressivem oder resignativem Verhalten und sind Zeichen von *Abwehrmechanismen* (vgl. 2. Kap. III, E, 1. f.) als Folge von Bedürfnisspannungen und sog. Motivkonflikten zwischen Appetenz (Zugeneigtheit) und Aversion (vgl. Withauer 1979). Die damit verbundenen Gefühle der Angst, Enttäuschung, Unsicherheit oder Verunsicherung, das Gefühl von Bedrohung oder übergangen worden zu sein, führen zu diesen Reaktionen (4. Kap. I. 3).
Bei aggressivem oder – bei Vorgesetzten – willkürlich autoritärem Verhalten darf nicht immer gleich auf negative Charaktereigenschaften geschlossen werden. *Cliquenbildung* läßt häufig auf Situationen mit besonderem Sicherheitsbedürfnis schließen. Wenn ein *Mitarbeiter „faul“* ist, kann es durchaus sein, daß er Angst hat, etwas Falsches zu tun. Unzureichende Information oder Unterweisung (Einweisungen neuer Mitarbeiter) können aufgrund von Unsicherheit und Fremdheit resignatives Verhalten ausgelöst haben.

3. *Schwierigkeiten, ein Vertrauensklima zu schaffen*

Gute Zusammenarbeit verlangt ein Vertrauensklima. Dies zu schaffen und zu erhalten, ist eine der wichtigsten Aufgaben der Verhaltenssteuerung im Betrieb.
Der Mitarbeiter möchte seine beruflichen Fähigkeiten einsetzen, verbessern und sie an anspruchsvollen Arbeitsplätzen unter Beweis stellen. *Ist er richtig eingesetzt, so ist dies die wichtigste Voraussetzung, daß er sich akzeptiert fühlt.* Ferner wünscht er sich einen guten Kontakt mit seinen Vorgesetzten und den Kollegen, d. h. ein Führungs- und Kooperationsklima, in dem er *sich vertraut fühlt.* Der Vorgesetzte muß wissen, daß alle Verunsicherungen und Frustrationen in der persönlichen und organisatorischen Entfaltung das Vertrauensklima stören, wenn sie nicht verarbeitet werden (vgl. 4. Kap. II, B, 2 und 3; ferner Abb. 70).

Die Ergebnisse des Gruppenforscher Gibb geben Hinweise auf Möglichkeiten, ein solches Vertrauensklima zu schaffen und zu erhalten. Seine Ausgangsthese ist: Der Mitarbeiter lernt sich zu entfalten und Vertrauen zu fassen, indem er zunehmend von anderen akzeptiert wird. Dadurch wird auch in der Gruppe ein Vertrauensklima geschaffen. Die bedeutendste Sperre gegen ein Gefühl von Angenommensein bilden Abwehrreaktionen wie Furcht und Mißtrauen, „die aus dem in den meisten Kulturen vorherrschenden defensiven Klima entstehen" (Gibb 1972, 301).

> Um persönliche Entfaltung bewußt gestalten zu können, muß der Vorgesetzte lernen, für sich selbst in den Einzel- und Gruppenbeziehungen konflikt-mildernde *Klimata zu schaffen, die Furcht und Mißtrauen ständig mildern und mindern.*

4. *Schwierigkeiten, Verhaltenssteuerung zu lernen*

Das alte sokratische Wort „*Erkenne dich selbst*" hat beim Lernen von Verhaltenssteuerung seine besondere Bewandtnis. Ohne diese Selbsterkenntnis ist keine *autonome Motivation, sein Verhalten zu bessern*, möglich. Neben dieser Selbsterkenntnis wird durch das Erkennen der Wirkung des eigenen Verhaltens auf andere dieses Verhalten bewußt gemacht. Durch diesen Feedback wird eine weitere sehr wichtige Motivationsquelle geschaffen, sein Verhalten zu steuern und entsprechend zu ändern. Die Empfindsamkeit, dies zu merken, kann dadurch gesteigert werden, daß der Vorgesetzte seine *Sensitivität* einmal bewußt trainiert, zum anderen seine Kollegen und Mitarbeiter dazu anregt, hierzu Hilfen zu geben. Das bewirkt einmal verstärktes Erkennen des Feedback, ferner daß die Mitarbeiter bewußter Feedback geben und sich nicht unnötigerweise zurückhalten.

Um *Verhaltenssteuerung zu lernen, bedarf es neben der inneren Motivation auch des äußeren Anstoßes durch Feedback*. Meistens reicht die Selbsterkenntnis und der Entschluß, sein Verhalten zu verbessern, nicht aus. Nötig ist eine zusätzlich systematische Steuerung der Lernschritte, um sein Verhalten zu ändern. Dies erfolgreich zu tun, erfordert *Lernschritte* (vgl. Abb. 64) auf der rationalen und der emotionalen Ebene und die Beachtung der entsprechenden arbeitsmethodischen, d. h. der instrumental-organisatorischen Aspekte. Stufenweise vollzieht sich dieser *Prozeß der Verhaltenssteuerung*, wobei sich rationale Orientierung stets auch in emotionale Impulse umsetzen muß. *Grundvoraussetzung* ist, daß man sich zunächst der eigenen Verhaltensproblematik bewußt ist (*Problembewußtsein*). Gleichzeitig muß man erfahren haben, daß dieses Verhalten Erfolgs- oder Mißerfolgserlebnisse mit sich gebracht hat (*Selbsterfahrung*). Diesem ersten Lernschritt folgt auf der rationalen Seite die Einsicht, warum ein solches Fehlverhalten entstanden ist. Gefühlsmäßig werden Unsicherheit und Unzulänglichkeit bewußt empfunden.

Entscheidend ist der nächste Lernschritt, daß man das Bedürfnis hat, sein Verhalten zu ändern, was auch zu einer neuen *Einstellung* in der geistigen Haltung führt und in Verhaltensmustern, die wie andere Fertigkeiten eingeübt werden, zum Ausdruck kommt.

II. Verhalten im Betrieb als Gegenstand verhaltenswissenschaftlicher Forschung

A. Differenzierung der Verhaltenswissenschaft nach ihrem Erkenntnisobjekt

Der *Betrieb* mit seinen verschiedenen Aktionsfeldern (vgl. Abb. 4) kennzeichnet den *Gegenstandsbereich* und das *Erleben, Verhalten und Handeln der Personen im Betrieb als Individuen und Gruppen*, in ihren gruppendynamischen, organisatorischen und institutionellen Beziehungen: der *Gegenstand* der Verhaltenswissenschaft von Betriebspsychologie/Betriebssoziologie. Die gesamte Verhaltensdynamik im Betrieb als Umfeld ist ein Kräftespiel. *Kräftezentrum* ist zunächst *die Einzelperson* mit ihrem Verhalten und Erleben. Hierauf konzentrieren sich als Erkenntnisobjekt die psychologischen Fragenkomplexe (vgl. die schematische Darstellung A in Abb. 6).

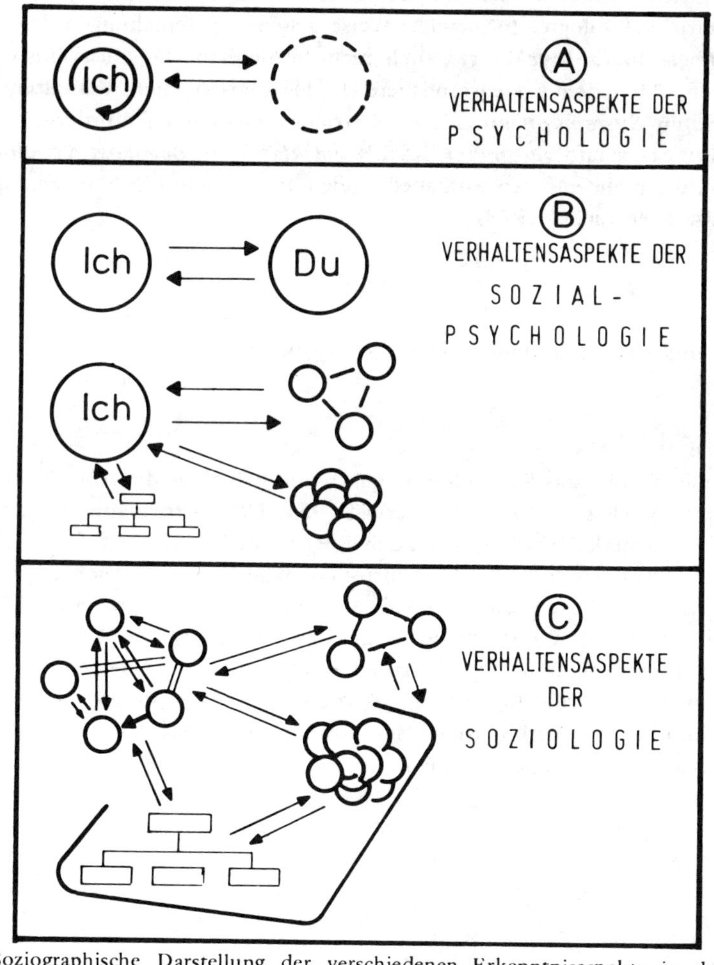

Abb. 6 Soziographische Darstellung der verschiedenen Erkenntnisaspekte in der Verhaltenswissenschaft

Das *Kräftespiel zwischen den einzelnen Personen*, sowie Einzelpersonen und Gruppe, bzw. organisatorischen Gruppengebilden, sind sozialpsychologische Erkenntnisobjekte (vgl. B in Abb. 6). Der *Wirkzusammenhang der Verhaltensdynamik zwischen Gruppen und Gruppen, bzw. Gruppengebilden*, gehört in den Themenbereich soziologischer Fragestellung (vgl. C in Abb. 6).
Nach Dahrendorf (1972a, 13) lassen sich die Forschungs- und Aufgabenbereiche der *Betriebspsychologie und Betriebssoziologie* entsprechend der obigen Darstellung wie folgt *sinnvoll abgrenzen*: „Während die Betriebssoziologie es mit den verfestigten Mustern und Strukturen erwarteten Verhaltens zu tun hat, beschäftigt sich die Betriebspsychologie mit dem tatsächlichen Verhalten der einzelnen Menschen im Betrieb. Zwischen beiden liegt indes der Bereich der betrieblichen Sozialpsychologie, d. h. der Erforschung von Regelmäßigkeiten des tatsächlichen Verhaltens, die als solche von überindividueller Bedeutung sind."
Die Verklammerung mit umfassenderen Strukturen, die den Betrieb umgeben, ist ebenfalls Erkenntnisobjekt der Soziologie. Diese Gebiete bilden nur den Rahmen für die Betriebssoziologie. In gleicher Weise gehen die Bemühungen der *Organisationssoziologie* bzw. *-psychologie*, auch nicht-betriebliche Organisationsformen zu untersuchen, über den Gegenstandsbereich des betrieblichen Verhaltens hinaus, wenngleich ihr *Systemkonzept* für die betriebspraktischen Anforderungen an die Verhaltenswissenschaft *geeigneter ist, als die klassische Betriebspsychologie bzw. -soziologie*, die mehr auf den Aufgabenbereich des Betriebspsychologen zugeschnitten war (vgl. auch Liebel 1978).

B. Einteilung nach Disziplinen und der heutige Standort

Eine Übersicht über die Psychologischen Disziplinen zeigt die *Abb. 7. In traditioneller Weise* (vgl. Hische 1950, 17; Herwig 1961, 317, Bornemann 1967, 14; ferner Moede 1937; Scherke 1948. – Vgl. auch v. Rosenstiel 1981, 28 f; ferner Herrmann 1979; Irle 1982) ist dort die Betriebspsychologie in die Wirtschaftspsychologie eingeordnet. Zum Gegenstand ihrer Einteilung bemerkt Bornemann (1967, 13): „Während Arbeits- und Berufspsychologie das Verhältnis des Menschen zu allgemeinen Sachgegebenheiten (den Leistungsanforderungen und den Bedingungen der Arbeitsumwelt) untersuchen, stellt die Betriebspsychologie den Menschen selbst in den Mittelpunkt ihrer Betrachtung. Man könnte sie fast als die „Sozialpsychologie des betrieblichen Lebens" bezeichnen."

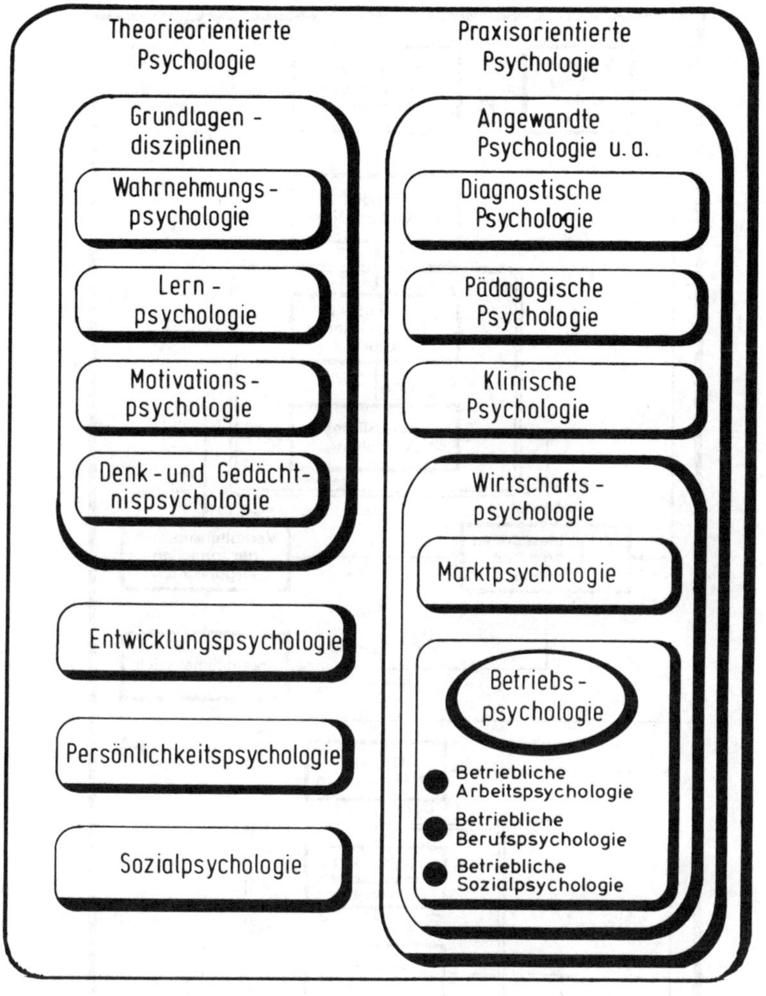

Abb. 7 Einteilung der Bereiche der Psychologie (modifiziert nach Heil 1975, 7, 176)

Betrachtet man *in aktuellen Funktionsdiagrammen* (Albach/Gabelin 1977, 87, 91) die positive und negative Determinantengebung im sozialpsychologischen (Abb. 8a) und betriebspsychologischen (Abb. 8b) Modell des Unternehmens, so ist in beiden Modellen der gleiche *Kern* (Verhalten inbezug auf Arbeit und Leistung) durch Verhaltenssteuerung verschieden wirksamer Randgrößen bestimmt. Der *psychologische Aspekt* ist wesentlich durch Wahrnehmung (Sichtbarkeit des Unternehmens) gekennzeichnet, während im *betriebssoziologischen Modell* gruppendynamische und organisationsbezogene Gesichtspunkte für die Effizienz des Unternehmens eine Rolle spielen.

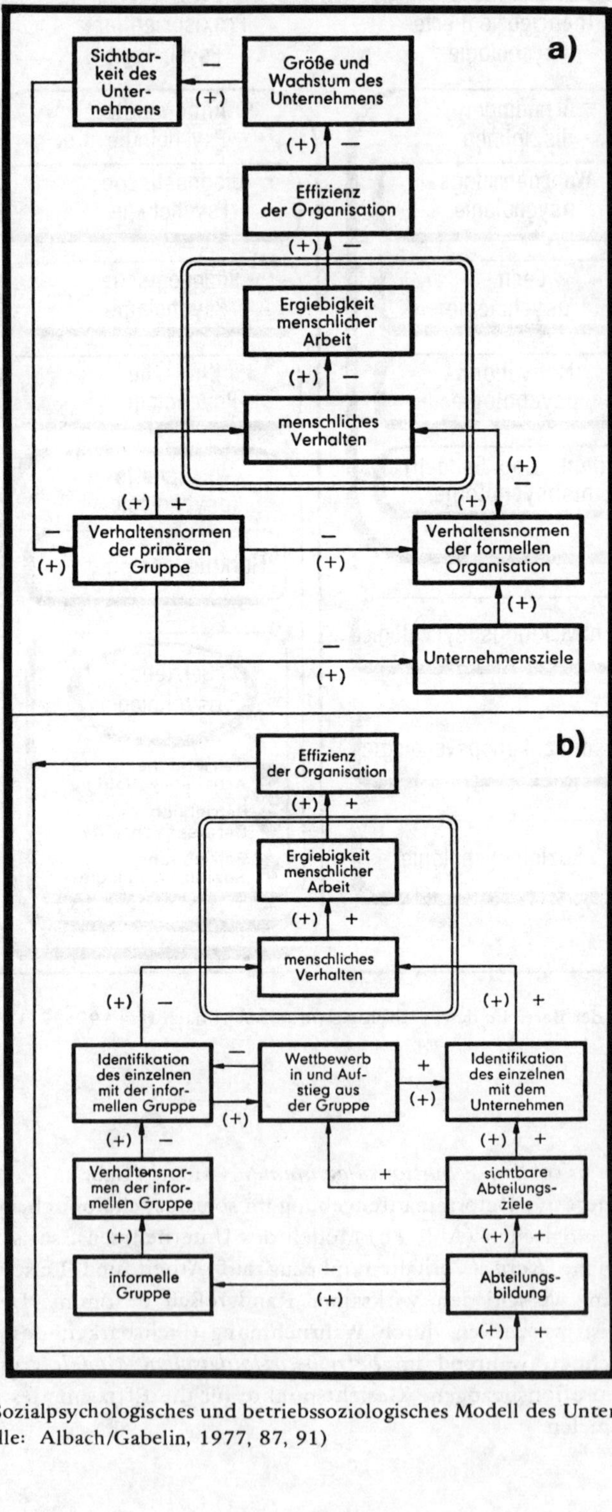

Abb. 8 Sozialpsychologisches und betriebssoziologisches Modell des Unternehmens (Quelle: Albach/Gabelin, 1977, 87, 91)

In der wirtschaftsbezogenen Verhaltenswissenschaft hat sich ein ,,heterogenes Vielerlei" an psychologischen und soziologischen Ansätzen und Konzepten herausgebildet, die die *Organisationspsychologie*, die sich ,,in den letzten zwei Jahrzehnten aus der Betriebspsychologie entwickelt" (Mayer 1978, V; vgl. auch Mayer 1961, 3; Herwig 1961, 52 ff.) hat, zu überbrücken versucht: ,,ob man ,,Organisation" mit den Soziologen als ,,soziales Gebilde" oder ,,Interaktionsstruktur", mit den Systemtheoretikern als ,,zielgerichtetes soziales Thema" oder ,,Relationssystem der konkreten Handlungen", mit den Wirtschaftswissenschaftlern als „sozio-technisches System", als „ordnende Tätigkeit" oder wie immer definiert, die für die Organisations-Psychologie spezifische ,,psychologische" Frage bleibt innerhalb aller Verschiedenheit der Konzepte immer die gleiche: *wie nämlich die jeweiligen Menschen die jeweilige Organisation erleben, wie sie sich dementsprechend in ihr verhalten, und wie folglich die jeweilige Organisation strukturiert bzw. umstrukturiert werden müßte, damit ihre Ziele mit den persönlichen Zielen ihrer Mitarbeiter einigermaßen übereinstimmen.*" (Mayer 1978, VI)
Die Organisationspsychologie befaßt sich mit dem Verhalten im Betrieb in gleicher Ausrichtung wie die Betriebspsychologie/Betriebssoziologie, jedoch selbst bei gegebenem *Praxisbezug* um einige Grade abstrakter, und setzt *Grundlagen* voraus, die *für die Anwendungsorientierung wichtig* sind. Ihr Gegenstandsbereich beschränkt sich nicht auf den Betrieb als Organisation.

C. Ansätze der Integration des menschlichen Verhaltens in Betriebsorganisationen durch die Feld- und Systemtheorie

Das Menschliche Verhalten in Betriebsorganisationen ist so komplex, daß ein elementehaftes Erfassen der Strukturen dem Synergieeffekt des Ganzen nicht gerecht wird, was Aristoteles (Politeia 1204b) bereits in dem Prinzip zusammenfaßt: ,,Das Ganze ist mehr als die Summe seiner Teile". Eine wissenschaftliche Erklärung muß in ihrem Ansatz die vielfältigen dynamischen Strukturen wie auch die Ganzheit des Systems erfassen. Allerdings erscheint der Begriff ,,Ganzheit" zu vage (Bertalanffy 1950), so daß er über die Begriffe ,,Gestalt", ,,Feld" und ,,System" weiterentwikkelt wurde.

1. Der integrative Systemansatz durch die Feldtheorie von Kurt Lewin

Angesichts des Umfeldes von Gruppen und Einzelpersonen (vgl. Abb. 68) bedient sich Lewin (1963, 1968, 1969) in Analogie zum elektrischen Feld der sozialen Feldtheorie. *Lewins besonderes Verdienst* hierbei ist der Nachweis, daß die Beziehung von Gruppe und Individuum durch bestimmte neuüberdachte Begriffe der Feldtheorie günstiger zu untersuchen ist, als mit globalen Begriffen, wie sie Psychologie und Soziologie im allgemeinen gebrauchen.

Alles, was Verhalten ausmacht: Erleben, Verhalten im engeren Sinne und Handeln, die Persönlichkeit und ihre Entwicklung, sowie die zwischenmenschlichen Prozesse, bilden in der Feldtheorie einen unauflöslichen Systemzusammenhang. Sie werden als Folge einer strukturierten und dynamischen Verhaltensgesamtheit aufgefaßt, in welche der Person eigene und aus der Umwelt auf die Person einwirkende Gegebenheiten eingehen. Die Gesamtheit dieser Bedingungen *ist das psychologische Feld oder der Lebensraum* (vgl. insbesondere Lewin, 1963, 33 ff.; Herrmann, 1975, 589 f.). Die Aufgabe der Psychologie besteht für Lewin darin, dieses psychologische Feld *als Bedingungsgrundlage des Verhaltens eines Menschen für jeden Zeitpunkt seiner Entwicklung* zu „rekonstruieren" (Lang, 1979, 51).

Der wissenschaftstheoretische Hintergrund dieser Gedankengänge ist eine *Integration der Gestalttheorie, Phänomenologie und der Verhaltensanalyse* (vgl. Thomae/Feger 1972, 142). Zur Auffassung seiner sehr differenzierten Ansätze bedient er sich der beschreibenden (*phänomenologisch-deskriptiven*) Analyse der Verhaltensphänomene. Tatbestände und Ereignisse werden dann jedoch nicht aufgrund ihrer phänotypischen Ähnlichkeit oder Verschiedenheit, sondern auf Ursachen ihrer wechselseitigen Bezogenheit hin, aus denen die Handlungsbedingungen entstehen (*konditional-genetisch*), untersucht und in die *Systembegriffe* zur Erfassung des Handlungsgeschehens einbezogen. Diese *zentralen gedanklichen Erklärungsbegriffe der Feldtheorie* sind:

- der Lebensraum und das psychologische Feld,
- die psychologische Ökologie als Umfeld des Lebensraumes,
- die psychologische Umwelt als Strukturierung innerhalb des Lebensraumes,
- die psychologische Person, gleichsam der konzentrierte „Massenpunkt", der sich durch die Lebensräume bewegt,
- das System in Spannung als Strukturierung innerhalb der psychologischen Person,
- das Verhalten, konzentriert in der berühmt gewordenen Formel: V = f (L) = *Verhalten als Funktion des Lebensraumes*, wobei der Lebensraum durch psychologische Person und psychologische Umwelt konstituiert ist:

$$\boxed{V = f(P, U).}$$

Grundlegende verhaltenswissenschaftliche Aussagen macht die Feldtheorie zu

(1) der *Umstruktur der Gruppe*, ihrem Lebensraum und dem Bewegungsraum des einzelnen. Sie umfassen Strukturierungsdaten, die zu einem bestimmten Zeitpunkt für den einzelnen oder die Gruppe von Bedeutung sind.

(2) den *Kräften der Strukturierung und Umstrukturierung*. Dabei werden dynamische Begriffe, wie Spannung, Vektor, Energie, Bedürfnis u. ä. gebraucht, die für die Funktions- und Verhaltensanalyse wichtig sind. Sie gelten für Lewin nicht als physikalische, sondern als allgemein logische Grundbegriffe aller Dynamik.

(3) *grundlegenden Prozessen, die der Konfliktlösung und Spannungsminderung eines Systems* dienen: Wahrnehmung, Fühlen, Denken, Erinnerung, Handeln. Sie gelten im Hinblick auf die Beziehung zwischen Individuum und Gruppe.

(4) *Lernen als Veränderungsprozeß der kognitiven Denkstruktur, Motivationsstruktur* (z. B. Erleben von Vorlieben bzw. Abneigung), *Gruppenstruktur* von der Kleingruppe bis hin zu kulturellen Großgebilden (Staat, Kirche, Verbände etc.).

2. *Systemtheoretische Ansätze und Systemstrukturen*

a) Entwicklung und Wesenselemente der allgemeinen Systemtheorie

Die Allgemeine interdisziplinäre Systemtheorie (vgl. u. a. Prewo u. a., 1973; Baetge, 1974, 1976, 1977; Grochla, 1978) entstand aus dem Streben nach strukturierender Ganzheitsbetrachtung aus mehreren Strömungen kurz nach Lewin (1890–1947). 1949 begründete der Biologe *Bertalanffy* (1960) die allgemeine *Systemtheorie*, indem er den Begriff Ganzheit als zu vage ansah und durch „System" ersetzte. Dies schien ihm für die inhaltliche Beschreibung von organischen Gebilden und der Erklärung ihrer Struktur und Verhaltensweise angemessener. *Wiener* (1952) begründete 1948 die *Kybernetik* als allgemeine Wissenschaft, und durch die Arbeiten von *Shannon und Weaver* (1949) entstand die *Informationstheorie*. Verdienst *Ashbys* (1956) ist es, diese Ansätze zu einem einheitlichen systemtheoretischen, kybernetischen Konzept als umfassenden *Integrationsrahmen* für vielfältige wissenschaftlich gestalterische Ansätze zusammengeführt zu haben.
Die beiden wesentlichen, gegenseitig aufeinander bezogenen Komponenten sind der *statisch-strukturale Systemaspekt* und der *dynamisch-funktionale Aspekt der Kybernetik*. Struktur und Verhalten/Funktion eines Systems lassen keine eindeutige Abgrenzung zu, sondern bedingen sich nach dem *Komplementaritätsprinzip*. Sie werden als reale Phänomene, z. B. Verhalten und Organisation im Betrieb, erfahren (*Phänomenebene*), aber auch als ideale Systeme (*Wissenschaftsebene*) z. B. durch Modelle und Simulation (vgl. u. a. Heidack, 1980, 35 ff.) zum Erfahrungsobjekt gemacht.
Wichtig ist die Unterscheidung in *offene und geschlossene Systeme*. Offene Systeme können zur Erklärung von Wachstums- und Anpassungsvorgängen, wie von zielgerichteten Verhaltensformen herangezogen werden. Es ist ihnen möglich, auch Ziele außerhalb des Systems anzusteuern, was über *Primär- und Sekundärregulationen* möglich ist. Eine Primärregulation ist dann gegeben, wenn Fähigkeiten des Systems vorhanden sind, über die vorgegebene Sollgröße hinauszugehen und strukturelle Veränderungen bei Störungen möglich sind. Sekundärregulationen bedürfen des Feedback-Prinzips und sind nur im Rahmen einer bestimmten Bandbreite von Sollgrößen möglich. Sie sind typisch für geschlossene Systeme.
Die Methoden der Systemtheorie gehen sowohl in der Erkenntnis- wie in der Gestaltungsproblematik von Modellbetrachtungen aus, wobei nach einer *Systemanalyse* sich durch *Simulation* Eigenschaften und Verhaltensweisen für die optimale Realisation und Erfahrung noch nicht existenter oder vereinfachter Systeme experimentell durchspielen lassen, z. B. Planspiele oder Fallmethode.

b) Hierarchie einer Allgemeinen Systemstruktur

Um zu einer allgemeinen Systemstruktur zu gelangen, beschreibt *Boulding* (1956) eine Hierarchie von Systemen, die sich in verschiedenen Hierarchieebenen aufbauend zunehmend komplexere Strukturen umfassen. Es kommt dabei zu Sub- und Supersystembildungen, je nach Standort. Jedes der folgenden Systeme enthält zugleich neue Ordnungsaspekte:

(1) *Statische Systeme* sind durch Klassifizierung in ihren *Bauprinzipien* beschreibbar.

(2) *Einfache dynamische Modelle* werden durch die Beschreibung in Form von *Ursache/Wirkungs-Beziehungen* klassifiziert, z. B. bei mechanischen Gesetzen, S-R-Modell.

(3) *Rückkopplungssysteme* (Thermostatenebene): S—O—R-Modell (vgl. Abb. 13).

(4) *Offene Systeme* (Ebene der Zelle) mit dem *Kriterium der Selbsterhaltung der Ordnungsstrukturen*. Hierzu zählen komplexere Motivationsmodelle sowie Lernen als Interaktion mit der Umwelt (vgl. Abb. 39, 49).

(5) *Organismische Modelle* (Pflanzenebene) mit *Arbeitsteilung* aufgrund wechselseitiger Abhängigkeit und genetisch festgelegtem Bauplan und Erb- und Umweltdispositionen.

(6) *Wahrnehmende Systeme* mit Sinnesorganen und Zentralnervensystem und ungeheuer anwachsender Informationsaufnahme. Innerhalb des Systems wird ein Abbild bzw. Modell der Umwelt erzeugt, das zu *zielgerichtetem Verhalten* führt (vgl. Abb. 15).

(7) *Systeme mit reflektorischem Bewußtsein* als Ebene des einzelnen Menschen.

(8) *Soziale Systeme* der gesellschaftlichen Organisation.

(9) Ein *transzendentes System* für die Dinge, die unser Wissen übersteigen, setzt Boulding zur Vervollständigung der Systemstruktur ein.

Überlegungen zur Systemstruktur machen deutlich, wie unangemessen vielfach die meisten in der Verhaltenswissenschaft verwendeten Modelle sind, und weisen auf notwendige Erweiterungen hin. So gewinnen wir zwar in der Vereinfachung *Einzelerkenntnisse* über Gesetzmäßigkeiten *niederer Systeme*, jedoch erweisen sich diese Gesetzmäßigkeiten häufig *für komplexere menschliche Verhaltensweisen völlig unwesentlich*, wie dies z. B. Chomsky (1970) in der Behaviorismuskritik durch seine Sprachforschung deutlich macht.

3. *Die heuristische Bedeutung von Feedback-Prozessen bei der Systemanalyse und der Deutung von Verhaltensvorgängen*

Grundlegend zur Erklärung und Gestaltung von komplexen Systemen ist eine *Systemanalyse, die als Black-Box-Methode auf der Input-Output-Methode beruht* (vgl. Abb. 13, 15, 33, 67). Sie ist dadurch gekennzeichnet, daß bestimmte Eingangs- und Ausgangsgrößen eines Systems beobachtet werden. Die Methode wird dann angewandt, wenn das Systeminnere, wie z. B. der menschliche Organismus, nicht unmittelbar zugänglich ist und deshalb nicht direkt untersucht werden kann.

Eine Systemanalyse ist auch als *Suchprozeß nach Gesetzmäßigkeiten*, die dem Verhalten von Systemen zugrunde liegen, ergiebig. Einzele Stufen werden immer wieder heuristisch *im Sinne von Versuch und Irrtum mit Feedback-Korrekturen* durchlaufen.

Feedback ist ein Grundelement des Regelkreises, der für Automatisierungsvorgänge im technischen Bereich (nach DIN 19226) seine besondere Bedeutung hat, wie wir sie vom Einstellen des Thermostaten für eine bestimmte Raumtemperatur her kennen. Das besondere Kriterium ist der *technische Feedback*, d. h. die automatische oder automatisierte Reaktion auf eine Regelabweichung vom SOLL nach einem SOLL-IST-Vergleich. Dies Prinzip der Rückkopplung ist der eigentliche kybernetische Aspekt und auch für die Verhaltenswissenschaft von besonderer heuristischer Bedeutung.

Der sozio-technische Sinnzusammenhang für die Kybernetik hat eigentlich ein griechisches Vorbild. Am Beispiel der Schiffahrt (vgl. Abb. 9; vgl. Schnelle 1966, Heidack 1981) diskutierten griechische Philosophen den kybernetischen Instanzenzug als *sozio-technisches Feedback.* Kybernetes war im alten Hellas der Lotse übergeordnet dem Steuermann.

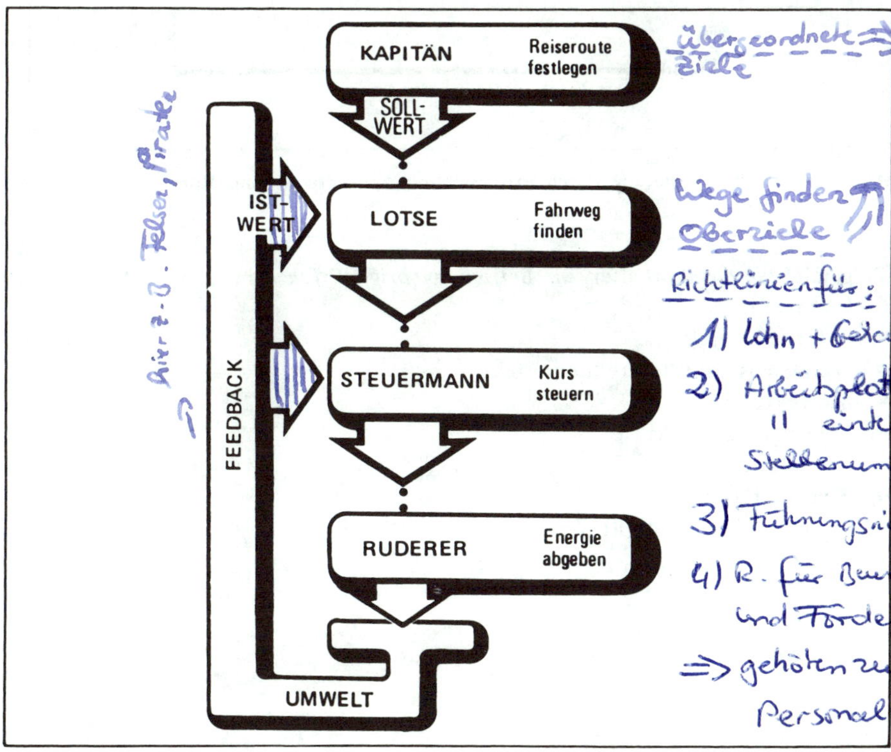

Abb. 9 Kybernetischer Instanzenzug nach Vorstellung der griechischen Antike (Quelle: Werneck/Heidack, 1975, 146)

Nicht nur für ganze sozio-technische Systeme, auch für menschliche Verhaltensprozesse hat der Regelkreis seine besondere Bedeutung. Abb. 10 zeigt *analog zum Feedback* im *Feedforward*, wie Erwartungs- und Sollwertgebungen das Festlegen von Verhaltenszielen in Verhaltensprozessen beeinflussen. Dieser *Ansatz bleibt der Kern der meisten Lern-, Motivations- und Handlungsmodelle, auf dem komplexere Sozial- und Organisationssysteme aufbauen.* „In seiner einfachsten Form bedeutet das Rückkopplungsprinzip, daß das Verhalten auf sein Ergebnis hin geprüft wird und daß der Mißerfolg dieses Ergebnisses das zukünftige Verhalten beeinflußt.“ (Wiener, 1952, 63 f.).

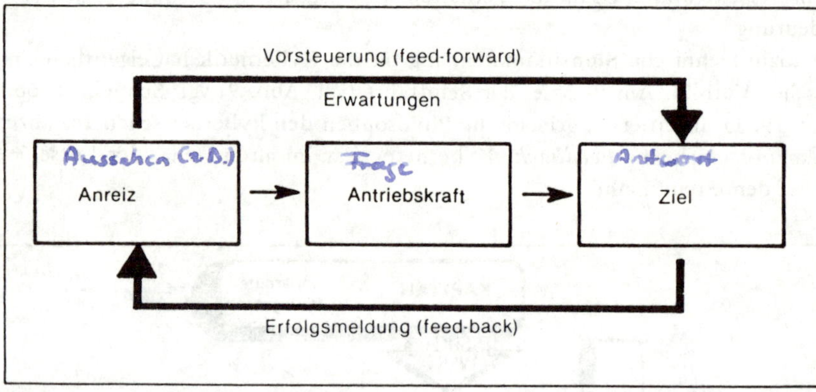

Abb. 10 Verhaltenssteuerung durch Erfolgsmeldung (Feedback) und Vorsteuerung (Feedforward)

Folgende *für das Verhalten im Betrieb wichtige Effekte* beruhen auf dem Feedback-Prinzip:

- Informationseffekt,
- Vergleichs- und Beurteilungseffekt,
- Korrektureffekt,
- Verstärkungseffekt,
- Lerneffekt,
- Sensitivitätseffekt,
- Kommunikationseffekt.

2. Kapitel: Verhalten der Einzelperson in seiner Bedeutung für den Betrieb

Betriebe, wie Organisationen generell, sind letztlich vom Handeln der Menschen bestimmt. Der einzelne Mensch bildet den wichtigsten Schlüssel zum Verständnis des Verhaltens und organisatorischen Handelns im Betrieb.

I. Persönlichkeit und Menschenbild

Es soll zunächst die mehr statische, von strukturellen Denkansichten geprägte Persönlichkeitsauffassung in den heute verbreitetsten und wichtigsten Ansätzen so aufgezeigt werden, daß man von naiven Typologievorstellungen *zu differenzierterem Problembewußtsein* hingerührt wird.

A. Die Bedeutung und Gefahr von Typologien

Die Einzelperson ist Träger menschlichen Verhaltens. Dies kann man über den theoretischen Streit, ob angeborene Eigenschaften oder Situation das Verhalten letztendlich prägen (vgl. C 2.2.4), hinweg sagen. Ihre *Ausprägung und Ausstrahlungskraft nennen wir im Alltag Persönlichkeit.*

Diese Alltagsvorstellungen versuchen sich nach typischen Ausprägungen und übergreifenden Eigenschaften zu orientieren. Schon in der klassisch hellenistischen Tradition hat der berühmte Arzt *Hypokrates* entsprechend dem Wunsch, die Vielfalt und Unterschiedlichkeit der Menschen in idealtypische Charaktere zu ordnen, ein noch heute gebräuchliches Schema aufgestellt:

- Sanguiniker (temperamentvoll, lebhafter Mensch),
- Choleriker (reiz- und streitbarer Mensch),
- Melancholiker (verträumter, schwermütiger Mensch),
- Phlegmatiker (träger, schwerfälliger Mensch).

Trotz des hohen heuristischen Alltagswertes dieses Schemas wissen wir genau, daß jeder Mensch alle genannten Verhaltensweisen in verschiedenen Situationen mehr oder weniger zeigen kann und es naiv ist, Menschen mit solchen Stereotypen abzustempeln. *Gefährlich* dabei ist, daß ein in solche Erwartungen gedrängter Mensch die von anderen erwarteten Eigenarten nach und nach annimmt.

Leider erfreuen sich neben diesem Schema gegenüber anspruchsvolleren Theorien der Persönlichkeit leicht verständliche Typologien und einfache Eigenschaftstheorien großer Beliebtheit und sind eine wesentliche Quelle von Vorurteilen. Hierzu zählen die Etikettierungen „Extrovertiert", „Introvertiert", die aus einer recht differenzierten Persönlichkeitstheorie von *C. G. Jung* (1875–1961) stammen.

Ferner gehört zu dem Grundbestand der Laienpsychologie die Typologie von *Kretschmar* (1951) und die des Amerikaners *Sheldon (1942)*, die einen direkten Zusammenhang zwischen Körperbau und Persönlichkeitsstruktur herstellen (vgl. u. a. Anastasi 1976, I, 171 ff.). Die Haupttypen Kretschmars sind:

- der *Leptosome* (schmalgebaute Typ),
- der *Pykniker* (korpulent, gedrungen gebauter Typ),
- der *Athletiker* (muskulös gebauter Typ).

Als Mischtyp von zwei der genannten Typen nennt er den dysplastischen Typ als vierte Kategorie.

Vor der Anwendung dieser „Menschenkenntnis" soll hier gewarnt werden. *Persönlichkeit kann und soll nur aus dem Verhalten des Menschen nach genauer Beobachtung beurteilt werden und nicht vordergründig nach äußerlichen Merkmalen etikettiert werden*. Dies gilt für die allgemeine Beurteilung der Menschen und Mitarbeiter im Betrieb und ihrer entsprechenden Einstufung und Förderung wie auch ganz speziell für Vorstellungen von der idealen Führungskraft und der Einstufung von Führungsverhalten. (3. Kap. II. 3).

Die *Führungsforschung* ist zunächst von persönlichkeitstheoretischen Ansätzen der Eigenschaftstheorie ausgegangen, die von den Situationstheoretikern sehr stark kritisiert wurden. Zu einer Neuorientierung kam es allerdings erst nach den Untersuchungen und Veröffentlichungen von Sammelreferaten (u. a. von Stogdill 1948, 1974; Mann 1965; Ghiselli 1965; Korman 1968), die in ihren Untersuchungen zu dem Schluß kamen, daß keine Beziehung zwischen Persönlichkeitsmerkmalen und Führertum nachweisbar ist.

Wie umstritten der Begriff Persönlichkeit ist, zeigt, daß schon 1937 Gordon W. Allport etwa 50 *unterschiedliche Persönlichkeitsdefinitionen* nachweisen konnte. Die heutige verhaltenswissenschaftliche Forschung sieht Persönlichkeit mehr im Zusammenhang der Organisation und in ihrer Ausprägung in den Verhaltenselementen und durch Verhaltensprozesse. Gründe für die Verbreitung der Eigenschaftstheorie und der Beliebtheit von Typologien in der Praxis sind darin zu suchen, daß sie einfach, praktisch, nützlich, unseren Denkgewohnheiten entsprechend und vom gesunden Menschenverstand hergesehen einleuchtend sind (vgl. hierzu Neuberger 1976a, 44 ff.).

B. Die Theorie vom Menschenbild nach McGregor

Menschen in Organisationen werden in ihrem Verhalten weniger als Persönlichkeit, sondern von daher, wie sie sich als Organisationsmitglieder verhalten, gesehen. Dem liegen bestimmte Vorstellungen und Erwartungen zugrunde, die man grundsätzlich vom Verhalten des Menschen im Betrieb und in Organisationen hat: Es ist das „*Bild vom anderen*", das auch die grundsätzliche Einstellung zum Mitarbeiter zur Zusammenarbeit prägt: das Menschenbild. So wird z. B. die Bereitschaft und die Fähigkeit des Vorgesetzten zur Motivation vom Menschenbild, das er zu seinen Mitarbeitern hat, bestimmt.

Die für die betriebliche Praxis bedeutsamste Unterscheidung hierbei sind zwei Einstellungen: *das pessimistische und das optimistische Menschenbild*, das McGregor in seinem weltberühmt gewordenen Buch „Die menschliche Seite des Unternehmens" (1970) in der *Theorie X und der Theorie Y* kennzeichnet.

In der *Theorie X* mit dem *pessimistischen Menschenbild* geht McGregor von drei Grundsätzen aus:

(1) Der Mensch hat eine angeborene Abneigung gegen Arbeit und versucht sich vor ihr „zu drücken", wo immer er kann.

(2) Wegen dieser Arbeitsunlust müssen die Menschen durch Lenkung, Führung, Zwang und Strafandrohung dazu bewegt werden, einen produktiven Beitrag zur Organisation und Erreichung der Ziele zu leisten.

(3) Der Mensch möchte lieber geführt werden, als selbständig Verantwortung zu tragen. Er hat wenig Ehrgeiz und ist vor allem auf Sicherheit aus.

Die *Theorie Y, das optimistische Menschenbild*, beruht auf folgenden drei Grundsätzen:

(1) Der Mitarbeiter ist nicht von Natur aus der Arbeit gegenüber positiv oder negativ eingestellt. Er entwickelt diese Einstellung vielmehr aufgrund seiner Erfahrung.

(2) Der Mitarbeiter ist bereit, Leistungen zu vollbringen, Fähigkeiten zu entwickeln, Verantwortung zu übernehmen und sich für gesteckte Ziele einzusetzen. In diesem Falle sind externe Kontrollen unnötig, er wird Selbstkontrolle und Eigeninitiative entwickeln. Dem Mitarbeiter müssen Hilfestellungen gegeben werden, seine Anlagen und Fähigkeiten zu erkennen und weiter zu entwickeln. In der Regel weicht der Mensch der Verantwortung nicht aus, sondern sucht sie vielmehr.

Von *Maslow* (1973, 1978) übernimmt *McGregor* die hierarchische Anordnung von menschlichen Bedürfnissen im Rahmen einer Motivationshypothese und verhilft ihr zu weiterer Verbreitung. Er selbst stellt die Behauptung auf, daß die Menschen im Unternehmen unserer heutigen Zeit nicht entsprechend der Annahme der X Theorie Befriedigung materieller Bedürfnisse, sondern im Sinne der Theorie Y die Befriedigung sozialer und ideeller Bedürfnisse anstreben.

Diese dualistische Theorie von Menschen und Handlungstypen spielt eine wesentliche Rolle für die Auswahl von Variablen sowie Ziel- und Effizienzkriterien bei der Modellbildung. Sie hat auch für die Theorie durch ihren Wertsystem bildenden Charakter einen meta-theoretischen Wert, wenngleich man hier auch die Aussagen in dieser allgemeinen und wenig differenzierten Form nicht aufrechterhalten kann, zumal Bedingungsangaben und Bedingungsanalysen fehlen.

Für die betriebliche Praxis haben die Thesen und das Wirken von McGregor weitaus größere Bedeutung, selbst wenn sie von ihrem eigentlichen Ansatz her verkürzend oberflächlich gesehen werden. Sie haben einen bedeutenden Beitrag zur Humanisierung der Arbeitswelt, insbesondere zur „inneren Humanisierung" (Sahm 1976, S. 11), geleistet.

C. Grundannahmen von Menschen in Organisationen von March/Simon

Um diese dualistische Auffassung von pessimistisch und optimistisch für das Menschenbild im Unternehmen zu überwinden, gehen March/Simon (1958 bzw. 1970) von drei unterschiedlichen Grundannahmen über menschliches Verhalten, das in Organisationen typisch ist, aus. Sie ordnen diese Hypothesen, die sie aus der Entwicklungsgeschichte von Techniken und Theorien der Organisation (vgl. hierzu Weinert, 1981, 593 ff.) gewonnen haben, spezifischen organisationstheoretischen Problemstellungen zu, die unter dieser Betrachtungsweise auch in *deutschsprachigen Organisationslehren* (vgl. u. a. Häusler 1976, Hill, Fehlbaum, Ulrich 1976) einen festen Platz gefunden haben. In der folgenden Darstellung werden die drei Grundannahmen über Menschen in Organisationen mit den organisationstheoretischen Ansätzen in Abhängigkeit von diesen Menschenbildern gegenübergestellt.

Grundannahme über den Menschen in Organisationen	Organisationstheoretische Ansätze dieser Menschenbilder
I. Organisationsmitglieder als passive Instrumente	klassische Organisationstheorie (wissenschaftliche Betriebsführung Taylor u. a.; Managementlehre)
II. Organisationsmitglieder mit eigenen Einstellungen, werden und zielen durch notwendige Motivation zur Teilnahme.	Bürokratiemodelle (Bürokratismus); Entscheidungen zur Partizipation; Konflikt in Organisationen.
III. Organisationsmitglieder als Entscheidungsträger und Problemlöser nicht nur unter rationalen Gesichtspunkten	Entscheidungsfindujg und Problemlösung; Planung und Innovation in Organisationen.

Abb. 11 Grundannahmen von Menschen in Organisationen (nach March/Simon 1976)

D. Organisatorische Konsequenzen verschiedener Menschenbilder

Eine weitere Differenzierung von Menschenbildern wird in jüngerer Zeit vor allem in den humanistischen Ansätzen der Organisationstheorie vorgeschlagen. Die Integration der Betrachtung des jeweiligen Einflusses von Motivations- und Organisationstheorien ist dabei noch intensiver geworden (vgl. u. a. Wunderer/Grunwald 1980, Bd. 1,5: 75 ff.).

Die Analysen des Zusammenhangs von Individuum und Organisation sind bisher vor allem in der angelsächsischen Literatur diskutiert worden. In die deutschsprachigen Organisationsüberlegungen ist jedoch nur die *Typologie von Menschenbildern von Schein* (1980) eingegangen. Hierin werden unterschiedliche Annahmen, nach denen die Bedürfnis- und Motivationsstruktur des Menschen bestimmt wird, auch unterschiedlichen Management- und Organisationsstrategien zugeordnet. Die Annahme vom „*Complex man*“, die zutreffende Charakterisierung des in der modernen Industriegesellschaft tätigen Menschen von heute, schließt aber situativ und personell bedingte Erscheinungsweisen der anderen Menschenbilder in ihren organisatorischen Konsequenzen, wie es die folgende Abb. 12 darstellt, nicht aus.

Menschenbild	Organisatorische Konsequenzen
1. **rational-economic man** Ist in erster Linie durch monetäre Anreize motiviert; ist passiv und wird wird von der Organisation manipuliert, motiviert und kontrolliert; sein Handeln ist rational; Annahmen der Theorie X.	Klassische Management-Funktion: Planen, Organisieren, Motivieren, Kontrollieren; Organisation und deren Effizienz stehen im Mittelpunkt; Organisation hat die Aufgabe, irrationales Verhalten zu neutralisieren und kontrollieren.
2. **social man** Ist in erster Linie durch soziale Bedürfnisse motiviert; als Folge der Sinnentleerung der Arbeit wird in sozialen Beziehungen am Arbeitsplatz Ersatzbefriedigung gesucht; wird stärker durch soziale Normen seiner Arbeitsgruppe als durch Anreize und Kontrollen des Vorgesetzten gelenkt; Annahmen der Human-Relations-Bewegung.	Aufbau und Förderung von Gruppen; spziale Anerkennung der Mitarbeiter durch Manager und Gruppe; die Bedürfnisse nach Anerkennung, Zugehörigkeitsgefühl und Identität müssen befriedigt werden; Gruppenanreizsysteme treten an die Stelle von individuellen.
3. **self-actualizing man** Menschliche Bedürfnisse lassen sich in einer Hierarchie anordnen; der Mensch strebt nach Autonomie und bevorzugt Selbst-Motivation und Selbst-Kontrolle; es gibt keinen zwangsläufigen Konflikt zwischen Selbstverwirklichung und organisatorischer Zielerreichung; Annahmen der Theorie Y.	Manager sind Unterstützer und Förderer (nicht Motivierer und Kontrolleure); Delegation von Entscheidungen; Übergang von Amts-Autorität zu Fach-Autorität; Übergang von extrinischer Motivation zu intrisischer Motivation; Mitbestimmung am Arbeitsplatz.
4. **complex man** Ist äußerst wandlungsfähig; die Dringlichkeit der Bedürfnisse unterliegt Wandel; der Mensch ist lernfähig, erwirbt neue Motive; in unterschiedlichen Systemen werden unterschiedliche Motive bedeutsam; Annahmen der Situationstheorie.	Manager sind Diagnostiker von Situationen; sie müssen Unterschiede erkennen können und eigenes Verhalten situationsgemäß variieren können; es gibt keine generell richtige Organisation.

Abb. 12 Organisatorische Konsequenzen unterschiedlicher Menschenbilder (nach Schein 1980)

Diese relativistische Einstellung zeigt die allgemeine Tendenz der jüngsten Entwicklung, deren Ansätze davon ausgehen, daß man *empirisch wissenschaftstheoretisch* von keinem generell gültigen Bild und allgemein gültigen optimalen Handlungsbestimmungen des Menschen ausgehen kann, sondern lediglich von Erscheinungsbildern in konkreten Situationen des handelnden Menschen in Organisationen. Auch *für die Praxis* heißt dies, daß man Kenntnisse von Grundelementen menschlichen Verhaltens und Verhaltensprozessen in ihrer phänomenologischen Art haben muß, um selbst Hilfen im kooperativen Arbeitsprozeß und in der Führung von Mitarbeitern zu haben.

II. Grundelemente menschlichen Verhaltens

Die Grundelemente des Verhaltens und Erlebens sind nicht direkt zu erfassen, sondern können nur aus dem Handeln erschlossen oder über die Sprache mitgeteilt werden. Es sind die Dinge, die den einzelnen Menschen „bewegen" und den Handlungsvorgang als Motivation bestimmen. Eine besondere Stellung nimmt die Problematik der Entstehung von Motiven ein, wobei für den Betrieb die Frage nach dem Leistungsmotiv im Vordergrund steht.

A. Konzept zur Einordnung der Grundelemente (S-O-R-Paradigma)

Um Grundelemente des menschlichen Verhaltens als Teilaspekt des Gesamtverhaltens zu erklären und konzeptionell einzuordnen, hat sich das *S-O-R-Paradigma* (vgl. Kapital 1, II C 2) als heuristisches Modell bewährt. Die Abb. 13 zeigt im Innern des *Black-Box-Systems*, dem Organismus, die Grundelemente des Verhaltens, die als Reaktion auf wahrgenommene Reize effektives Verhalten erleben und erkennen lassen.

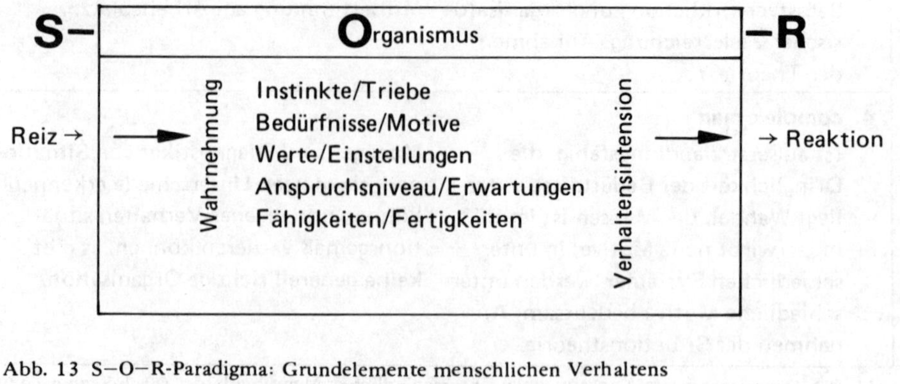

Abb. 13 S–O–R-Paradigma: Grundelemente menschlichen Verhaltens

B. Instinkte/Triebe

Die Gefühlswelt wird im Arbeits- und Berufsleben zu wenig beachtet, meist unterschätzt. Der emotionale Bereich ist nicht faßbar und berechenbar, dennoch ist er durch Spannungen und in Konflikten deutlich spürbar.
Für das Verständnis dieser Modelle wurden Schichtenmodelle aufgestellt, und die hinter dem Verhalten stehenden emotionalen Kräfte als Instinkte und Triebe bezeichnet. Die rein experimentell ausgerichteten Psychologen (Behavioristen) ab Mitte der zwanziger Jahre lehnten diese Theorien ab und versuchten alles Verhalten durch umweltbedingtes Lernen zu erklären, wodurch es zum Streit um umweltbedingte und angeborene Verhaltensdispositionen kam.

1. Schichten des Bewußtseins

Als Erklärungsmodell für die verschiedenen Erscheinungsweisen und Verhaltensformen von Bewußtsein (vgl. 2. Kap. III. B. 1) bedienen Schichtentheorien sich dann vor allem aus Theorien der Psychoanalyse und Tiefenpsychologie, die *Sigmund Freud* (1856–1939) begründete. Das Bewußtsein wird hier eingeteilt, ausgehend vom hellen, wachen Bewußtsein in Schichten, die bewußtseinsmäßig immer schwächer und dunkler werden und sich in der Tiefenperson ganz verlieren.
Die klassische Einteilung des Bewußtseins in Anlehnung an Freud ist die Einteilung in *Bewußtes* und *Unbewußtes* mit einer Übergangszone des *Unterbewußten* oder auch Vorbewußten. Während das Unbewußte der Erkenntnis und dem Erleben nicht zugänglich ist, treten durch Träume, Halluzinationen oder Hypothese Inhalte des Unterbewußten in die bewußte Sphäre. Die Psychotherapie und Psychoanalyse bedient sich dieser Mittel, um psychisch bedingtes Fehlverhalten in ihren Ursachen bewußt zu machen, damit auch Symptome richtig zu erkennen und zu beseitigen. Während es sich hierbei meist um Komplexe des emotionalen Verhaltens handelt, kann man auch *rationale und emotionale Erinnerungsmuster des Gedächtnisses als Vorbewußtes* bezeichnen (vgl. Abb. 15). Das *wache Bewußtsein* selbst ist im Grunde genommen nur die Spitze eines Eisberges.
Instinkte und Triebe zeugen von den unteren Regionen des Bewußtseins, soweit wir diese noch bemerken können.

2. Instinkte

Unter Instinkten versteht man seit *McDougall* (1908), der als Begründer der Sozialpsychologie gilt, *angeborene vorprogrammierte Fähigkeiten, die Wahrnehmungs- und Verarbeitungsprozesse im Organismus von Tieren und Menschen steuern*, wobei auf ganz bestimmte Weise in stereotype oder gleichbleibender Weise reagiert wird. Freud nennt die aus dem Unbewußten kommenden Triebe Instinkte.

Wenn man zunächst instinkhafte Verhaltensweisen als funktional für das Überleben des einzelnen Organismus bei Mensch oder Tier prinzipiell gleich angesehen hat, so möchte man heute doch diesen Begriff mehr zur Erklärung von Verhalten bei Tieren reserviert wissen, obgleich gewisse Analogien zum menschlichen Verhalten nicht geleugnet werden können (Brenner 1972).

3. *Triebe*

Auch Triebe werden als angeborene, vorprogrammierte tiefenpsychologische Erscheinungen erklärt, die Zustände psychischer Erregung oder Spannung hervorrufen. Im Gegensatz zu Instinkten können sie jedoch durch individuelle Erfahrung nachhaltig verändert werden.
Bedeutsam für die Entwicklung der Triebtheorie ist die Arbeit *Freuds* (1920). Er unterscheidet den Sexualtrieb und den Agressionstrieb, wobei für den theoretischen Ansatz wichtig ist, daß beide Triebe nicht getrennt voneinander, sondern stets in einem wechselseitigen Verhältnis zueinander gemischt auftreten.
Danach gab es viele Ansätze, die sich mit der Persönlichkeitstheorie vermischten, z. B. *Adler* mit seiner Machttheorie, *C. G. Jung* mit seiner Theorie von atavistischen, d. h. stammesgeschichtlich abhängigen Trieben. Einen Höhepunkt in jüngerer Zeit stellt die Antriebstheorie von *C. L. Hull* (1951) dar, der eine ganze Hierarchie von Reiz-Reaktions-Mechanismen aufstellte, wobei seiner These, daß die Stärke der Triebe durch Mangel und Entbehrung erhöht und durch Befriedigung verringert wird, relativ allgemeine Bedeutung zukommt.

4. *Der Streit um umweltbedingte und angeborene Verhaltensdispositionen*

Am tatsächlichen Befund in der Praxis, daß der Mensch als Erwachsener durch umweltbedingte und angeborene Verhaltensdispositionen vorprogrammiert ist und von daher in seiner Verhaltensänderung und in seinem Gesamtverhalten gesteuert wird, mag der Methodenstreit sehr theoretisch klingen, führt aber doch immer wieder zu recht ideologisierten Standpunkten. Homans (1968, S. 34) spricht in seinen Ausführungen zu den fundamentalen sozialen Prozessen deutlich aus, daß jedes menschliche Verhalten durch eine lange komplexe Vergangenheit beeinflußt ist, was für jede Sozialwissenschaft eine Menge Schwierigkeiten mit sich bringt.
Wann der Beginn der Entwicklung anzusetzen ist, darüber herrscht *zwischen den Behavioristen (vgl. Skinner 1973) und insbesondere den Vertretern der vergleichenden Verhaltensforschung Streit*. Während die Behavioristen entsprechend ihrem wissenschafts- und erkenntnistheoretischen Ansatz strikter beweisbarer Empirie nur Umweltprägung nach der Geburt gelten lassen, sprechen die Verhaltensforscher der Ethologie von *angeborenem Verhaltensinventar* (Ethogramm), das durch Erbkoordinationen (Eibl-Eibesfeldt, 1967, 28 ff.) dem angeborenen Können als „Instinkt-

bewegung" Verhalten zu steuern und zu determinieren vermag. Sie sagen, gewiß hätte auch hier letztlich die Umwelt den Menschen geformt, „allerdings im stammesgeschichtlichen Anpassungsprozeß der Artenentwicklung und nicht erst im Laufe des individuellen Heranwachsens" (Eibl.-Eibesfeldt 1973, S. 12). Nach dem derzeitigen Wissensstand ist es sicher, daß frühere Erfahrungen eines Menschen und unbewußte nicht beweisbare Prägungen es wahrscheinlich machen, daß er auch momentan ein bestimmtes Verhalten zeigen und auf bestimmte Stimuli reagieren wird.

C. Bedürfnisse, Wünsche, Interessen, Motive

Die *Beweggründe menschlichen Verhaltens*, die weitgehend lern- und umweltbedingt sind, *sind mit diesen Begriffen* gekennzeichnet. Sie sind *zielgerichtet* und *entsprechen den inneren Motivationsfaktoren*, die für die Leistungsmotivation im Betrieb von besonderer Bedeutung sind. Auch von ihnen ist zu sagen, was Freud von den Trieben sagt: Ihr Erscheinen ist komplex, sie treten gleichsam gebündelt in verschiedener Intensität der Einzelfaktoren auf, sie sind sozusagen verschiedene Teilkräfte der Spannkraft, die Motivation bewirkt (vgl. hierzu Abb. 36). In diesem Zusammenspiel kann man folgendes sagen: Bedürfnisse entstammen der Vitalkraft des Menschen, Wünsche beruhen auf Erlebnis-Situationen, während Interessen bereits in die rationale Sphäre hineinragen. Motive sind diesem gesamten Komplex aufgrund von Einstellungen, die die Zielgerichtetheit der Persönlichkeit prägen, vorgelagert.

In der Literatur wird dieser Komplex unter den Begriffen Bedürfnis oder Motive meist zusammenfassend behandelt. Eine Differenzierung scheint uns schon für eine theoretisch bessere Verhaltensdeutung wichtig zu sein.

1. Bedürfnisse und ihre Klassifikation nach Maslow

Bedürfnisse kann man als elementare und generelle Gefühle von Mangelempfindungen und Mangelerscheinungen für einen schon bestimmten und abgrenzbaren Bereich feststellen. Es gibt insgesamt gesehen nicht nur ein Bedürfnis, sondern eine Vielzahl von Bedürfnissen, von denen unter Umständen eines besonders wirksam wird. Diese Wirksamkeit hat man versucht, in Bedürfnisschemata oder Bedürfnisklassifizierungen einzuordnen. Das wohl bekannteste und auch *in der Praxis am weitesten verbreitetste Schema* ist das *Hierarchiekonzept von Bedürfnissen* oder die *Bedürfnispyramide* von A. H. Maslow (1908–1970). Diesem Konzept liegen folgende Annahmen zugrunde:

E Bedürfnisse der Selbstverwirklichung

15. **Einfluß:** Die Umwelt den eigenen Ideen entsprechend gestalten. Macht (direkt/indirekt) ausüben.
14. **Interesse:** Interessante, neugiererregende, herausfordernde Aufgaben haben.
13. **Selbst-Verwirklichung:** Die eigenen Fähigkeiten zur Geltung bringen und steigern.
12. **Kennen, Wissen, Verstehen (Selbstqualifikation):** Erforschen, erfahren, lernen, erkennen, analysieren, systematisieren, verstehen.
11. **Erzielung von Erfolgen (Achievement):** Ziele erreichen, Aufgaben erfüllen, Leistung erbringen.

D „Ich"-Bedürfnisse

10. **Selbst-Schätzung:** Vertrauen in die eigenen Fähigkeiten; ein solides und positives Selbstbild.
9. **Rang, Würde und Rolle:** Den eigenen Fähigkeiten entsprechende Rollen wahrnehmen und Rang (Status) haben.
8. **Anerkennung:** Befördert, gelobt, anerkannt, gewürdigt werden, als wichtig empfunden werden, das Interesse anderer auf sich lenken.

C „Soziale" Bedürfnisse

7. **Identifikation:** Sich hinter die Ziele einer Organisation stellen; sich einer sozialen Einheit zugehörig fühlen.
6. **Beziehungen:** Gute Beziehungen zu Mitmenschen, z. B. zu Vorgesetzten, Kollegen, Mitarbeitern, Kunden usw., zu haben.

B. Sicherheitsbedürfnisse

5. **Übersicht:** Klare Verständlichkeit des Systems, die Gesetze und der Regeln.
4. **Wirkungsfähigkeit:** Verfolgbarkeit und Brauchbarkeit der unentbehrlich wichtigen Mittel und Werkzeuge.
3. **Sicherheit:** Freiheit von der Angst vor Verlust schon errungener Vorteile oder noch offener Möglichkeiten.

A Körperliche (Physiologische) Bedürfnisse

2. **Milieu:** Befriedigendes Milieu: Licht, Temperatur, Sauberkeit usw.
1. **Grundbedürfnisse:** Genügend Essen, Trinken, Schlafen, Kleidung usw., ein zufriedenstellendes Gehalt.

Abb. 14 Aufbau der Bedürfnisse nach Maslow (Quelle: Heidack 1981, 41 f.)

(1) Die menschlichen Bedürfnisse sind nicht alle gleichrangig, sondern in einer relativ zu sehenden Dringlichkeitspyramide angeordnet.

(2) In einer bestimmten Situation beherrscht ein Bedürfnis das Gesamtverhalten des Menschen, andere Bedürfnisse dagegen werden vernachlässigt, weil sie als weniger dringlich erachtet werden.

(3) Ist ein bestimmtes Bedürfnis befriedigt, so läßt dessen Spannung nach und ein Bedürfnis höherer Ordnung nimmt seinen Platz ein.

(4) Die Pyramide besteht aus fünf Bedürfnisklassifikationen, die in Abb. 14 unter anwendungsorientierter Sicht weiter unterteilt sind. Sonst weniger bekannt ist, daß diese Pyramide nach Maslow *von zwei Grundwünschen überlagert* wird:

- Dem Wunsch nach Wissen und Verstehen (*intellektuelles Bedürfnis*),
- Dem Wunsch nach Perfektion bzw. Schönheit (*ästhetische Bedürfnisse*).

Dieses Bedürfniskonzept wurde stark kritisiert, obwohl Einigkeit besteht, daß Grundbedürfnisse vorrangig befriedigt werden müssen und die Bedürfnisse höherer Ordnung Motivation erbringen. Folgende *Kritikpunkte* sind zu beachten:

(1) Besonders umstritten ist, ob die *Bedürfnisse höherer Ordnung* in einer Rangskala, wie es Maslow tut, anzuordnen sind, und ob bereits befriedigte Bedürfnisse keine Motivation mehr bewirken. Sie werden durch andere Ansätze differenziert.

Der bedeutendste *Ansatz zur Fortentwicklung* ist die *ERG-Theorie* von Alderfer (1972),der die Bedürfnisklassifizierung Maslows in drei Klassen zusammenfaßt:

E = *existence needs*: hier sind physiologische Bedürfnisse und ein Teil der materiell bedingten Sozial- und Sicherheitsbedürfnisse zusammengefaßt.

R = *relatednees needs:* soziale Bedürfnisse und zwischenmenschliche Sicherheitsbedürfnisse sind hier zusammengefaßt.

G = *growth needs:* Gemeint sind hiermit Bedürfnisse fortkommend der Wertschätzung und der Selbstverwirklichung.

Andere Kritiker setzen an den *Begriff der Selbstverwirklichung* Maslows an und nennen ihn eine Leerformel, da es für den selbstverwirklichten Menschen keine Norm, kein Schema, keinen Vergleichsmaßstab geben soll, somit alles hineingepackt werden kann, was man als positiv betrachtet. Diese Kritik relativiert sich jedoch selbst, da sie an dem Grundtatbestand der Selbstverwirklichung im Betrieb und im Berufsleben nicht vorbei kann.

(2) Andere Kritiker nennen den gesellschaftspolitischen beschränkten Horizont, der von der Situation des amerikanischen Mittelstandes ausgeht und zu *sehr von Ideen der Human-Relations-Bewegung geleitet* ist.

(3) *Bedingungen werden nicht gegeben*, wenn ein bestimmtes Bedürfnis vorliegt.

(4) die *Bedürfnisklassifikation* ist *relativ beliebig*, da sich die einzelnen Bedürfniskategorien teilweise überlappen. Dadurch ist ihr wissenschaftlicher Wert nicht viel größer als die umfangreichen spekulativen Bedürfnis- u. Triebkataloge von McDougall, Murray oder Schaffer.

(5) Das *Bedürfniskonzept ist für Erklärung und Vorhersagen menschlichen Verhaltens* wenig geeignet. Für Forschung und Praxis scheint es sinnvoller, das Bedürfniskonzept durch das Wert- und Einstellungskonzept zu ersetzen.

(6) Die aufgestellte *Rangfolge* ist abgesehen von den physiologischen Bedürfnissen *keineswegs allgemeingültig*. Der Realität würde sie mehr entsprechen, wenn man Bedürfnisklassen so aufstellen würde, daß Bedürfnisse höherer und niederer Ordnung nebeneinander existieren und simultan wirksam werden.

(7) Viele Aussagen Maslows sind *trivial* und eine Reihe von Formulierungen *zirkelhaft* und von daher informationsleer. Sie sind eher Appelle und Spekulationen als wohlfundierte Begründungen. Diese Kritik zielt wiederum auf das Selbstverwirklichungskonzept ab.

Wenn auch die Gültigkeit der Bedürfnishierarchie aufgrund empirischer Untersuchungen nur unzureichend gestützt ist, hat sie dennoch für die Literatur *zur Humanisierung und Demokratisierung der Arbeitswelt auf die Diskussion kooperativer Führungsformen einen unübersehbaren Einfluß* gehabt (Wunderer und Grunwald 1980, I S. 180 ff.). Ihre Popularität, zu der McGregor sehr viel beigetragen hat, darf wohl nicht zuletzt darauf zurückzuführen sein, daß gerade der *Praktiker wesentliche Orientierungshilfe* bekommt, und daß dadurch die organisationspolitischen Bestrebungen einer Humanisierung der Arbeitswelt eine programmatische Sichtweise erhalten.

2. *Wünsche und Interessen*

In dem Komplex von inneren Motivationsfaktoren entspringen Wünsche situationsgegebenen Erlebnissen und Gefühlen. Ihr Inhalt soll entsprechend realisiert werden, damit richten sie sich auf *konkrete Ziele*. Wünsche können aber auch auf einer *Daseinsorientierung und Lebenshoffnung* beruhen, als solche gehören sie der Irrealität an. Wünsche wie auch Interessen sind Konkretisierung von Bedürfnissen und den ihnen vorgelagerten Motiven.

Ihre theoretische Trennung bewirkt für die Praxis eine differenziertere Bewußtseinsbildung. So kann man Wünsche, die dem *Streben nach Selbstwert* entsprechen, gegenüber einem noch diffusen Bedürfnis konkret formulieren, indem man sagt:

- der Wunsch, unabhängig zu sein,
- der Wunsch, erfolgreich zu sein,
- der Wunsch, nützlich zu sein, etc.

Solche Aufzählungen kann man in Checklisten zusammenstellen, um die eigenen Wünsche und die der Mitarbeiter zu überprüfen und sich bewußt zu machen. In gleicher Weise kann man Checklisten für Interessen zusammenstellen (Heidack 1981, 42 ff.), indem man jeweils prüft, Interesse an Weiterbildung, Interesse an Eigenverantwortlichkeit, etc.

Während die Zielrichtung der Wünsche mehr innenbürtig und auch innengesteuert ist, richten sich die Interessen doch schon wesentlich auf Objekte nach außen und reichen mehr in die zweckrationale Sphäre.

Interessen beruhen auf

- dem Streben nach wissender Teilhabe,
- bewußter Haltung zu Dingen, die als Wert erachtet werden.

3. *Motive und ihre Entstehung am Beispiel des Leistungsmotivs*

a) Begriffsvielfalt des Motivs und Verankerung in der Motivationspsychologie

Die Begrifflichkeit von „Motiv" ist in der Literatur wie in der Praxis sehr verschwommen, wenn nicht gar verworren. Drei Richtungen kann man deutlich unterscheiden:

(1) Motiv wird *begrifflich gleich wie Bedürfnis* verwandt.

(2) Formal und prozessual im Motivationsgeschehen als ein gerichtetes Mangelempfinden mit der Bereitschaft zu dessen Beseitigung, wobei *Bedürfnisse den Motiven als reines Mangelempfinden vorgelagert* sind.

(3) Als *inhaltlich bestimmte Elemente des Verhaltens (Konstrukte)*, die ihre Inhalte aus der Eigenschafts- und Persönlichkeitspsychologie oder von den situations- und milieubezogenen Lerntheoretikern beziehen.

Auf philosophisch-anthropologischer Persönlichkeitsansicht beruht das erste große, weltweit verbreitete *Schema von Eduard Spranger* (1914, eng. 1928) mit den *wirtschaftlichen, theoretischen, ästhetischen, sozialen, politischen* und *religiösen Grundmotiven*. Spranger hat schon längst vor Maslow die Rangfolge und Hierarchie von Motiven in der Reihenfolge, wie sie aufgezählt sind, diskutiert.

Der *Grund für diese Vielfalt* und verschiedenen Ansätze, Motive zu erklären, liegt nicht nur in der Vielfalt der Motive selbst, die die Zielsetzungen und die individuelle Arbeits- und Verhaltensweise unterscheiden, sondern auch darin, daß die Forschung eigene unterschiedliche Motive hat, die teils von der historischen Entwicklung, teils von dem Forschungsansatz und der Hypothesenbildung selbst ausgehen.

b) Begriffinhalt und Ausprägung des Motivs

Motive kann man nicht beobachten. Sie sind hypothetische, d. h. rein gedanklich konstruierte Erklärungen für in hohem Maße verallgemeinerte Wertdispositionen, in denen sich Zielvorstellungen und Handlungserwartungen ausdrücken. *Als Personenfaktoren* machen sie folgende Aussagen:

(1) Personen unterscheiden sich in ihren allgemeinen *Erwartungen über Erfolg und Mißerfolg* ihrer Handlungen. Somit kann jedes Motiv in zwei Teiltendenzen gegliedert werden.

(2) Personen unterscheiden sich in den verbindlichen *Normwerten*, die sie erreichen oder aufrecht erhalten wollen.

(3) Personen unterscheiden sich in ihrer Neigung, bestimmte *Ursachen von Handlungsergebnissen zu erklären*.

(4) Nur für Grundsituationen, die existentiell wichtig sind, sind Motive konzipiert worden. Sonst gäbe es unzählige darüber. *Die wichtigsten Grundsituationen*, in denen sich Motive als immer wiederkehrende Anliegen, die in der letzten Zeit besonders untersucht wurden, wiederholen, sind:
Leistung, Macht, Aggression, Sex, Hilfe, Gesellung als soziales Anschlußmotiv.

Motive sind überdauernd und kehren in den Grundsituationen ständig wieder. Motivation dagegen ist situationsabhängig und ein kurzfristiger Vorgang.

Was ein Motiv und seine Ausprägung erklären soll, ist die durch Situations- und Eigenschaftstheorie nicht zu deutende Eigentümlichkeit im menschlichen Verhalten, die folgende Frage aufwirft: Warum gibt es individuelle Unterschiede in der Wahrnehmung und Bewertung von Situationen, in denen der Handlungsverlauf und sein Ausgang bekannt sind, und wo auch die Umwelt verhaltensstabil ist?
Hierzu folgendes *Beispiel*: Zwei qualifizierten Mitarbeitern ist die *gleiche Aufgabe* gestellt worden, deren Lösung im Bereich ihrer eigenen Möglichkeiten und Fähigkeiten liegen. Sie haben einen Raum freier Entscheidung und Verhaltenssteuerung zur Lösung dieser Aufgabe. Beide lassen *unterschiedliche Verhaltensweisen erkennen, die nicht mehr durch Situationsfaktoren erklärbar sind*. Der eine ist von Erfolgszuversicht erfüllt, der andere von Mißerfolgsängstlichkeit. Diese beiden unterschiedlichen Erwartungen beruhen auf unterschiedlichen Erfahrungen, die in der bisherigen Lebensgeschichte, besonders während der Kindheit, gemacht wurden. Das Verhalten in der gleichen Situation ist entsprechend unterschiedlich. Während der eine unbelastet und zielstrebig (*Zielorientierung*) an der Lösung der Aufgabe arbeitet, ist der andere gespannt und besorgt und neigt entweder zur Perfektion oder aus Sicherheitsbedürfnis zum Mogeln, um keinen Mißerfolg erleben zu müssen. Ihn wird auch die bloße Lösung der Aufgabe am meisten befriedigen (*Aufgabenorientierung*). Der erfolgszuversichtliche und zielorientierte Mitarbeiter bewertet die möglichen Ergebnisse danach, wie sie ihn am besten zum Erfolg sozialer Anerkennung führen können.
Diese individuellen Unterschiede sind für alle Personen nicht mehr auf situative Bedingungen zurückzuführen. Sie haben ihren Ursprung in ihrer entwicklungspsychologischen Entstehung. Sie sind nicht zufällig, sondern zeigen eine auf der Lebensgeschichte beruhende Qualität und Stabilität. Sie verfestigen sich von der frühen Kindheit an zunehmend und werden so zu relativ überdauernden Systemen, die das Verhalten des einzelnen motivational steuern (vgl. Heckhausen 1974, 1980).

c) Entwicklung des Leistungsmotivs

Die Leistungsthematik ist in unserer Gesellschaft ein zentrales Anliegen (McClelland 1961, Katona 1969) und die *Grundsituation für Leistung* ist bei vielen Personen fast laufend gegeben, wodurch sie in *Streß* geraten (Selye 1977). Die leistungsthematische Grundsituation ist für Erziehungsprozesse und Verhaltenssteuerung von besonderer Wichtigkeit. Aus diesem Grunde ist das Leistungsmotiv und seine Entstehung in den letzten zwanzig Jahren untersucht worden. Ausgangspunkt ist das Erkennen des ersten Auftretens leistungsmotivierten Verhaltens und die Bedingungen; unter denen Leistung als solche beurteilt und als Motiv angenommen werden kann.

Ein *Beispiel aus dem Ausbildungsbereich* soll den Begriff von der leistungsthematischen Grundsituation her erklären und aufzeigen, unter welchen Bedingungen Handlungsergebnisse als Leistung angesehen werden.
Ein Ausbilder läßt einen Auszubildenden ein Werkstück anfertigen. Danach muß er sich vergewissern, wie diese Aufgabe gelöst wurde. Die *Beurteilung der Leistung* hängt *von mehreren Bedingungen* ab:

(1) Es muß ein *Ergebnis* erzielt worden sein, das *objektiv erfaßbar* ist. Das bearbeitete Werkstück muß der Auszubildende zumindest vorweisen können.

(2) Es muß dem Auszubildenden möglich sein, das Werkstück überhaupt anzufertigen. Die Anforderungen dürfen nicht zu schwer und auch nicht zu leicht sein. Das *Anspruchsniveau muß dem Ausbildungsstand* des Auszubildenden *entsprechen*.

(3) Das fertige Werkstück kann leistungsmäßig nur beurteilt werden, wenn man den Schwierigkeitsgrad *anhand eines Schwierigkeitsmaßstabes* feststellen kann.

(4) Dem Maßstab für den Schwierigkeitsgrad entspricht ein *Gütemaßstab*. Er ist sozusagen ein Fähigkeitsindikator für die Beurteilung.

(5) Je mehr man das gut gefertigte Werkstück der Anstrengung als einer Fähigkeit des Auszubildenden zusprechen kann, um so mehr wird das Resultat als Leistung bewertet werden können (*Anstrengungsmaßstab*).

(6) Das fertige Werkstück muß einen Urheber haben, der sich ursächlich dafür verantwortlich hält (*Kausalattribuierung*).

D. Werte/Einstellungen

Werte und Einstellungen eines jeden Menschen sind gelernt und Ergebnis der sozialen Umwelt und *prägen* selbst wesentlich *die Wahrnehmung seiner eigenen Umwelt,* die Erkenntnis und das Erleben von Handlungsalternativen und Aktionsfolgen des Menschen, sowie sein Planungs- und Entscheidungsverhalten.

1. Wertbegriff und Wertewandel

Für die Praxis nützlich ist es, zwischen individuellen Werten, Normen und Ideologien zu unterscheiden. Sie fungieren nicht nur als Bezugssysteme für Erkenntnis- und Handlungsentscheidungen, sie sind bedeutsam für die Bestimmungsgründe sozialer Systeme. Sie zeigen sich ebenso im Menschenbild des Management wie in Führungsrichtlinien und Konzeptionen der Organisationen und der Gesamtgesellschaft. Unter *Normen* verstehen wir Verhaltensregeln, die verpflichtenden Charakter haben und von bestimmten Werten abgeleitet werden können. *Ideologie* ist ein System, das durch die Interessen bestimmter sozialer Gruppen, Verbände und dergleichen in ihren Ideen, Überzeugungen oder Denkweisen geleitet wird.
Dabei ist zu beachten, daß der *Wertbegriff umfassender ist als der Normbegriff*, so kann ein bestimmter Wert Grundlage unterschiedlicher, auch sich zum Teil einander

widersprechender Normen sein, wie auch eine bestimmte Norm durchaus unterschiedliche Werte darstellen kann (vgl. Wunderer/Grunwald 1980, Bd. 2, S. 68 f.). Aufgrund dieses Sachverhalts ist es schwierig, einen einheitlichen Gesichtspunkt für die vielfältigen Führungskonzeptionen zu finden, zumal kaum ein Autor seine Wertprämissen erklärt.
Werte sind normativ und idealistisch, d. h. sie sagen etwas darüber aus, wie sich eine Person ihr ideales endgültiges Befinden vorstellt und welche Wege dorthin richtig oder falsch sind. Von daher ergibt sich eine Unterscheidung zwischen *Werte über Ziele, Werte über Mittel*. Werte über Ziele sind etwa Freiheit, Gleichheit, Zufriedenheit, Glück, etc. Gegenüber diesen teleologischen Werten sind die instrumentalen Werte Verantwortungsbewußtsein, Loyalität, Ehrlichkeit, etc., alles Werte, die die Mittelwahl kennzeichnen.
In unserem heutigen gesellschaftlichen System zeigt sich, daß sich klassische Vorstellungen und das damit verbundene Arbeitsethos des Durchschnittbürgers sowohl in der nordamerikanischen (Myers/Myers 1974) wie auch in der europäischen Gesellschaft durch gesellschaftliche Strömungen, wie die Hippiekulturen, neue kritische Studentengenerationen und auch ein *generelles „In-Fragestellen" traditioneller Werte*, stark gewandelt haben. „Immerhin scheint sich heute in der Öffentlichkeit und in vielen Organisationen – aus welchen Motiven auch immer – ein Wertwandel zugunsten partizipativer Lebens- und Führungsformen abzuzeichnen" (Wunderer/Grunwald 1980, S. 70). Dennoch stehen dem politische, ökonomische Realitäten entgegen.

2. Einstellungsbegriff und Einstellungsänderung

Der Mitarbeiter entwickelt zu den meisten Personen und Dingen seiner Umwelt Einstellungen. Sie beeinflussen sein Denken, Fühlen und Handeln, und entsprechend seinen Einstellungen ist er bereit, in ganz bestimmter Weise auf Gegenstände und Vorkommnisse seiner Umwelte zu reagieren, Verständnis zu zeigen und sich mit anderen zu verständigen. Ganz bestimmte Vorstellungen mit ihren Eindrücken, Standpunkte mit ihren Überzeugungen und entsprechende Gefühle bilden eine Kommunikationskette (vgl. Abb. 88; Heidack 1981, 106), in der die Einstellung als ein recht stabiles System von

- Gedanken und Wissen (*kognitive Komponente*),
- Emotionalem Verhalten und Gefühlen (*affektive Komponente),*
- Handels- und Verhaltensprogrammierung (*Handlungskomponente*)

bilden. Dieser *„Drei-Komponenten-Ansatz"* der Einstellung hat bis heute über Jahrzehnte hinweg die größte Popularität. Verbunden ist hiermit das *Konsistenztheorem*, da sich aufgrund wiederholter Wahrnehmung und Bewertung von Objekten und von Erfahrung beim Handeln dauerhafte und situationsübergreifende Orientierungsmuster herausbilden, die Beziehungen, die sich konkret zwischen dem einzelnen und den Personen, Objekten und Situationen vollziehen, regeln, wodurch Stabilität und Kontinuität gegeben ist (vgl. u. a. Krech/Crutchfield/Ballachey 1962, 137).

Einstellungen sind demgemäß persönlich gelernte und sozial geprägte, relativ dauerhafte Haltungen, die sich ganz konkret auf Personen, Objekte und Situationen richten. Werte sind ihnen sozusagen gedanklich vorgelagert als generelle Richtschnur von Verhalten mit umfassendem situationsübergreifendem Konzept. *Einstellungen* werden meist *synonym* mit dem Begriff *„Attitüde"* gebraucht.
Einstellungen und Einstellungsbildung im Betrieb werden meist in *Verflechtung mit Zufriedenheit* gesehen. Beide stehen in einem engen Zusammenhang: häufige Ursache von Unzufriedenheit führt zur Ausbildung einer negativen Einstellung zum Gegenstand oder der Person, die die Unzufriedenheit verursacht, und umgekehrt auch zur Zufriedenheit.

E. Anspruchsniveau und Erwartungen

Für den Standard der betrieblichen Leistungserstellung werden die Ziele maßgeblich sein, die einem allgemeinen *Gütestandard* entsprechen (vgl. 2 Kapitel II, C, 3b). Für die Selbstbewertung des einzelnen Mitarbeiters geht es um einen konkreten individuellen Gütestandard, den man als Anspruchsniveau kennzeichnet (vgl. hierzu Heckhausen 1974, 157). *Das Anspruchsniveau ist gekennzeichnet durch das Ausmaß einer angestrebten Zielorientierung*, das vom einzelnen oder der Gruppe selbst als verbindlicher Anspruch für sein eigenes Handeln erlebt wird (vgl. hierzu u. a. Heckhausen 1974, 1980; Weinert 1972; Reber 1973). Das Anspruchsniveau *dient der Selbstbewertung* des Mitarbeiters im Leistungsprozeß, und auch seiner *Selbstbestätigung*. Für diese Selbstbestätigung ist eine Selbstbekräftigung (vgl. Hartig 1975) notwendig, je nachdem wie der einzelne Mitarbeiter die Ursache seiner Leistung sieht (Kausal-Attribuierung), schreibt der einzelne seine Leistungen mehr eigenen individuellen Ursachen, seiner Fähigkeit oder seiner Anstrengung zu, oder mehr äußeren Ursachen, wie dem Zufall, der Aufgabenschwierigkeit, etc.
Bestimmt wird der einzelne in der Festlegung seines individuellen Ziel- und Anspruchsniveaus durch die Erwartung, die er von den eintretenden Umständen und ihren Folgen aufgrund seiner Handlungen hat. Erwartet er Belohnungen für erfolgreiches Handeln, so wird sein Anspruchsniveau höher sein, als wenn solche Verstärkungen fehlen oder ausbleiben. Seine *Erwartungen*, die Werte und die Wichtigkeitsstruktur seiner Bedürfnisse sind bereits von entscheidender Bedeutung, weil sie die *„Anspruchsmarke" für das Gefühl seiner Zufriedenheit* wesentlich festlegen (vgl. Weinert 1981, 296). Erfolgs- und Mißerfolgserlebnisse haben in der Beurteilung der eigenen Leistung und einer entsprechenden *Anspruchsniveauregulierung* eine mehr oder weniger große Zeitlücke (time-lag), die durch direktes Feedback z. B. in Form von Kritik und Anerkennung des Vorgesetzten überbrückt werden kann. Sind die Leistungsstandards und Normen der anderen niedriger als das eigene Anspruchsniveau, so können sie ein so *starkes Vorbild* sein, daß sie das eigene Anspruchsniveau entfremden. Echter eigener Ehrgeiz kann dann als Strebertum empfunden werden.
Das Konzept des Anspruchsniveaus ist nicht nur in die Erwartungs-Wert-Beziehungen der Motivationsmodelle von Vroom, Lawler und Atkinson eingegangen, sondern

auch auf organisatorisches Verhalten übertragen worden. Vertreter der *Koalitions- und Anreiz-Beitrags-Theorie* übertragen nicht mehr Maximalforderungen auf Organisationsziele, sondern befriedigende Verhaltenserwartungen bestimmen das Anspruchsniveau der Organisationsteilnehmer (vgl. hierzu Simon 1981; March/Simon 1976).

Die gegenseitigen Erwartungshaltungen bestimmen das Anspruchsniveau, es kommt zu einem *Interessenausgleich*, der dann erreicht wird, wenn ein Mitglied der Organisation höhere Bedürfnisbefriedigung nur auf Kosten eines anderen haben kann.

Die Erwartung, die in einem entscheidenden Maße die Höhe des Anspruchsniveaus und die Werte der individuellen Anstrengung bestimmen, kann man wie folgt klassifizieren:

(1) Es wird erwartet, daß ein bestimmtes Ergebnis als Folge eigener Handlung oder Verhaltensweise eintritt = *Handlungs-Ergebnis-Erwartung*.

(2) Es wird erwartet, daß auf bestimmte Handlungen oder Verhaltensweisen sich ganz bestimmte Konsequenzen einstellen = *Ergebnis-Folge-Erwartung*.

Diese beiden Erwartungen bestimmen mehr oder weniger bewußt die Festlegung des Anspruchsniveaus. Dabei ist die Tatsache zu berücksichtigen, daß empirische Untersuchungen (Hoppe 1965) nachweisen, daß sich das individuelle Anspruchsniveau mit fast jeder erbrachten Leistung verändern kann. Andere empirische Untersuchungen (z. B. Lawler 1977) billigen, daß Handlungsergebniserwartungen in der Persönlichkeit des einzelnen geprägt sind, während die Ergebnis-Folgeerwartungen häufig doch von außen durch organisatorische Regelungen und das Verhalten des Vorgesetzten bestimmt sind. Gerade hier zeigen Untersuchungen (vgl. McClelland 1971 und Atkinson/Raynor 1974), daß sich in der Erwartungsstruktur Erfolgsmotivierte und Mißerfolgsmotivierte aufzeigen lassen. Während *Erfolgsmotivierte* in Situationen mit kalkulierbarem Risiko persönliche Verantwortung übernehmen und einen schnellen Erfolgsfeedback erwarten, zeigen *Mißerfolgsmotivierte* ein sehr niedriges oder ein extrem hohes Anspruchsniveau (vgl. Abb. 42).

Im Lichte der Feldtheorie bezeichnet dieser *Bewegungsspielraum*, für die jeweils gegenwärtige Lage, die Gesamtheit der ihr zugänglichen physisch-psychischen sozialen Wahrnehmungsbereiche. Wichtig hierfür sind:

(1) Die *Funktionstüchtigkeit*, als das bereits realisierte offenkundige Potential, das anzeigt, welche Möglichkeiten der Mitarbeiter verwirklicht hat, und was aus dem bereits aktualisierten Bewegungsfeld zu erwarten ist.

(2) Die *Fähigkeit*, die vorhandenes aber noch nicht verwirklichtes Potential mit seinen Möglichkeiten aufzeigt, aber gleichzeitig auch eine objektive Grenze des aktualisierbaren Bewegungsfeldes darstellt.

(3) Die *Fähigkeitsvermutung*, die jene Erwartungen darstellen, die noch nicht realisiert sind, aber durch Weiterentwicklung beeinflußt werden können, den Bewegungsspielraum erweitern und das Anspruchsniveau erhöhen können.

Allerdings sind die *Umweltbedingungen*, vor allem die institutionellen Regelungen, die die Erwartungsperspektiven ausmachen, für die Beziehungen zwischen Fähigkeitsvermutung, Funktionstüchtigkeit und Fähigkeit *nicht zu überschätzen* (vgl. hierzu Irle 1975, 211).

Organisatorische Methoden, die Qualifikation auf ein bestimmtes Anspruchsniveau hin festzustellen und Erwartungshaltungen zu mobilisieren, um dann zu motivieren, liegen in der Aufgabenerfassung der einzelnen Stellen, ihrer möglichen Arbeitsstrukturierung. Dabei definiert ein *Anforderungsprofil* die Erwartungen in strukturellen Leistungsvoraussetzungen. Auf der Seite der Mitarbeiter bringt das *Eignungsprofil* die anforderungsadäquaten Eigenschaften, die bei der Leistung zu erwarten sind, zum Ausdruck. Ein *Leistungsprofil* im Rahmen der Personal-Beurteilung zeigt, inwieweit die Erwartungen erfüllt sind und dem Anspruchsniveau entsprochen werden kann. Bei höherem Erwartungspotential müssen Möglichkeiten, Erfordernis und Weiterentwicklung geprüft werden.

F. Fähigkeiten und Fertigkeiten

1. Leistungsbedingungen und Qualifikation

Zu den inneren Bedingungen von Arbeitsverhalten im Betrieb gehören nicht nur willensmäßige motivationale Verhaltenselemente, sondern gerade auch jene, die Können und Kenntnisse kennzeichnen, denen Fähigkeiten und Fertigkeiten als *zeitkonstante Leistungsbedingungen* (vgl. Hoyos 1974, 123 ff.; 1980a, 64 ff. Hacker 1981) zugrunde liegen. Die individuellen *Fähigkeiten, Fertigkeiten und Kenntnisse insgesamt* werden *im Berufsleben als Qualifikation* bezeichnet, die den Bewegungsspielraum zur Bewältigung arbeitsplatzspezifischer Tätigkeiten bestimmen. Für die Feststellung von nicht-motivationalen Bedingungen der Rollenerfüllung und Rollenbewältigung im Berufsleben gewinnt der Begriff „Qualifikation" gleichfalls zunehmend an Bedeutung und Verarbeitung. Gleichzeitig ist er durch eine Vielfalt in seiner inhaltlichen Bedeutung gekennzeichnet. Als Berufsqualifikation reichen heute Angaben über die formale Berufsausbildung eines Mitarbeiters nicht aus, wenn man seine Qualifikation situationsgerecht kennzeichnen will. Das traditionelle Schema der Berufsqualifikation wird durch die Dynamik der sozio-technischen und organisatorischen Veränderungen und Tätigkeitsstrukturen immer problematischer: nicht nur, daß erworbene Qualifikationen entwertet werden, sondern es finden auch nachweisbare *Dequalifikationsprozesse* statt, wenn gelernte Friseure oder Bäcker am Montageband arbeiten.

Erforderlich ist eine hinreichende, differenzierte *Qualifikationsanalyse*, die die fachlichen technischen und auch sozialen Komponenten des individuellen Arbeitsvermögens erfaßt (vgl. 2. Kapitel, III, B). Die meisten Verfahren zur Anforderungsanalyse, die von den Arbeitswissenschaften entwickelt wurden, zeigen eine *Überbetonung der arbeitstechnischen Eignung* und vernachlässigen soziale und kooperative Anforderungsmerkmale (vgl. Hoyos 1974, 69 f.; ferner Hacker 1981, 19).

Da diese Verfahren meistens Verhaltensprozesse betreffen, sei hier nur darauf hingewiesen, daß man auf *zwei Ebenen* ansetzen muß, um die *Qualifikation zu erfassen*:

(1) Erfassung der objektiven Qualifikationsanforderung der Arbeitssituation durch eine *tätigkeitsorientierte Analyse*.

(2) Erfassung der subjektiven Qualifikation in Beachtung der unmittelbaren und mittelbaren betrieblichen *Umfeldsituation* der jeweils betroffenen Arbeitenden.

Qualifikationsbegriff wird in der angelsächsischen Literatur oft in seine Verhaltenselemente *Fähigkeit (ability), Fertigkeit (skills)* und *Begabung (aptitude)* zerlegt.

2. Fähigkeiten

Fähigkeiten sind die gesamten inneren Möglichkeiten, die die Leistungsfähigkeit und Eignung eines Menschen kennzeichnen (vgl. Henke 1969, 304; Hoyos 1974, 125 f., Volpert 1979, Hacker 1981), eine Umwelt zu beherrschen und kompetent in allen Lebens- und Arbeitssituationen zu handeln (vgl. Staehle 1980, 190). *Begabung* ist derjenige Teil dieses Vermögens, der anlagebedingt ist, wie z. B. das Gehör und die Musikalität etc. Fähigkeiten sind in diesen anlagebedingten, anatomisch-physiologischen Gegebenheiten des Organismus begründet, z. B. in der Kanalkapazität des Hörens oder Sehens. Sie sind aber keine allein anlagebedingte psychische Größe. Sie bilden sich von Kindheit an durch Lernprozesse. In jede Aufgabe geht der einzelne Mensch stets mit einer gewissen Fähigkeitsausstattung hinein, und mit der aktiven Auseinandersetzung mit diesen gestellten Aufgaben entwickeln sich auch die Fähigkeiten fort, womit gleichzeitig die Persönlichkeit weiterhin geprägt wird (vgl. hierzu u. a. Fleishmann 1972, Hoyos 1974, Hacker 1978, 1981).

Eine praxisnahe Möglichkeit, Einteilung in ein operationalisiertes, *empirisch bewährtes Kategorienschema* bietet Mickler u. a. (1977) mit folgenden drei Hauptkategorien:

(1) sensumotorische Fähigkeiten (vgl. Volpert 1973).

(2) Kognitive Fähigkeiten, insbesondere Wahrnehmungsfähigkeiten und Problemlösungsunfähigkeiten.

(3) Kenntnisse.

Die *Kritik* an einer solchen Einteilung geht vor allem gegen diese exklusiv technologisch orientierte Festlegung vor (vgl. vor allem Fricke/Fricke 1976, 17 ff.). Sie *weist vor allem auf soziale und innovative Potentiale hin*, die als Fähigkeiten meist nicht berücksichtigt werden. Hierunter fallen vor allem Fähigkeiten der Motivation und der Führung von Mitarbeitern, die Entwicklung kooperativer und partizipativer Verhaltensweisen.

3. Fertigkeiten

Dem Begriff Fähigkeit (ability) stellt Fleishmann (1972; Fleishmann/Bartlett 1978) stets den Begriff der Fertigkeit (skills) gegenüber. So betrachtet man Schreibmaschine schreiben, Radfahren etc. als eine Fertigkeitswirkung, die wiederum auf Fähigkeiten basiert. Die *Fertigkeit gibt einen Ausbildungsgrad und einen differenzierteren Leistungsstand in enger Verbindung zum Arbeitsverhalten an*, sie ist ein Teil des Fähigkeitspotentials der durch gezielte Trainingsmaßnahmen vervollständigt und durch Lernen am Arbeitsplatz vervollkommnet werden kann (vgl. Staehle 1980, 190).

Nach Welford (1960) sind folgende drei *Punkte zum Verständnis von Fertigkeit* wichtig:

(1) Fertigkeiten vollziehen sich in einer organisierten und koordinierten Aktivität, schließen eine ganze Kette von sensorischen, zentralen und motorischen Mechanismen ein, die *Leistung* bewirken.
(2) Fertigkeiten sind erlernt und verfeinern sich in der Tätigkeit allmählich durch wiederholte *Erfahrungen*.
(3) Diese Fertigkeiten haben beim Ausüben eine ganz bestimmte *Abfolge von Aktivitäten*. Sie sind Komplexe für Richtungen. Aufnehmen einer einzelnen Information oder eine Muskelbewegung kann man nicht als Ausdruck von Fertigkeit betrachten.

Besonders wichtig ist die Analogie mit Modellen der Informationsverarbeitung im menschlichen Lernen. Von hierüber gibt es Ähnlichkeiten zu den Untersuchungen über den Fertigkeitserwerb (vgl. Welford 1968, Legge 1970, Posner 1977) und den *handlungstheoretischen Ansätzen von Hacker* (1978, 1981) und Volpert (1979). Das Verhaltenselement Fertigkeit wird hier in dem größeren prozessualen Komplex Handlung gesehen, der im Rahmen der Arbeitsanalyse näher betrachtet wird.

Im Betrieb zeigen die Verhaltenselemente Fähigkeit und Fertigkeit über die Zeit hin eine verhältnismäßig große Stabilität. Sie sind für die Erklärung des Qualifikationsbegriffs (Aus- und Weiterbildung) unentbehrlich, müssen jedoch gegen die Überbetonung arbeitstechnischer Merkmale durch Aufnahme von sozialen und kooperativen Forderungen in die Betrachtung der Arbeitsleistung besser fundiert werden.

III. Psychologische Verhaltensprozesse

In der Dynamik von Verhalten und Erleben sind die besprochenen Verhaltenselemente einerseits Grundbestand, zum anderen bilden sie sich selbst heraus und werden durch Veränderungs- und Stabilisierungsvorgänge geformt. Die Dynamik insgesamt läßt zentrale Verhaltensprozesse erkennen, die man am günstigsten in einem einfachen system-theoretischen Modell beschreibt. Die zentralen Verhaltensprozesse kennzeichnen gleichzeitig die Grundphänomene der Psychologie. Dieser dynamische Vorgang vollzieht sich als Kräftespiel auf verschiedenen Verhaltensebenen.

A. Phänomenologischer und informationstheoretischer Modellansatz der psychologischen Verhaltensprozesse im Menschen

1. Erkenntnis- und systemtheoretische Überlegungen

Sacheinsicht, eigene Erlebnisse und Erfahrungen sind für das Verhalten im betrieblichen Alltag von entscheidender Bedeutung. Die psychologischen Vorgänge sind einmal subjektiver Natur, zum anderen wirken sie nach außen und sind als solche Glied einer langen Verhaltens- und Erfahrungskette in Sozial- und Organisationssystemen. Diese fängt beim Wahrnehmen an und endet jeweils beim Tun. Dieses Tun kann nun routinemäßig verlaufen, problemlösendes Handeln nach vielen Vorüberlegungen sein, planerische Gestaltung für die Zukunft oder schöpferische Neugestaltung bzw. Veränderung.

Die Tatbestände, die die Prozesse auslösen oder ihr Ziel bilden, sind in ihren Erscheinungsweisen (Phänomene), so wie sie den Sinnesorganen zugänglich sind, Grundlagen der Erkenntnis derselben. Wie sie uns erscheinen, formt dementsprechend die Wesenserkenntnis unseres Bewußtseins, Phänomenologie genannt (Husserl 1948; Graumann/Linschoten 1963; Strasser 1964; Lerch 1968; Thomae/Feger 1971). Die Begriffe sind dadurch anschaulich, die Kenntnisse konkret, wenn auch zunächst rein subjektiver Art.

Phänomenologische Sacheinsicht und *Sachkenntnis* bedeutet mehr als begriffliches Wissen und abstrakte Erkenntnis. Strasser (1964, S. 228 f.) charakterisiert die phänomenologische Sacheinsicht im Gegensatz zur fachlich abstrakten Begriffseinsicht anhand der Wahrnehmung von Licht. Wenn wir Licht sehen, ist dies ein *Erlebnisphänomen*: eine subjektive Erscheinung. Will der Physiker z. B. etwas über das „wirkliche" Licht aussagen, so nimmt er in *Modellvorstellungen* seine Zuflucht: Korpuskular- und Wellenvorstellungen. Nach einer Reihe von mathematischen Denkvorgängen wissen wir dann wirklich, was Licht ist. Aber *auch* der Blinde, der nie Licht gesehen hat, der eine unmittelbare Wesenseinsicht im Sinne der Phänomenologie über die Wahrnehmung nicht hat, erkennt dies.

Die Wahrnehmung der Phänomene, um sie auch erlebnismäßig als Wesenserkenntnis unseres Bewußtseins zu erfahren, ist Kern der Phänomenologie. Hiervon sind alle Urteile, ob ästhetisch, physikalisch oder auch psychologisch, abgeleitet. *Erkenntnis* vollzieht sich danach gemäß unserer Wahrnehmung aus eigenem Erleben und Erkennen. Die Grundlagen sind rational und emotional geprägt durch Erfahrung und Vertrauen. So versucht jemand, wenn er etwas ihm Fremdes begegnet, dieses durch bereits aus seiner Erfahrung Bekanntes vertraut zu machen. Auf Erfahrung und Umgang beruht auch das entsprechende Vertrauen, das wir z. B. einem Spezialisten oder der Wissenschaft entgegenbringen. Dieses „Vertrauen" ist eine *Umgangsqualität*, die wir aus Erfahrungen in Sozial- und Organisationssystemen, nach Lewin dem sozialen Umfeld, gewonnen haben. Zur Erklärung von der Wirksamkeit von psychologischen Prozessen sind erkenntnistheoretische und systemtheoretische Ansätze notwendig.

Bei den *systemtheoretischen Ansätzen* liegt der Schwerpunkt bei der Verarbeitung von Informationen und ihrem kybernetischen Prozeß, der gleichsam Brücke verschiedener Erkenntnisse und auch verschiedener Wissenschaftsaspekte ist (vgl. Frank 1970, Steinbuch 1965, Baetge 1975). Informationstheoretische Begriffe helfen beim Verstehen von psychologischen Verhaltensweisen weiter. *Gestaltpsychologische Erscheinungen* werden aus der Sicht der Informationsverarbeitung behandelt, Vorgänge der Kodierung und Dekodierung beschreiben Reiz-Reaktionsprozesse, so daß eine *Integration der Ergebnisse der beiden bedeutendsten Forschungsrichtungen der Verhaltenswissenschaften möglich* wird (vgl. Frank 1969, Frank/Meder 1971, Cube v. 1968).

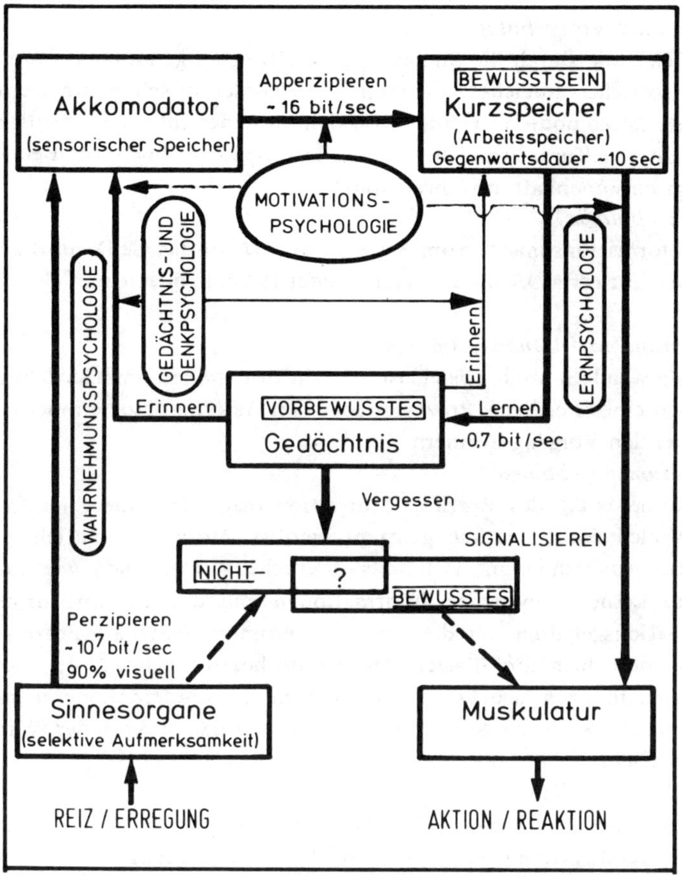

Abb. 15 Phänomenologischer und informationstheoretischer Modellansatz menschlichen Verhaltens

2. *Einordnung der Grunddisziplinen*

Die Abb. 15 zeigt ein *Schema, das den verhaltensrelevanten Informationsumsatz im menschlichen Organismus verdeutlicht* (vgl. hierzu Steinbuch 1965, Frank 1969, Melezinek 1977). Dabei kann man einen direkten Umsatz von den Sinnesorganen über den Akkomodator und Kurzspeicher zur Muskulatur feststellen, der *rein aufgrund von Reflexen* erfolgt. Ein zweiter Vorgang erfolgt im Sinne eines Regelkreises zunächst über das Gedächtnis und wird durch Rückkoppelung im Akkomodator sozusagen *gedanklich-reflektorisch* erst in Anregung zur Tätigkeit umgesetzt. Dieser Vorgang ist der kognitive Erkenntnisprozeß, der sich von der rein sinnesmäßigen Wahrnehmung, wie aus Abb. 15 ersichtlich ist, deutlich unterscheidet. Die kognitive Erkenntnis ist im Modell der Abb. 15 durch verschiedene Vorgänge gekennzeichnet, die *Anhaltspunkte* geben, um sie den *Grundlagendisziplinen der Psychologie* wie folgt zuordnen zu können:

- *Wahrnehmungspsychologie*
  Eindrücke, die durch die Sinnesorgane als Reiz aufgenommen (perzipiert) und im sensorischen Speicher aufgenommen und sensorisch verarbeitet und umgewandelt (akkomodiert) werden, um dann in einer Informationsfolge von max. 16 bit in den Kurzzeitspeicher zu gelangen, kennzeichnen den Bereich der psychologisch-sinnenhaften Wahrnehmung.
- *Lernpsychologie*
  Der Informationsumsatz vom Kurzzeitspeicher in das Gedächtnis als Langzeitspeicher mit etwa 0.7 bit/sec. (vgl. Riedel 1967) kennzeichnet den Vorgang des Lernens.
- *Gedächtnis- und Denkpsychologie*
  Das Umwandeln und Speichern von Informationen im Gedächtnis, das im Rahmen eines Feedback-Prozesses über den Akkomodator erinnerbar ist, kennzeichnet den Vorgang Erinnern.
- *Motivationspsychologie*
  Die Komplexität des Begriffes Motivation mag durch die Einordnung in diesem Modell recht deutlich gemacht werden. Motivation bezieht sich sowohl auf das Apperzipieren, d. h. das deutliche Wahrnehmen wie auch auf das gezielte Lernen von neuen Informationen und den Informationsumsatz von Informationsgehalten, an die man sich erinnert. Feedback-Prozesse kommen insbesondere hier zum Tragen. Motivation bezieht sich nicht nur auf Bewußtseinserscheinungen wie bei der Wahrnehmung, sondern konkret auf Bewußtseinsinhalte, wodurch sich Motivieren wesensmäßig von der Wahrnehmung unterscheidet.
- *Tun* (als Aktion bzw. Reaktion)
  Als reine Reaktion kann die Tätigkeit im Sinne von Reflexen verstanden werden, während Aktion eine überlegte reflektierte Handlung ist.

B. Wahrnehmung

1. Die Bedeutung bewußter Wahrnehmung

Grundlage menschlicher Handlungen ist das, was wahrgenommen wird. *Nicht die objektive Situation, sondern die subjektiv wahrgenommene Situation ist unmittelbar verhaltensrelevant.* Wahrnehmung bedeutet, einmal den *Vorgang* der Wahrnehmung wie auch das *Resultat*, das immer wieder in den Wahrnehmungsvorgang eingeht. In dem Resultat gehören Vorstellungen wie Nachbilder, die Phänomencharakter haben. Sie sind eine Folge bewußter gedanklicher Verarbeitung von bemerkten Sinnesreizen, die entsprechend dem SOR-Schema mit entsprechenden Feedback-Vorgängen (vgl. Abb. 13, Abb. 33), kognitive Erkenntnis darstellen. Kommt es nur zur Reizung von Sinnesorganen, so spricht man von *Empfindungen* (vgl. hierzu z. B. Luthans 1973, 337; Hochberg 1977, 42). Wahrnehmung ist die bewußte gedankliche Verarbeitung, *ausgelöst* wird dieser kognitive Prozeß *durch Perzipieren bedeutsamer Reize* (vgl. Abb. 14). Die Reizung der Sinnesorgane erfolgt durch externe Eindrücke und interne physiologische (vgl. u. a. Hochberg 1977, Vester 1978) Anregungen. Allerdings gibt es auch *unterschwellige Wahrnehmung* von Reizen, wie wir aus Experimenten der Werbepsychologie wissen (Kroeber/Riel 1975, 1981). Der Hauptanteil der eingehenden Reize wird für die bewußte Wahrnehmung herausgefiltert, auch diese Eindrücke sind Voraussetzung für viele *nichtbewußte Reaktionen*, wie Abb. 15 schematisch andeutet. Z. B. wenden wir den Kopf weg, weil wir geblendet werden, erst eine zeitlang danach wird es uns dann so bewußt, daß wir die Vorhänge schließen.

Bewußt Wahrnehmen hat *mehrere qualitative Bedeutungen* (Graumann 1966, 86 f.):

bewußt = psychisch, seelisch,
bewußt = überhaupt empfindend, reizbar,
bewußt = unterscheiden können, kritisch,
bewußt = mitteilbar, kommunikativ,
bewußt = aufmerksam, bemerkt,
bewußt = absichtlich, regulativ,
bewußt = wissend, bewußt.

2. *Die Einflußgrößen auf die Wahrnehmung*

Die Wahrnehmung hängt ab von den Einflußgrößen:
- der Wahrnehmungssituation,
- des Wahrnehmungsgegenstandes,
- der wahrnehmenden Person.

Die *situationsgegebenen Einflußgrößen* der Wahrnehmung sind gekennzeichnet:
(1) durch die momentane organisatorische Umgebung,
(2) durch zeitliche Abfolge und Dichte (Hektik) der Informationen, Reize,
(3) durch momentane soziale Einflüsse insbesondere durch die Gruppe.

Den *Einfluß des Wahrnehmungsgegenstandes* auf die Wahrnehmung bestimmen folgende Kriterien:
- *Intensität des Reizes*,
- *Auffälligkeit und Kontrast* des Reizes,
- *Dauer des Reizes und Wiederholung*,
- *die Quantität des Reizes*, z. B. relative Größe, Zeppelin am Himmel als Werbeeinsatz,
- *Qualität des Reizes* z. B. Bewegung, Prägnanz, Gestalt.

Mit der Intensität der Reize befaßte sich seit den Anfängen der experimentellen Psychologie die *Psychophysik*. Der Physiologe Ernst Weber (1795 – 1878) und Physiker Gustav T. Fechner (1801–1887) beschäftigten sich vor allem mit der Bestimmung von Schwellenwerten, d. h., dem eben merklichen Unterschied in der Wahrnehmung von Reizen gleicher Sinnesqualität.

Abgesehen von diesen *Schwellenunterschieden* ist es wichtig, auf welcher bestimmten Schwelle die einzelnen menschlichen Sinnesorgane überhaupt reagieren. Diese

unterschwelligen Werte können quantitativ oder qualitativ sein. Liegt die qualitative Reizschwelle beim Hören 16 Hz und die *Empfindungsschwelle* quantitativer Art liegt beim Hören bei etwa 70 dB (A). Als obere Wahrnehmungsgrenze gilt die Schmerzschwelle (vgl. u. a. Jajos 1972). Sie liegt beim Hören bei 120 db (A).
Von besonderer Bedeutung sind wiederum Forschungen über Schwellenwerte für die Signal- und Wachheitsforschung (vgl. u. a. Schmidtke 1974, 1981) geworden. Wobei neben dem Entdeckungsproblem der Klassenfrage der Psychophysik folgende Fragen für informationstheoretische, kybernetische Erregungen an Bedeutung gewinnen (vgl. Thomae/Feger, 1972, 33 f.):
Das *Wiedererkennungsproblem*: Welcher von mehreren Möglichkeiten entspricht einem Reiz?
Das *Diskriminierungsproblem*: Ist dieser Reiz von jenem anderen verschieden?
Das *Skalierungsproblem*: Wie verschieden ist dieses von jenem?
Das Signalerkennen ist nicht nur ein Signal entdecken. Der Wahrnehmungsvorgang ist, wie die Fragen zeigen, weit komplexer (vgl. hierzu Luce/Bugh/Gallanter 1963, Green/Swets 1966).
In der wahrnehmenden Person selbst sind die wichtigsten Einflußgrößen:

(1) *Vorerfahrungen und Erwartungen*
Einzelne Personen und Personengruppen, wie z. B. Verkäufer oder Ingenieure, werden solche Informationen vornehmlich wahrnehmen, auf die sie vorbereitet sind: der eine Absatzprobleme, der andere Produktions- oder Konstruktionsprobleme.

(2) *Schlußfolgerung und Urteilsbildung* (Attribuierung)
Vorstellungen der Wahrnehmung bleiben nicht nur auf den Wahrnehmungsinhalt selbst beschränkt, sondern zeigen eine Ursachewirkungskette. Man zieht sofort Schlüsse und sucht nach Erklärungen, wobei primitive Deutungen auch bei komplexen Prozessen Vorrang haben.

(3) *gefühlsmäßige Orientierung*

(4) *Wertvorstellung*

(5) *Kontinuität der Folge der Wahrnehmung* wird aufgrund des Wunsches nach Stabilität und Sicherheit, als eine unveränderte sich trendartig entwickelnde Reihe der Informationskette erkannt.

(6) *Vertrautheit*
Generell werden vertraute Informationen schneller aufgenommen als neuartige, wenngleich man auch sagen kann, daß diese einen besonderen Aufmerksamkeitswert aufgrund ihrer Fremdartigkeit haben.

(7) *Nähe und Ähnlichkeit*
Vor allem bei oberflächlichen Wahrnehmungen werden Menschen, die in einem Raum zusammenarbeiten, als zusammenhörig erkannt oder die die gleiche Arbeitskleidung tragen als homogene Gruppe wahrgenommen, obwohl sie sich durch Funktionen sehr unterscheiden können. Ein so *ganzheitliches Schließen* entsprechend den Erkenntnissen der Gestaltpsychologie beherrscht der Wunsch nach Einheit, Ordnung Problemlösung und entsprechende Ergänzung für eine wahrgenommene Gestalt. So kommt es häufig vor, daß Konferenzleiter oder Führungskräfte Einvernehmen dort schon wahrnehmen, wo in der Realität noch unterschiedliche Meinungen bestehen.

(8) Konzentration und Aufmerksamkeit

Die *Aufmerksamkeitsspanne* eines Menschen ist dadurch gekennzeichnet, daß er in einem Augenblick, also auf einmal, höchstens sieben Informationseinheiten unterscheiden kann (vgl. Miller 1956); dies hängt jedoch von dem Grad seiner Konzentration und von der *Aufmerksamkeitsverteilung* ab. Ist die Zahl der Merkmalsunterschiede größer als sieben, so versucht der Mensch, sie entsprechend zu strukturieren. So kann ein Vorgesetzter bei Routine- und Massenarbeiten ganze Montagekolonnen aufgrund von Vorstrukturierung überwachen. Bei qualifizierten Mitarbeitern sollte die Kontrollspanne, die Aufmerksamkeitsspanne, die Zahl Sieben nicht überschreiten.

(9) Wachheit

Bewußte Wahrnehmung erfolgt im Wachzustand. Für jede Wahrnehmungsleistung gibt es ein Optimum dieses aktiven Zustandes. Bei Schläfrigkeit, Müdigkeit ist die Wachheit sehr gering und die Wahrnehmungsleistung ebenso. Aber auch bei überstarker Erregung bis hin zur Panik nimmt die Wahrnehmungsleistung ab. Die Einflußgrößen der wahrnehmenden Person auf die Wahrnehmung selbst hängt wesentlich von der motivationalen Lage ab. Die meisten eben genannten Kriterien haben Einfluß auf die Motivation oder entwickeln entsprechend ihre Wirksamkeit wie Motivation vorhanden ist. Die *gegenseitige Beziehung zwischen Wahrnehmung und Motivation* kennzeichnet Maslow (1978, 282) wie folgt: „Eine der auffallendsten Überlegenheit der sich selbstverwirklichenden Menschen ist ihre außerordentliche Wahrnehmungsfähigkeit".

3. Der Vorgang der Wahrnehmung als Informationsumsatz in seinen quantitativen Aspekten

Der Vorgang der Wahrnehmung ist ein ganzheitlicher, dynamischer Prozeß mit vielen wechselseitigen Einflüssen des Kräftespiels. Durch einen kybernetischen Ansatz des gesamten Wertprozesses der Informationsverarbeitung scheint es möglich zu sein, quantifizierte und quantifizierbare Aussagen zu machen, die *elementare Klärungen und nicht nur elementenhafte Erklärungen* bringen. Die Gestalt- und Ganzheitspsychologie weist nach, daß die unterschiedlichen Helligkeiten, Farben, Töne, Testeindrücke und Gerüche in der Wahrnehmung nicht als Element losgelöst von den Gegenständen erlebt werden, sondern Eigenschaften wie Gegenstände und Ereignisse in ihrem dynamischen Strukturverlauf sind. Allerdings ist es auch wichtig, die Informationsleistung der Wahrnehmung in einem ganzheitlich adäquaten Modell, das auch der Dynamik Rechnung trägt, zu bestimmen.
Unter *„Information"* wird *das durch Wahrnehmung vermittelte Wissen* über die Umwelt und den eigenen Organismus verstanden (vgl. Stichwort „Information" in Drever/Fröhlich 1972). Der verhaltensrelevante Informationsumsatz wird in einem *phänomenologischen Modellentwurf*, der in Abb. 15 dargestellt ist, verdeutlicht. Während die einzelnen Kästchen verschiedene Stationen des Wahrnehmungsvorgangs inhaltlich kennzeichnen, geben die Strecken zwischen ihnen dynamische Prozeßvorgänge an. Dies phänomenologische Modell (vgl. Steinbuch 1964, Frank 1969;

Frank/Meder 1971; Melezinek 1977, Hacker 1978) mit den verschiedenen Bewußtseins- und Speichervorstellungen (vgl. hierzu Scheerer 1970, 68; Sanders 1971; Neisser 1974; Behrens 1976) ermöglicht eine stark vereinfachte Veranschaulichung der Informationsprozesse im Menschen.

Die *Sinnesorgane* nehmen die Reize auf, sie sind die verschiedenen Modalitäten, die als Eingangskanäle in die Blackbox dienen, ohne die Sinnesqualitäten im einzelnen zu erörtern. Wir wollen uns über die relative Bedeutung derselben für die Wahrnehmung Übersicht verschaffen, indem wir die Informationskapazität der einzelnen sensorischen Eingangskanäle aufgrund einer *Schätzung des Informationsflusses in bit* (der kleinsten Informationseinheit) miteinander vergleichen.

Die klassische Einteilung nach den fünf Sinnen (Sehen, Hören, Schmecken, Riechen, Tasten) muß vor allem noch durch den kinästhetischen Sinn (für den die Verknüpfung von Sensorik und Motorik charakteristisch ist) und den Gleichgewichtssinn ergänzt werden. Der klassische fünfte Sinn, manchmal auch als Haut- oder Muskelsinn bezeichnet, wird weiterhin nach Druck, Schmerz und Kälte-/Wärmeempfinden unterschieden. Bei Schätzung der *Informationskapazität der fünf klassischen Sinne* macht der Gesichtssinn mehr als 90 % der gesamten Informationskapazität aus.

Die Sinnesorgane werden von Reizen geradezu überflutet. Was durch unsere *selektive Aufmerksamkeit zur Eingangsinformation* wird, kann bei optimalem Wachheits- und Aktivationsgrad die volle Eingangskapazität von ca. 10^7 bit/Sek. haben. Dennoch wird der größte Teil dieser Eingangsinformation für die bewußte Wahrnehmung als irrelevant herausgefiltert. Ein Großteil dieser Informationen wird durch nicht-bewußte Kanäle unseres Organismus in zahlreichen ebenfalls nicht bewußten Reaktionen, wie bereits beschrieben, wirksam.

Das Perzipieren, als erster Vorgang in Abb. 15, ist sozusagen die Innervation der Sinnesorgane. Für das Auge bedeutet dies, einen Kontakt zu den Umweltgegenständen herstellen. Damit beginnt die eigentliche Aufnahme und Übertragung von Reizen und die Wahrnehmung wird eingeleitet, das Registrieren.

Im *Akommodator* (Ultrakurzspeicher, sensorischer Speicher) werden die perzipierten Sinneseindrücke umgewandelt und unserem Erkenntnisvermögen angeglichen, dies geschieht durch Abstraktion und Mustererkennung sowie Invariantenbildung. Durch diesen Umwandlungsprozeß erhalten die Sinneseindrücke eine feste sensorische Bedeutung. Sie sind aber noch kein Endprodukt, wie das durch die Filmkamera aufgenommene Bild, sondern sind ein Zwischenprodukt, das kognitiv weiter verarbeitet wird.

Das Apperzipieren bedeutet das Zu-Bewußtseinbringen von bereits bedeutsamen Sinnesmustern von dem sinnesspezifischen sensorischen Speicher, dem Akkommodator (für das Sehen visuellsensorischer Speicher, vgl. Behrens 1976, 16 ff.) im Zuführen zu einem Kurz- oder Kurzzeitspeicher. Die Informationskapazität des Apperzipierens ist 16 bit/Sek. Dies ist die Schwelle, an der Bilder noch als Einzelbilder fixiert werden können, bzw. darüber hinaus die Bilder „zu laufen beginnen", wie dies für den Film genutzt wird. Mit der Apperzeption wird also eine Auswahl der gesamten aufgenommen Informationen getroffen. Diese Auswahl wird informationspsychologisch als „informelle Akkommodation" bezeichnet.

Zum Verständnis von Perzipieren und Apperzipieren wird das *Cocktailparty-Problem* häufig zur Veranschaulichung gebraucht: Im Stimmengewirr einer Cocktailparty ist es möglich, den Ausführungen eines Gesprächspartners zu „lauschen" und trotzdem mit „halbem Ohr" mitzubekommen, wenn ein interessantes Thema in der Nachbargruppe angeschnitten wird. Perzipiert werden also beide Gespräche, apperzipiert im Grunde nur eins: das von höherem Interesse. Bei der informellen Akkommodation werden die feineren Merkmale vom Apperzeptionsvorgang ferngehalten, um nur das Wesentliche bewußt werden zu lassen. Dieser Vorgang kann als optimale Codierung der zufließenden Information bezeichnet werden: Das Repertoire ändert sich je nach Interesse, das sich aus den Kriterien für das „Wesentliche" ergibt, das noch perzipiert wird. Diese Möglichkeit bietet sich deshalb, weil im Akkommodator diese wesentlichen und bedeutsamen Reize sozusagen 1 bis 2 Sekunden Schlange stehen.

Eine *Altersabhängigkeit aller Informationsleistungsprozesse* hat Riedel (1967) nachgewiesen, wie die idealisierten Kurven in Abb. 16 verdeutlichen. So ist die *Apperzeptionsgeschwindigkeit* C_k = 16 bit/Sek. als Zuflußgeschwindigkeit in den Kurzzeitspeichern ein bei etwa 18 bis 21 jährigen Personen zu beobachtender Maximalwert.

Der *Kurz- bzw. Kurzzeitspeicher* ist der neuralgische Punkt des Systems. Er *ist informationspsychologisch das Bewußtsein*. Erst hier werden die Eindrücke zu Informationen, die wir bewußt wahrnehmen können. Als Bewußtseinsinhalte können sie eine bestimmte kurze Zeit in der sogenannten *Gegenwartsdauer* von max. 10 Sek. (vgl. Abb. 16a) bewußtseinsgegenwärtig bleiben. Dieser Umstand, der auch als *„Merkfähigkeit"* bezeichnet wird, ermöglicht dem kognitiven Vorgang, einzelne Bewußtseinsinhalte miteinander zu verknüpfen. Der Kurzzeitspeicher hat folgende *Funktionen*:

(1) Reflexauslösende natürliche und reflexartig bedingte Informationen (Signale; Routine) direkt in Reaktionen umzusetzen,

(2) bewußt Wahrgenommenes als neu Erkanntes dem Gedächtnis zuzuführen,

(3) als Kontaktstelle zwischen gegenwärtiger Wahrnehmung und der bisherigen Erfahrung Motivationalhandlungen auszulösen.

Die im Akkommodator gespeicherten Eindrücke können nicht umgeordnet und manipuliert werden. Im Kurzzeitspeicher dagegen vollziehen sich die verschiedenartigsten Operationen. Informationen können miteinander verknüpft, verglichen und differenziert werden. Im Grunde genommen vollziehen sich hier *alle Denktätigkeiten*, weshalb auch der Kurzspeicher als *Arbeitsspeicher* bezeichnet wird.

Die Speicherzeit bzw. die Gegenwartsdauer im Akkommodator ist sehr kurz und nicht variierbar.

Die Gegenwartsdauer im Kurzspeicher dagegen kann von wenigen Sekunden, was die Neueindrücke betrifft, zu mehreren Minuten ausgedehnt werden. Das ist dadurch möglich, daß der neue bewußt gewordene Informationsgehalt durch wiederholtes Memorieren länger bewußt gehalten wird.

Memorieren ist eine Form des innerlichen Wiederholens nicht wiederholter Darbietung der Eindrücke. Es verlängert nicht nur die Gegenwartsdauer im Kurzzeit-

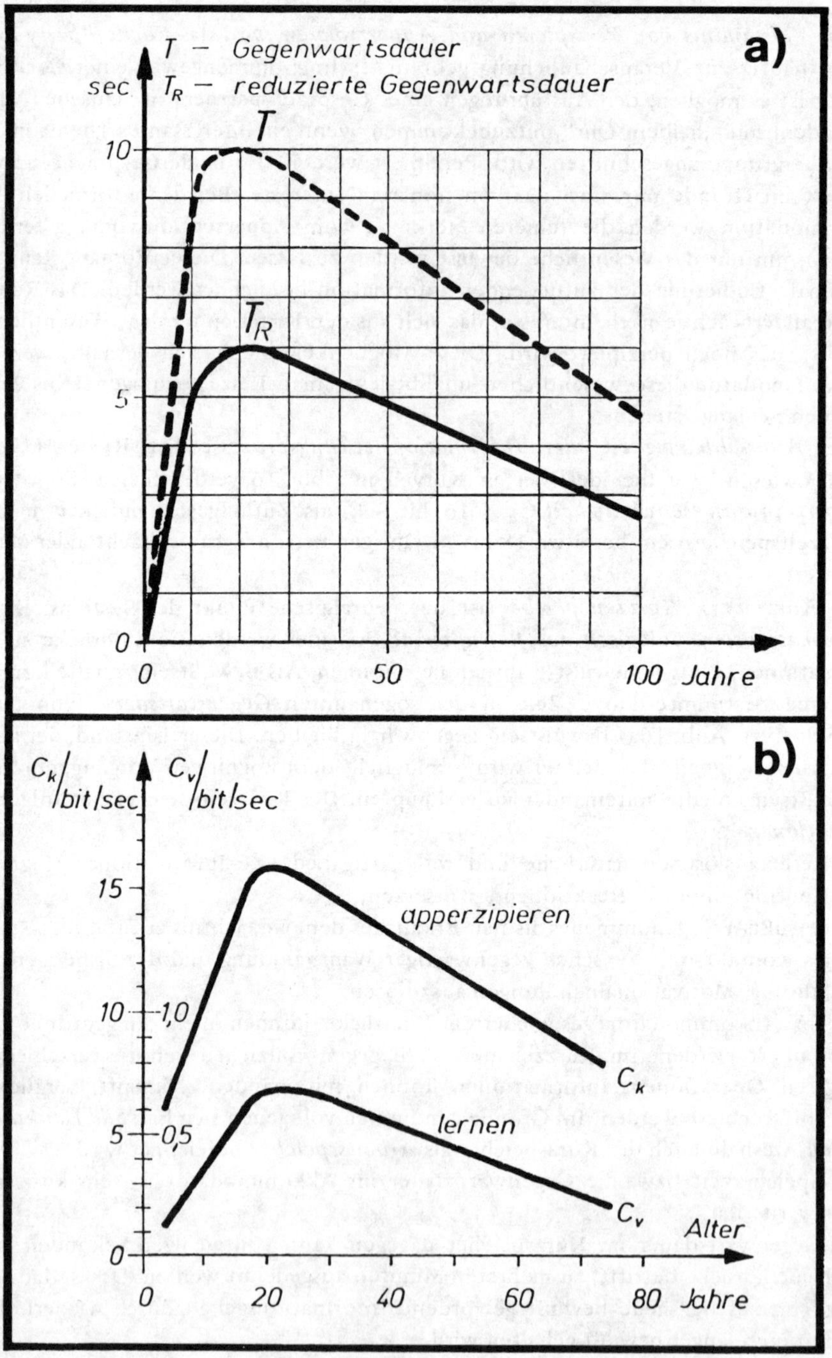

Abb. 16 Altersabhängigkeit der Leistungen beim Wahrnehmen (nach Riedel 1976)

speicher, sondern ist *bedeutsam für das Lernen*. Lernen bedeutet eine verlangsamte Informationsleistung gegenüber dem Apperzipieren. Die Zuflußgeschwindigkeit *in das vorbewußte Gedächtnis* (vgl. u. a. Frank 1969; von Cube 1965) beträgt etwa 0,7 bit/Sek. Auch hier stehen die Informationen sozusagen in der Warteschlange, wobei auch hier eher anzunehmen ist, daß die Auswahl stochastisch (vgl. Atkinson/Chiffrin 1968, 111) oder noch wahrscheinlicher *durch gelernte Auswahlprogramme* gesteuert werden (vgl. Behrens 1976, 4). Typisch hierfür ist der *Zeigarnik-Effekt*, nach dem unter dem Eindruck einer Restspannung unterbrochene Aufgaben besser behalten werden als erledigte.
Auf weitere Aspekte des Gedächtnisses wie des Erinnerns und Vergessens gehen wir in einem eigenen Kapitel ein. Im Hinblick auf die Darstellung im Modell weisen wir hier darauf hin, daß auch nicht-bewußte oder nicht mehr bewußte Informationen zu Handlungen führen und nicht nur solche, die vom Kurzzeitspeicher der Muskulatur eine Tätigkeit signalisieren.

4. Wahrnehmungsstufen und Wahrnehmungsqualitäten

Die qualitativen Aspekte der Wahrnehmung versucht die Gestalt- und Ganzheitspsychologie zu erfassen. Ausgehend von dem *Synergiegesetz*: „Das Ganze ist mehr als die Summe seiner Teile" wenden sich die Vertreter der von Leipzig ausgehenden *Ganzheitspsychologie* (F. Krueger, F. Sander, H. Volkert, A. Wellek u. a.) und jene der von Berlin ausgehenden *Gestalttheorie* (M. Wertheimer, B. Köhler, K. Koffka, K. Lewin u. a.) gegen die Auffassung, psychische Vorgänge durch Erfassung von Elementen ihren Gesetzmäßigkeiten zu erklären. So lehnen sie die Darstellung des Wahrnehmungsvorgangs aufgrund von Elementen verschiedener Empfindungen ab, weil *Wahrnehmung elementar aus ganzheitlichem Erleben und Erfassen von einheitlichen, dynamisch strukturierten Gestalten zu verstehen ist. Das Gestaltprinzip wird zum übergreifenden Erklärungsprinzip* (vgl. u. a. Thomae/Feger 1972, 23 ff.), dessen verhaltenswissenschaftlicher Bereich sich nicht auf Forschungen zur Wahrnehmung beschränkt (vgl. die Feldtheorie Kurt Lewins). Die *„Gestaltgesetze"* dienen einer qualitativen Bestandsaufnahme in Beachtung von Wahrnehmungsphänomenen, die das Rohmaterial dafür liefern, um aufgrund von Strukturmodellen der Kybernetik und weiteren neurologischen Forschungen ein immer besseres Verständnis der Gestaltphänomene und auch der Wahrnehmung zu gewinnen.
Um gestaltpsychologisch relevante Phänomene zu erschließen, bediente man sich der *Analyse optischer Täuschungen und umkehrbarer Figuren* die deutlich zeigen, daß jedes Teil von einem gefügehaften Ganzen abhängig ist und nicht aus einer Summierung von Empfindungen zu erklären ist. Schon Christian von Ehrenfels wies die *„Übersummativität"* von Melodie als Gestalt nach, die nicht die Summe ihrer Elemente, also der einzelnen Töne, sei. Metzger (1975, 207 f.) kommt zu dem Schluß, daß unserem ganzen Erleben eine *„Tendenz zur guten oder ausgezeichneten Gestalt"* oder *„Prägnanztendenz"* zugrunde liegt.

Um den Werdegang dieser Gestalt- und Prägnanztendenz in unserem Leben zu erschließen, eignet sich besonders das von Sander (Sander/Volkert 1962) erstellte Verfahren mit dem methodischen *Prinzip der Aktualgenese*. Im Experiment benutzt man tachystokopisch, d. h. kurzzeitig, projizierte Bilder und läßt danach Erlebnisprotokolle mit Versuchspersonen erstellen. Die Projektionen liegen zunächst weit unter der Wahrnehmungsschwelle im Bereich des Perzipierens, bis sie mit etwa 1/15 Sek. den Apperzeptionsbereich erreichen und überschreiten. Es wird damit demonstriert, daß sich das Entstehen der Wahrnehmung aus einem Komplex qualitativen, ungegliedert ganzheitlichen, gefühlsartigen Erleben zurückführen läßt. Den erlebten Wahrnehmungsgegenstand setzen nicht Empfindungselemente zusammen, sondern er prägt sich vielmehr aus einem anmutungshaften Komplex und gefühlsartigen Qualitäten aus.

Die Wahrnehmungsstufen der Perzeption und Apperzeption lassen sich *in folgenden Wahrnehmungsqualitäten* nach den Ergebnissen der Aktualgenese ausdrücken:

(1) *Anmutungsqualität oder „Als-ob-Qualität"*: Der nur andeutungsweise wahrgenommene Eindruck regt zu phantasievollen, phantasmagorischen Erlebnisvorstellungen an: „als ob" man etwas in dieser Art wahrgenommen hätte.

(2) *Ganzheitsqualität*: Die Projektionen im Bereich ca. 1/40–20 Sek. zeigen ein mehr graumilchiges Ganzheitsfeld, von dem aber im Erlebnisprotokoll nicht eine graue milchige Fläche, sondern das Erlebnisbild dieser Fläche z. B. als Nebelwand wiedergegeben wird.

(3) *Strukturqualität*: Mit zunehmender Projektionszeit, die an die Apperzeptionszeit von 1/15 Sek. heranreicht, werden die Konturen deutlicher und Strukturen erkannt. Zunächst sind es Assimilationen und Kontraste, die eine Differenzierung in Figur und Grund als erstes Ablösen von der Ganzheitsqualität erleben lassen. Werden die Strukturen differenziert, so werden sie zu Ordnungen und Gestalten ergänzt. Es werden Gruppierungstendenzen deutlich, der Zug zur „ausgezeichneten" Gestalt ist unverkennbar.

(4) *Gestaltqualität*: Die Gestalt wird voll apperzipiert und wahrgenommen. Es kommt dabei zu einem „Aha"-Erlebnis (Ch. Bühler). Die Ordnungsgesetze der Gestalt kommen hier voll zum Tragen.

(5) *Prägnanzqualität*: Die Deutlichkeit der Muster und Prägungen der voll erfaßten Gestalt wird als Prägnanz als besonders einprägsam als die *gute Gestalt* empfunden.

Die Prägnanzqualität mag pädagogisch oder für die Werbewirksamkeit bedeutsam sein, vom Prinzip her bringt sie für die Qualität des Wahrnehmens nichts Wesentliches. *Die Ordnungsgesetze der Gestalttheorie gelten für die Gestalt schlechthin*, was eine gute Gestalt ist, ist subjektiv und umstritten. Ob das jetzt eine einfache Einprägsamkeit ist, z. B. bei Piktogrammen oder Warnschildern für die Arbeitssicherheit oder eine symmetrisch ästhetische Form, die sich im goldenen Schnitt für Anzeigen z. B. darstellt, läßt sich nicht eindeutig definieren und auch nicht allgemein anwenden.

Die Ordnungsgesetze der Gestalttheorie gehen von der Mehrdeutigkeit der Reize aus. Gerade aus Untersuchungen solcher doppeldeutigen Eindrücke sind die stark subjektiv gefärbten *„Gestalt"-Gesetze"* der *relativen Größe, der Nähe, der Geschlos-*

senheit hervorgegangen. Sie sind aber auch der Messung und der quantitativen Bestimmung zugänglich, während dagegen *Symmetrie, ungestörte Kontinuität bzw. glatter Verlauf* äußerst schwer objektiv und meßbar zu veranschaulichen sind (vgl. u. a. Berg 1977, 114 ff.). Wir haben diese Ordnungsgesetze bereits als Einflußfaktoren der wahrnehmenden Person auf die Wahrnehmung kennengelernt.

Bedeutsam für die Wahrnehmungsqualität sind die *Wahrnehmungskonstanzen.*

(1) *Größenkonstanz*: ist besonders wichtig für das perspektivische Sehen, ob wir einen Menschen aus 2 m, 4 m oder 20 m Entfernung sehen, die ungefähre Schätzung seiner Größe bleibt dabei konstant.

(2) *Helligkeit- bzw. Farbkonstanz*: ob wir einen farbigen Gegenstand in der Sonne oder im Schatten bzw. in der Dämmerung sehen, so bleibt der Farbwert konstant erhalten. Ebenso bleibt ein weißes Papier weiß oder die Kohle schwarz.

(3) *Ortskonstanz*: Auch wenn wir die Augen bewegen, den Kopf wenden oder umhergehen, so bleiben die Gegenstände doch an ihrem festen Ort.

(4) *Gestalt- bzw. Formkonstanz*: Gleich aus welchem Blickwinkel oder aus welcher Entfernung wir einen Ball sehen, wir nehmen ihn als rund wahr, oder einen viereckigen oder rechteckigen Gegenstand in einer ihm entsprechenden sich nicht ändernden Form

Wahrnehmungstäuschungen, insbesondere optische Täuschungen und Wahrnehmungsverzerrungen, sind Mängel der Wahrnehmungsqualität. Die Ordnungsgesetze der Gestalttheorie und die Wahrnehmungskonstanten geben Aufschluß über die Hintergründe oder erklären die Effekte. Die Abb. 17 kennzeichnet einige der bekanntesten und wichtigsten Täuschungseffekte und Kippfiguren. (Vgl. hierzu u. a. Rausch 1966, Metzger 1975).

Tunnel- oder Schirmeffekte nennt man solche Täuschung, die, wie aus den Figuren A u. B der Abb. 17 deutlich wird, fehlende Konturen ergänzen und gestörte Kontinuität als glatten Verlauf erkennen lassen.

Gruppierungseffekte lassen die einfachen Linien der Figuren C u. D in Abb. 17 erkennen, es werden wiederum anmutungshafte Konturen zur vollkommenen Gestalt ergänzt.

Optische Täuschungen der Größenverhältnisse zeigen die Figuren E u. F der Abb. 17, die wohl bekanntesten: Die Müller-Lyersche Täuschung und das Sandersche Parallelogramm. Der unterschiedliche Größeneindruck entsteht durch die Tatsache, daß die länger erscheinende Linie bzw. Diagonale Teil eines größeren, die kürzer erscheinende Linie bzw. Diagonale Teil eines kleineren Teilganzen ist.

Optische Täuschungen bei geometrischen Formen und Linien, die nicht mehr gerade, sondern gekrümmt erscheinen, wie in den Figuren A u. B der Abb. 18, gehen auf den Eindruck einer Scheinbewegung zurück bzw. haben perspektivische Gründe.

Kontrasttäuschungen sind durch verschiedene Figurengrundverhältnisse gegeben und durch die Helligkeit bzw. Farbkonstanz zu erklären.

Bei *Kippfiguren* ist als Fixationspunkt die Aufmerksamkeitsrichtung für das Figur-Grundverhältnis entscheidend, wie die Figuren C, D und E der Abb. 18 verdeutlichen.

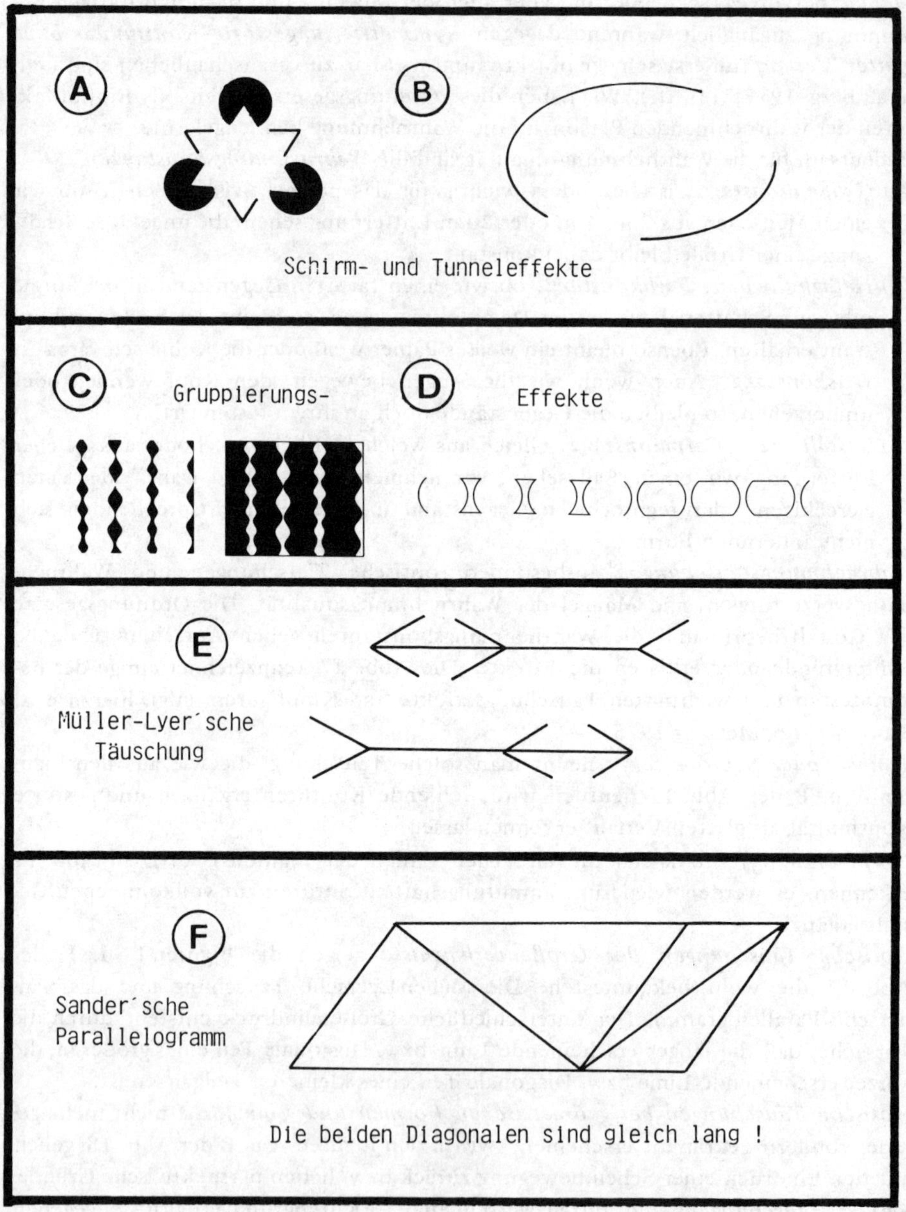

Abb. 17 Wahrnehmungseffekte und Täuschungen

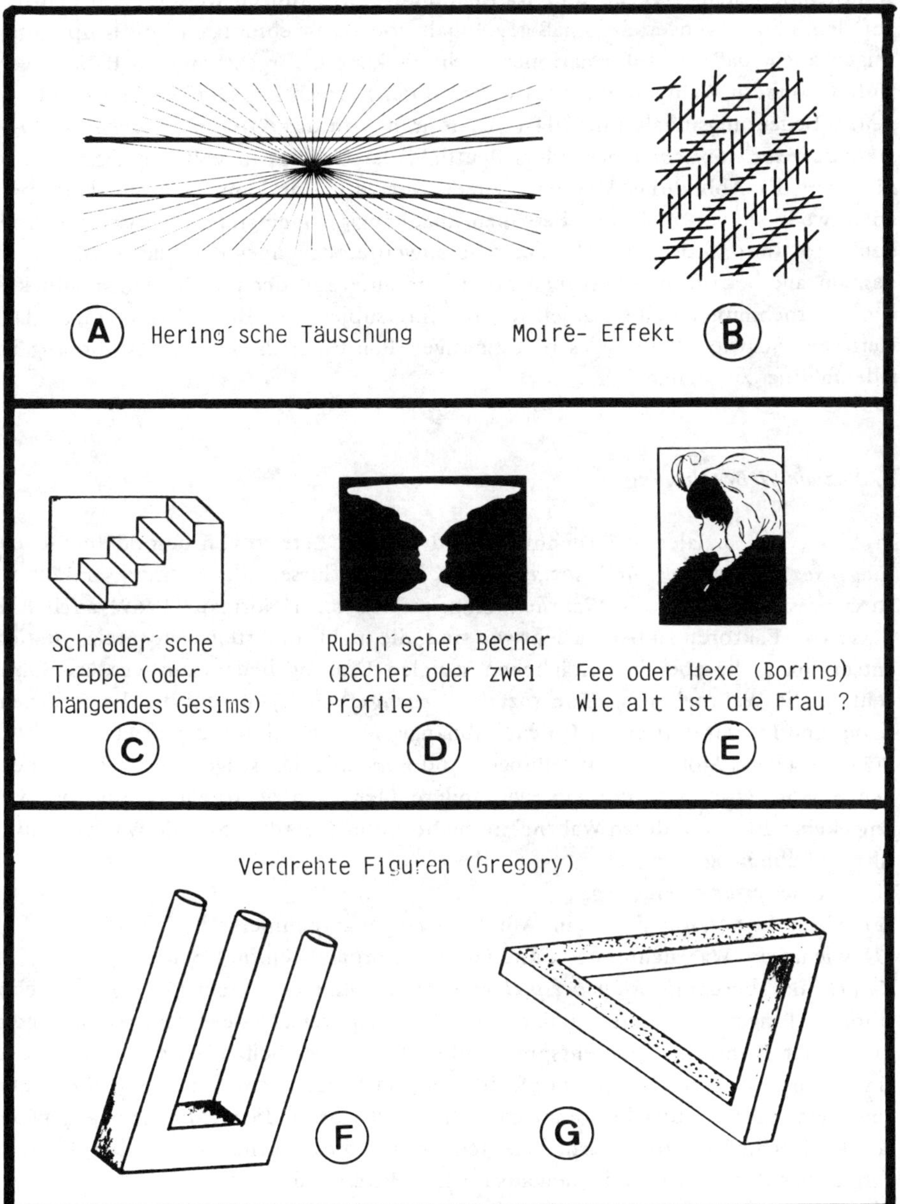

Abb. 18 Wahrnehmungsverzerrungen und Kippfiguren

Unmögliche Gestalten zeugen deutlich von der „Vertrautheit" einer bestimmten Form. Trick ist bei den Figuren F u. G der Abb. 18, daß in einer Ebene „widersprüchliche Informationen" angeboten werden, die mehrere gleichwertige Gestalten im Raum herausfordern.

Wahrnehmungstäuschungen und Wahrnehmungsverzerrungen weisen recht deutlich auf den subjektiven erlebnismäßigen Inhalt von Wahrnehmungen hin. Kippfiguren zeigen auch, daß die Informationen nicht in klaren, vorgezeichneten Bahnen verlaufen, sondern Wahrgenommenes während der Betrachtung zu einem ganz anderen neuen Bedeutungsinhalt umschlägt. Hierdurch wird das *Grundphänomen der Subjektivität des Menschen* besonders deutlich, das Umkippen vollzieht sich in uns, nicht auf der Abbildung. Von einer objektiven Situation kann man nur dann sprechen, wenn sie von mehreren Personen unabhängig voneinander identisch beschrieben wird. Im praktischen Falle einer Beschwerde oder eines Konfliktes sollte man deshalb alle betroffenen Personen hören, um aufgrund der verschiedenen subjektiven Wahrnehmungen einen objektivierten intersubjektiven Befund zu erlangen. Der Kern der Schwierigkeiten des partizipativen Führungsstils der Mitbestimmung ist jedenfall hier zu suchen.

5. Soziale Wahrnehmung

Probleme der sozialen Wahrnehmung sind für den Betrieb von besonderer Bedeutung. *Soziale Prägung* und *soziale Umwelt* beeinflussen die Aufmerksamkeit als Ausgangssituation für die Wahrnehmung, so daß nach Norman (1969) auch Einflüsse von Faktoren zu berücksichtigen sind, die nicht unmittelbar der Reizsituation entstammen, die aber im alltäglichen sozialen Umgang bedeutsam werden. Somit geht in die Wahrnehmung eine *soziale Umgangsqualität* ein, für die die Wahrnehmung und Interpretation der Umwelt abhängig ist: einmal von der eigenen sozialen Prägung gemäß Motiven, Einstellungen und Persönlichkeitszügen der wahrnehmenden Person, zum anderen: wie wir andere Menschen wahrnehmen und wie wir umgekehrt auch von deren Wahrnehmung beeinflußt werden. Soziale Wahrnehmung ist somit abhängig,

(1) von der *eigenen Prägung,*

(2) wie *andere Menschen* uns im Alltagsumgang wahrnehmen,

(3) wie unsere Wahrnehmung in und von der *Gruppe* beeinflußt wird.

Zu (1): das berühmte *Münzbeispiel* von Bruner und Goodman (1947), die zehnjährigen Jungen aus armen und reichen Familien verschiedene Münzen vorlegten (und einer Kontrollgruppe entsprechend große Papierscheiben) deren Größe sie in einem Apparat durch einen Knopf, der eine verstellbare leuchtende Scheibe zeigte, einstellen sollten. Zunächst tendierten alle Kinder dazu, die Geldmünzen gegenüber den Papierscheiben zu überschätzen. Jedoch war dies deutlich stärker bei den Kindern armer Familien als bei jenen aus reichem Elternhaus.

Die Wahrnehmungsverfälschung ist eine Folge von sozialen Einstellungen. Dies führt nicht nur in diesem Experiment zu *Fehlurteilen*, sondern zu *Vorurteilen* und *Gerüchten*.

Das Sicherheitsstreben des Menschen wirkt sich auch in einem Hang nach Stabilität und Konsistenz seiner Wahrnehmung aus, wodurch es zur Fixierung seiner Ansicht kommt. Nicht genehme, sogenannte dissonante Informationen (vgl. hierzu vor allem Festinger 1964), haben geringere Chancen wahrgenommen zu werden, als solche, die man eigentlich erwartet. Vorurteile und viele Gerüchte, wenn sie nicht auf Informationsmangel schlechthin beruhen, gehen auf Abwehrhaltungen gegenüber Eindrücken zurück, die bestehende Werte oder Einstellungssysteme bedrohen oder sogar zu einer Umorientierung derselben führen können.

Zu (2): Zu der sozialen Wahrnehmung anderer Menschen kommt die Umgangsqualität durch die alltäglichen Beziehungen zueinander hinzu. Vereinfachungen kennzeichnen auch hier das Wahrnehmungsbild insbesondere dann, wenn besondere Leistungen der Beurteilung und Bewertung der anderen verlangt werden. *Die wichtigsten Phänomene der sozialen Wahrnehmungsverzerrung* (vgl. u. a. Bergler/Six 1972; Luthans 1973) sind Stereotypenbildung, der Halo-Effekt und Positionseffekte.

- *Stereotypenbildung*: Die Wahrnehmungsverzerrung kommt dadurch zustande, daß man einen Menschen aufgrund einzelner Merkmale wie Geschlecht, Alter, Landsmannschaft, Beruf etc. einer danach bereits gebildeten Kategorie zuordnet, die mit einem generellen Urteil bzw. Vorurteil belegt ist. Dies bedeutet eine drastische Verkürzung der ganzheitlichen Wahrnehmung auf die einfache Frage: In welche bekannte Kategorie kann man die Person einordnen? Techniker, Kaufmann, Betriebsrat, Manager etc. Diese Stereotypenbildung ist nicht immer von negativen Eindrücken getragen, sondern kann entsprechend der Erwartungsstruktur, der Umgangsqualität positive Züge beinhalten.
- *Der Halo-Effekt* (Halo griechisch = Hof, Aura, Umgebung), der sich so auswirkt, daß ein beobachtetes Merkmal oder Eigenschaft bei einem Menschen als zentrales Phänomen so bewertet wird, daß sie aus dem Blickwinkel des Beobachters alle anderen Merkmale überstrahlt und die Tendenz auslöst, alle anderen Eigenschaften in gleicher Weise zu beurteilen, wenn kein Anhaltspunkt für eine andere Meinung gegeben ist. Adrette Erscheinung, Unpünktlichkeit, Dritt-Aussage.
- *Positionseffekte* (Primacy-Effekt und Recency-Effekt). Der Positionseffekt oder Stellenwerteffekt tritt vor allem beim Lernen von reihenmäßig angeordneten Lernmaterialien auf, die ersten (*Primacy-Effekt*) und letzten Eindrücke (*Recency-Effekt*) dieser Reihen werden schneller gelernt als die mittleren (vgl. u. a. Popper 1970, 179 f.). Der Gesamte Verlauf des Positionseffektes zeigt eine U-förmige Kurve wie Abb. 19 zeigt.

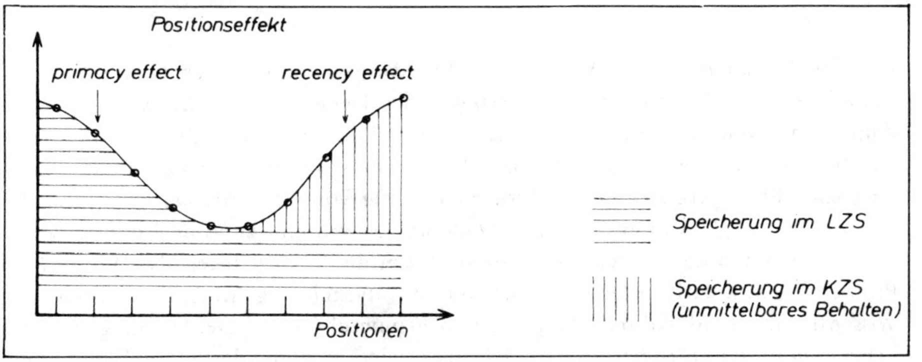

Abb. 19 Positionseffekte

Den gleichen Eindruck hat die bewußte soziale Wahrnehmung bei der Formung des Gesamtbildes einer Person und ihrer Leistung. Sprichwörtlich ist *der erste Eindruck* der beste, wenn man von seinem ungleich größeren Gewicht bei der sozialen Wahrnehmung ausgeht. Auch hier gibt es Übertragungseffekte aufgrund von *dritten Personen,* die einen nachhaltigen Einfluß auf die eigene Wahrnehmung ausüben. In gleicher Weise gibt es Situationen, wo *die letzten Eindrücke* noch am lebendigsten sind, damit am höchsten bewertet und für die besten gehalten werden. So sagt der betriebliche Volksmund z. B. von einigen Managern: „Bei dem hat jeweils der Recht, der zuletzt die Türklinke in der Hand hatte."
Erst- und *Letzteindrücke gehen somit stärker in die Urteilsbildung* (vor allem bei der Personalbeurteilung) über Menschen ein. Überall dort spielt dieser Effekt eine beträchtliche Rolle, wo es um schwierige Problemlösungen und Neuerungen geht. Sind für Personengruppen, z. B. in Entwicklungs- oder Konstruktionsabteilungen bzw. im Vertrieb, die ersten Sachinformationen zu einer Idee „zu schwierig", oder mit dem Anstrich „unmöglich" versehen, so werden positive Informationen über die Folgen mit weit geringerer Bereitschaft aufgenommen. Weitere „Problem-Informationen" werden dagegen eher negativ verstärkt. Alle Erstinformationen haben einen gewissen „*Türschwelleneffekt*", so daß es in der Praxis zur *Ritualregel* kommt: „das Positive zuerst!" Dies sollte aber nicht nur für Sachinformationen gelten, sondern auch zum Prinzip der sozialen Wahrnehmung und ihrer Umgangsqualität werden.
sozialen Wahrnehmung und ihrer Umgangsqualität werden.
Eine besondere Art der sozialen Wahrnehmungsverzerrung ist die *Projektion* (vgl. hierzu Abwehrmechanismen).
Zu (3): Wie sehr unsere soziale Wahrnehmung in und *von der Gruppe beeinflußt* wird, zeigen die *klassischen Experimente* von *Sheriff* (1936 und später *Asch* 1946). Insbesondere Asch stellt bei Schätzung bei der Länge von Zeilen fest, daß Menschen dazu neigen, ihr eigenes Urteil hintanzustellen und sich auf andere zu verlassen, selbst dann, wenn die Situation nicht mehr zweideutig ist. Etwa ein Drittel der Versuchspersonen, die allein die Zeilenlänge mit Leichtigkeit richtig geschätzt hatten, haben dem Druck der Verbündeten des Versuchsleiters, die absichtlich falsch beurteilten, nachgegeben.

C. Erinnerung und Denken

Für das Verständnis von Wesen und Funktionsweise geistiger Leistungen sind *Kenntnisse von den kognitiven Vorgängen* des Denkens, dem die Erinnerung zugrundeliegt, von fundamentaler Bedeutung. Erinnerungs- und Denkvorgänge sind ein dynamisches Wechselspiel geistiger Kräfte im Menschen, die sich nicht nur auf rationaler Ebene vollziehen, sondern gleichzeitig von *Affektdynamik* (Lewin) beherrscht sind (vgl. Abb. 68). Dem *Gedächtnis* kommt eine *zentrale Rolle* zu, wobei es nicht nur um das Wissen allein, sondern um die Verfügbarkeit des Wissen beim Problemlösen, kreativen Denken, Planen und Entscheiden geht. Anbetracht der sog. Wissenslawine ist der durch Training von Erinnerungs- und Denkvermögen erworbene *arbeitsmethodische Zugriff* häufiger wichtiger als der einmal erworbene Wissens- und Bildungsstand.

1. *Gedächtnisleistung: Behalten und Erinnern*

Als Gedächtnis im üblichen Sinne versteht man die Fähigkeit, *frühere Erfahrungen* ohne größere Änderungen ihres Inhaltes und ihrer Ordnung *ins Bewußtsein rufen zu können*. Diese Tatsache beruht auf der Annahme, daß Wiedervergegenwärtigungen früherer Erfahrungen und Erlebnisse nur möglich sind, weil sie *Spuren im Gedächtnis* hinterlassen haben. Die beiden wichtigsten Leistungen des Gedächtnisses sind somit Abrufen von Behaltenem und Wiedererkennen von einmal bereits präsentierten Informationen, das Erinnern. *Gedächtnisbildung und die Gedächtnisfunktionen des Erinnerns* (vgl. Abb. 15) sind nur aus den Wirkzusammenhängen von Erkenntnisvorgängen und Motivation zu verstehen (vgl. u. a. Herrmann 1964; Murdoch 1974; Klix 1976, 1980), das auch beim Gedächtnistraining (vgl. Werneck/ Heidack 1980) beachtet werden muß.

Bei der Gedächtnisbildung, dem Erinnerungspotential, das wissensmäßig abgerufen werden kann, werden keineswegs nur Erscheinungen der äußeren, sinnenmäßig wahrnehmbaren Realität aufbewahrt, sondern ebenso Prozeßstrukturen für Handlungen, kognitive Operationen oder Strategien. *Das Gedächtnis erweist sich nicht nur als Resultat, sondern gleichermaßen als Mittel unserer Erkenntnis*, indem es Prozesse einleiten kann, die weitere Wissenserkenntnis ermöglichen. Diese Gedächtnisleistung zeigt sich in Gedächtnisfunktionen, die auf Erinnerung beruhen.

Erinnerung mobilisiert Wissen, das im Gedächtnis gespeichert ist. Wie Abb. 15 zeigt, gibt es *zwei Erinnerungsvorgänge*, die Wissen in die Erkenntnisdynamik einspeisen: in die Merkmalsanalyse von momentan aufgenommenen Sinneseindrücken im Akkomodator (= Ultrakurzgedächtnis, vgl. u. a. Norman 1970) als *Datenbasis* für den weiteren Erkenntnisvorgang. Der zweite Erinnerungsvorgang zum Kurzzeitspeicher hat dort eine mehr eine *synthetische oder katalytische Funktion* (= Kurzzeitgedächtnis; vgl. zur Funktionscharakteristik u. a. Murdock 1974), er macht die Bedeutung der sich dort vollziehenden Verkettung von Wahrnehmungselementen und Erkenntnissymbolen erkenntlich, die dann als „gelernt" dem Langzeitspeicher zugeleitet werden oder aber in Handlung umgesetzt werden.

Das Erinnerungsvermögen des Gedächtnisses dient somit der

- Informationsaufnahme
- Informationsverarbeitung und -speicherung
- Kontrolle der Verhaltensregulation.

> Das Gedächtnis ist voll in den Erkenntnis- und Motivationsvorgang integriert und steuert maßgeblich das bewußte Wahrnehmen, Denken, Lernen und Handeln.

Als besonderes Phänomen des Gedächtnisses ist das *Vergessen* anzusehen. Das erste systematisch-experimentelle Ergebnis aus der Beschäftigung mit diesem Phänomen ist die *Vergessenskurve*, die Ebbinghaus (1885) aus jahrelangen Selbstversuchen mit Lernen von sinnlosen Silben entwickelte und die hierfür auch heute ihre Gültigkeit hat. Sie ist in Abb. 20 dargestellt (verstärkte Kurve).

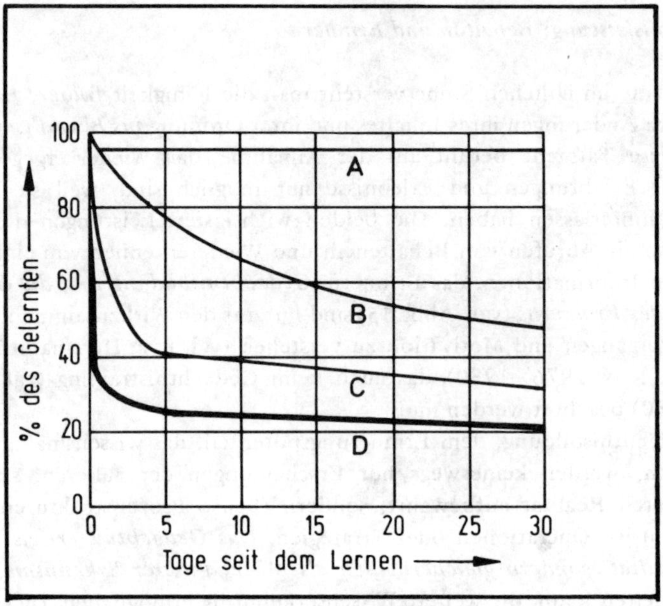

Abb. 20 Verschiedene Vergessenskurven entsprechend verschiedenem Lernmaterial

Die Vergessenskurve zeigt folgenden Verlauf: Nach 20 Minuten 42 % Verlust, nach 1 Stunde 56 %, nach 9 Stunden 64 %, nach 1 Tag 66 %, nach 2 Tagen 72 %, nach 6 Tagen 75 %, nach 31 Tagen 79 %. *Anfänglich verläuft der Vorgang des Vergessen außerordentlich schnell, verlangsamt sich dann immer mehr.*

Schon Ebbinghaus stellte fest, daß sich sinnloses Material schwerer erlernt und man es schneller und gründlicher vergißt als sinnvolle Worte oder gar gegliederte Reime. Abb. 21 zeigt diesen Befund in Kurve D für sinnloses Material, C für Prosatexte, B für Gedichte, A für Regeln, Prinzipien und Gesetzmäßigkeiten, wobei letztere kaum einen Vergessensschwund zeigen, wenn sie einmal gelernt sind.

Weitere systematische Untersuchungen über Speicherleistungen des Gedächtnisses haben gezeigt, daß das Behalten von verschiedenen inneren und äußeren *Faktoren* abhängig ist, die zu beachten *für ein optimales Gedächtnistraining* wertvoll sind. Sie sind in einer Prüfliste der Abb. 21 mit Maßnahmen, die das eigentliche Gedächtnistraining stützen, als Durchcheckdiagramm aufgezeigt.

Für das Gedächtnistraining sollte man nicht künstliche, traditionelle Memotechniken benutzen, sondern schwerpunktmäßig mit entsprechenden Materialien folgende *Gedächtnisbereiche*, die im täglichen Berufsleben die größte Bedeutung haben und auch *den bedeutendsten Leistungsfaktoren* im Denkprozeß entsprechen, trainieren:

- Namensgedächtnis,
- Zahlengedächtnis,
- Gedächtnis für Farbe, Formen und Symbole,
- Situations-Ablaufgedächtnis (vgl. Werneck/Heidack 1980).

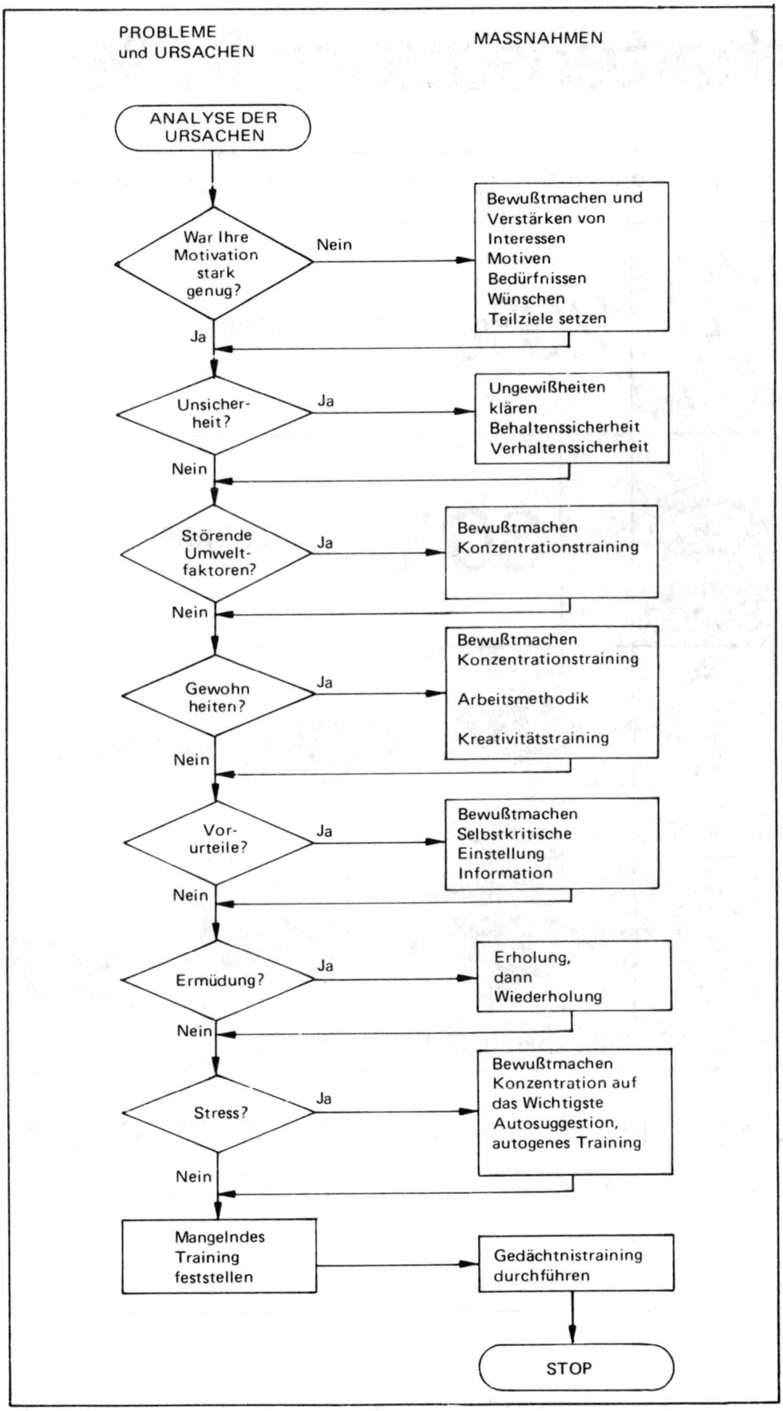

Abb. 21 Checkdiagramm für ein Gedächtnistraining (Quelle: Werneck/Heidack 1980, 53 ff.)

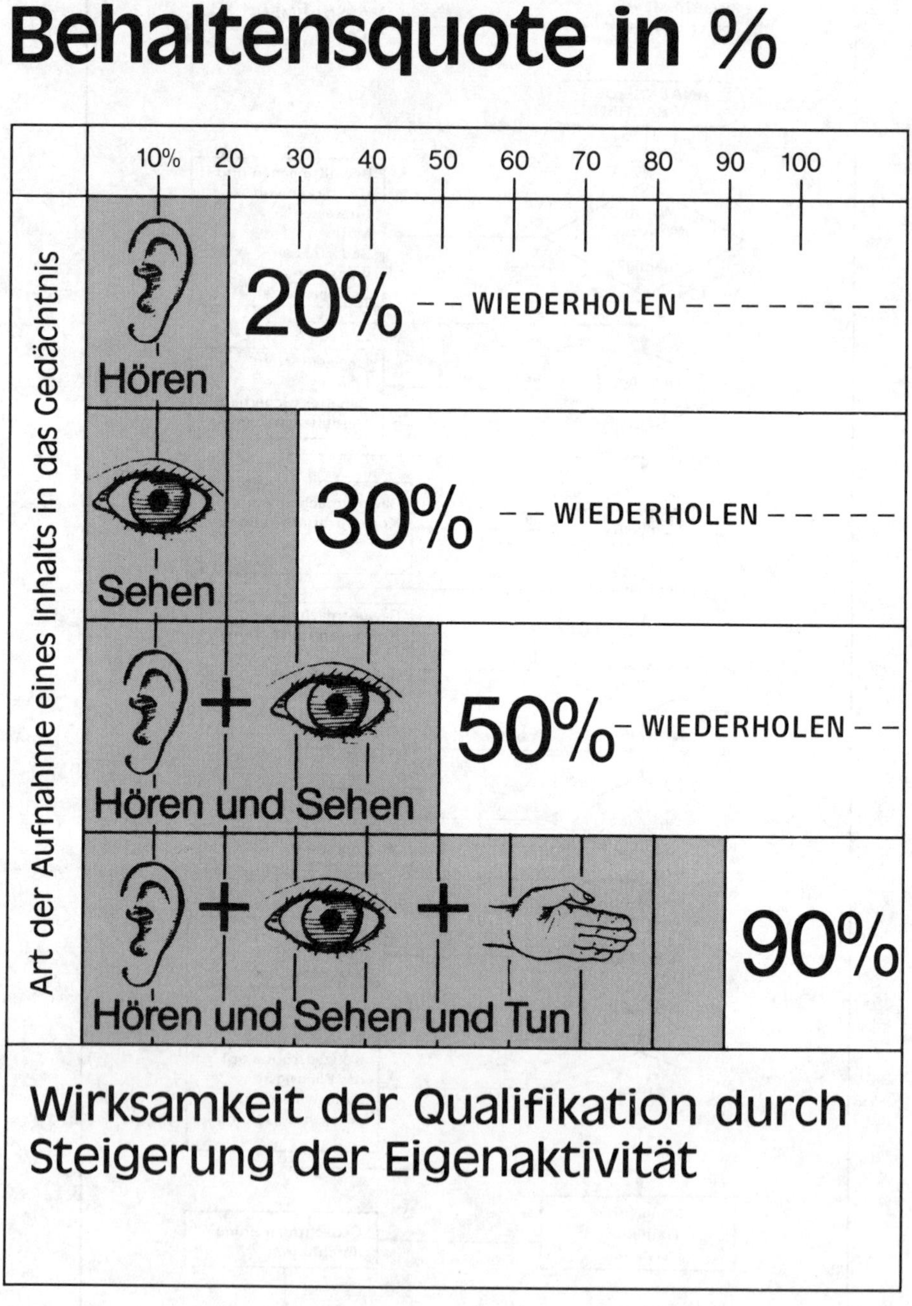

Abb. 22 Behaltensquote entsprechend der Art der Wahrnehmung (Quelle: Werneck/Heidack 1980, 66)

Jeder hat in verschiedenen Bereichen seine persönlichen Stärken und Schwächen, die er besonders beachten muß. Auch zeigen sich individuelle Unterschiede darin, daß der eine besser behält, wenn er etwas sieht, der andere, wenn er etwas hört, oder der motorische Typ, wenn er etwas tut. Dennoch gibt es hier aufgrund von Untersuchungen generelle Einsichten (Perlitz/Vassen 1976, Grunwald 1981), die sich wie folgt kennzeichnen lassen und in Abb. 22 sehr anschaulich dargestellt sind. Das *Erlöschen der Eindrücke durch Vergessen*, kann man, wie Abb. 15 zeigt, deuten als Übergang vom vorbewußten Gedächtnis in einen nicht-bewußten psychischen Zustand oder im Fall des *Verdrängens* von unangenehmen Erinnerungen in das Unterbewußte. Ganz verschwunden sind diese Eindrücke nicht. Sie beeinflussen viele *nicht-bewußte Zustände* insbesondere des Gefühlslebens und *gehen vielfältig in die Motorik und die Reaktionen des Alltags* ein, die uns ebenfalls nicht bewußt sind. Starke Verdrängungen äußern sich in körperlichen und psychischen Beschwerden und finden darin wieder sehr deutlich ihren Ausdruck.

2. *Produktives Denken: Kreativität und Problemlösen*

Beim Denken handelt es sich um motiviertes, zielgerichtetes Verhalten, bei dem der Mensch nach den Gesetzen der Folgerichtigkeit (Logik) über kognitive Vorgänge zu Erkenntnissen kommt.

a) Erklärungsversuche von produktivem Denken im Alltag und durch die Verhaltenswissenschaft

Grundsätzlich ist jede Art des Denkvorgangs produktiv. Auch bloßes folgerichtiges Nachvollziehen beim Lesen eines Buches oder beim Vortrag eines Lehrenden, das *sog. reproduktive Denken*, verlangt produktives Mitdenken.

Im engeren Sinne unterscheidet man produktives Denken im Betrieb von dem routinisierten, gewohnheitsmäßigen Alltagsdenken, das von den praktischen Bedürfnissen des Arbeitsprozesses wesentlich bestimmt ist und selten selbständige Urteile und Überlegungen abverlangt. Aber man trennt es auch vom rein schlußfolgernden Denken, das einen Tatbestand überprüft. Prinzipiell kommen diskursives und einfallsreiches Denken bei allen Denkarten nebeneinander vor. Deutlicher Hinweis hierfür ist, daß bei rein logischen Operationen Einfälle und Gedanken anderer Art stören und der neuschöpferischen Kreativität die eingefahrenen logischen Gedankengänge im Wege sind.

Insgesamt scheint es bei allen Abgrenzungsschwierigkeiten *sinnvoll* zu sein, *zwischen produktivem und reproduktivem Denken zu unterscheiden*, wenn eine exakte Definition des produktiven Denkens aufgrund dieser Unterscheidung auch schwerfällt. „Problematischer wird der Versuch sein, schöpferisches (kreatives) Denken zu definieren, weil die Begriffsbestimmung nicht ausschließlich psychologisch sein kann: Kulturhistorische, soziologische und erkenntnistheoretische Merkmale sind in dem Begriff enthalten. Es ist deshalb verständlich, daß es keine allgemein anerkannte psychologische Definition für das schöpferische Denken gibt, falls man zwischen schöpferischem und produktivem Denken noch unterscheiden will." (Bergius 1964,

52). Um Erkenntnisse über das produktive Denken bemühen sich insbesondere *zwei Richtungen in der Verhaltenswissenschaft* (vgl. u. a. Süllwold; 1960 Ackermann/Reber 1981), wobei die einen grundlegende Konzeptionen des Denkens anstreben, die anderen mehr von einzelnen Untersuchungsgegenständen ausgehen.

Die *Gestaltpsychologen* (vgl. vor allem Köhler 1933; Duncker 1935 (1966); Wertheimer 1945 (1957); Metzger 1975) wollen herausfinden, was eigentlich vorgeht, wenn Denken fruchtbar ist, wirklich vorwärts dringt und produktiv ist. Charakteristisch für sie ist, daß sie *grundlegende Konzeptionen der kognitiven* Prozesse (vgl. ergänzend hierzu für das kognitive Lernen 2. Kap. II, D, 3c) *ausgehend von einem präzise gefaßten Gesamtkonzept* (vgl. ergänzend: Wahrnehmen 2. II. B. 4) feststellen möchten. Sie sind deshalb bestrebt, den Problemlösungsprozeß mit relativ wenigen allgemeingültigen Prinzipien als Ganzes zu charakterisieren und an einem „guten" Lösungsprozeß, dem „einsichtigen" Lösungsverhalten, interessiert.

Diese Grundkonzeption ist allerdings nur bei Problemen anwendbar, die wahrnehmungsmäßig erfaßbar sind und sich vor allem visuell darstellen lassen. Die *Lösungen müssen ferner rasch und zügig ohne viele Zwischenergebnisse und Teillösungen erreichbar* sein. Methodische Ansätze der Kybernetik und phänomenologische Vorgehensweisen (vgl. u. a. Graumann 1965) versuchen das Konzept weiterzutreiben.

Eine recht unterschiedliche Gruppe von meist amerikanischen Verhaltenswissenschaftlern (vgl. u. a. Ashby 1954; Vinacke 1952; Johnson 1955; March/Simon 1976 Simon / Newell 1981; Miller/Galanter/Pribram 1973) gehen in *meist informationstheoretischen Ansätzen* beim Studium des Problemlösens *von konkreten Untersuchungsgegenständen aus*. In ihren Modellen wird *Denken als die Tätigkeit des Problemlösers,* also mehr als Entscheiden und deutlich unterschieden von den komplexen objektiven Gegebenheiten, aufgefaßt. Der Aktionsradius des Denkens bezieht sich nur auf das Lösen von Problemen zu genau vorgegebenen Zielen. *Wie die Probleme entstehen wird daher häufig vernachlässigt.* Umfeld und soziale Hintergründe, Emotionalität und Gesamtpersönlichkeit bleiben insgesamt meist unberücksichtigt (vgl. hierzu Seidel 1976). *Ihre Bedeutung für die Praxis der Problemlösung und Entscheidungsfindung im Betrieb ist dabei unbestreitbar.*

b) Denken in komplexen Problemlösungsprozessen (Logik der Praxis)

In Problemlösungssituationen kommen die verschiedenen Denkvorgänge komplex vor. *Eine Problemsituation* besteht *allgemein dann, wenn eine motivierte Person an der unmittelbaren Erreichung eines Zieles gehindert wird* (Johnson 1955, 68) *oder nicht den sofortigen gedanklichen Zugriff, bzw. die direkte Einsicht in ein gefordertes oder gewünschtes Ergebnis hat.* Am häufigsten findet man Probleme *informationstheoretisch ausgedrückt* als Kennzeichnung einer *IST-SOLL-Abweichung*: Ein Problem besteht für den einzelnen immer nur dann, wenn zwischen dem (scheinbaren) Ist-Zustand und dem gewünschten Soll-Zustand subjektiv eine Abweichung zu erkennen ist.

Einsichten in gedankliche Strukturierung von IST und SOLL, sowie denkerische Umstrukturierungen sind kognitive Prozesse. *Problemlösungen* sind Handlungen, die von Leistungen des produktiven und prospektiven Denkens wesentlich bestimmt werden.

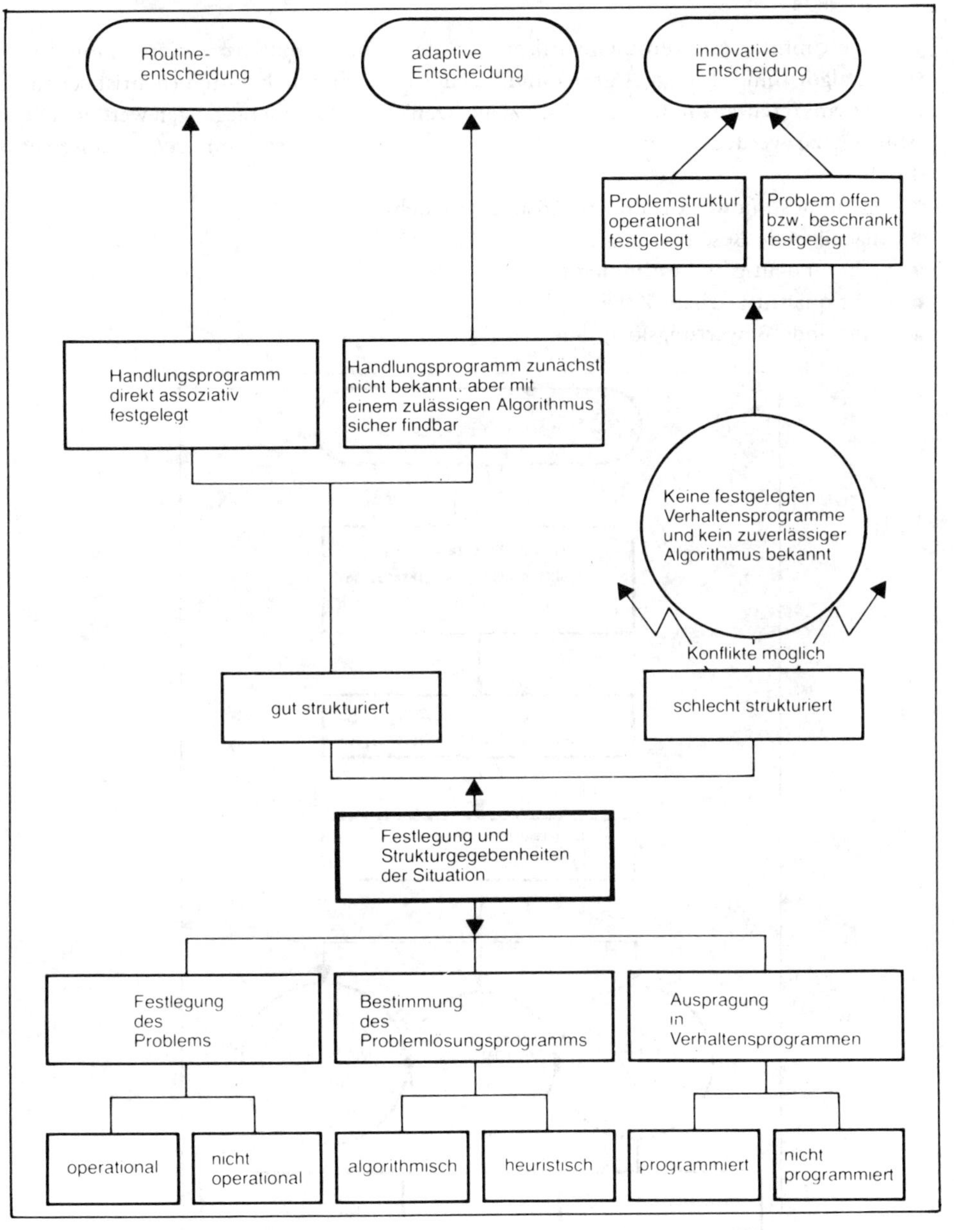

Abb. 23 Elemente der Festlegung der Situation und Arten der Entscheidung bei kognitivem Entscheidungsverhalten (Quelle: Heidack 1980, 167)

Die Leistung des produktiven Denkens – soweit man sich hiervon sehr vereinfachend ein Bild machen kann – entspricht der Problemstruktur der zu bewältigenden Aufgaben, der Art der zu wählenden Problemlösungsmethoden und den gegebenen Verhaltensmöglichkeiten (vgl. u. a. March/Simon 1976; Kirsch 1971). Abb. 23 zeigt diese Kriterien im Zusammenhang mit dem Entscheidungsprozeß formal auf.

Je unbestimmter eine Problemstruktur ist, desto mehr muß von programmierten (meist algorithmisch festgelegten) und aus der Erfahrung bekannten (heuristischen) Lösungsansätzen auf individuelle, spezielle Denkvorgänge übergegangen werden, wie Abb. 23 zu verdeutlichen sucht. Die *Problemsituation ist* dann *gekennzeichnet* durch

- eine unbestimmte Anzahl von Lösungsmöglichkeiten,
- ungenügende Beschreibung von Lösungsansätzen,
- nicht eindeutig zu bestimmende Konsequenzen,
- nicht quantifizierbare Ziele,
- mangelnde Bewertungskriterien.

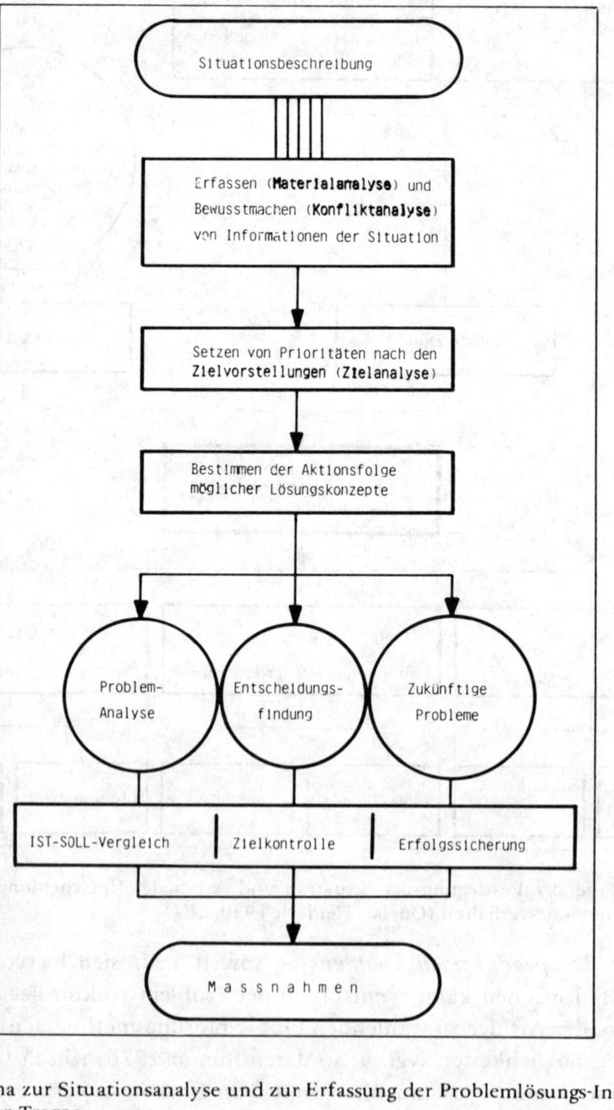

Abb. 24 Schema zur Situationsanalyse und zur Erfassung der Problemlösungs-Instrumente nach Kepner-Tregoe

Komplexe Probleme erfordern deshalb eine umfassende Bestandsaufnahme der Informationen der Problemsituation, der Zielvorstellungen und der möglichen methodischen Lösungskonzepte. Zur Klärung der Problemsituation – zu weiteren methodischen Hinweisen bezüglich der Arbeitstechnik (vgl. 4. Kap. III E) – in einer *Situationsanalyse* sind folgende Vorgangsschritte, wie Abb. 24 sie schematisch darstellt, von hohem heuristischen Wert:

(1) Erfassen (*Materialanalyse*) und Bewußtmachen (*Konfliktanalyse*) von Informationen der Situation.

(2) Setzen von Prioritäten entsprechend den Zielvorstellungen (*Zielanalyse*).

(3) *Bestimmen der Aktionsfolge möglicher Lösungskonzepte*, die entweder Problemanalyse (*IST-SOLL-Vergleich*), Entscheidungsanalyse (*Zielkontrolle*) oder Planungsüberlegungen für zukünftige Probleme zwecks *Erfolgssicherung* (meist in Hinblick auf getroffene oder noch zu treffende Maßnahmen, vgl. Abb. 27) erfordern.

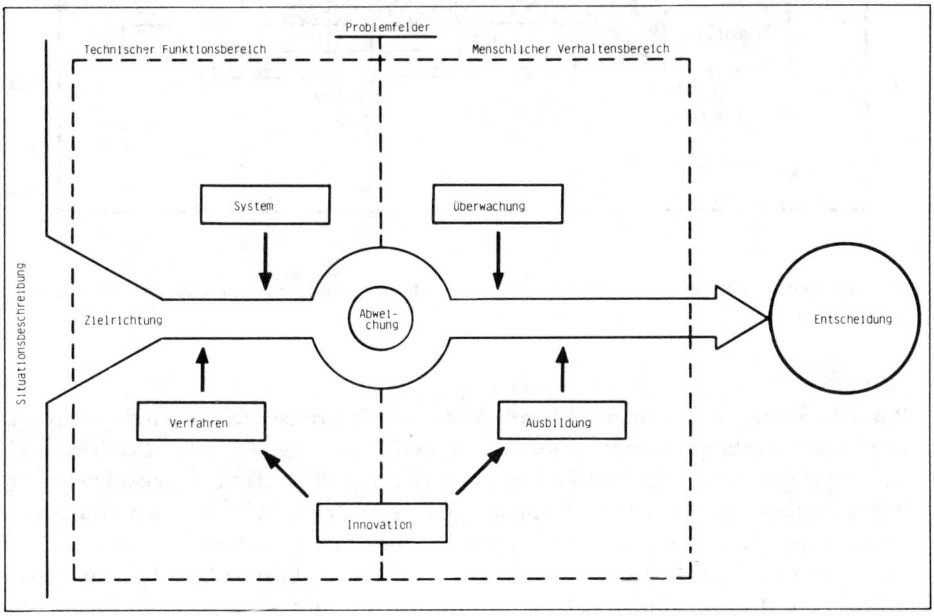

Abb. 25 Schema zum Einordnen von Problemen (Abweichungen) bei der Problemanalyse und Entscheidungsfindung (nach Heidack 1979, III)

Um systematisch entsprechend der betrieblich bedeutsamen Problemstruktur zu Einsichten beim Problem-Erkennen zu gelangen, sollte man die *Hauptproblemfelder im Betrieb*, wie sie die Abb. 25 verdeutlicht, checken. *Technische Problematik* wird dort vor allem durch Systemstrukturen und Verfahrensgegebenheiten gekennzeichnet, während *Verhaltensproblematik* durch Überwachungs- und Ausbildungsbefunde offenbar wird. Es wird auch angedeutet, daß *innovatorische Probleme* zunächst meist Verfahrensfragen im technischen Bereich, Ausbildungs- bzw. Qualifikationsfragen im Bereich des menschlichen Verhaltens berühren.

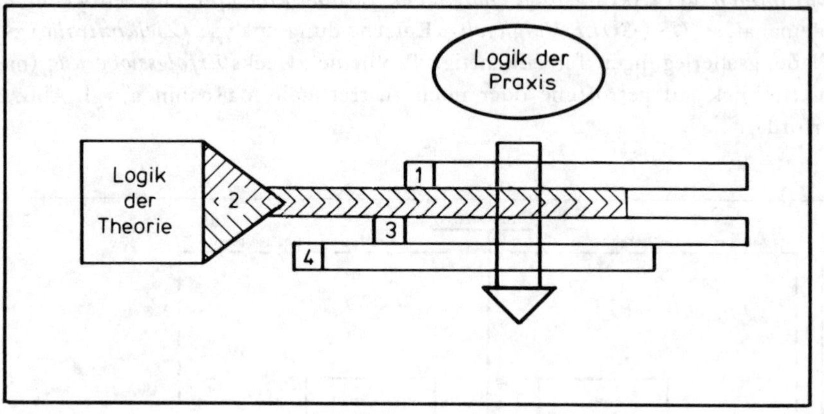

Abb. 26 Kennzeichnung der Situation der Entscheidungsfindung (Quelle: Odiorne 1971, 160)

Problemlösung ist Handeln und vollzieht sich theoretisch als kognitiver Prozeß kontinuierlich hintereinander. Komplexe *Problemlösungen in der Betriebspraxis* laufen nebeneinander an. Die Problemlösungssituation ist dadurch gekennzeichnet, daß entsprechend der Veranschaulichung in Abb. 26 mehrere Problemlösungsvorgänge *in verschiedenen „Reifestadien"* zur Problemlösung anstehen: Ein Problem ist möglicherweise gerade aufgetaucht, andere stehen zur Lösung an oder man steckt mitten drin. Der Handlungsvollzug (vgl. Abb. 26) erfordert zwar theoretisch folgerichtiges Denken, ist aber in der jeweiligen Problemsituation Umfeld-bestimmt und *folgt im Handlungsvollzug einer „Logik der Praxis"* (Odiorne 1971, 180). Handfest vollziehen sich die Denkergebnisse in Entscheidungen mit den damit verbundenen Maßnahmen. Sie entsprechen dieser Problemsituation des Problemlösers mit ihrem Gemisch von verschiedenartig bestehenden und potentiellen Problemen. Theoretisch ist ein Problem nur dann gelöst, wenn eine Abstellmaßnahme gefunden ist. Die Logik der Praxis verlangt jedoch kognitive Leistungen, die ihrer Problemsituation entsprechen, und verlangt manchmal ganze Maßnahmebündel unterschiedlicher Art, wie sie Abb. 27 zeigt.

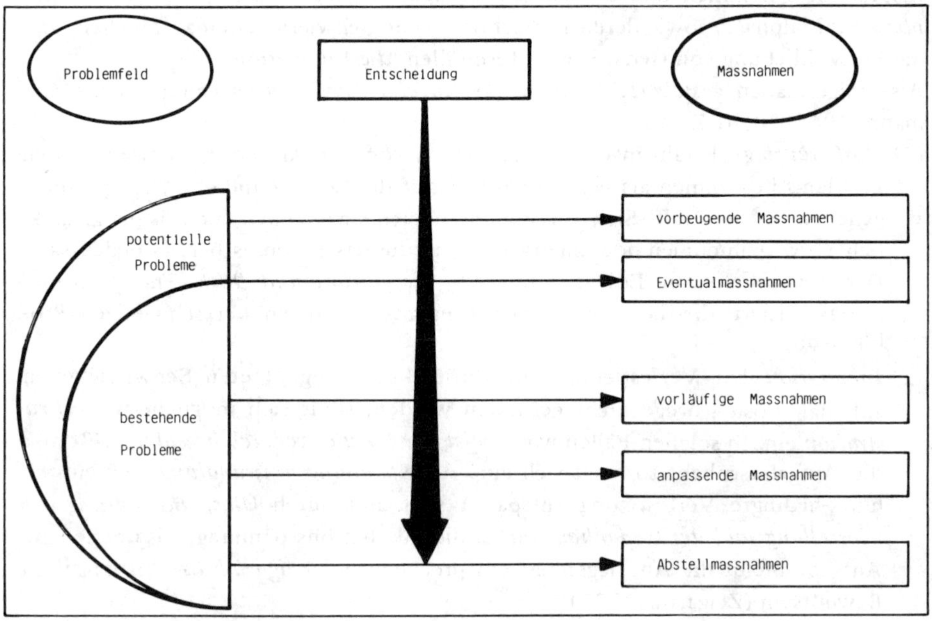

Abb. 27 Maßnahmen bei Entscheidung angesichts bestehender oder potentieller Probleme (nach Heidack 1979, IV)

c) Phasen und Erfassen des kreativen produktiven Denkens

Denkvorgänge haben eine relativ kurze Gegenwartsdauer (vgl. Abb. 16) *und sind situationsgebunden*. Teile des Denkinhaltes müssen aus dem Gedächtnis zur Verfügung gestellt werden, z. B. für den Sprachgebrauch. Auch sind *Gedächtnisfunktionen* bei der Zwischenspeicherung von Denkergebnissen, bzw. Teilergebnissen beteiligt. Allerdings können die Gedanken und Einfälle aus dem Mitvollzug des Gedächtnisses negativen Einfluß auf den Denkvorgang und die Zwischenspeicherung haben, wenn sie von dem *Sachverhalt* und dem *Bewußtseinbereich* abweichen, und als Assoziationen an andere Dinge ablenken. Zielgerichtete Aufmerksamkeit (Sensitivität) und willensmäßige Konzentration, die eng mit der jeweiligen Motivation zusammenhängen, können dies verhindern. Beides läßt sich durch Training verbessern, hängt aber auch von persönlichen Eigenschaften und sozialen Umwelteinflüssen ab, die Können und Wollen beeinträchtigen.
Hemmnisse beim produktiven Denken des Problemlösens und Ideenfindens wie sie z. B. im Verbesserungsvorschlagswesen (vgl. u. a. Bräutigam 1961; Losse/Thom 1977; Heidack/Brinkmann 1982) alltäglich vorkommen, sind (vgl. Abb. 36):

- Könnens- bzw. Fähigkeitsbarrieren,
- Wollens-Barieren,
- Wagens- bzw. Risiko-Barrieren.

Insbesondere hemmen und *erschweren* sie *den Eingang in eine produktive Denkphase* (Initialphase) sowie deren Fortschritt, wenn Schwierigkeiten auftauchen, und die Verwirklichung von Gedanken und Einfällen: *die Innovation*.

Als einigermaßen *gesicherte Befunde für einzelne Denkphasen* gelten nach Graumann (1964, 506 ff.):

(1) Vorbereitung: Erfahrungen mit Aufgaben von der Art des zu bewältigenden Problems bestimmen als *Erfahrungshorizont* die Lösung und den Weg, sie anzugehen, wesentlich mit. Sich vorzubereiten, sich einzustellen, die Lösung gedanklich vorwegzunehmen oder zu erwarten, ist für das Ergebnis bereits bedeutsam. Der Ausspruch von Edison von *„2 % Inspiration und 98 % Transpiration"* charakterisiert die nötigen Vorbereitungsanstrengungen bei schwierigen Problemen.

(2) Inkubation bei Verfestigung und Umstrukturierung: Treten Schwierigkeiten auf, daß Lösungswege nicht gefunden werden, stellt sich möglicherweise *Frustration* ein. In solchen Fällen wird *meist der Lösungsversuch beendet*. Läßt man die Aufgabe ruhen, so zeigt sich eine Art *Spannungsumwandlung*. Die einstellungs-bedingte Verfestigung entspannt sich und durch *Umstrukturierung der Einstellung und der Gedanken* wächst die Inkubationsspannung. Als unerledigte Aufgabe bleibt die Angelegenheit entsprechend des *Zeigarnik-Effekts* länger im Bewußtsein (Zeigarnik 1927).

(3) Lösungsfindung (*Einfall*): Für den Augenblick der Lösung gibt es eine Anzahl von Begriffen: Einfall, Eingebung, Erleuchtung, Intuition etc. Dieses ganzheitliche Erkennen kann man aber eher mit dem *„Aha-Erlebnis"* in der Aktualgenese bei der Gestaltwahrnehmung vergleichen (vgl. 2. Kap. II. B. 4), als mit einer Eingebung von außen oder „von oben". Die Lösungsidee ist meist eine Verdichtung auf den kritischen Punkt des Einfalls. Häufig geht auch schon eine *Vorahnung* als Aufdämmern der Idee voraus.

(4) Überprüfung und Urteil: Als abschließende Denkphase folgt der Lösungsidee ihre Überprüfung auf ihre Brauchbarkeit für die geforderte Lösung. Es folgt daraufhin das Urteil, ob der erfaßte Zusammenhang lösungs-relevant ist oder nicht, ob die Lösungsidee tatsächlich eine akzeptable Lösung ist. Vor allem stellt sich im sozialen Verbund die Frage, ob die Lösung akzeptiert und umgesetzt wird. Nur so führt kreatives Denken zur Innovation.

Diesen Phasen entsprechen folgende *Hauptfragen der phänomenologischen Analyse zum Problemlösen*:

(1) Wie werden Situationen oder erkennbare Sachverhalte zum Problem?
Was gibt von daher Anlaß zum produktiven Denken?

(2) Wodurch wird das Erkennen von Problemen erschwert und was kann es erleichtern?

(3) Wodurch wird die Ideenproduktion und das Hervorbringen von Lösungsversuchen erleichtert oder erschwert?

(4) Wie wird die richtige Lösungsidee unter den hervorgebrachten Lösungsversuchen erkannt, ausgewählt und akzeptiert—

Die *heuristischen Methoden*, die bei der Erkenntnis von kreativ-produktivem Denken Anwendung finden sind:

- *Situationsbeschreibung*: phänomenologisch deskriptive Methode Verhaltensprotokolle (lautes Denken), Introspektion,
- *Situationsanalyse*: nach Duncker (1966) bestehend aus:
  - Materialanalyse: „Was ist gegeben und brauchbar?"
  - Konfliktanalyse: „Warum geht das nicht?"
- *Zielanalyse*: „Was ist gesucht (gefordert), und was ist nicht gefordert? "
- *Umstrukturierung und Verfremdung* (vgl. u. a. Gordon 1961; Ulmann 1969, 1973, Schlicksupp 1977).

d) Formen des produktiven Denkens beim Problemlösen

Die Formen des produktiven Denkens, die beim Problemlösen in Frage kommen, kann man sinnvoll in

- produktiv, vorwärtsdrängende Denkvorgänge
- reproduktiv, nachvollziehende Denkvorgänge

unterscheiden.

Als produktiv vorwärtsschreitendes Denken kann man folgende Formen kennzeichnen:

- divergierendes Denken
- logisches Denken
- analytisches und synthetisches Denken
- Denken mit Symbolen
- kritisch-aufbauendes (konstruktives) Denken
- strukturierendes Denken
- spekulatives Denken
- dispositionelles Denken (Zeit- und Mitteleinteilung, Unterteilen, Organisieren)
- Planendes Denken (Erdenken, Vorausdenken, Aufgaben planen)
- teleologisches Denken bezogen auf
  - Ziele
  - Urteile und Entscheidungen
  - Handlungen.

Reproduktives Denken dagegen hat folgende Vorgangsformen:

- konvergierendes Denken
- Struktur-Nachvollziehen
- Kombinieren
- logische Nachvollzüge
- denkerisches Nachvollziehen
- symbolisch und sprachliches Nachvollziehen
- erfassendes Denken
- zerlegendes Denken, um etwas zu erfassen, begreifen und merken
- kritisches Denken
- verstehendes Denken
- Denken mit Denkmodellen
- Simulieren
- Nachdenken
- Überdenken.

3. *Prospektives Denken: Planen und Entscheiden*

Entscheiden wird gemäß den traditionellen, *ökonomischen Entscheidungstheorien* (vgl. u. a. Gäfgen 1974; Szyperski/Wienand 1974) durch Denkvorgänge charakterisiert, deren Ergebnis die Wahl zwischen verschiedenen Handlungsalternativen zur Erreichung bestimmter Ziele ist.

> Entscheiden kann nicht isoliert als Akt rein rationalen Wahlverhaltens gesehen werden. Er ist eingebettet in planerische Denkvorgänge, persönliches Engagement und eine soziale Umwelt, die eine Durchsetzung der Entscheidung erst gewährleistet.

Dem wird in der „Theorie der beschränkten Rationalität" (rationale Limitationalität), deren Hauptvertreter der Nobelpreisträger H. A. Simon ist, Rechnung getragen, indem sie von einem rationalen Ansatz ausgeht, zugleich aber auch seine persönlichkeits- und situationsspezifischen Grenzen aufzeigt (vgl. u. a. Simon (1981), March/Simon 1976; Reber 1975 Simon/Newell 1981).

a) Die Bedeutung der Zukunftsperspektive und der Zeit für das Planen

Von der zeitlichen Zuordnung her ist
das *Gedächtnis* im kognitiven Verhalten eher *vergangenheitsorientiert*,
Problemlösen mehr *gegenwarts- und situationsgebunden*,
Planen und Entscheiden dagegen *zukunftsbezogen*, weshalb es auch prospektives Denken genannt wird.
Durch diese *Zukunftsperspektive* erhält es für das Verhalten höchste Brisanz, wobei folgende Punkte *für das Verhalten* im Betrieb von besonderer Bedeutung sind:

- *Planung betrifft die Zukunft aller Betroffenen.* Nichts berührt das Interesse des Menschen mehr als seine Zukunft. Nichts regt seine Gefühlswelt und irrationale Verhaltensweisen so an, wie die Ungewißheit hierüber. Deshalb möchte der Mitarbeiter auch über das, was man mit ihm vorhat, informiert sein. Aber *nicht nur Mitwissen, sondern auch Mitdenken* bringt die nötige persönliche Bejahung dessen, was an Neuem oder an Veränderungen für die Zukunft entscheiden wird. Die Abb. 104 zeigt den gedanklichen Mitvollzug für eine konstruktive Zusammenarbeit schon bei der Planung auf, die Probleme und Konflikte bei der Durchführung verhindern hilft.
- *Planerisches Denken muß strategisch und taktisch ausgerichtet sein.* Strategie und Taktik kennzeichnet nicht nur die langfristige, bzw. kurzfristige Vorgehensweise. *Strategisches Denken* ist dadurch charakterisiert, daß es sich für sein Entscheiden und Handeln an übergeordneten bzw. obersten Zielen oder Zielvoraussetzungen orientiert und sich nicht durch vordergründige Dringlichkeiten ablenken läßt und *einen durchgängigen Zusammenhang zwischen Anfangshandeln und Enderfolg* in bezug auf ein übergeordnetes Ziel *anstrebt*. (vgl. hierzu Gälweiler 1981). Prospektives Denken begleitet somit die Handlung, bis die Ziele verwirklicht und die Entscheidungen durchgesetzt sind. *Strategisches Denken legt die*

Ziele mit einem übergeordneten Erwartungshorizont und Anspruchsniveau fest. Taktische Überlegungen befassen sich vor allem mit Verhaltensregeln und Verhaltensregulierungen auf dem Weg zum Ziel.

- *Die zur Planung verfügbare Zeit bestimmt das Entscheidungsverhalten*: Das Risiko ist bei planerischen Überlegungen und im Entscheidungsverhalten eine rationale Komponente, die in Analogie zur Verunsicherung und Unsicherheit der emotionalen Komponente (vgl. Abb. 67) zu sehen ist. *Zielklarheit und Informationsgrad bestimmen die Risikoträchtigkeit einer Entscheidungssituation.* Sie sind von der konkreten Einsicht in die Problematik aufgrund von Informationen und der Möglichkeit, die Entscheidung vorauszuplanen, abhängig. Je höher der Informationsgrad und die Vorgeplantheit (vgl. Abb. 28) ist, umso geringer ist das Risiko und die Unsicherheit des Entscheiders. Dies wirkt sich in gleicher Weise auf sein Entscheidungsverhalten aus.

Jede Entscheidung in der betrieblichen Wirklichkeit enthält somit in ihrem Planungs- und Entscheidungsprozeß eine *sachliche und persönliche Komponente*, die wesentlich von der zur Verfügung stehenden Zeit abhängig sind:

- das *Risiko, als vom Informationsgrad abhängige sachliche Konsequenz*
- die *Verantwortung, als in der Entschlußkraft zum Ausdruck kommende persönliche Konsequenz.*

Abb. 28 kennzeichnet verschiedene Entscheidungssituationen durch den Einsatz an Informationen: den Informationsgrad, und die Entschlußkraft, wobei der Zeitfaktor für den Informationsgrad eine wesentliche Rolle spielt. So wird angenommen, je mehr Zeit zur Verfügung steht, um so mehr Daten könnten bearbeitet werden, und die Entscheidung kann entsprechend vorgeplant werden. *Unsicherheitssituationen* sind dadurch gekennzeichnet, daß die nötige Zeit, sich entsprechende Informationen zu verschaffen, nicht besteht. Unsicherheit und Ungewißheit überwiegen. Es erfordert ein hohes Engagement und eine erhöhte Entschlußkraft, um diese Informationslücke zu füllen sowie die Konsequenzen persönlicher und sachlicher Art, also Verantwortung und Risiko, zu tragen. Entscheidungssituationen dieser Art sollten nur aufgrund von Dringlichkeiten oder Überraschungen vorkommen.

Als *Risikosituationen* werden in Abb. 28 solche Situationen dargestellt, in denen sich der mögliche Informationsgrad und die nötige Entschlußkraft in etwa die Waage halten. Man befindet sich im Zufallsbereich. Eigentlich sollte man bei Entscheidungen einen höheren Informationsgrad anstreben, denn eine befriedigende Informationssituation ist dies nicht.

Die *Sicherheitssituation* ist in Abb. 28 dadurch gekennzeichnet, daß man sich hinreichend Zeit nimmt oder hat, um zu einem möglichst hohen Informationsstand zu kommen. Allerdings muß die benötigte Zeit auch ökonomisch vertretbar sein. Hundertprozentige Sicherheit bedarf keiner Entscheidung mehr. Ein gerütteltes Maß an Engagement und Entschlußkraft gehört . jeder echten Entscheidung. Schon auf grund begrenzter Informationsmöglichkeiten können wir nie Maximalwerte anstreben, sondern nur im Bereich zufriedenstellender Faktoren („satisfiers": Simon) bleiben.

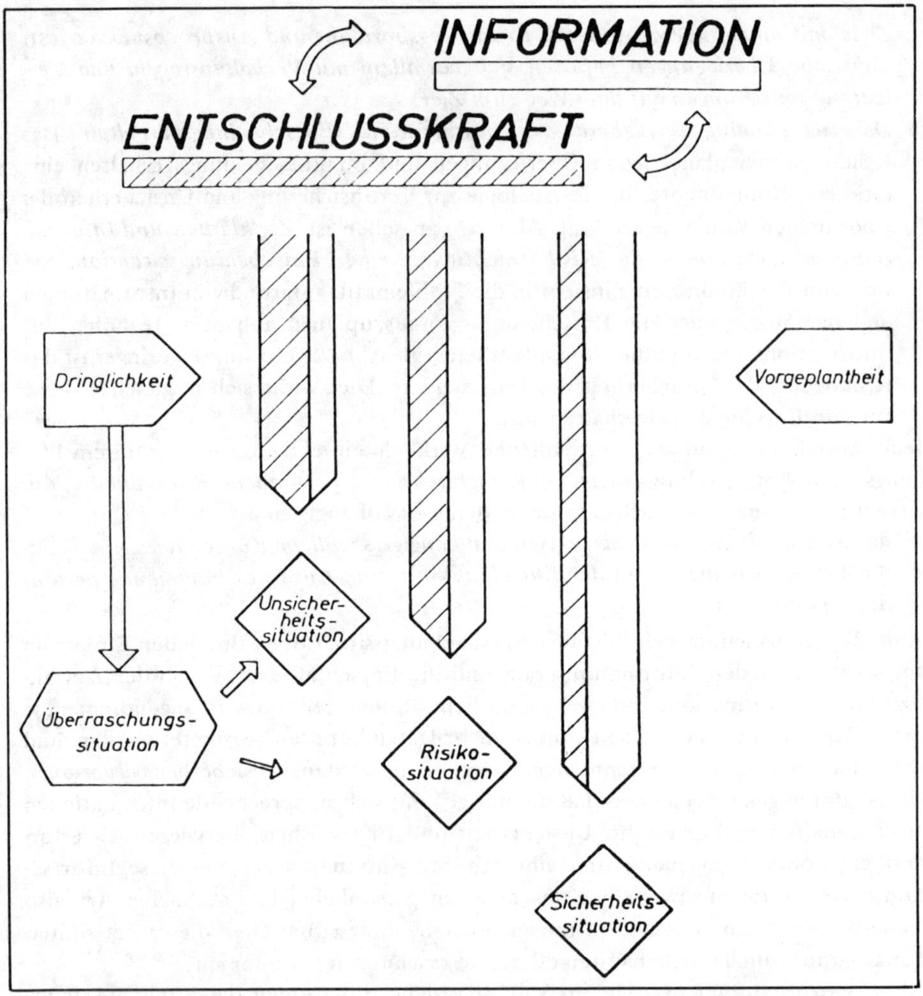

Abb. 28 Korrellation von Entschlußkraft und Informationsgrad in bestimmten Entscheidungssituationen unter Berücksichtigung des Zeitfaktors (Quelle: Heidack 1980, 163)

b) Verhaltensaspekte bei kognitiven Entscheidungen

Der Mensch trifft im Alltag ganz selten echte Entscheidungen. Normalerweise reagiert er auf Umweltanforderungen routinemäßig (vgl. hierzu Kirsch 1971; March/Simon 1976). Auch das Entscheidungsverhalten im Betrieb ist kognitiv durch bestimmte Erfahrungen und Gewohnheiten geprägt. Die Situation ist wohl definiert und somit handelt man „vernünftig". Die instrumentale Ausführung und die Anwendung von Regeln sind klar, wie man sich zu verhalten hat, ist bekannt und die Erfüllungswünsche sind auf einem angemessenen Anspruchsniveau. Dieses Verhalten entspricht dem *Sicherheitsstreben auf recht niedrigem Anspruchsniveau*. Verhaltensweisen dieser Art *prägen den Alltag*.

Im Alltag sind Entscheidungen selten und nur in Ausnahmefällen treten Entscheidungsprobleme auf. Dann ist die Situation nicht so festgelegt und zeigt in ihren Strukturgegebenheiten nicht sofort ein Lösungsprogramm, das routinemäßig angewandt werden kann. In Abb. 23 ist in einer Übersicht dargestellt, welche Elemente eine Situation festlegen, um sich entsprechend entscheiden zu können. Es sind im wesentlichen drei *Komponenten, die den Problemlösungs- und Entscheidungsfindungsprozeß bestimmen*:

(1) Festlegung des Problems,
(2) Bestimmung des Problemlösungsprogramms,
(3) Ausprägung des Verhaltensprogramms.

Dies Schema kognitiver Entscheidung ist dann unproblematisch, wenn die Situation gut strukturiert ist und das Handlungs- und Verhaltensprogramm direkt assoziativ erkennbar ist. Es handelt sich hier um eine *Routineentscheidung*.

In anderen Fällen ist die Situation zwar ebenfalls gut strukturiert, im Gegensatz zu den rein routinemäßigen Entscheidungen umfaßt sie jedoch mehrere mögliche Reaktionen, von denen eine Reaktion ausgewählt werden muß. Zwar ist das Handlungsprogramm zunächst noch nicht festgelegt, durch zusätzliche Informationen fällt es dann aber leicht, aus dem Verhaltensrepertoire ein Verhaltensprogramm auszuwählen, das der Situation angepaßt ist. Ein solches Problemlösungsprogramm wird als *Algorithmus* bezeichnet. Diese Art der Entscheidung ist adaptiv. Die Anpassung besteht in der Auswahl der zu realisierenden Alternative. Ist sie erkannt, so wird meist in der Nähe der zuletzt realisierten und diskutierten Alternative, an der man sich förmlich festklammert, eine Entscheidung gesucht. Dieses Vorgehen nennt man *inkremmental*. Man beharrt z. B. bei einer Projektdiskussion bei Finanzierungsproblemen und geht nicht aus diesem Bereich heraus.

Bekannt für diese *Systemgebundenheit* (Betriebsblindheit) ist das Lösungsverhalten bei der Aufgabe, neun quadratisch angeordnete Punkte in vier Zügen, ohne abzusetzen, zu verbinden.

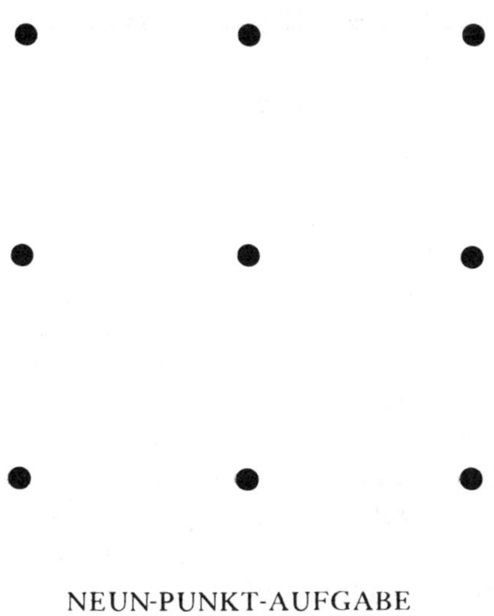

NEUN-PUNKT-AUFGABE

In diesem Figurerlebnis (vgl. u. a. Graumann 1964, 501 f.) wird aus einer gegebenen Figur eine geforderte Figur, die aus einer anderen Perspektive zu betrachten ist, will man die Aufgabe lösen. Verfestigung, Fixation und Einstellungseffekte aufgrund früher ähnlich gelöster Aufgaben, bei denen man im Feld der vier Punkte die Lösung fand, verengen die Perspektive und verhindern die Transparenz für die kreative Lösung. Erst wenn man das System innerhalb der Punkte verläßt, wird eine mögliche Lösung bereits implizit erkannt. Die vorgegebene Figur bekommt einen Aspekt einer übergreifenden Konfiguration, wie die Lösung zeigt. Es hat sich eine Umstrukturierung des gegebenen Bildes gezeigt, und erst hierdurch wurde die undurchsichtige Situation transparent.

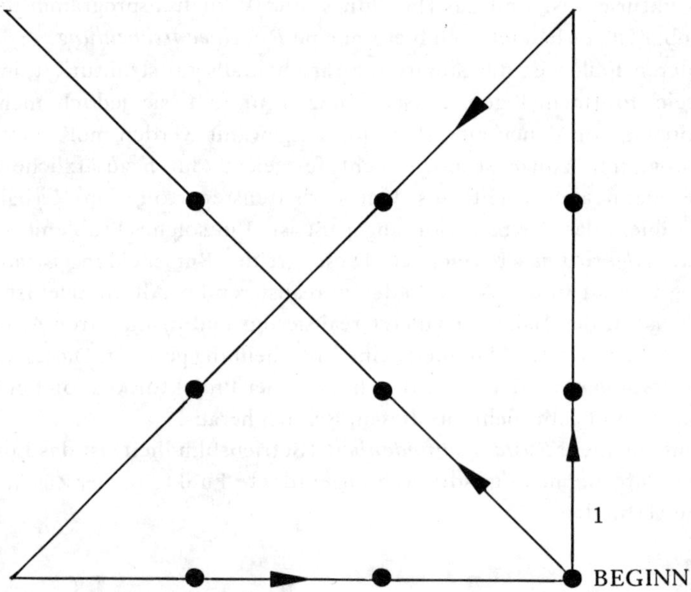

LÖSUNG

Rigidität und Beharrungstendenzen in Entscheidungssituationen zeigen folgende typischen Verhaltensweisen:

- *Minimale Alternativsuche*: Häufig strebt man keineswegs eine vollständige Erfassung und Analyse der Situation an, sondern begnügt sich mit einer vergleichsweise kleinen Zahl von Alternativen. Im Extremfall entwirft man nur eine einzige Lösung. Aufgrund der nur fragmentarisch zur Verfügung stehenden Informationen werden nicht alle Konsequenzen beachtet.
- *Durchwursteln*: Es wird auf eine allumfassende Lösung verzichtet, weil man im Moment nicht erwartet, das Entscheidungsproblem endgültig lösen zu können. Man läßt die Nachfolgeprobleme auf sich zukommen, weil geglaubt wird, daß

– wenn sie sich wieder einstellen, „einem wieder etwas einfallen wird". So wurstelt man sich von Problem zu Problem in kleinen, unzusammenhängenden Schritten durch.

- *Heuristische Erfahrungsregeln*: Man versucht, verschiedene Sachverhalte zu durchleuchten, um sie auf einen einfachen Nenner zu bringen, sozusagen den „Code zu knacken". Lernpsychologisch läßt sich das so erklären, daß der Mensch aufgrund seiner bisherigen Erfahrungen seine neue Situation vernünftig zu vereinfachen sucht, wie er es bisher gelernt hat, dies anhand von Faustregeln, Tricks oder Kniffen, die sich in ähnlichen Situationen bewährt haben, zu machen, um so das Problem zu lösen und die Entscheidung zu finden. Meist sind es Faustregeln, ähnlich wie beim Skat „langer Weg, kurze Farbe" oder die goldene Bank- bzw. die goldene Finanzierungsregel. Allgemeine heuristische Prinzipien, wie z. B. die Paretoregel, daß nur 20 % der möglichen Ursachen genügen, um 80 % der möglichen Folgen auszulösen, haben einen ganz anderen Systemzusammenhang, als diese rein subjektiven Erfahrungen.

Innovative Entscheidungen sind dann verlangt, wenn die Situation nicht festgelegt und schlecht strukturiert ist. Wie es Abb. 29 zeigt, kommt es hier zu möglichen Konflikten, weil kein festgelegtes Verhaltensprogramm und kein zuverlässiger Algorithmus bekannt ist. Die Problemstruktur mag dabei operational festgelegt sein, offen oder beschränkt festgelegt. Bei schlecht strukturierten Situationen gerät man leicht in *intraindividuelle Konflikte*, weil es schwerfällt, eine Verhaltensweise zu wählen. Der klassische psychologische Fall liegt dann vor, wenn jemand angegriffen wird und gleichzeitig Zorn und Furcht empfindet, wobei der Zorn zum Gegenangriff, die Furcht zur Flucht drängt.

March und Simon (1976, 107 f.) erklären dies als einen „Zusammenbruch von Standardmechnismen der Entscheidungsfindung". Diese Problemunklarheit ist mit einem inneren Konflikt des Menschen verbunden, wobei der Drang und die Motivation besteht, nach einer Präzisierung des Problems zu suchen. In der heutigen Entscheidungstheorie wird der intraindividuellen Konfliktsituation und deren Einfluß auf den Verlauf des Entscheidungsproblems besondere Aufmerksamkeit gewidmet. Hierbei werden *drei Typen individueller Konflikte*, die sich nach ihren Ursachen unterscheiden, angenommen. Die Ursachen sind

(1) Nichtakzeptierbarkeit,
(2) Nichtvergleichbarkeit,
(3) Unsicherheit.

Kommt *Nichtakzeptierbarkeit* in Frage, so kennt man Alternativen und Konsequenzen und kann sogar die bevorzugte Alternative einwandfrei identifizieren. Allerdings liegt diese Alternative unter dem angestrebten Anspruchsniveau.

Bei *Unvergleichbarkeit* kennt man die Alternativen mit ihren Eintrittswahrscheinlichkeiten, ist aber nicht in der Lage, die beste Alternative herauszufinden, da man hierfür die Kriterien nicht kennt. Die Folge ist meistens, daß man das Anspruchsniveau senkt.

Im Falle der *Unsicherheit* ist man nicht hinreichend informiert. Man kann die Wahrscheinlichkeiten nicht hinreichend genug abschätzen und kennt das Risiko zu wenig, die Verhaltensalternativen mit den möglichen Konsequenzen verbindet. Die

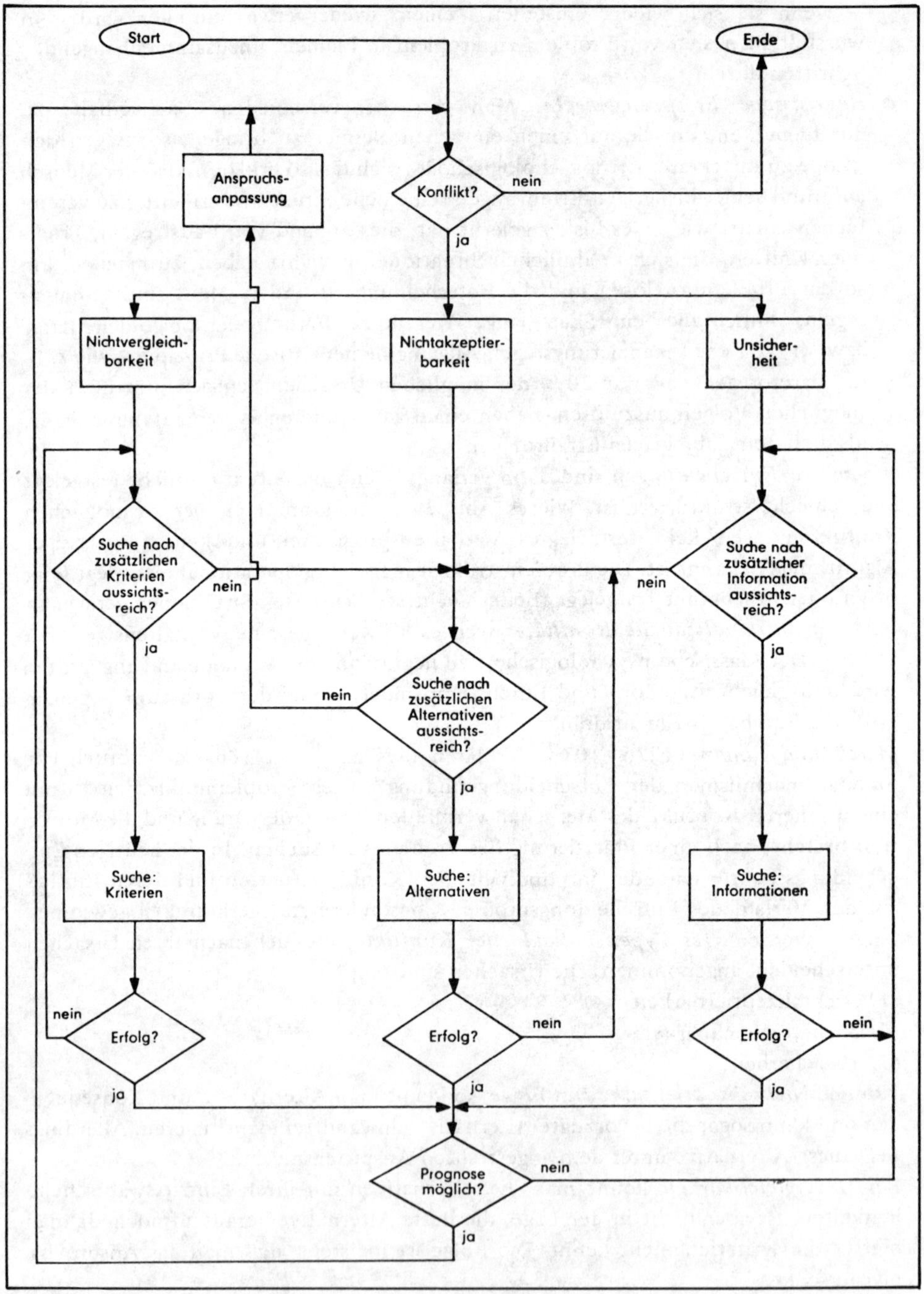

Abb. 29 Konflikte, Suchverhalten, Anspruchsanpassung im Entscheidungsprozeß (Quelle: Kirsch 1971)

denkbaren Wege der Konfliktlösung sind dann (vgl. Abb. 34): *Suchverhalten, Anspruchsanpassung, Flucht: „Aus dem Felde gehen“.*
Im letzten Fall entzieht man sich dem Konflikt, indem man das Konfliktfeld verläßt. Die beiden anderen Arten sind auch in Abb. 29 dargestellt. Bei Nichtvergleichbarkeit sucht man nach weiteren Kriterien, bei nicht Akzeptierbarkeit nach zusätzlichen Alternativen, bei Unsicherheit nach weiteren Informationen. Ist dadurch keine Strukturierung der Situation und eine entsprechende Prognose möglich, kommt es zu Anspruchsanpassungen, bei Nichtakzeptierbarkeit zu einem Heben des Anspruchsniveaus, bei Unvergleichbarkeit und Unsicherheit werden die Verhaltenswünsche gesenkt. Häufig geht man hier auch aus dem Feld. Ursachen sind hierfür meist Streß und Frustration.

D. Lernen

Lernen vollzieht sich als Verhaltensänderung in einem dynamischen Umfeld aufgrund von Wahrnehmung und Denken. Mit systemgerechten und systematischen Lerngegebenheiten und der Qualifikation von Verhalten befaßt sich die *Pädagogik*.

1. *Lernen und seine Bedingungen*

Die von *Correll* (1967, 16; vgl. auch u. a. Foppa 1964; Winnefeld 1970, 52; Gagné 1975, 13; Hilgard/Bower 1975, 16) gewählte, weit verbreitete Definition von Lernen besagt: *Lernen ist ein Prozeß der Verhaltensänderung.* Im Meinungsstreit der Lerntheoretiker ist dies der unbestrittene Kern, der in der folgenden konkreteren Formulierung heute als allgemein anerkannt gilt:

> Lernen stellt eine durch Erfahrung bedingte Veränderung der Verhaltens- und Leistungsformen dar, die erhalten bleibt und nicht einfach dem Reifungsprozeß zuzuschreiben ist.

Die *Reifung* ist ein biologischer Wachstumsvorgang. Sie hat für den Lernenden und den Lernprozeß insofern Bedeutung, als sie Funktionsvoraussetzungen für bestimmtes Verhalten schafft. Um diese Funktionen zu beherrschen, bedarf es des übenden Lernens, so kurz dieser Vorgang auch sein mag.
Das Lernen ist funktional wie Abb. 15 verdeutlicht, von der *Wahrnehmung* abhängig und setzt notwendigerweise ein *Gedächtnis* voraus, das es möglich macht, die wahrgenommenen Informationen zu behalten und auf Anforderung wieder zu reproduzieren. Es ist erforderlich, über die reine Merkfähigkeit des Kurzspeichers hinaus zu behalten. Wird die Information nicht unmittelbar memoriert, wird sie

innerhalb kürzester Zeit wieder vergessen. Um Informationen zu behalten und sie dem Gedächtnis zuzuführen, muß ein besonderes Interesse vorhanden sein. Die *Motivationslage* bestimmt, ob sich jemand die Mühe macht, etwas zu lernen. Deutung und Bedeutung der Verhaltensmuster des Lernenden (auf der anderen Seite aber auch des Lehrenden im Vermittlungsprozeß) wirken auf das Lernen ein und prägen als Persönlichkeitsfaktor den Lernvorgang.

Der *Lernvorgang im menschlichen Organismus* ist nicht einsehbar, sodaß wir beim Lernen von dem S-O-R-Paradigma (vgl. Abb. 13), wie bei den anderen psychischen Prozessen, ausgehen müssen, um zu Erkenntnissen zu gelangen. Somit sind die Reize der Wahrnehmung und die gesamte *Reizsituation* ein wesentlicher Bestimmungsfaktor, der das Lernen bedingt.

Entsprechend der Reizung gehört die nachfolgende *Reaktion* zu den elementaren Lernbedingungen, die eine Lernleistung in der Verhaltensänderung zeigt. Die einfachste Art von Lernen, die man entsprechend dieser Bedingungen beobachten kann, sind die Beziehungen zwischen Reiz und Reaktion. Die grundlegende Art einer so erlernten Fähigkeit ist die Assoziation. Die meisten Lernforscher sind sich hierüber einig, daß die *Assoziation* die einfachste Form einer erlernten Fähigkeit kennzeichnet, die als grundlegender „Baustein" für andere komplexere Lernleistungen anzusehen ist. Obwohl es Formen zufälligen Lernens gibt, besteht in der Lernpsychologie Einhelligkeit darüber, daß Lernen einer Aktivierung in Form von *Verstärkung* bedarf. Formal gehen von diesen einfachen Bedingungen des Lernens die konditionierten Lerntheorien aus. Im Gegensatz dazu stehen die kognitiven Lerntheorien, die den ganzheitlichen Aspekt des *Erkennens* beim Lernen unter solchen äußeren Bedingungen betonen.

Die äußeren *situativen Lernbedingungen* wirken sich vor allem auf die Lernleistung aus. Zu ihnen gehören neben den organisatorischen Rahmenbedingungen Müdigkeit, Ermüdung, Streß (vgl. 2. Kapitel, III, D), sowie Frustration (vgl. 2. Kapitel, II, E, 3).

Dispositive und habituelle Gegebenheiten beeinflussen ebenfalls die persönliche Lernleistung. Wichtig sind hierbei Erfahrung und Gewöhnung. So macht Elton Mayo in seinem Werk „Probleme industrieller Arbeitsbedingungen" eine wichtige Unterscheidung zwischen den Fertigkeiten (skills) und dem Ergebnis reflexiven, abstrakten Denkens, dem „Wissen über". Diesem stellt er das „Vertrautheitswissen" gegenüber, das sich aus der direkten Erfahrung von Situationen herleitet, aus dem sich ein echtes *„know how"* bildet. Auf der anderen Seite besteht aber die Gefahr der Betriebsblindheit. Ein solches Vertrautheitswissen wird im Betrieb z. B. aufgebaut durch Einweisung und Unterweisung von neuen Mitarbeitern.

Beim Erwachsenenlernen müssen besondere Bedingungen unter folgenden *Gesichtspunkten* (Münch 1980, 5; vgl. u. a. Siebert 1972) grundsätzlich bedacht werden:

- „Erwachsene brauchen mehr Zeit zum Lernen.
- Lehrer und Lerner müssen in einem partnerschaftlichen Verhältnis zueinander stehen,
- Erwachsene dürfen nicht wie Schüler aufgerufen, vor der Gruppe kontrolliert, geprüft, bloßgestellt werden,

- Erwachsene benötigen genügend Spielraum für eigene Entscheidung, eigene Verantwortung und selbständiges Lernen,
- Erwachsene müssen die Möglichkeit erhalten, ihre Probleme und Erfahrungen in den jeweiligen Lernprozeß einzubringen,
- Erwachsene sollen Dinge lernen (dürfen), die für sie in einem erkennbaren Zusammenhang mit ihren Problemen stehen, zu deren Bewältigung sie Hilfe erwarten,
- Die Art der Vermittlung der Lerninhalte muß so situations- und praxisnah sein, daß ein Transfer auf die praktische Bezugssituation möglich wird."
- Erwachsene sollen möglichst aktiv lernen" (vgl. Abb. 22).

Der *Psychostruktur* des Lernens müssen die Zielbedingungen entsprechen. In seiner *Zieltaxonomie* hat *Bloom* (1973) drei Kategorien von Lern- bzw. Lehrzielen unterschieden:

- Ziele aus dem *kognitiven Bereich*, die all jene Lernziele umfassen, die intellektuelle Ergebnisse betonen, wie z. B. Wissen (Daten und Fakten, Begriffe, Verfahren, etc.), sowie Verstehen und Denkstile.
- Ziele aus dem *psychomotorischen Bereich*, zu denen solche Ziele gerechnet werden, die motorische Geschicklichkeit (z. B. Handarbeiten, Bedienung von Geräten und Maschinen, etc.) verlangen, wobei es sich überwiegend um bewußtes körperliches Tun handelt.
- Ziele aus dem *affektiven Bereich*, die Gefühl und emotionales Empfinden betonen, wobei ästhetische, sittliche u. ä. Gefühle angesprochen werden, im Grunde aber Vorliebe und Abneigung kennzeichnen.

Die Verhaltensebenen der Lernprozesse und Lernschritte in Abb. 64 entsprechen etwa dieser Taxonomie.

Die *Sozialstruktur* hat für den Einfluß der situativen Gegebenheiten beim Lernen ebenfalls besondere Bedeutung. Nach Winnefeld (1970, 64) wird sie durch folgende *meßbare Größen* (vgl. u. a. Heidack 1980, 83) dargestellt:

(1) Führungsgrad,
(2) Sachbezug,
(3) Gruppenzahl,
(4) Beachtungsgrad,
(5) Sozialspontaneität,
(6) Soziale Rezeptivität (Sensitivität und Feedbacknahme),
(7) Qualitativer Reichtum.

Die Bedingungen des Lernens bestimmen die *pädagogische Situation* und geben Anhaltspunkte für methodisch-didaktische Überlegungen, um effektiv zu lernen.

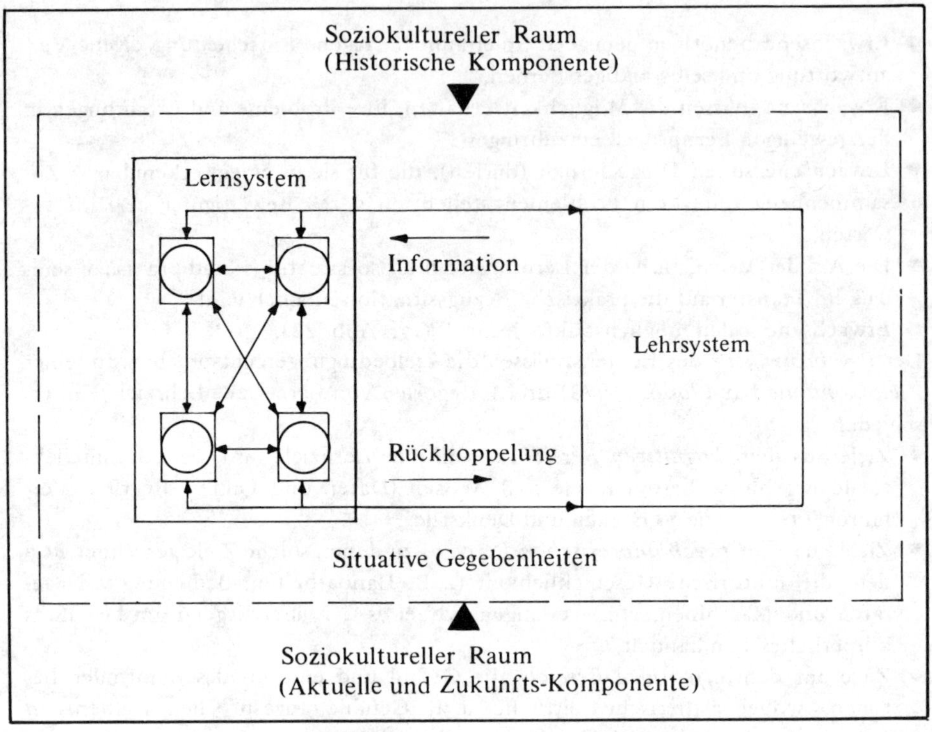

Abb. 30 Zusammenhänge im Lernfeld (Quelle: Perlitz/Vassen 1971)

Lernökologie umfaßt begrifflich alle Bedingungen des Lernens. Sie ist praktisch das Lernfeld, in dem sich Verhaltensänderungen vollziehen. Lerntechnologisch stellt die Abb. 30 die Zusammenhänge im Lernfeld mit ihren Randbedingungen dar. Sie ist in Schul- und Schulungssystemen, die pädagogisch aufbereitet sind, ideal verwirklicht (vgl. u. a. Blaubertz 1972). Dennoch ist der *Lernort* nicht an schulische Gegebenheiten gebunden (vgl. u. a. Münch 1977). Wenn man im Betrieb pädagogisch, methodisch und didaktisch die Lernökologie, d. h. alle Bedingungen, die beim Lernen zusammenspielen, beachtet, wird das Lernen auch im Sinne der betrieblichen Leistungserstellung effizient sein und die zwischenmenschlichen Beziehungen am Arbeitsplatz fördern (vgl. hierzu Abb. 4).

2. Der Lernvorgang und Lernphasen

Den Lernvorgang als *Informationstransfer zwischen Lernsystem und* dem Lehrsystem, sowie die *Interaktion zwischen beiden Systemen*, macht Abb. 30 deutlich. Der Lernvorgang ist eingebettet in situative Gegebenheiten. Als organisatorische und materielle Rahmenbedingungen bestimmen sie die Arbeitsökologie. Hinzu kommt noch die Sozialstruktur mit ihren soziokulturellen Komponenten, die mit ihren Einflußfaktoren zusätzlich die Lernökologie bestimmen (vgl. u. a. Perlitz/Vassen 1976; Heidack 1980). Die äußeren sozio-kulturellen Einflüsse sind historische Komponenten, die aus der Erziehung, der Ausbildung, dem beruflichem

Werdegang u. ä. resultieren, sowie aktuelle und Zukunftskomponenten, die durch Einstellung zur Aufgabe, den Zielvorstellungen der beruflichen und privaten Sphäre (Lebensraum nach Lewin) u. ä. geprägt sind.

Guyer	*Roth*	*Hillebrand*	*Correll*	*Alewell*
(1) Erstes, "den Lerngegenstand angehendes" Tun	(1) Stufe der Motivation	(1) Staunen, Fragen, Wissen und Erkennenwollen	(1) Motivation durch das Erfahren einer Schwierigkeit	(1) Erfahrungsphase
(2) Auftreten von Schwierigkeiten	(2) Stufen der Schwierigkeiten und Widerstände	(2) Durchstoß zu Erkenntnis und Begriff	(2) Zielsetzung für die Arbeit durch Definition des Problems	(2) Motivationsphase
(3) Aktualisierung des vorhandenen Wissens zur Korrektur des ersten Tuns	(3) Stufe der Lösung	(3) Wertende Stellungnahme	(3) Entwicklung des Ansatzes verschiedener Lösungsmöglichkeiten	(3) Problemstellungsphase
(4) Wiederholung des korrigierten Gelernten	(4) Stufe des Tuns, der Ausführung und Bewährung	(4) Sicherung des Lernbesitzes	(4) Logische Entwicklung der absehbaren Folgen dieses Ansatzes möglicher Lösungswege	(4) Suchphase
(5) Übung unter Vermeidung der Anfangsfehler	(5) Stufe des Behaltens und Einübens		(5) Beurteilung oder Verifikation der Richtigkeit des Ansatzes durch die praktischen Konsequenzen	(5) Anwendungsphase
(6) Gewöhnung als Anpassung an die Gesamtsituation	(6) Stufe des Bereitstellens, der Übertragung und Interpretation			(6) Integrationsphase

Abb. 31 Darstellung der Lernphasen bei verschiedenen Autoren (Quelle: Perlitz/Vassen 1976, 7)

Um die *Vorgangsschritte des Lernens* selbst deutlich zu machen, ist der Lernvorgang *in der Lerntheorie* häufig analysiert und in einzelne Phasen eingeteilt worden. Die Darstellungen der Lernphasen verschiedener Autoren können in Abb. 31 verglichen werden.

Alewell (1971, 45 ff.) orientiert sich an der Lösung von betrieblichen Entscheidungsfällen und am Entscheidungsprozeß im Betrieb. Im Gegensatz zu *Correll* steckt er für den Lernvorgang einen weiteren, komplexeren Rahmen. Nach seiner Interpretation braucht ein Lernvorgang jedoch nicht immer auf der ersten Stufe zu beginnen, was nach der engeren Fassung Corrells undenkbar wäre. Nach Alewell müßten z. B. Führungskräfte, die über eine gewisse betriebliche Entscheidungspraxis, also über einschlägige Erfahrung verfügen, nicht mit der Erfahrungsphase beginnen. Er meint darüber hinaus, daß Führungskräfte bereits so stark motiviert sind, daß sie gleich mit der Problemstellungsphase beginnen können.

Grundsätzlich ist die Eingangsphase für jeden Lernvorgang durch Motivation bestimmt, wie Motivation auch jede andere Phase prägt und trägt. *Motivation* ist sozusagen *Transmissionsfaktor in jeder Lernphase*. Bei vielen Lernmethoden, wie Abb. 31 zeigt, hat sie einen hohen Eingangswert, jedoch treten nach dem „ersten Angehen des Lerngegenstandes", wie *Guyer* seine erste Lernphase kennzeichnet, Schwierigkeiten auf, und zeigen sich u. U. Widerstände (vgl. Roth), die die Motivation beeinträchtigen.

3. *Wichtige Aussagen und Ansätze der Lerntheorie*

a) Typische Arten von Lernprozessen

Sechs typische Arten von Lernprozessen konnte McGeoch (1945) nach der Sichtung von weit über tausend Ansätzen von Lerntheoretikern herausfinden, worunter zwei Arten konditionierten Lernens typisiert wurden, die sich zusammenfassen lassen. Ferner war die Problematik des sozialen Modell- und Vorbildlernens noch nicht in der heutigen Entwicklung bekannt (vgl. hierzu u. a. Weinert 1970; Skowronek 1971; Bergius 1972). Folgende *typische Arten von Lernprozessen* lassen sich heute unterscheiden:

- Lernen durch *Erfolg bei Versuch-Irrtum-Verhalten*,
- Lernen durch *Übung und Wiederholung* (Lernkurventheorie),
- Lernen durch *Konditionieren mittels Reizen*,
  - durch bedingte Reflexe (Signale) beim klassischen Konditionieren,
  - durch äußere Reize als Verstärkung des Verhaltens mittels Belohnung und Bestrafung (sekundäre Motivation) beim instrumentellen Konditionieren,
  - durch innere Reize, die Aktivität auslösen aufgrund von Erfolgserlebnissen (Primärmotivation) beim operanten Konditionieren,
- *Modell-Lernen* durch Beobachtung und Nachahmung,
- *Lernen durch Einsicht* (kognitives Erfassen, Optimieren, aufgrund von Belehrung).

In der Lernsituation des Alltags bilden diese Lernarten in der Regel einen Komplex. Alle genannten Prozesse sind latent vorhanden und werden auch mehr oder weniger gleichzeitig durchlaufen. Ein Zurückführen auf diese typischen Arten von Lernprozessen kann deshalb nicht frei von Überschneidungen sein und Lernprozesse höherer Ordnung werden solche niederer Ordnung einschließen. *Aus lernkybernetischer Sicht* ist allen Arten von Lernprozessen gemeinsam, daß sie auf der Grundlage von Rückkoppelungsprozessen arbeiten und mit kybernetischen Methoden analysiert werden können.

Das *Verhaltensspektrum der psychologischen Lerntheorie* umfaßt konkret folgende Lernarten, die sich grundsätzlich in drei lerntheoretische Ansätze unterscheiden lassen:

(1) Bekräftigungslernen
Klassische oder reaktive Konditionierung
Instrumentelle bzw. Operative Konditionierung.
(2) Beobachtungslernen
(3) Kognitives Lernen
Verbales Lernen, Begriffsbildung, Problemlösung.

Die Aufzählung stellt gleichzeitig eine *Hierarchie der Lernarten* dar. Sie fängt mit den einfachsten an und führt zu immer komplexeren. Zu den einfacheren Lernarten werden paradigmatisch einige Lerninhalte wiedergegeben. Die relativ einfachen Lernarten der Konditionierung werden auch in ihrer Entwicklung geschrieben.

b) Das Bekräftigungslernen durch Konditionierung

Konditionieren bedeutet, bestimmte Lernbedingungen zu setzen. Die Behavioristen tun dies experimentell, indem sie den Lernprozeß als *Reiz-Reaktions-Modell* abbilden, da sich das Lernen im Menschen ohne Möglichkeit einer experimentellen Einsichtnahme vollzieht. Nur aus den Reaktionen auf bestimmte Reizsituationen kann beim Ändern von Verhaltensweisen auf Lernen geschlossen werden. Das Lernen wird bedingt durch Verstärkung (*Reinforcement*) bestimmter Reiz-Reaktions-Verbindung (*Assoziation*). Beim klassischen Konditionieren werden bestimmte Reize (Signale) mit anderen Reizen gekoppelt verstärkt, um die gewünschte Verhaltensreaktion zu erreichen. Beim instrumentellen Lernen wird das Verhalten als Reaktion auf einen Reiz selbst bekräftigt: das *Lernen erfolgt aufgrund positiver oder negativer Konsequenzen bestimmter Verhaltensweisen*, im ersten Fall nur als Folge räumlich-zeitlichen Zusammentreffens zweier Reize (Kontiguitätsprinzip).

aa) Das klassische oder reaktive Konditionieren nach Pawlow

Reaktives Verhalten ist der Ausdruck von festgelegten Reaktionen auf bestimmte äußere Einwirkungen. Dazu gehören die unbedingten, nicht gelernten, natürlichen Reflexe wie Lidreflex, Kniesehnenreflex u. ä., sowie die bedingten, durch Reiz-Reaktions-Schemata erworbenen Reflexe. Dieser Kenntnisbereich ist für die Arbeitswissenschaft bedeutsam.

An das reaktive Verhalten knüpft der Vorgang der klassischen oder reaktiven Konditionierung an, der auf die bekannten Experimente mit Hunden von *I. P. Pawlow* (1953) zurückgeht, die er um die Jahrhundertwende machte. In Untersuchungen zur Verdauungsphysiologie, was ursprünglich Pawlows Hauptarbeitsgebiet war, stieß er auf so etwas, wie *Erwartungsverhalten*: seine Hunde sonderten nicht nur dann Speichel ab, wenn sie fraßen, sondern schon kurz vorher, wenn sie das Futter erhielten, offenbar in Reaktion auf die Vorbereitung zum Füttern. Pawlow nutzte diese Situation zu Experimenten aus, in denen er wiederholt einen Glockenton bzw. einen Lichtreiz zusammen mit dem Futter auslöste. Nach einigen Wiederholungen trat die Speichelsekretion auch dann ein, wenn nur die Glocke ertönte oder das Licht aufleuchtete: der bedingte Reiz (Glockenton oder Licht) hat einen bedingten Reflex bewirkt. Damit waren die Grundlagen des reaktiven Konditionierens, oder wie Gagné (1969) es bezeichnet: *das Signallernen*, experimentell gelegt. Wird der bedingte Reiz längere Zeit nicht gegeben, wird der Reflex abgeschwächt (Exstinktion). Es kommt jedoch zu einer spontanen Erholung, wenn der bedingte Reiz wieder gesendet wird. Sobald jedoch längere Zeit keine Verstärkung geboten wird, d. h. Futter und bedingter Reflex gemeinsam gegeben werden, bricht die reaktive Konditionierung zusammen.
Für die Praxis hat das klassische Konditionieren im Bereich des emotionalen Verhaltens dadurch seine Bedeutung, da es die Verhaltenssteuerung blockieren kann. Allerdings bezieht man es nur auf *elementar-emotionale Verhaltensschemata*, die sich meist in *Abwehrhaltung*, Furcht, Angst oder auch in besonderer Zuneigung äußern. Sie sind zwar relativ primitiv, jedoch für die emotionale Beeinflussung von Gruppenverhalten recht wirksam (Bion 1971). *Beim Kind* sind diese Verhaltensweisen sehr häufig in ihrer reinen Form anzutreffen. *Beim Erwachsenen* werden diese Verhaltensweisen komplexer und sind weniger einfach zu erkennen, da sie auch bewußt oder unbewußt in den Bereich des Kognitiven hineinreichen. Durch diese Komplexität wird es kaum noch möglich sein, im Verhalten des Erwachsenen eine Konditionierung nach bedingtem oder unbedingtem Reiz zu unterscheiden. Reaktives und instrumentelles Konditionieren werden sich vermischen. Bedeutsam ist dabei das *Prinzip der Reizgeneralisierung*. Hiermit wird ein Phänomen gegeben, wonach nicht nur der bedingte Reiz die konditionierte Reaktion auslöst, sondern auch ähnliche Reize. Dieses Prinzip ermöglicht, in neuen Situationen, z. B. bei Arbeitsplatzwechsel, auf vergangene gelernte Reizreaktionsmuster zurückzugreifen und erleichtert so das Zurechtfinden bei wechselnden Umweltbedingungen. Es kann allerdings auch zu Stereotypenbildung oder Halo-Effekten führen. Das notwendige Korrektiv zum Prinzip der Generalisierung ist das Differenzierungslernen (*Diskrimination*).

bb) Das instrumentelle Konditionieren und die Lerngesetze von Thorndike

Die Anfangsgründe des instrumentellen Konditionierens liegen bei Thorndike, der seine ersten Berichte über Tierversuche in Problemkäfigen bereits 1898 veröffentlichte. Aus seinen Versuchen folgert er drei *Gesetze über das Lernen*:

- Das *Gesetz der Bereitschaft*, das besagt, daß der Erfolg nicht automatisch eintritt, sondern daß der Lernende selbst aktiv, also motiviert sein muß, um alternative Lösungen auszuprobieren, durch die er bei Lernerfolg eine Motivationsverstärkung erhält.
- Das *Gesetz der Übung*, das in seiner ersten Fassung besagt, daß die Häufigkeit der Lernsituation auch das Lernverhalten verstärkt, was er jedoch später dahin korrigiert, das es nur bei positiven Ergebnissen zu einem Übungserfolg kommt.
- Das *Gesetz der Wirkung* (Effektgesetz). Es ist das bedeutsamste dieser Gesetze. Zunächst formulierte er es als Gesetz des Lernens durch Versuch und Irrtum mit zufälligem Erfolg. Er stützte seine Aussagen auf Experimente mit hungernden Katzen, die er in Problemkäfigen eingesperrt hatte und die dort einen versteckten Öffnungsmechanismus (Riegel oder Schnur) betätigen sollten, um zum Futter nach außen zu gelangen. Aus ihrem Verhalten, wie Beißen und Kratzen, wurden dann nach und nach die Verhaltensweisen ausgelesen, die die Tiere zum Erfolg führten.

Thorndike zeichnete die Ergebnisse seiner Versuche nach Häufigkeit und Zeitdauer in einer *Lernkurve* auf. Das plötzliche Abfallen dieser Lernkurve – zu beobachten, bedeutsam und kostenwirksam bei der Einführung neuer Serien in der Fertigung (vgl. Baetge 1975, 280 f.) – brachte ihn auf eine Erklärung, die er in seinem zentralen Lerngesetz, dem Gesetz der Wirkung (Effektgesetz), zum Ausdruck bringt. Das Gesetz besagt, daß bei Reiz-Reaktionsverbindungen, die Zufriedenheit bewirken, die Stärke dieser Verbindung zunimmt und umgekehrt, wenn sie von einem unbefriedigenden Zustand begleitet oder gefolgt werden, abnimmt (Thorndike 1913). Die Reaktion der Umwelt auf die Handlung übernimmt die Funktion im Lernprozeß, die beim klassischen Konditionieren den natürlichen Reiz hatte. *Die Reaktion wirkt instrumental, um die Lernreaktion zu erreichen*

Die Lerngesetze, die Thorndike aus Tierversuchen gewonnen hatte, versuchte er auf das menschliche Lernen zu übertragen. Die neuen Experimente zwangen ihn zu *Revisionen seiner Lerngesetze*. In den Mittelpunkt rückte der Begriff Belohnung. Für das Gesetz der Übung wurde sie anstatt der Wiederholung von Assoziationen zentral bedeutsam. Auch im Gesetz der Wirkung trat die Belohnung gegenüber der Bestrafung stärker in den Vordergrund, so daß man sagen kann, es wurde zu einem *Gesetz der Belohnung*, da sich die Wirkungen von Bestrafung als nicht kalkulierbar, nur indirekt erfaßbar, erwiesen. Auf diese Erkenntnisse von Thorndike stützt sich auch heute noch zum größten Teil die häufig anzutreffende globale Behauptung, daß *Verhaltenssteuerung durch Belohnung wirksamer ist, als durch Bestrafung.*

Thorndike hat das grundlegende Reiz-Reaktions-Paradigma geschaffen. Bei ihm wird der Reiz unmittelbar an die Reaktion gebunden. Dies wird bereits von *Woodrow* (1929) korrigiert. Er kommt zu der Vorstellung der *Reiz-Organismus-Reaktion (S-O-R), was später von Hull (1951) und seinen Mitarbeitern aufgenommen und ausgebaut wird. Dies bedeutet, daß der Organismus seine bestimmten Eigengesetzlichkeiten (wie Lerngeschichte, Disponiertheit etc.) ins Spiel bringt, so daß die Reaktion als Output nicht nur eine Funktion des Reizes, sondern auch des Organismus ist.*

cc) Das operante Konditionieren von Skinner

Skinner (1938–1953) geht da noch weiter in seiner Darstellung des operanten Konditionierens, indem er meint, daß das *Verhalten im Organismus nicht verursacht ist, sondern spontan auftreten kann und selbsttätig operativ wirksam wird.* Nach Skinner unterscheidet man das klassische Konditionieren als ein auslösendes Konditionieren (respondent) und das operante Konditionieren.

Das Verhalten des operanten Konditionierens kennzeichnet Skinner folgendermaßen (1953, 65): menschliches Verhalten zeigt stets eine Aktivität. Diese Aktivität zeigt sich im operativen Verhalten. Dieses wirkt auf die Umwelt ein und ruft bestimmte Folgen hervor. Diese Folgen prägen die Eigenschaften für bestimmte Verhaltensformen. Operatives Verhalten ist somit die Verhaltensform, die durch ihre Folgen bei der Einwirkung auf die Umwelt von dieser geprägt werden; ist also *umweltbedingt*. In diesem Zirkelschluß wird der Erfolg des Handelns zum Ausgangsverhalten zurückgemeldet, wie Abb. 32 zeigt.

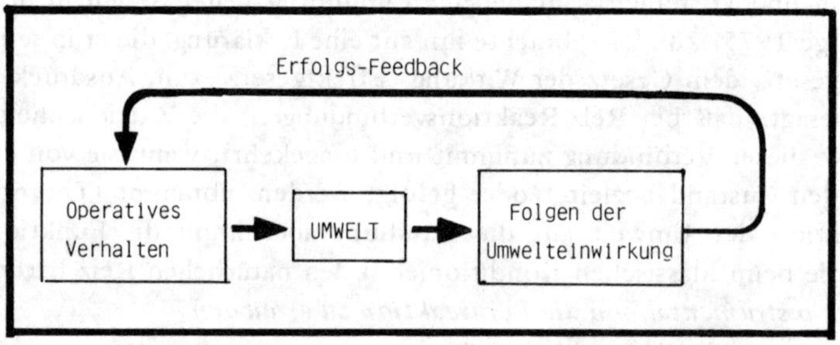

Abb. 32 Konditioniertes (operantes) Lernen nach Skinner

Skinner legt großen Wert darauf, daß kein Reiz als Auslöser empfunden werden kann. Was ihn interessiert, ist die Kontrolle des operativen Verhaltens durch Verstärkungsreize.

Ausgehend von der Verhaltenstheorie konditionierter Verhaltensformen (habits) und der Verhaltensformung operativer Art wendet Skinner als erster diese Erkenntnisse 1938 in der experimentellen Praxis an und leitet weitgehende *pädagogische Konsequenzen* daraus ab. Er formuliert das „Gesetz des Konditionierens“ und das „Gesetz der Extinktion“ (Skinner 1938, 21). Er sagt darin aus, daß eine Verhaltensform sich vertieft und häufiger angewandt wird, wenn sie verstärkt wird. Auf der anderen Seite kann eine Verhaltensform erlöschen, wenn sie nicht verstärkt wird.

Wichtig ist dabei, daß sich das Verstärken an den Folgen zeigt, die das Verhalten bei der Einwirkung auf die Umwelt hervorruft. Hier spricht Skinner (1953, 65) von operantem Konditionieren. Die Verhaltensform wird nach Skinner vom Organismus selbst geäußert oder dargestellt, und nicht durch einen Stimulus hervorgerufen. *Ob*

es sich nun um ein Spontanverhalten handelt oder ein motivationales Verhalten, in dem der Reiz nicht zutage tritt, *läßt Skinner offen*. Er betont jedoch, daß Reize für operatives Verhalten „nicht in der Umwelt“ des Organismus zu finden seien. Folglich können sie nur dispositionell geprägt sein.
Die *motivationalen Komponenten* wurden *von Tolman* (1932) *mit dem Begriff der Erfolgserwartung eingeführt*. Sie verbindet die einzelnen Unterschritte in einem ziel- und zweckorientierten Kausalzusammenhang miteinander, die innerhalb komplexen Lernverhaltens notwendig sind und dazu beitragen, das Endverhalten zu verstärken; denn durch die jeweilige Erfolgserwartung wird eine Ausrichtung auf das Ziel gegeben.
Für die Alltagspraxis hat das *Prinzip der Verstärkung* zentrale Bedeutung. Es schließt aber stets den Begriff der Motivation und des Feedbacks ein.
Strikte Anwendung findet die Methode der Verstärkung im Bereich der Schulung in Form der *Programmierten Unterweisung* (PU). Den Aufschwung, den das programmierte Lernen in den 50er Jahren genommen hat, kann man zu Recht mit Skinner verbinden.
Zwei *entscheidende Punkte für selbstaktives Lernen* sind Verdienste der Skinner'schen Lerntheorie:

(1) daß Organismus nicht nur auf Reize reagieren, sondern spontan aktiv sind und diese Aktivität auch Voraussetzung für den Aufbau neuer Verhaltensweisen, wie z. B. in der *Verhaltenstherapie*, ist,

(2) durch seinen deskriptiven Behaviorismus legt er Nachdruck auf den *Feedback*, wodurch eine pragmatische Kontrolle des Verhaltens zugrunde gelegt wird und die Entwicklung einer *Verhaltenstechnologie*, wie sie in der *PU* ihren Niederschlag findet, ermöglicht wird (vgl. u. a. Mager 1972).

c) Beobachtungslernen und Sozialisation

Einen stärkeren Praxisbezug als das Bekräftigungslernen hat das Beobachtungslernen dadurch, daß es komplexere Verhaltensmerkmale und soziale Verhaltensweisen erfaßt.

aa) Beobachtungslernen durch Modell und Imitation

Die Konzeption eines Beobachtungs- oder Imitationslernens ist durchaus nicht neu. Dennoch wurde ihre theoretische Konzeption erst vor kurzem geschaffen. Sie wurde dabei durch Anregungen aus zwei Quellen gespeist. Die *erste Anregung kommt aus dem gesellschaftspolitischen Raum*. Die Diskussion um das Beobachtungslernen wurde durch die Befürchtung, daß Kino und Fernsehen auf das Verhalten von Kindern einen schlechten Einfluß haben, besonders angefacht. Es spitzte sich auf die Frage zu, ob das Ansehen von aggressiven und brutalen Filmen einen schlechten Einfluß auf das zukünftige Verhalten der Zuschauer habe.
Eine weitere, *mehr wissenschaftstheoretische Anregung* kommt *aus dem Raum der*

Therapie, wo Dollard und Miller (1950) grundlegende Prinzipien der Reiz-Reaktions-Theorie auf komplexere Verhaltensweisen in diesem Bereich übertragen wollten. Sie stießen auf das Imitationslernen und kamen zu der Auffassung, daß die Ergebnisse ihrer eigenen Beobachtungen und Experimente zeigen, daß imitatives Lernen ebenfalls grundlegenden Lerngesetzen folgt. Die Einführung von imitativem Lernverhalten stellt zweifellos eine bedeutsame *Erweiterung der klassischen Vorstellungen vom Reiz-Reaktions-Verhalten* dar. Jedoch ist es erst das Verdienst von Bandura und Walters (1963) unter dem Namen Beobachtungslernen eine Klasse von Lernvorgängen in den Kreis der Lerntheorien wieder eingeführt zu haben, die sich vom instrumentellen und klassischen Konditionieren im Sinne des Beschäftigungslernens unterscheidet.
Auch der gesellschaftspolitischen Fragestellung ist Bandura (1965) nachgegangen. Er hat experimentell diesen Sachverhalt untersucht, nachdem er schon vorher eine Reihe interessanter Versuche dem Beobachtungslernen gewidmet hatte.
Nach Bandura und Walters (1965) sind folgende *Faktoren für das Ausmaß imitativen Lernens* entscheidend:

1. *Persönliche Merkmale des Modells*, wie z. B. hoher Status.
2. Ähnlichkeit des Lernenden mit dem Modell zwecks *Identifikation*.
3. *Art des Modellverhaltens*, feindseliges und aggressives Verhalten beispielsweise werden leicht nachgeahmt.
4. *Konsequenzen des Modellverhaltens*. Belohnungen werden leichter übernommen, da Wirkungen von Strafe nicht eindeutig sind.
5. *Merkmale des Beobachtenden*. Personen mit geringem Selbstvertrauen, die darüberhinaus für konformes Verhalten häufig belohnt wurden, ahmen leichter nach.

Nach Bandura lernt die Versuchsperson nur durch Beobachten des Modells. Sie benötigt keinen einzigen verstärkenden Lernversuch, um zu lernen. Die *Mechanismen des Beobachtungslernens* sind noch recht unzulänglich bekannt. Bandura (1965) nennt *direkte Assoziation, Verkettung anschaulicher Vorstellungen* und die *Vermittlung durch sprachliche Beschreibung des Modellverhaltens*.
Für die Praxis – insbesondere den Lernprozeß der Verhaltenssteuerung in der Gruppe – ist von besonderer Bedeutung, daß es Ergebnisse gibt, die dafür sprechen, daß *Beobachtungslernen durch sprachliche Beschreibung gefördert* wird (Kommunikation). Für die Praxis ist ferner wichtig, daß man beim Beobachtungslernen zwischen Leistung und Lernen unterscheiden muß. Die wichtigste Frage hierbei ist, ob jemand nicht gelernt hat oder nur nicht hinreichend motiviert ist, Gelerntes zu zeigen, wenn eine ausbleibende Verhaltensänderung vermuten läßt, daß er nicht gelernt hat. Nur wenn sich eine Verhaltensänderung zeigt, können wir auf einen stattgefundenen Lernprozeß schließen. Zeigt sie sich nicht, so kann man unter Umständen folgern, daß die Person nicht genügend motiviert worden ist, um das Gelernte auch zu zeigen.
Neben der *Nachahmung von Vorbildern und Leitbildern* sind die *Beobachtungen von vorgeführten Vorgängen* in der Ausbildung und *von Verhaltensweisen im Trainingsseminar wie von Rollenspielen und Feedback-Reaktionen in der Gruppe* für das Spontanlernen von der jeweiligen Motivationslage abhängig.

bb) Soziales Lernen und Sozialisation

Das Beobachtungslernen liegt bereits im Grenzbereich von individuellen und sozialem Verhalten. Es vollzieht sich als *affektives Lernen* an Modellen und Vorbildern, die aus der sozialen Umwelt stammen oder sozial prägend von Presse, Film, Rundfunk und Fernsehen allenthalben präsentiert wird. Ganze Bevölkerungsschichten richten heute ihr Verhalten daran aus. *Lediglich durch Beobachtung durch „internale Bekräftigungsüberzeugung"(Rotter 1972), ohne daß je ein Reiz-Reaktions-Lernen vorangegangen wäre, verwirklicht sich soziales Lernen. Durch Imitation und Identifikation* werden soziale Verhaltensweisen angeeignet, Einstellungen übernommen, die nachweislich vorher im Verhaltensrepertoire fehlten.

Lernprozesse bedeuten *soziales Lernen*, wenn sie aus der Sicht des Lernenden betrachtet und behandelt werden. Aus der Perspektive des Systems, das auf den Menschen einwirkt, der sozialen Umwelt, oder des Lehrenden, bewirken diese Lernprozesse *Sozialisation.*

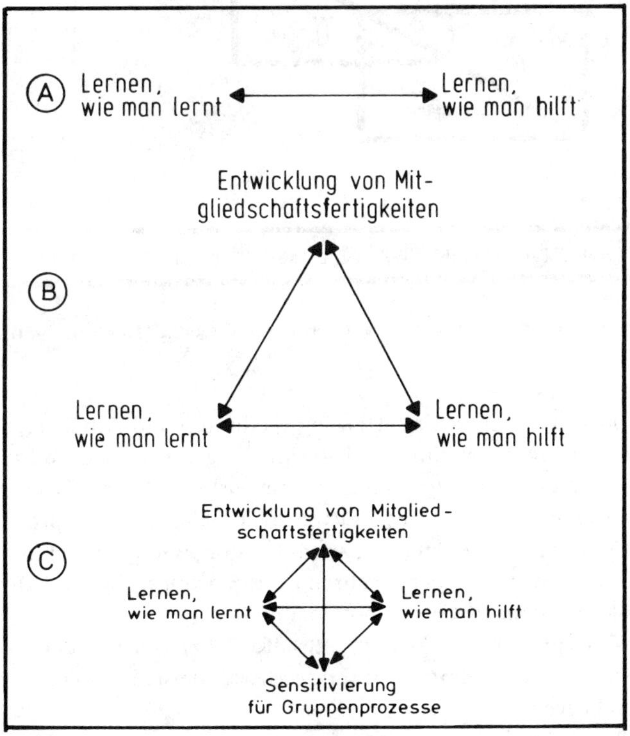

Abb. 33 Wechselseitiger Einfluß von Zielen sozialen Lernens im gruppendynamischen Prozeß (Quelle: Bradford 1972, 233 f.)

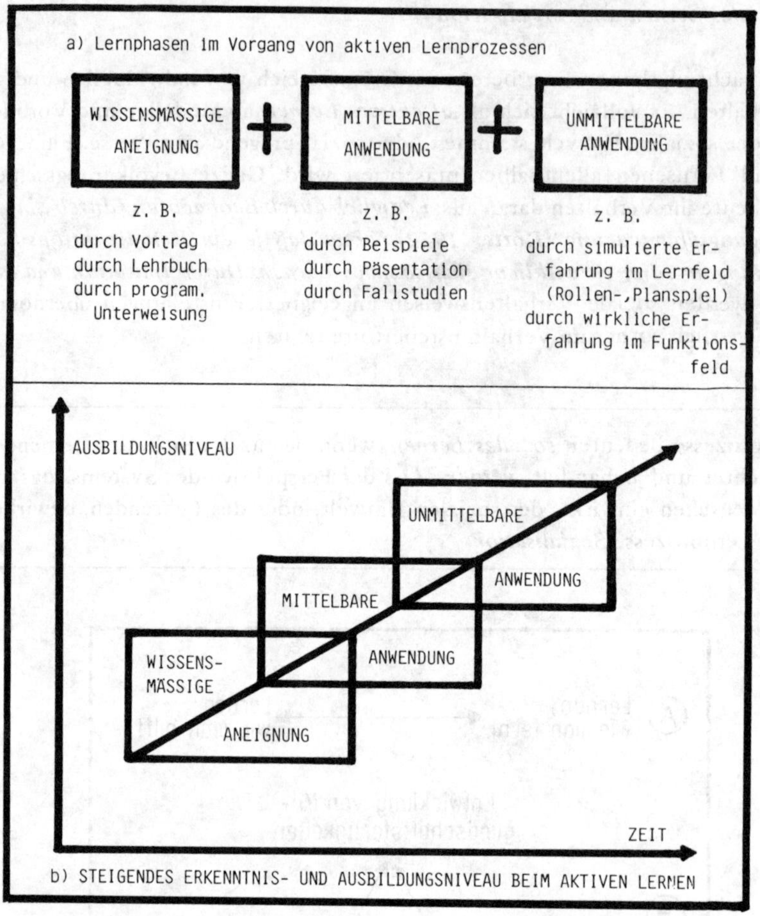

Abb. 34 Lernphasen und Lerneffekte beim aktiven Lernen (Quelle: Heidack 1980, 92 f.)

Das *soziale Lernen* stellt an soziale Umgangsqualitäten und Arbeitstechniken hohe Anforderungen. Fachliche Schulung und Vermittlung von Wissen sind zwar wichtig, aber für die Anwendung in der Praxis nicht allein wirksam. So ist es z. B. möglich und nützlich, vor verschiedenen Führungskräften über Delegation zu sprechen. Lernen, durch Delegation Verhalten zu steuern, wird der Vorgesetzte jedoch in der Arbeitsgruppe seiner Mitarbeiter und nicht während des Vortrags. Für die Anwendung ist Arbeitsmethodik und soziales Lernen notwendig.
Amerikanische Gruppenforscher (vgl. u. a. Bradford 1972) haben den *sozialen Lernprozeß* durch vier Strukturelemente charakterisiert, wie sie in ihrem Folgeprozeß in Abb. 34 dargestellt wurden.
Die einzelnen Elemente sind aufeinander bezogen und bedingen und bestimmen das Niveau des sozialen Lernens und des kooperativen Verhaltens. *Arbeitsmethodik zu lernen* hat auch stets einen sozialen Bezug. Sie erfüllt erst ihren Zweck, wenn sie

bewirkt, „Lernen, zu helfen". So dient sie der Selbststeuerung und hilft, kooperatives Verhalten zu steuern.

Die beiden anderen Elemente sagen etwas über die inhaltlich-materiellen Fähigkeiten aus. *Soziales Lernen* ist nur durch *Verstärkung von Sensitivität für das Gruppenverhalten* möglich und wird durch die Entwicklung von Fertigkeiten, die jeder in seinem typischen Rollenverhalten hat, wie er sich zur Gruppe gehörig und sicher fühlt, zu einem positiven Prozeß.

Unter *Sozialisation* wurde *bislang* meist der Erziehungsvorgang bei Kindern verstanden. Die Einflüsse auf die Persönlichkeitsentwicklung insgesamt, die sich in den ersten drei bis vier Lebensjahren auswirkten, werden entsprechend der psychoanalytischen Vorstellungen im Anschluß an Freud als *primäre Sozialisation* bezeichnet, die Einflüsse danach, die zunehmend mehr außerhalb der Familie an Bedeutung gewinnen (vgl. hierzu insbesondere Erikson 1965), als *sekundäre Sozialisation*.

Allgemein kennzeichnet man *heute* Sozialisation als den Prozeß, in dem ein Mensch durch die Einwirkungen seiner sozialen Umwelt lernt, den dort anerkannten Wertvorstellungen und Normen durch ähnliche oder angepaßte Verhaltensweisen zu entsprechen, indem er die dort herrschenden Werte, Einstellungen etc. übernimmt bzw. die damit im Widerspruch stehenden Verhaltensweisen abbaut.

Eine besondere Erscheinungsform der Sozialisation ist die *Internalisation*. Hiermit ist ein Zustand der Sozialisation gemeint, in dem man Lernbedingungen und Ziele der sozialen Umwelt völlig zu den eigenen macht. Die Verhaltensziele sind dadurch emotional verinnerlicht. Die damit verbundene *Identifikation* ist nicht nur erkenntnismäßig durch wahrgenommene Ziele bestimmt, sondern wird auch durch persönlich gebundene Gefühle geprägt, wodurch sich eine besondere Motivationskraft entfaltet, die der Selbstverwirklichung entspricht.

Die *betriebliche Sozialisation* strebt als Endziel eine möglichst umfassende Internalisierung organisatorischer Werte und Ziele an. Insbesondere die Organisationspsychologie stellt die Integration von Organisationsmitgliedern mit ihren *Auswahl- und Eingliederungsprozessen* (vgl. vor allem Schein 1980, 35 ff.; ferner u. a. Weinert 1981, 199 ff.) als wichtiges Problem in den Mittelpunkt ihrer Erörterungen.

Bisher hat man sich allerdings intensiver mit *Anpassungstypen* befaßt und in der Literatur solche häufig klassifiziert. Die bekannteste stammt wohl *von Presthus* (1966; vgl. auch Tosi/Carroll 1976), der für die bürokratische Organisation folgende drei Typen kennzeichnet:

(1) den *Aufsteigenden*, der als angepaßter Manager seinen Weg macht,

(2) den *Ambivalenten*, der sehr individualistisch seinen Weg geht, als Spezialist oder als Stabsmann seine besonderen Verdienste für die Firma erwirbt,

(3) den *Indifferenten*, der eher außerhalb des Betriebs seine Befriedigung sucht.

In der vielfach an dieser Klassifikation geäußerten Kritik ergänzt Mayntz (1968) die Typologie durch den für deutsche Verhältnisse typischen „*braven Beamten*". Grundlegender ist die *Kritik* an der rein persönlichkeits-theoretischen Auffassung, die hinter dieser Typologie steht, und die situativen Erfordernisse *zu wenig* berücksichtigt sieht (vgl. z. B. v. Rosenstiel u. a. 1972, 80 ff.). Sie hebt mehr auf die *Verhaltensintegration* ab.

d) Kognitives Lernen

Entsprechend dem S-O-R-Paradigma konzentrieren die kognitiven Lerntheorien sich im Gegensatz zu den S-R-Theorien auf das O, d. h. die im Organismus über Wahrnehmung, Erkennen und Erinnern zustandekommenden Einsichten. Als kognitives Lernen wird jenes Lernen gekennzeichnet, das nicht nur auf Erfolgen aus bloßem Versuch-Irrtum-Verhalten aufbaut oder nur vorausgegangene Erfahrungen widerspiegelt, sondern Umweltwahrnehmungen gemäß gespeicherter Pläne bzw. Strukturen über die Gestalt der Umwelt erkenntnismäßig strukturiert.

aa) Lernen durch Einsicht nach Köhler

Entsprechend der genannten Abgrenzung zeigt sich auch in der Lerntheorie ein tiefgreifender Gegensatz zwischen den Anhängern der Assoziationstheorie und den Gestaltpsychologen, die die Einsicht in die Problemsituation als den eigentlichen Faktor beim kognitiven Lernen ansehen. Bei den Gestaltpsychologen sind es nicht bestimmte isolierte Reize, auf die der Lernende reagiert, sondern *Ausgangspunkt ist die Gesamtsituation*, in der der Lernende durch Anwendung früherer Erfahrungen und Versuche zur Einsicht und Lösung von Problemen gelangt.
Bekannt sind die *Affenexperimente von Köhler* (1936), die nach vielen Varianten von Versuch und Irrtum plötzlich Kisten aufeinandersetzen oder Stöcke ineinanderstecken, um Bananen, die außerhalb ihrer Reichweite waren, zu erreichen. Köhler nannte ein solches von Aha-Erlebnissen begleitetes Lernen „Einsicht". Er interpretierte diese *Einsicht als abhängig von der Strukturanordnung der Problemsituation*, wobei das Lernen zu einem „Sehen" bestimmter Beziehungen führt. Der *Lernerfolg* stellt sich *nicht graduell* ein wie beim assoziativen Lernen, *sondern plötzlich*. Meist geht hier eine Phase des Nicht-Handelns (Nachdenken) voraus. Was gelernt wird, ist nicht ein bestimmter Handlungsablauf, sondern eine kognitive Struktur, die in ähnlichen Problemlösungssituationen sofort wirksam wird.

bb) Die kognitive Erwartungstheorie Tolmans

Den Gedanken der kognitiven Struktur baut Tolman (1932) in seinem erwartungstheoretischen Konzept zur Charakterisierung kognitiven Lernens aus. Im Mittelpunkt seiner Überlegungen steht ein *inneres Modell mit Erwartungsdispositionen*, das er selbst anschaulich als eine vorläufige *kognitive Landkarte* (cognitive map) bezeichnet. Mit ihrer Hilfe wird alles, was wahrgenommen wird, in räumlich-zeitlicher Struktur gemerkt. Sie dient als Grundlage zum Handeln.
Gibt es für eine Handlung noch keine räumlich-zeitlich gegliederte Gestaltvorstellung, so macht sich der Mensch Vorstellungen über die möglichen Problemstrukturen (Zeichen-Gestalt-Erwartung), die er erwartet, und auf die hin er das mögliche Verhalten zielgerecht steuern will (vgl. hierzu Abb. 10). Das Ziel wird in seinen Erwartungen sozusagen vorweggenommen. Aus diesem Grunde wird Tolmans kognitive Lerntheorie auch Erwartungstheorie genannt.
Nach Tolman ist jede Lernsituation für den Organismus durch verschiedene Zeichen gegliedert, die den Weg zu bestimmten Zielen anzeigen. Das *Erlernen einer räum-*

lichen Struktur (Gestalt), und nicht das Erlernen von Reiz-Reaktions-Beziehungen, ist das Entscheidende für den Lernerfolg. Führen die Erwartungen tatsächlich zu einem Erfolg, so tritt eine Bestätigung und ein Erfolgserlebnis ein. Im Gegensatz zu den S-R-Theorien ist das gelernte Verhalten nicht das Ergebnis von der Reduktion eines Triebreizes oder reiz- bzw. reaktionsabhängiger Verstärkung, sondern das *Erreichen eines positiven Zieles ist Grundlage für den Lernerfolg*. Der wichtige Unterschied liegt ferner in der Annahme, daß nicht eine Folge von Einzelreizen erlernt, sondern viele zu einem Reizmuster, Konzept oder Symbol zusammengefaßt werden. Die Lösung von Problemen läuft nicht über eine lange Reihe von Reiz-Reaktions-Abfolgen, sondern wird sozusagen am „inneren Modell", (vgl. hierzu die direkte Verbindungslinie zu dem TOTE-Konzept (vgl. Abb. 48) von Miller u. a. 1973), auf den Lösungsweg hin erprobt, was zu einer direkten Einsicht führt. Noch mehr verdeutlicht Tolman (1951) dies, indem er den Begriff einer *„Überzeugungs-Wert-Matrix"* einführt. Sie kennzeichnet noch deutlicher die übergreifenden Erwartungsdispositionen, indem sie den Begriff „Zeichen-Gestalt-Erwartung" als Inhalt der kognitiven Landkarte deskriptiv phänomenologisch differenziert.
Hieran wird besonders deutlich, daß Tolman in seiner Theorie zu einer *Synthese zwischen Behaviorismus, Gestalttheorie und Phänomenologie* zu gelangen versucht (vgl. hierzu Graumann 1964; Thomae/Feger 1972). Trotz strengster, objektivierender Forschung, die er wie andere Behavioristen experimentell an Tieren durchführt, ist er an einer möglichst differenzierten, phänomenologischen Erfassung interessiert, die auch subjektive Vorgänge deskriptiv operational darzulegen versucht.

cc) Verbales Lernen

Verbales Lernen ist schon bei Ebbinghaus Gegenstand experimental-psychologischer Forschung. Während es dort um das *Behalten von sinnhaftem Material* (vgl. Vergessenskurven Abb. 21) ging, bemüht sich heute die *Kontent-Analyse* um die Decodierung besonders einprägsamer Texte. Wichtiger sind jedoch die Forschungsbemühungen um das *Lernen von Sprechen und Sprache*; denn Sprechen zeichnet den Menschen als denkendes Wesen aus. Denkinhalte werden durch Sprache ausgedrückt. Zugleich stellt Sprechen das wichtigste Instrument jeder menschlichen Interaktion dar.
Im Bereich des verbalen Lernens ist die *Kritik* an assoziationstheoretischen Lerndarstellungen durch gestalt- und strukturtheoretische Ansätze am heftigsten. So stellt Chomsky (1969, 1970) die *Kreativität der Sprache* an den Anfang seiner Überlegungen: Wer seine Sprache beherrscht, kann auch „sprachlich richtige" Sätze hervorbringen (*Sprachverwendung*) oder aber auch verstehen, obwohl er sie nie zuvor gehört und selbst formuliert hat (*Sprachkompetenz*). Diese Eigenart unterscheidet die menschliche Sprache von jedem tierischen Kommunikationssystem. Schon allein deshalb lassen sich tierexperimentelle Laborbegriffe nicht auf den Bereich verbalen Lernens übertragen. Die Sprachverwendung und Sprachkompetenz können nicht darauf beruhen, daß alle möglichen Sätze, die in einer Sprache gesprochen werden können, im Gedächtnis gespeichert sind. Wer eine Sprache beherrscht, ist ohnedies potentiell in der Lage, beliebig viele Sätze hervorzubringen oder zu verstehen.

Bezieht sich verbales Lernen auf die *lernpsychologische Sprachbetrachtung*, so müssen auch die Forschungsgebiete

- Lautlehre (*Phonetik*),
- Wortbedeutungslehre (*Morphologie*),
- Satzbildung und Grammatik (*Syntax*),
- Sprechbedeutung (*Semantik*)

beachtet werden.

Verbales Lernen unterscheidet sich vom reinen begrifflichen Lernen (vgl. nächsten Abschnitt) dadurch, daß der Begriff als Wort eine *Sinngestalt* in einem Satzzusammenhang bekommen muß, eine *Lautgestalt* beim Sprechen, aber auch umgekehrt eine *Bedeutung* für den Zuhörenden haben muß. Zwischen diesen Aspekten besteht nicht, wie man früher annahm, eine lediglich assoziative Verbindung, sondern eine übergreifende gestalthafte Integration und eine *Umgangsqualität*.

Für den Betrieb ist es nicht nur wichtig, daß Mitarbeiter in Schlüsselpositionen allgemeine Rhetorik trainieren, sondern auch *betriebliche Alltagsrhetorik*, wie Führen von Mitarbeitergesprächen, Verhandlungen, Besprechungen und Konferenzen. Für eine Führungskraft ist Sprechen sein wichtigstes Werkzeug.

dd) Begriffliches Lernen

Bei der Wissensaneignung geht es nicht nur um das Sprechen von Wissensdaten. Kognitives Lernen heißt hier Sach- und Funktionseinsicht. Sie ist durch begriffliches Lernen gegeben.

In seiner *Taxonomie von Lernzielen im kognitiven Bereich* kennzeichnet Bloom das begriffliche Lernen durch folgende hierarchische Ordnung:

(1) Wissen von
- Fakten, Terminologie,
- Prozesse, Wege konventioneller Art,
- Theorien, Strukturen,

(2) Verstehen durch
- Übersetzung,
- Interpretation,
- Extrapolation,

(3) Anwendung,

(4) Analyse der

(5) Synthese durch
- Herstellen einer einzigartigen Nachricht,
- Entwerfen eines Planes für bestimmte Handlungen,
- Ableiten einer Folge abstrakter Ziele,

(6) Erfolgskontrolle (Evaluation) durch
- innere Evidenz, logische Richtigkeit und Zusammenhang,
- äußere und erweiterte Bewertungskriterien.

Beim Durchlaufen dieser kognitiven Stufen bilden sich *Begriffe als gedankliche Konzepte*, in welche bestimmte Lernerfahrungen und Lerneinsichten eingeordnet werden. Sie entstehen dadurch, daß Sachverhalte aufgrund übereinstimmender

Merkmale mit einem gemeinsamen Namen belegt werden. Sie sind somit Abstraktionen von Objekten, Ereignissen oder Situationen, in denen die Kenntnisse und Erfahrungen des einzelnen Menschen dem Sinngehalt nach zusammengefaßt werden, von besonderer Bedeutung, wobei die zwischenmenschliche Mitteilbarkeit, Bedeutung und Gebrauch von Begriffen für Sender und Empfänger nach Sprache und Begriffswelt gleichgeartet sein müssen. Schon die *unterschiedliche Sprach- und Begriffswelt* von Kaufleuten und Technikern bringt häufig genug Verwirrung.

ee) Problemlösen lernen

Die kognitiven Verlaufsstrukturen beim Problemlösen wurden bereits in Kapitel 2 III. C 2 erörtert. Kennzeichen für einsichtige Problemlösungen sind *Umstrukturierungen* des Wahrnehmungsgegenstandes, *Bewertungsveränderungen* der Zusammenhänge von Mittel und Zwecken, um zu neuen Erkenntnissen zu kommen und die *Generalisierung und Übertragung* von Lösungsprinzipien auf neue, ähnliche Handlungssituationen.

Gagné (1973) baut eine *Lerntypologie* der unterschiedlich komplexen Lerntypen auf, die das Problemlösenlernen als komplexeste Stufe beinhaltet. Er geht von dem einfachen *Reiz-Reaktions-Lernen* aus. Die nächste Stufe kennzeichnet er als *Konzeptlernen*. Mehrere verschiedene Reize klassifizieren einen Reaktionskomplex, der das Konzept darstellt. In einer weiteren Stufe werden verschiedene Konzepte logisch miteinander verbunden und bilden eine *Regel*. Als nächsthöherer Lerntyp setzt das *Problemlösen* zwar Kenntnis von Regeln voraus, ist aber selbst Ergebnis von Regeln höherer Ordnung, wobei die Komplexheit der Aufgabensituation häufig verlangt, bewährte Regeln zugunsten heuristischer Anwendungsregeln des Denkens zu vernachlässigen.

4. *Aktives Lernen und Qualifikationseffekte (am Beispiel des Unternehmens-Planspiels)*

Soll der Lernvorgang *betriebspraktische Bedeutung und Wirkung* haben, so muß er sich als aktives Lernen in drei Lernphasen wirksam vollziehen, wie es in den heuristischen Modellansätzen der Abb. 34 und 35 veranschaulicht wird, vollziehen. Eine typische aktive Lernmethode ist das Unternehmensplanspiel, das hier als Beispiel genommen wird (vgl. Heidack 1981, 92 ff.).

Die *Phase der wissensmäßigen Aneignung* (Lesen des Spielerhandbuches, Einleitungsvorträge etc.) ist durch den Erwerb neuer Informationen, Regeln, Konzepte, Verfahrens- und Verhaltensweisen u. ä. gekennzeichnet. Wie beim Erwerb des Wortschatzes einer neuen Sprache kann man das Neugelernte zwar definieren, es bleibt jedoch die Unsicherheit bestehen, ob es angewandt werden kann oder nicht. Dies verdeutlicht erst die *2. Phase mit ihrer mittelbaren Anwendung* (Einweisungs- und Anspielphase im Planspiel).

So wie es allgemein *betriebspädagogisch wichtig* ist, nach der Erklärung der Unterweisungsregeln das Erklärte vorzumachen und dann selber machen zu lassen (*Vier-*

Stufen-Regel, vgl. u. a. Schanz 1979, 331 ff.), wird dem Lernenden im Planspiel mittelbare Erfahrung durch Beispiele oder Präsentation von Fällen (z. B. aus der Spielerfahrung anderer Planspiele) zuteil, indem sie mit ihm diskutiert werden oder er aufgefordert wird, die Leistung anderer in den Beispielen zu analysieren und zu kritisieren. Durch die *mittelbare Identifizierung* wird die Bereitschaft geweckt, die eigene Leistung in der *3. Phase* des Lernvorgangs: *der unmittelbaren Anwendung*, selbst zu kritisieren und kritisieren zu lassen, was sich nicht nur positiv auf das Lernen im Planspiel (Lernfeld), sondern auch auf die *Tätigkeit in der Praxis* (Funktionsfeld) auswirkt.

Betrachtet man den gesamten Lernvorgang unter dem *Aspekt der Qualifikation*, so vollziehen sich die einzelnen Lernphasen auf einem steigenden *Erkenntnis- und Ausbildungsniveau*. Dabei überlappen und überlagern sich die einzelnen Lernphasen mehr oder weniger stark, in der Art wie es Abb. 34b schematisch aufzeigt. Dies ist am Beispiel des Planspiels so zu verstehen, daß man etwa bei der Präsentation von Fällen und Beispielen in der mittelbaren Anwendung auch erweiterndes Wissen vorträgt oder auf Informationen aus dem Spielerhandbuch zurückgeht. Ebenso greift man in der unmittelbaren Anwendung häufig noch weitere Beispiele auf und vertieft somit die Einweisung. Der Effekt setzt sich darüberhinaus im betrieblichen Alltag fort, wenn Planspielsituationen auf Situationen, die sich ähnlich in der Betriebspraxis zeigen, transferiert werden.

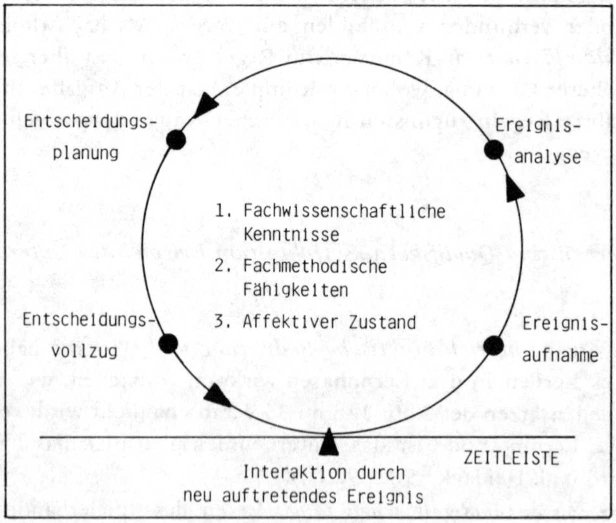

Abb. 35 Zirkel heuristischen Lehrens und Lernens nach Snow

Durch die Anzahl der Spielperioden im Planspiel wird der eben geschilderte Lernvorgang mehrfach geübt und wiederholend verstärkt. Die *Übungseffekte* in den aufeinanderfolgenden Entscheidungssituationen sind keine Wiederholungen im Sinne des Einpaukens, wie z. B. beim Auswendiglernen, sondern dienen der kognitiven Vertiefung der Gegenstandserkenntnis, dem Problemverständnis und der

Methodenbeherrschung in verschiedenen ähnlichen Entscheidungssituationen. Sie vollziehen sich von der Qualifikation her gesehen auf einem sich erhöhenden Erkenntnis- und Verhaltensniveau, was vor allem auch den affektiven, d. h. den *gefühlsmäßigen Zustand der Lernenden* betrifft (vgl. hierzu auch Abb. 64).

Ein jeder Lernvorgang bzw. eine Spielperiode ist mit dem *Ziel heuristischen Lernens und Lehrens nach Snow* (1969; vgl. auch Becker 1973), wie Abb. 34 zeigt, funktionsmäßig zu kennzeichnen. In einer Planspielperiode wird die Gruppe in ihrer Interaktion zu Beginn der Sitzung jeweils vor neue Probleme gestellt. Sie muß sich in ihrer Zusammenarbeit auf einige neu eintretende Ereignisse einstellen. Die neueintretenden Ereignisse sind durch die Entscheidungen der anderen bedingt, ferner den Ergebnissen, die die eigene Gruppe hatte, und den Erfahrungen, die sie aus ihrem bisherigen Verhalten ziehen kann.

Die Ergebnisse, die neu angestrebt und erzielt werden müssen, beruhen auf *drei substanziellen Lernvariablen*, die der Bloomschen Lernzieltaxonomie entsprechen:

(1) Fachwissenschaftliche Kenntnisse,
(2) Fachmethodische Fähigkeiten,
(3) Affektiver Zustand.

Diese Lernvariablen bestimmen komplex den Lernprozeß und vollziehen sich zeitlich hintereinander in folgenden *vier kognitiven Schritten*:

- *Ereignisaufnahme* (Gegenstandserkenntnis durch Information),
- *Ereignisanalyse* (Problemverständnis),
- *Entscheidungsplanung* (Methodenbeherrschung),
- *Entscheidungsvollzug* (Verhaltenssicherheit).

Mit dieser Prozedur, wie sie das Modell in Abb. 35 (vgl. auch Abb. 68) zeigt, werden die verschiedenen Lernaspekte des Lernprozesses hinsichtlich ihrer Schrittfolge und den substantiellen inhaltlichen Lernvariablen soweit wie möglich durchlaufen. Diese Prozedur wiederholt sich mit stets neuen Voraussetzungen in jeder folgenden Spielperiode auf einem anderen – meist höheren – Qualifikationsniveau. Dies ergibt einen Übungseffekt, der wiederum *vertiefte Erkenntnis, schnellere, systematische Informationsbeschaffung und -verarbeitung und sichere Entscheidung für die Entscheidungssituation bedingt*.

Anschaulich läßt sich dieser Vorgang in einem Modell verdeutlichen, wie es die Abb. 68b für das Gruppenlernen darstellt. In den einzelnen Spiralen, die die jeweiligen Spielperioden darstellen, ist der Zyklus des heuristischen Lernzirkels nach Snow enthalten. Durch die Übungseffekte in den verschiedenen Spielperioden wiederholt sich der Zyklus auf einem steigenden Qualifikationsniveau. Je nach Lern- und Übungseffekt ist der Anstieg auf das zu erreichende Ziel durch die entsprechend gelöste Aufgabe steiler oder flacher.

E. Motivation

Motivation ist die zentrale Fragestellung bei der Verwirklichung von Zielen und Aufgaben der betrieblichen Leistungserstellung. Wenngleich die Arbeitsmotivation das Motivationsverhalten von Menschen in ihren hierarchischen und arbeitsteiligen

Organisationen kennzeichnet (vgl. u. a. Neuberger 1974, 69; Wunderer/Grunwald 1980, I, 171), liegt letztlich die *Bedeutung der Motivation in der Verwirklichung des subjektiven Persönlichkeitsbildes* (vgl. u. a. Gellermann 1973, 352; Sahm 1980, 1981). Hierbei ist der Mensch zweifellos von seiner sozialen Umwelt abhängig; das Vorhandensein oder Fehlen einer Motivation muß zumindest teilweise auch dem Handeln oder Verhalten derjenigen zugeschrieben werden, die im Betrieb mit ihm zusammenarbeiten oder die seine Arbeit leiten.

> Motivation im Betrieb kann nicht nur als ein Vorgang gekennzeichnet werden, der den Mitarbeiter zu einem bestimmten Leistungsverhalten führt, sondern der ihn auch befähigt, das Leistungsverhalten nach eigenem Ermessen zu steuern.

Bereits in anderem Zusammenhang wurden einschlägige Probleme der Motivation behandelt:

- ▶ Die Motivationsfaktoren und die Entwicklung des Leistungsmotivs im 2. Kapitel, II, C.
- ▶ Das Bild vom Menschen: Die Humanistische Motivationstheorie im Ansatz von McGregor und Maslow im 2. Kapitel, I, B.
- ▶ Fragen der Einstellung und Werthaltungen im 2. Kapitel, I, D.
- ▶ Motivation im Gruppenverhalten im 3. Kapitel, I, D.
- ▶ Zum Führungsverhalten im 5. Kapitel, IV, A.

1. Der Motivationsprozeß im Betriebsalltag

a) Zur Bedeutung des Motivationsbegriffes

Motivation kommt vom lateinischen movere (= bewegen) und gibt *vom Inhalt* her Aufschluß über die *Beweggründe des Handelns und Verhaltens* einer Person, wobei *bestimmte Ziele* Voraussetzung für Arbeits- bzw. Leistungsmotivation im Betrieb sind.
Allgemein konzentriert sich die Untersuchung der Motivationspsychologie (vgl. Graumann 1969) auf folgende Merkmale:

(1) die Person,
(2) in einer bestimmten Situation nach Art und Anzahl der Bedingungen,
(3) was und wie sie etwas tut (Art und Intensität),
(4) womit sie es tut (Methodenwahl gemäß des Gegenstands, auf den sich das Handeln bezieht),
(5) bestimmter Zweck bzw. Ziel, woran sich das Handeln orientiert.

Die *psychischen Grundmerkmale* motivierten Verhaltens und Erlebens sind:

- ■ Aktivität,
- ■ Gerichtetheit,
- ■ Bekräftigung bzw. Schwächung.

Nach einer *inhaltlichen Analyse* des Motivationsbegriffs kommt Thomae, (Thomae 1965, 19 ff.) zu dem Ergebnis, daß gemäß der gegenwärtigen Diskussion mindestens

Gruppen oder *Komplexe für die Bestimmung des Motivationsbegriffes herangezogen werden können:*

- Motivation als Inbegriff aller Bedingungen, welche das Verhalten des Organismus auslösen und regulieren,
- Motivation als die Folge von psycho-physischen Erregungszuständen im Organismus.
- Motivation als ein Aspekt des Aktivitätsspektrums („Aktivitätskontinuums") des Organismus,
- Motivation als zukunftsgerichtetes Verhalten,
- Motivation als Oberbegriff für die Erklärung des Verhaltens des Individuums aus der gegenwärtigen und der vergangenen Gesamtsituation,
- Motivation als bewußter Beweggrund bei Wahlhandlungen.

b) Dynamik und Strukturelemente des Motivationsvorgangs

Motivation als dynamischer Vorgang ist durch mehrere Kräfte, die aufeinanderwirken, bestimmt. Die Situation, aus der heraus das *Kräftespiel der Motivation* entspringt, ist stets *durch einen Handlungsdruck oder eine innere Spannung gekennzeichnet*. Kommt dieser Druck oder diese Spannung von außen, so spricht man von Außensteuerung oder *sekundärer Motivation* (extrinsische Motivation). Entspringt sie dem Inneren des handelnden Menschen, so spricht man von Innensteuerung oder *primärer Motivation* (intrinsische Motivation).
Die *innere Dynamik* des Motivationsprozesses kennzeichnet in ihrer Komplexität die Abb. 15. Motivational ausgerichtet ist bereits die *Aufmerksamkeit*, die aus dem Wahrgenommenen im Akkomodator Informationen auswählt und sie dem Bewußtsein zuführt. Durch das *Bemerken* dieser Information kann direkt motivational gesteuert eine Handlung ausgelöst werden, wenn z. B. diese Informationen bekannt waren (durch Erinnern). Motivational bedingt ist auch das *Merken* der Information, ihr Verarbeiten im Kurzzeitspeicher, und daß sie als gelernt dem Gedächtnis zugeführt wird. Auf Motivationsbasis beruhen *alle Bewußtseinsvorgänge* des Denkens und Erinnerns, die sich in zielgerichteten Aktionen auswirken.

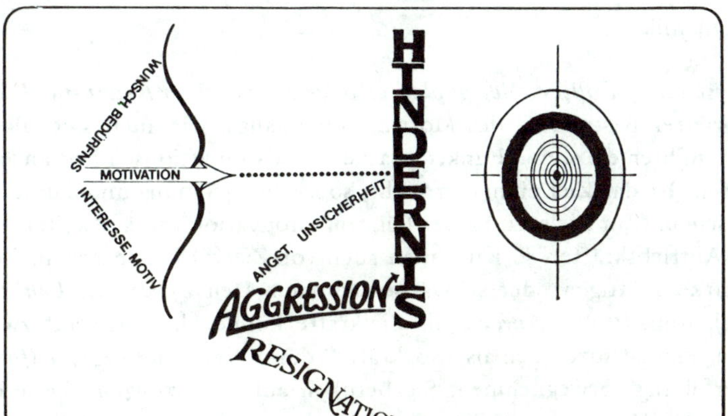

Abb. 36 Hindernis im Motivationsvorgang mit psychologischem Hintergrund (Quelle: Werneck/Heidack 1980, 64)

Insgesamt läßt sich dieser Spannungs- und Handlungsvorgang beim Motivieren gut mit dem Bogenschießen vergleichen, wie es Abb. 36 verdeutlicht. Man kann dabei für den Motivationsvorgang drei *Strukturelemente* unterscheiden:

(1) Innere Motivationsfaktoren (Antriebsregulation),
(2) Weg zum Ziel (Handlungsregulation),
(3) Das Ziel selbst (Zielregulation).

Im unteren Teil der Abbildung sind die kreativen Vorgangskomponenten den Strukturelementen entsprechend zugeordnet.

c) Die Antriebskräfte

Im Vergleich mit dem Bogenschießen kennzeichnen *die zielgerichteten Antriebskräfte* (vgl. 2. Kapitel, I, C) als innere Motivationsfaktoren:

- Bedürfnisse,
- Wünsche,
- Interessen,
- Motive aufgrund von Einstellungen.

Die Spannkraft, die durch einen entsprechenden *Anreiz* von außen oder dem inneren Wollen Motivation bewirkt, ist ein ganzes Bündel von Bewegungsgründen (vgl. Motivationskonflikte), wobei jeweils einer dominiert. Der *Wille* ist dabei die geistige Fähigkeit, die Kräfte auf ein gesetztes Ziel hin zu steuern. Im Vergleich braucht der Bogenschütze, der die exakte Ziellinie ausrichtet und den Pfeil dann abschnellen läßt (= Wille), wie der Mensch bei der Motivation die geballte Spannungskraft des Bogens zum Abschuß.

Willenkräfte kennzeichnen den Übergang von unmittelbar wirkenden Antriebskräften auf ein bestimmtes Ziel hin zu der mittelbar wirkenden bewußten Spannung und der daraus erwachsenen *bewußten Strebung*. Man nimmt sich etwas vor oder faßt den Vorsatz, etwas zu tun. Die Willensanspannung wird dann besonders deutlich, wenn es darum geht, trotz Schwierigkeiten, Ziele zu erreichen oder zu überwinden.

d) Zieldynamik

Ein Ziel ist ein gewollter oder geplanter oder gewünschter Endzustand. Das Ziel ist ein integrierter Bestandteil des Motivationsvorgangs, wie auch stets alle Strukturelemente in ihren einzelnen Funktionsaspekten als Funktionseinheit angesehen werden müssen. Ist das Ziel einmal erreicht, so ist die Spannung und damit die Motivation erloschen. (Zur Zielsetzung der Führungsmotivation vgl. 5. Kapitel, IV, A).

Wie von Antriebskräften so kann man auch von *Zielkräften* sprechen, die die Motivationsstärke kräftigen oder schwächen können. Den *kybernetischen Zusammenhang* stellt Abb. 10 dar. *Anreize* als Zielkräfte können hiernach auf zweierlei Art entstehen: einmal sozusagen als „Sogkräfte" durch Versteuerung (*feedforward*), die die Zielerfüllung vorwegnehmen. Sie beruhen auf *Erwartungen*, die je nach Wertschätzung die Motivationsstärke bestimmen; zum anderen beruhen sie auf *Feedback*, der als Zielkraft wirkt, indem er durch Erfolgsmeldungen bzw. Mißerfolgs-

meldungen auf die Stärke der Motivationskraft einwirkt. *Als Erfolgsbestätigung* bewirkt der „Feedback" eine *Primärregulation.* Er kann aber auch *Signal* zum sofortigen Reagieren auf eine Abweichung bei einer angestrebten, vorgegebenen Leistung (Sollwert) sein, was eine *Sekundärregulation* im systemtheoretischen Sinn bedeutet (vgl. Kap. 1, II, C, 3).
Wollte man zwischen Antriebskräften als *„Schubkräfte"* und Zielkräften als *„Sogkräfte" unterscheiden*, so könnte man die Schubkräfte mehr physiologisch dem Organismus zuordnen, während die Sogkräfte mehr kognitiv psychologische Steuerung bedeuten. Dies kommt auch in den verschiedenartigen Begriffen zur Geltung: Erfolgsglaube, Erwartungsstärke, Anreizqualität bzw. Attraktivität auf seiten der Zielkräfte, Bedürfnis, Wunsch, Interesse, Motive auf seiten der Antriebskräfte.
Den psychischen Zustand beim Erreichen eines Ziels, der Erfüllung einer Erwartung, des Leistungserfolges, nennt man *Zufriedenheit.* Sie ist wesentlich vom persönlichen *Anspruchsniveau* abhängig und nicht mit Wirkfaktoren gleichzusetzen, die Leistungssteigerung bewirken, wenn dies auch meist Hand in Hand geht.

e) Hindernisse auf dem Weg zum Ziel

„Weg zum Ziel" ist die ursprüngliche griechische Wortbedeutung für *Methode.* Planung der Wege zum Ziel ist der Inhalt von *Strategie.* Der Weg zum Ziel bestimmt jede Handlung, gemäß der alten Koranweisheit: „Wenn Du kein Ziel hast, so ist jeder Weg, den Du gehst, der richtige".
Trotz bester Anfangsmotivation kann sich auf dem Weg zum Ziel manches ereignen. Es können Hindernisse auftreten oder *Fehleinschätzungen der Zielstrecke*, oder das *Ziel kann* ganz aus dem Gesichtsfeld *verloren gehen.* Für die Führungsmotivation ist es hier wichtig, trotz anfänglicher Klarheit auch zwischendurch Klärungen zu geben, damit die Übersicht gewahrt bleibt, und bei Hindernissen zu ermuntern. Ist der Weg zum Ziel zu weit, so hält die Motivation am besten an, wenn man Etappen macht oder *Teilziele* setzt.
Besondere Beachtung muß dem psychologischen Hintergrund geschenkt werden, wenn auf dem Weg zur Zielverwirklichung Hemmnisse, Hindernisse oder Barrieren auftreten. Den *Reaktionszusammenhang* mit psychischen Folgen zeigt die Abb. 36 (vgl. auch McClelland/Winter 1969).
Bedeutsam als Hindernisse, die bei der eigenen Person liegen und durch Einwirken der sozialen Umwelt bedingt sein können (vgl. u. a. Thom 1980, 911; Heidack/Brinkmann 1982), sind
– *Willensbarrieren*
– *Fähigkeitsbarrieren*
– *Risikobarrieren.*
Sie sind bedingt durch Unvermögen im Sinne des Nicht-Wollens, Nicht-Könnens und Nicht-Wagens (vgl. hierzu Herwig 1970; Losse/Thom 1974).
Das *Kernproblem* bei Hindernissen und Hemmnissen ist in allen Fällen, wie Abb. 36 zeigt, die *Verunsicherung bzw. Angst.* Aufgrund des Angst- bzw. Unsicherheitsgefühls treten als Reaktionsweisen Kampf- und Fluchtverhalten, also aggressive und resignative Arten des Verhaltens, auf. Sie sind meist subtil und werden als Abwehrmechanismen häufig falsch gedeutet.

Verunsicherungen treten nicht nur dann ein, wenn sich Barrieren auftun, die das Ziel verstellen oder als unmöglich erreichbar erscheinen lassen, sondern auch durch *Frustration*.

f) Frustration und ihre psychischen Folgen

Frustration ist eine unterschwellige psychologische Erscheinungsweise persönlicher Unzufriedenheit, die meist bedingt ist durch unbefriedigte Motivation, die wiederum auf Verunsicherung beruht (vgl. hierzu Abb. 37). Frustrationen sind meistens entstanden durch *Enttäuschungserlebnisse* in Erwartungen, die vergeblich waren, oder Handlungen, mit denen man nicht zum Ziel gelangt ist. Diese Erlebnisse können *Versagungserscheinungen* im Doppelsinn der Wortbedeutung sein (vgl. hierzu Heidack 1981, 72):
(1) Jemand versagt selbst: eine Leistung wird von ihm nicht erbracht, wie erwartet.
(2) Jemandem wird etwas versagt: z. B. eine Anerkennung auf eine gute Leistung.
Im ersten Fall erfolgt eine Verstärkung der Frustration dann, wenn der Vorgesetzte kein Verständnis für Versagen, oder Fehler aufbringt, und er, anstatt seinen Mitarbeiter zu beraten, ihn noch belastet oder unterdrückt (repressives Verhalten).
Im zweiten Fall erfolgt nicht nur eine Verunsicherung des Mitarbeiters in seiner Leistung, sondern er wird sogar negativ motiviert, indem er sich vornimmt, künftig weniger Anstrengungen zu zeigen.
Durch Versagen mit den entsprechenden Mißerfolgserlebnissen wird der Mensch unsicher und hat Angst vor erneuter Enttäuschung (vgl. hierzu den Ablauf in Abb. 37. Meist stellt sich zur Frustration auch noch *Streß* ein, der normalerweise aufgrund von Verunsicherung *durch mangelnde Zielklarheit* und entsprechende Überlastung in negativer Wirkung eintritt, wie der Verlauf in Abb. 53 verdeutlicht.
Die Folgen von Frustrationen sind häufig Minderwertigkeitsgefühle, auf jeden Fall jedoch eine Beeinträchtigung oder *Bedrohung des Selbstwertgefühls*. Dies führt in den Reaktionen, ähnlich wie bei Hindernissen im Motivationsvorgang der Abb. 36 zu resignativem oder aggressivem Verhalten. Minderwertigkeitsgefühle werden *überkompensiert*, was zu Überheblichkeit und übertriebenem, selbstsicherem Verhalten führt. Hierin zeigt sich recht deutlich ein Abwehrmechanismus, der auf mangelnder Ich-Stärke beruht. *Ersatzbefriedigungen, Ersatzhandlungen und Abwehrhaltungen*, die die Zusammenarbeit blockieren, sind in der Regel die Folge (vgl. Abb. 42).
Weil verunsicherte und frustrierte Menschen, wenn sie aufgrund mangelnder Ich-Stärke Streß und Frustration nicht verarbeiten können, jedoch auch *nicht offen aggressiv oder resignativ* erscheinen können, entwickeln sie Abwehrmechanismen, die häufig schwer zu verstehen sind, da sie scheinbar unvorhersehbar und unlogisch in Erscheinung treten.
Folgende *Abwehrmechanismen* weisen auf psychische Abwehrreaktionen von Frustration und Streß hin:

- *Rationalisierung*: durch eine nachträglich gefundene Erklärung will man begründen, daß man das, was man nicht erreicht hat, eigentlich auch gar nicht wollte (*Saure-Trauben-Effekt* oder *Süße-Zitronen-Effekt*).

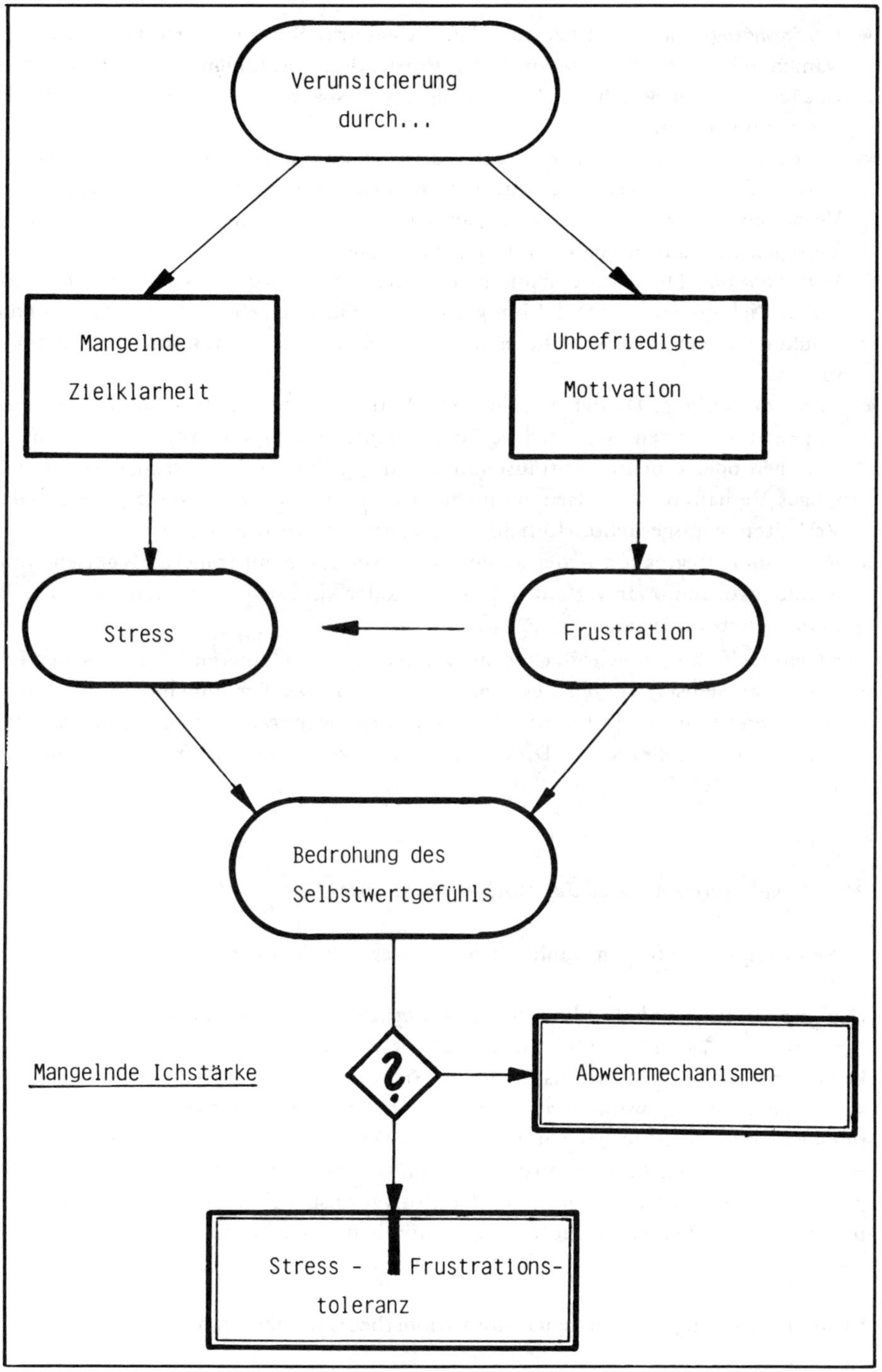

Abb. 37 Der Wirkprozeß bei Verunsicherung (nach Heidack 1980)

- *Verdrängung*. Hierfür ist typisch, daß die gesamte Situation oder Teile (wie z. B. Namen oder Begriffe), die mit der Frustration verbunden sind, wie aus dem Gedächtnis weggewischt sind, sodaß man sich später gar nicht oder nur schlecht daran erinnern kann.
- *Projektion*. Eigene unbefriedigte Bedürfnisse oder abgelehnte Verhaltensweisen werden in die Umwelt oder auf andere Personen projiziert. Eigenes aggressives Verhalten wird z. B. darauf zurückgeführt, daß andere einen reizen, oder eigenes Versagen wird auf unqualifizierte Führung geschoben.
- *Verschiebung*. Der eigene Wunsch, der nicht erfüllt wurde, wird vom ursprünglichen Ziel auf ein Ersatzziel hin gerichtet. Geht z. B. ein großer Auftrag an die Konkurrenz verloren, schiebt es der Vertrieb auf die Produktion (Sündenbocksuche).
- *Reaktionsbildung*. Da der ursprüngliche Wunsch nicht erfüllt werden kann, wird er genau in dessen Gegenteil verkehrt. Häufig steckt die Angst vor erneutem Versagen oder erneuter Enttäuschung dahinter. Kann z. B. aggressives und feindseliges Verhalten in der Gruppe nicht offen gezeigt werden, so verkehrt sich das Verhalten in ausgesuchte Höflichkeit oder gar Unterwürfigkeit.
- *Regression*. Regression bedeutet ein Zurückversetzen auf frühere psychische Entwicklungsstufen. Man verfällt in kindliche oder kindische Verhaltensweisen, z. B. unmotiviertes Lachen.

Der Gebrauch von Abwehrmechanismen hängt von der inneren Sicherheit der Ich-Stärke, dem Selbstvertrauen des einzelnen, ab. Starke Persönlichkeiten und reife Gruppen sind fähig, trotz Enttäuschung ihre Ziele weiterzuverfolgen, ohne Abwehrmechanismen zu gebrauchen. Dies zeugt von hoher *Streß- und Frustrationstoleranz* (vgl. Abb. 37; vgl. Graumann 1969).

2. *Die wichtigsten Ansätze der Motivationstheorie*

a) Schwierigkeiten für eine einheitliche theoretische Aussage

Den *gegenwärtig unbefriedigenden Erkenntnisstand* in der Theorie kennzeichnet Neuberger (1974, 12; 1978, 203) wie folgt: „Zum gegenwärtigen Zeitpunkt ist keine einheitliche Motivationstheorie in Sicht. Es ist auch fraglich, ob es je eine solche geben wird, wenn man sich die Schwierigkeiten vergegenwärtigt, motivationale Prozesse von Vorgängen des Lernens, Denken,Entwickelns zu trennen". Von einer „umfassenden Motivationstheorie" müsse man seiner Meinung nach Abschied nehmen. Wenn wir die Einordnung der Motivationspsychologie in Abb. 15 betrachten, so sind die Schwierigkeiten einer einheitlichen Theoriebildung leicht verständlich.

b) Kennzeichnung verschiedener motivationstheoretischer Ansätze

Allgemein kann man nach einer Einstellung von Campbell u. a. (1970) *zwei Gruppen von Motivationstheorien* unterscheiden:

(1) *Prozeßtheorien*, die sich mit dem Ablauf motivierten Verhaltens auseinandersetzen und zu erklären versuchen, wie dieses Verhalten zustandekommt, welche einzelnen Faktoren hauptsächlich beteiligt sind und wie sie zusammenwirken.
(2) *Inhaltstheorien*, die sich mit der Thematik zu aktivieren, oder die die Zielrichtung bestimmen, befassen, d. h. welche Art von Beweggründen das Individuum motiviert, welche Klassen von Zielen bevorzugt wird.

Da sich jedoch *Theorien* meist *auf Grundhypothesen* stützen, wollen wir diesem Kriterium folgen und unterscheiden:
– *bedürfnistheoretische Ansätze,*
– *anreiztheoretische Ansätze,*
– *erkenntnis- und prozeßtheoretische Ansätze,*
– *humanitätsorientierte Ansätze.*

c) Bedürfnisorientierte Ansätze

Das Bedürfnis nach Gleichgewicht und innerer Stabilität als Zufriedenheit (das sog. *Homöostase-Prinzip*) ist wohl das populärste Modell. Die Tendenz des Organismus, einen Gleichgewichtszustand zu erhalten oder wiederherzustellen, galt als *„Bedürfnis-Reduktion"* lange Zeit als das Erklärungsprinzip der Motivation schlechthin. Am Beispiel von zyklischen Bedürfnissen, wie Hunger, Durst, Ruhe etc. zeigt es sich wie folgt: die Abweichung von einem normalen oder optimalen Zustand führt zu Bedürfnissen mit einem entsprechenden Suchverhalten, bis durch Erfüllung am Ziel *Befriedigung* und *„Sättigung"* eintritt. Nach einer gewissen Zeit kommt es wiederum zum Bedürfniszustand und das Suchverhalten beginnt von neuem. Um diesen Antrieb allgemein zu kennzeichnen und ihn nicht nur Hungertrieb zu nennen, kommen allgemeine theoretische Konzeptionen zur Erklärung der konkreten Verhaltensausrichtung oder -wahl zu Hilfsbegriffen wie Erwartung oder Anreiz.
Anreiz.
Das humanitätsorientierte Ordnungsschema von Maslow hat als unterste Stufe des Systems die menschlichen Grundbedürfnisse zum Inhalt.

d) Anreiztheoretische Ansätze

Kerngedanke dieses Ansatzes ist das Streben des Menschen, *Ziele zu verwirklichen*, die ihm Befriedigung und Lust verschaffen, bzw. solche Ziele zu vermeiden, die Unlust hervorrufen. Bedeutsam ist hierbei die *Vorwegnahme und Erwartung*, jedoch auch die *Erfahrung aus dem Feedback* bei Situationen der Vergangenheit. Entsprechend den Untersuchungen von Lewin (1968) kann man zwei Richtungen deutlich unterscheiden, die sich in den Sekundärmotivationen Belohnung und Zwang widerspiegeln. Es sind die beiden Beeinflussungsstrategien über die *„Zug-Motivation"*: ein attraktives Ziel wird angeboten, das man auch bei möglichen Hindernissen zu erreichen versucht. Anders bei der „*Druck-Motivation*": Die Ziele werden mit einem negativen Aufforderungscharakter verbunden, so daß man diesem unter Androhung von Strafe vorgestellten Ziel, auszuweichen versucht.

Im Akkordsystem steht die Prämie, also das Geld, deutlicher als sonst im Mittelpunkt der Motivationsanreize. *Geld* kann allerdings auch *als Kulissenmotiv* verstanden werden, mit dem man sich mannigfache andere Wünsche erfüllen kann, die nicht immer nur materiellen Charakter haben.

Häufig wirken sich manche negativen Erfahrungen, vor allem Abwehrhaltungen der anderen Kollegen, als Hemmnisse für höhere Leistungsergebnisse aus, weil man keine Lust hat, sich mit den anderen Kollegen anzulegen.

Den Anreizen stehen Forderungen nach Beiträgen zur Leistung gegenüber. Solche Beiträge sind erwartete Leistungen insbesondere leitungs- und führungstechnischer Art und Unterstützung der Organisation selbst. Man spricht deshalb auch von „*Anreiz-Beitrags-Theorie*" (vgl. hierzu March/Simon 1976). Für die Akkordarbeiter stellen danach die gewährten Anreize (aus dem Prämiensystem) Gegenleistungen für die erbrachten Beiträge dar. Die *Wertschätzung der Anreize* und der Beiträge orientiert sich dabei an den persönlichen Wertschätzungen der Mitarbeiter und auch an den Verhaltensanforderungen, die dabei an ihre Rolle und Verhaltenskonformität mit der Gruppe gestellt werden.

Einflußfaktoren sind hierbei

(1) Die *persönlichen Ziele*, die von Persönlichkeitsmerkmalen und der inner- und außerbetrieblichen Umwelt geprägt werden,

(2) *Wahrgenommene Verhaltensmöglichkeiten*, die von der Information, der Beteiligung am Betriebsgeschehen und dem Verhalten der Arbeitskollegen und Vorgesetzten bestimmt werden,

(3) Die *vermuteten Auswirkungen*, die u. U. abhängen von dem Anreizsystem selbst, der Eindeutigkeit der Richtlinien, die die Anreize sichern.

e) Erkenntnis- und prozeßtheoretische Ansätze zu einem Konzept der Leistungsmotivation

In der gegenwärtigen wissenschaftlichen Diskussion (vgl. u. a. Vroom 1964, Porter/Lawler 1968, Campbell/Prichard 1976; Lawler 1977; Neuberger 1977; Heckhausen 1980; Wunderer/Grünwald 1980) finden diese Ansätze die meiste Beachtung. Es sind die sog. Erwartungs-Valenz-Theorie-Modelle. Abb. 38 zeigt einen Modellansatz von Porter und Lawler, nach dem *Erwartungs-Valenz-Konzept*. Typisch für diese Ansätze ist der Nutzen-Erwartungsaspekt und die Beziehung zwischen Anstrengung und Belohnung, deren Kenntnis die Beeinflussung der Leistungsmotivation sowie der Arbeitszufriedenheit der Mitarbeiter erleichtert. Als Prozeßtheorie versuchen sie nicht nur jene Veränderungsursachen zu identifizieren, die das Verhalten beeinflussen, sondern auch Beziehungen zwischen den Veränderungsursachen, wie Wahl, Anstrengung und Ausdauer, miteinzubeziehen.

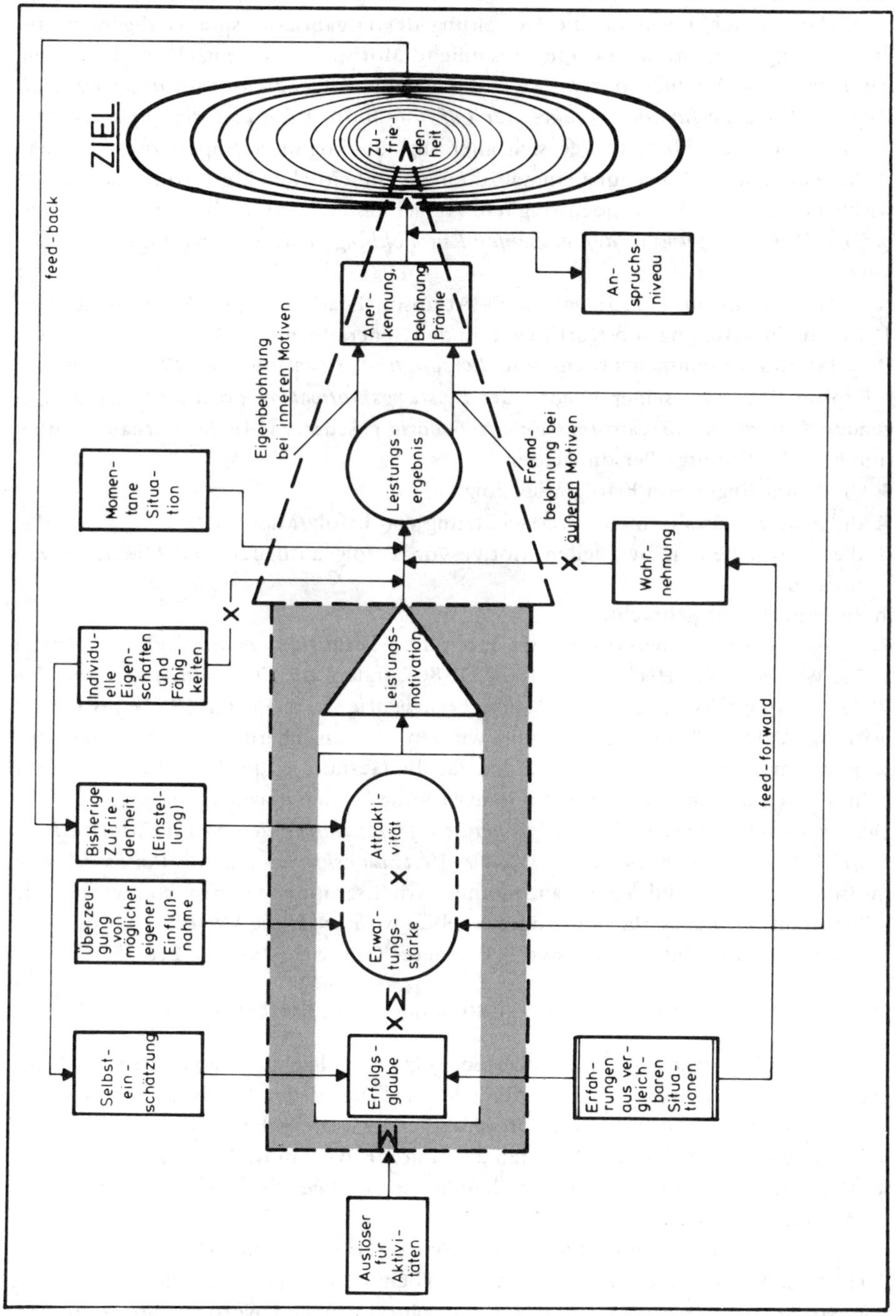

Abb. 38 Erwartungs-Valenz-Modell bei Leistungsmotivation nach Porter/Lawler

Aus dem in Abb. 38 gezeigten Modell der Leistungsmotivation lassen sich durchaus nützliche Empfehlungen für die Gestaltung der Organisationspraxis allgemein, für die Führungsmotivation und die persönliche Motivation im einzelnen abzuleiten. *Als Erwartungs-Valenz-Konzept* ist es *für die persönlichen Motivationsaspekte als Weg-Ziel-Konzept für die Aspekte der Führungsmotivation und der Organisationspraxis* recht brauchbar. Ob es sich allerdings als kognitive Superstruktur gemäß Zielen empirischer Forschung einmal zu einem einheitlichen Motivationsmodell verwirklichen läßt, ist heute noch fraglich. Aufschlußreich jedoch ist seine *erkenntnismäßige Durchdringung in den einzelnen Entwicklungsstadien*, deren Ergebnisse hier kurz skizziert werden.

Nachdem Atkinson (1975; vgl. auch Atkinson/Feather 1966; Atkinson/Raynor 1974) die Feststellung von Kurt Lewin in der Generalformel: „Das Verhalten ist ein Resultat des Zusammenwirkens von *Person und Situation/Umwelt*" (vgl. hierzu 1. Kapitel, II, C, 1) in seiner Theorie der *Leistungsmotivation* präzisierte, wurde folgendes Konzept der *Erwartungs-Valenz-Theorie* geschaffen: In der Verhaltenssituation einer bestimmten Person werden

- die Erwartungen von Erfolg/Mißerfolg,
- die Anreize (als allgemeine Wertschätzung von Erfolg/Mißerfolg),
- die personellen, individuellen Motive von Erfolg aufbauen und Mißerfolg vermeiden

in Zusammenhang gebracht.

Eine weitere Ergänzung erfuhren sie durch die *Attributionstheorie* (vgl. u. a. Rotter 1972; Weiner 1976; Heckhausen 1979, 1980), indem die *Erkenntnisse der sozialen Wahrnehmungsforschung und sozialen Lerntheorie* (u. a. Rotter 1972) auf die Erwartungs-Valenz-Theorie übertragen wurden. Verunsicherungen, Vertrauen und selbstverantwortliches Handeln wurden für die Gestaltung der Interaktionsprozesse beim Führen und in ihrer Motivationsauswirkung für den einzelnen dargestellt.

Der wissenschaftliche Befund zeigt heute differenzierter die positive Motivationskraft der Selbstverwirklichung in einem Vertrauensklima. Für die Praxis relevant „wären etwa die Bildung teilautonomer Arbeitsgruppen, denen von vornherein selbstverantwortliches Handeln zugeschrieben wird, oder die Verstärkung von Delegation und Selbstkontrollprozessen" (Wunderer/Grunwald 1980, I, 216).

f) Humanitätstheoretische Ansätze (insbesondere von Herzberg)

Von wesentlich weniger differenzierten, allgemein leichtverständlichen Ansätzen gehen die humanitätsorientierten Modelle aus. Die in der Praxis am meisten verbreiteten und bekanntesten Konzepte sind die Motivationstheorien:

- *McGregors XY-Theorie* (vgl. hierzu 2. Kapitel I, B) vom Bild des Menschen,
- *Maslows* Motivationstheorie mit dem Kern der *Bedürfnishierarchie* (vgl. hierzu 2. Kapitel, II, C, 1),
- *Herzbergs Zwei-Faktoren-Theorie von der Arbeitszufriedenheit.*

Alle drei Motivationskonzepte beinhalten neben der Motivationstheorie wesentliche Aspekte der Führungsmotivation. Sie sind häufig kritisiert worden, ihre *große Verbreitung* jedoch *in der Managementliteratur und der -Praxis* ist letztlich auf ihre Einfachheit und Verständlichkeit zurückzuführen, die dem allgemeinen Menschenverstand und dem System der Praktiker entgegenkommt, und weil sie sich als *Konzepte von hohem heuristischem Wert* erwiesen haben. Sie werden vor allem auch für die Legitimation kooperativer und partizipativer Führungsformen häufig herangezogen.

Die *Zwei-Faktoren-Theorie zur Arbeitsmotivation nach Herzberg* (vgl. Herzberg u. a. 1959; Herzberg 1966/1976; ferner u. a. Neuberger 1974, 1977; v. Rosenstiel 1975) hat selbst die wohl *bedeutendsten Modelle zur Arbeitszufriedenheit* (vgl. Weinert 1981, 291) geliefert, sowie viele empirische Untersuchungen (vgl. Rühl 1974, 1976, 1978; Zink 1975, 1979) angeregt und Bestrebungen zur Humanisierung in der Arbeitswelt maßgeblich beeinflußt. Der theoretische Ansatz Herzbergs ist induktiv empirisch entstanden, statistisch abgesichert und kann unmittelbar auf die Arbeitswelt angewendet werden. Ihre spezifische Bedeutung hat die Theorie durch ihr bevorzugtes Meßinstrument: *„die Methode der kritischen Ereignisse"*. Arbeitnehmer sollen jene Ereignisse aus ihrem Arbeitsleben nennen, bei denen sie außergewöhnlich zufrieden oder unzufrieden waren. Trotz der starken Kritik an der Methode ist sie heuristisch und theoriebildend ergiebig.

Im *Mittelpunkt der Herzberschen Theorie* steht die Aussage, daß Zufriedenheit und Unzufriedenheit nicht in einem kontinuierlichen Bereich zwischen zwei Polen angeordnet sind, wie die Skizze a in Abb. 39 zeigt. Vielmehr betrachtet Herzberg Arbeitszufriedenheit und Unzufriedenheit als zwei voneinander unabhängige Dimensionen, die durch zwei einpolige Kontinua darstellbar sind (vgl. Skizze b in Abb. 39), d. h. aufgrund dieser Annahme folgt theoretisch und praktisch die bedeutsame Feststellung, daß ein Mitarbeiter zum selben Zeitpunkt sehr zufrieden (z. B. mit seiner Arbeit) wie auch sehr unzufrieden (z. B. mit dem Kantinenessen oder mit unzulänglichen Arbeitsmitteln) sein kann. Entsprechend diesen Überlegungen baut Herzberg ein Kategoriensystem auf, in dem er unterscheidet:

- die *Hygienefaktoren* (Kontextfaktoren, „Unzufrieden-Macher", dissatisfiers),
- die *Motivatoren* (Kontentfaktoren, „Zufrieden-Macher", satisfiers).

Hygienefaktoren sind, wie die Hygiene zur Gesundheit, positive Grundbedingungen, die zum Kontext des Arbeitsvollzuges und der Arbeitsumwelt gehören. Es sind in der Regel *extrinsische Motivationsbedingungen*. Wie Abb. 40 zeigt, sind es z. B. Arbeitsbedingungen, Arbeitssicherheit etc., meist technisch-zivilisatorische Einrichtungen, die uns das Leben und die Arbeit erleichtern. Fehlen sie, so macht sich Arbeitsunzufriedenheit bemerkbar. Wird der Mangel behoben, werden sie nach kurzer Zeit Gewohnheit, bzw. zur Selbstverständlichkeit. Mit der Erfüllung der Hygiene-Bedürfnisse ist der Mitarbeiter nicht mehr unzufrieden. Es trägt aber auch nicht zu einer Zufriedenheit bei. Es herrscht ein neutraler Zustand. Es sind eher statische Bedürfnisse, die für eine positive Grundgestimmtheit bei der Arbeit unerläßlich sind, *allgemeine „betriebsklimatische" Zufriedenheit* bewirken, Entlastung (Gegenteil von Belastung) im Sinne von äußeren Humanisierungsbemühungen bedeuten (vgl. Heidack/Brinkmann 1982).

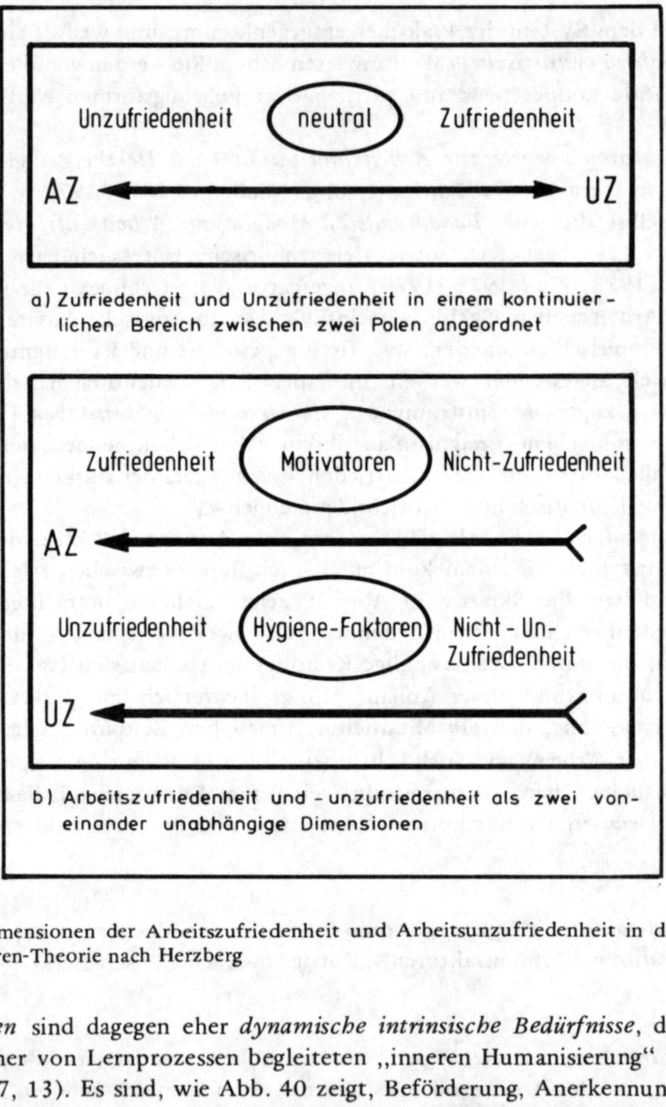

Abb. 39 Dimensionen der Arbeitszufriedenheit und Arbeitsunzufriedenheit in der Zwei-Faktoren-Theorie nach Herzberg

Motivatoren sind dagegen eher *dynamische intrinsische Bedürfnisse*, die zur Entfaltung einer von Lernprozessen begleiteten „inneren Humanisierung" führen (vgl. Sahm 1977, 13). Es sind, wie Abb. 40 zeigt, Beförderung, Anerkennung, Selbstbestätigung etc. Motivatoren sind nach Herzberg aus dem Arbeitsvollzug selbst abzuleiten und bedingen persönliche leistungsbezogene Arbeitszufriedenheit (vgl. hierzu 2. Kapitel, III, E, 3a). Nur wenn sie vorhanden sind, ist der Mitarbeiter am Arbeitsplatz zufrieden. Werden diese entsprechenden Bedürfnisse nicht erfüllt, wird dies nichts zur Zufriedenheit des Mitarbeiters beitragen, er wird dadurch aber auch nicht unzufrieden. Es herrscht in dieser Beziehung ein neutraler Zustand.
Die *Überlappung der Ergebnisse in beiden Faktorenfeldern*, wie aus Abb. 41 ersichtlich, zeigt, daß sie nicht ausschließlich und in allen Fällen zur Arbeitszufriedenheit und Unzufriedenheit beitragen, sondern nur überwiegend. Diese Einschränkung *erhöht den empirischen Wert* der Theorie erheblich. Man darf auch nicht eine gewisse Schwarz-Weiß-Malerei bei der Theorienbildung aufgrund der Befragung von extre-

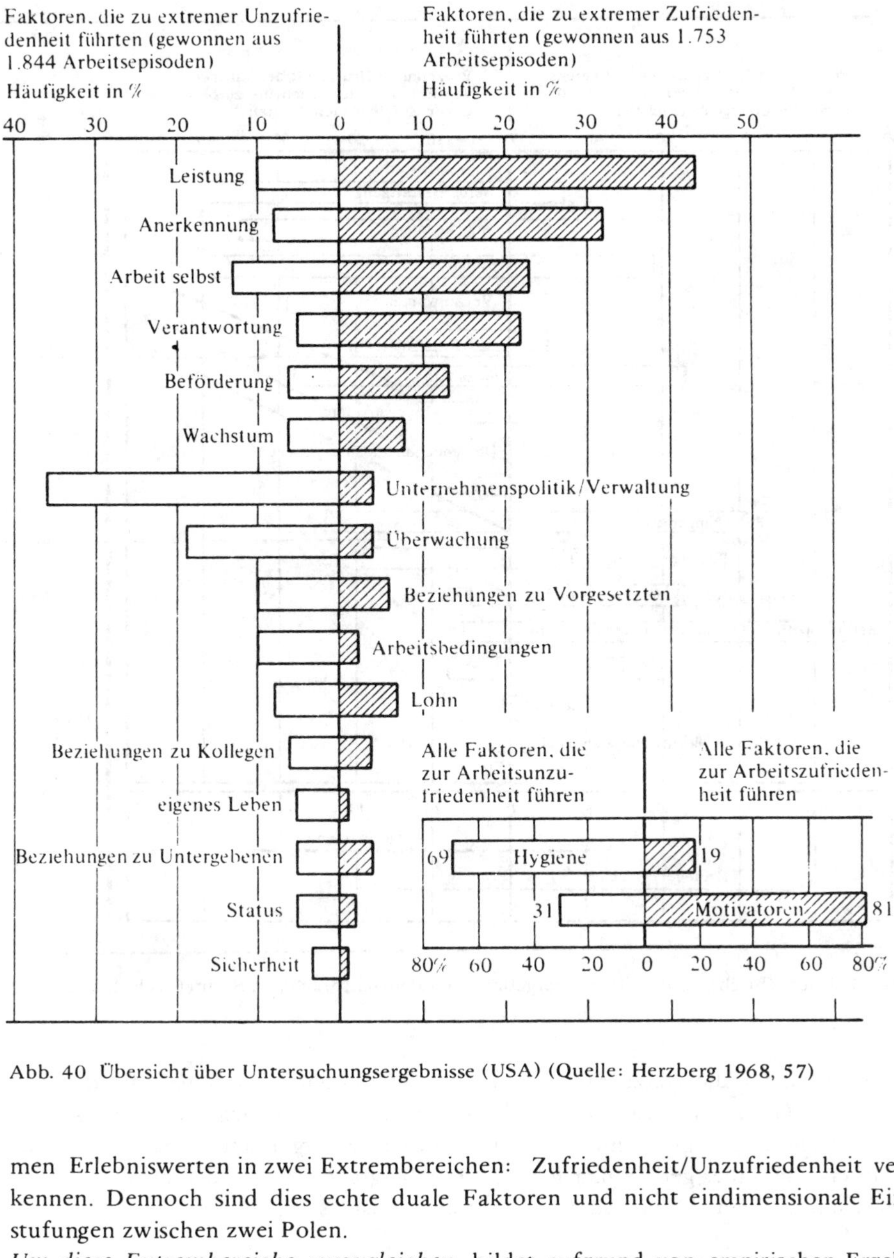

Abb. 40 Übersicht über Untersuchungsergebnisse (USA) (Quelle: Herzberg 1968, 57)

men Erlebniswerten in zwei Extrembereichen: Zufriedenheit/Unzufriedenheit verkennen. Dennoch sind dies echte duale Faktoren und nicht eindimensionale Einstufungen zwischen zwei Polen.

Um diese Extrembereiche auszugleichen, bildet aufgrund von empirischen Ergebnissen in der Bundesrepublik Rühl (1978, 141) eine *Zwischenkategorie*, wie es die Abb. 41 verdeutlicht. Ebenso zeigen die dort eingezeichneten Pfeile, daß im Gegensatz zu den in den USA erzielten Ergebnissen Herzbergs Entwicklungsaussichten, Status und Beziehungen zu den Kollegen *im deutschsprachigen Raum* zu den Motivatoren zählen.

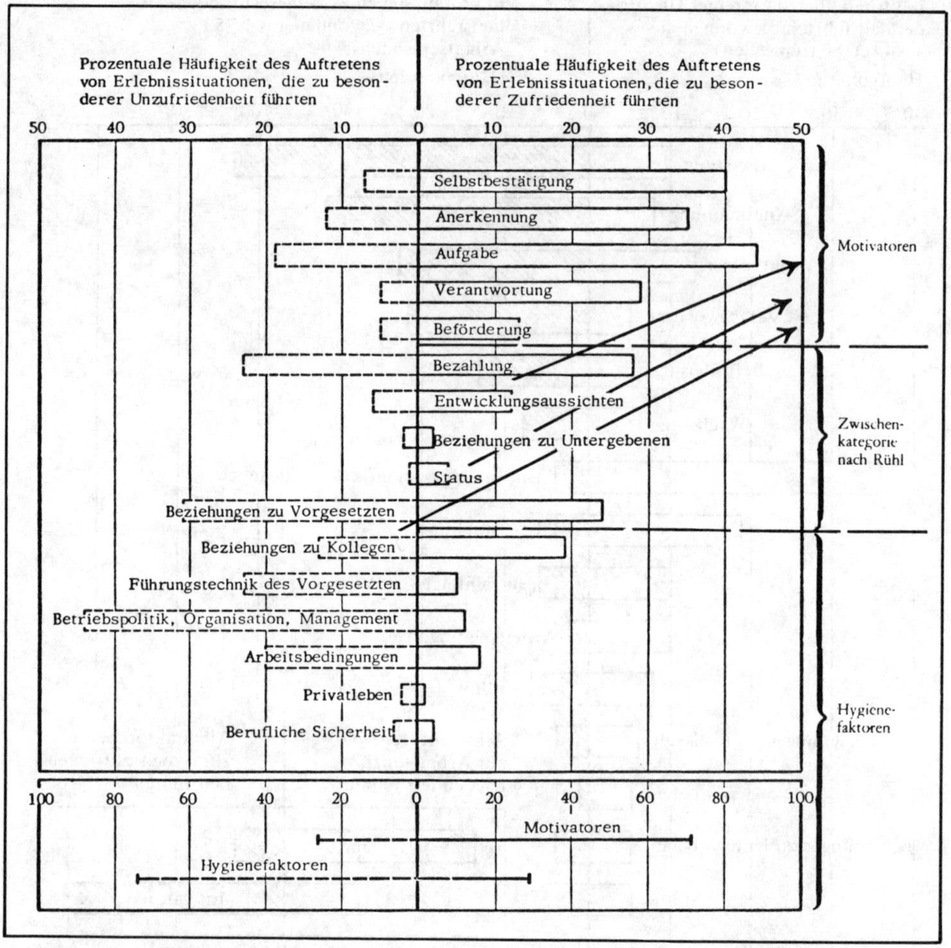

Abb. 41 Übersicht über Untersuchungsergebnisse im deutschsprachigen Raum (nach Rühl 1976, 29)

Insgesamt bietet die Herzbergsche Theorie einen guten *praktikablen Ansatz zum Bewußtmachen im Motivationsbereich*. Allerdings wird die Frage von Motivatoren immer mehr eingeengt, je mehr man die Stufen der organisatorischen Hierarchie heruntersteigt. Aber gerade hier lehrt die Herzbergsche Theorie, daß man sehr achtsam sein muß, keine Unzufriedenheit aufkommen zu lassen.

3. *Aktivierung von Motivation*

Besondere Zusammenhänge für die Aktivierung der Motivation im Betrieb werden in der Arbeitszufriedenheit und dem Leistungserfolg gesehen, was die Person des

Mitarbeiters selbst betrifft. Hohen Anteil kommt ferner der Führungsmotivation zu, wobei die Art der Zielsetzung und die zielorientierte Verhaltenssteuerung einer Strategie bedarf.

a) Arbeitszufriedenheit und Leistungserfolg

Arbeitszufriedenheit wird mit höherer Leistungsmotivation in engen Zusammenhang gebracht. Dies sind wohl auch die *Gründe für das große Interesse an der Erforschung* der Arbeitszufriedenheit, die in den letzten vier Jahrzehnten auf etwa vier- bis fünftausend veröffentlichte Forschungsarbeiten angewachsen ist (vgl. Weinert 1981, 285). Die *Grundannahmen* lassen sich wie folgt kennzeichnen:

(1) Die Taylorsche Annahme eines direkten Bezugs zwischen Produktivität und Arbeitszufriedenheit.

(2) Die Annahme und nachgewiesene Beziehung zwischen Fehlzeiten, Fluktuation etc. und Arbeitszufriedenheit.

(3) Die Annahme einer Verflechtung zwischen Organisations- bzw. Betriebsklima und Arbeitszufriedenheit.

(4) Wachsende Wachsamkeit (Sensitivität) des Managements für die Bedeutung von Einstellungen und Gefühlen ihrer Mitarbeiter gegenüber Arbeit, Vorgesetzten, Führungsstil und Organisationsgegebenheiten.

(5) Wachsende Bedeutung der Information über psychologische Einstellungen, Ziele der Mitarbeiter, sowie die Interdependenz der sozialen Verhaltensweisen aufgrund der Ergebnisse der Verhaltensforschung.

(6) Die Qualität des Arbeitslebens wird als Teil der Lebensqualität zunehmend bedeutsam mit der Erkenntnis, daß sich die Arbeit auch auf die anderen Lebensbereiche auswirkt.

Der Zusammenhang zwischen Arbeitsmotivation und Arbeitszufriedenheit ist durchaus gegeben. Dennoch muß man unterscheiden:

Arbeitszufriedenheit ist im Gegensatz zur Arbeitsmotivation gekennzeichnet durch die affektiven Empfehlungen gegenüber Arbeit und Leistung und konzentriert sich entsprechend auf die möglichen Konsequenzen hieraus.

Gemäß den bedürfnisorientierten Ansätzen der Motivation ist dann eine uneingeschränkte Zufriedenheit gegeben, wenn die subjektive Sicherheit besteht, daß die periodisch auftretenden Bedürfnisse befriedigt werden können, wie es z. B. Maslow in seiner Bedürfnistheorie annimmt. Betrachten wir nur dieses Stadium der Entspannungssituation, so besteht nur ein Bedürfnis nach Bewahrung des Status-Quo bzw. der Anspruch auf Besitzstandswahrung.

Man gewöhnt sich jedoch sehr schnell an diesen erreichten *Besitzstand*, und diese Bedürfnisbereiche erlangen gemäß der Theorie Herzbergs die Funktion von *Hygienefaktoren*.

Weitere Zufriedenheit erlangt jemand, der diesen Zustand auf eigene Leistung in seinem sozialen Umfeld zurückführen kann. Dies stärkt *Orientierungs- und Verhaltenssicherheit*.

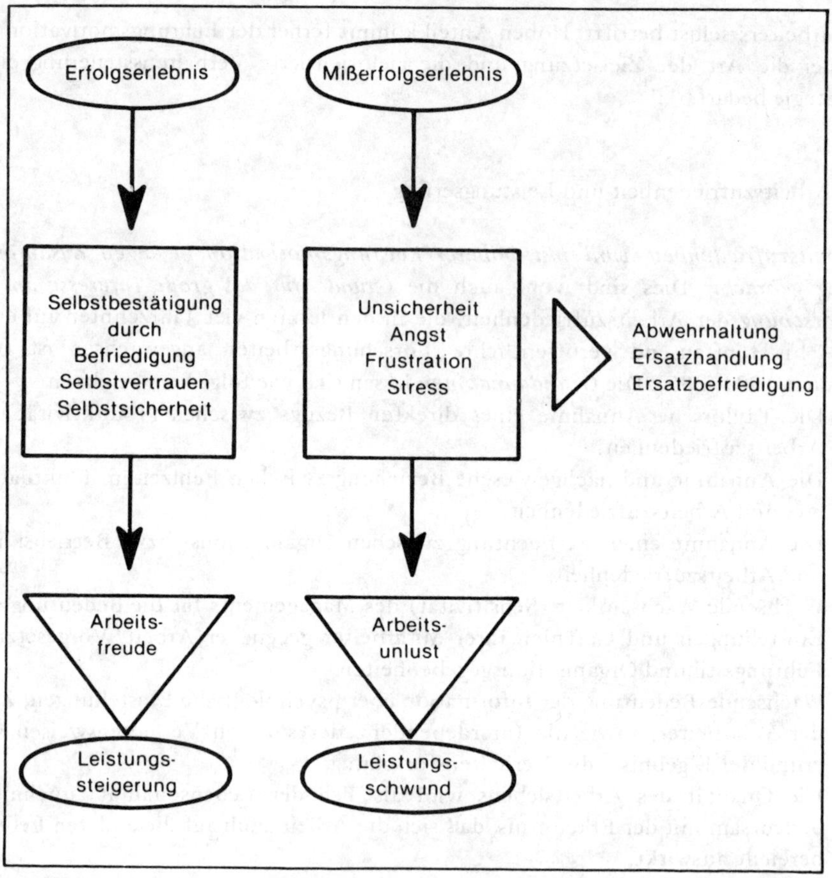

Abb. 42 Verhaltensablauf bei Erfolgs- und Mißerfolgserlebnissen (Heidack 1982, 16)

Das *Erfolgserlebnis steigert*, wie Abb. 42 zeigt, das Selbstvertrauen und die *Selbstsicherheit*, aber auch die *Arbeitsfreude*, die auch zur Leistungssteigerung führt. Dies kann nicht direkt von der Arbeitszufriedenheit abgeleitet werden, da sie vom Anspruchsniveau abhängt.

Fördert die Situation der Selbstbestätigung eine *Ausweitung des Anspruchsniveaus*, kann es zur Erweiterung von Bedürfnissen und Interessen führen (vgl. Bruggemann u. a. 1975, 34 f.), damit auch zu einer *progressiven Arbeitszufriedenheit*. Bleibt das *Anspruchsniveau gleich*, so stabilisiert sich die Arbeitszufriedenheit, die Auswirkung auf die *Leistungsmotivation* wird dadurch *ambivalent*, zumindest ist hier nicht eine Leistungssteigerung ohne weiteres zu folgern. So kann gerade Unzufriedenheit bei gleichbleibenden Ansprüchen zu höheren Anstrengungen führen, wenn man motiviert ist, das Problem zu lösen (vgl. Heidack/Brinkmann 1982). Dies bedeutet im Ergebnis eine *konstruktive Arbeitszufriedenheit*. Läßt man die Probleme anstehen, führt dies zu einer *beständigen Arbeitsunzufriedenheit*. Werden die Probleme dagegen verdrängt, herrscht eine *Pseudo-Arbeitszufriedenheit*, die wohl kaum die Leistungsmotivation steigert.
Aufgabenorientierung kennzeichnet Mißerfolgsängstlichkeit. Arbeitszufriedenheit wird hier nicht zur Steigerung der Leistungsmotivation, sondern zur Erhaltung des Status-Quo im Anspruchsniveau führen.

b) Führungsmotivation

> Aktivierung von Motivation ist der eigentliche Kern des Führungsverhaltens, denn *Führung bedeutet* das Aufzeigen von Leistungszielen und erfolgsorientierte Verhaltenssteuerung der Mitarbeiter im Betrieb mit der Absicht, sowohl die *Leistungsziele* als auch die *persönlichen Ziele* der mitwirkenden Personen soweit wie möglich zu verwirklichen.

Motivation muß getrennt werden in persönliche Motivation und Führungsmotivation:

- *Persönliche Motivation* heißt: der Einzelmensch ist motiviert, d. h. Motivation ist ein *Status der Person*.
- *Führungsmotivation* heißt: man regt Menschen zu bestimmten Verhaltensweisen an, d. h. *man motiviert sie auf bestimmte Ziele hin*.

Führungsmotivation heißt: man regt Menschen zu bestimmten Verhaltensweisen an, d. h. *man motiviert* sie *auf bestimmte Ziele hin*.
Der Vorgang der persönlichen Motivation bleibt beim Vorgesetzten und beim Mitarbeiter der gleiche. Besondere Schwierigkeit für die Führungskraft besteht darin, Motivationskräfte im Mitarbeiter zu mobilisieren, dasselbe Leistungsziel zu erreichen, obwohl die persönlichen Ziele aufgrund verschiedener Motive, wie es Abb. 43 in einem simplen Beispiel sehr gut verdeutlicht, auseinanderfallen. Hierin besteht das *Führungsdilemma*, das sehr leicht zu *Zielkonflikten* führen kann, die dann meistens durch autoritative Außensteuerung der Motivation gelöst werden.
Um die Mitarbeiter zu einer eigenen Motivation (Primärmotivation) und zur Kooperation auf gemeinsame Leistungsziele hinzuführen, ist *partizipatives Führungsverhalten mit Zielvereinbarung* der geeignetestė Weg (vgl. 4. Kapitel, IV).

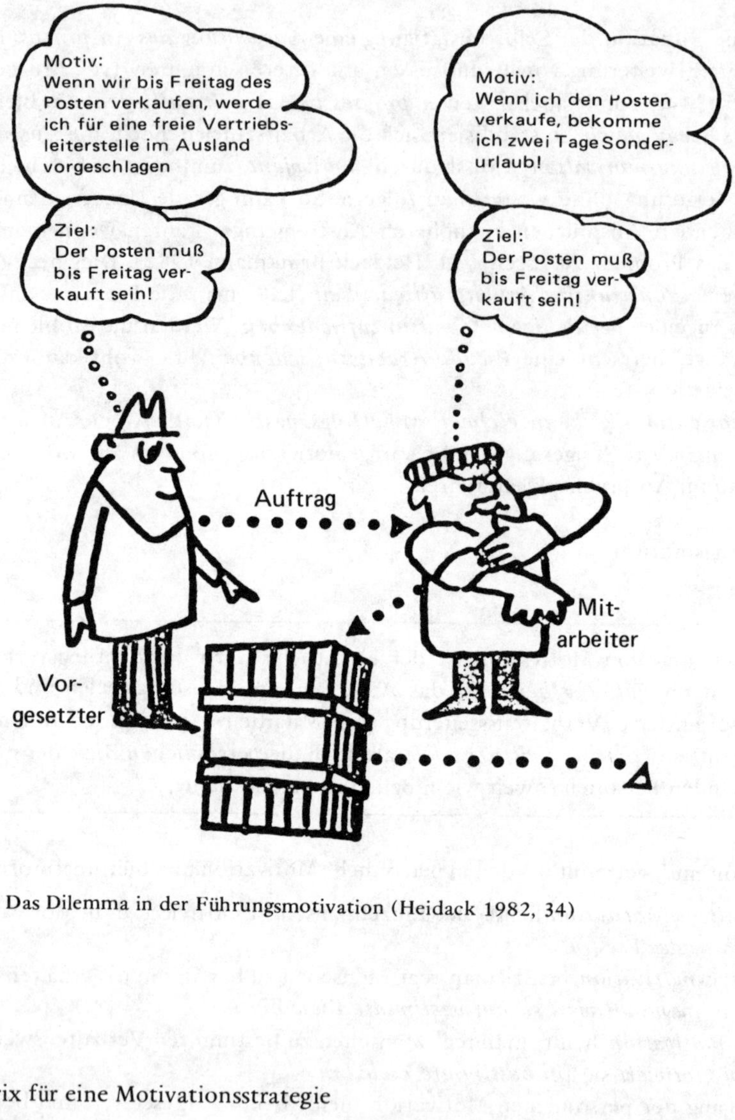

Abb. 43 Das Dilemma in der Führungsmotivation (Heidack 1982, 34)

c) Matrix für eine Motivationsstrategie

Eine *optimale*, d. h. *befriedigende im Sinne von „satisfiers“* nach H. A. Simon, *Aktivierung von Motivation* im Betrieb wird nur durch eine Motivationsstrategie gegeben sein. Diese Strategie muß sich *an übergeordneten Zielen*, sowohl *für das Leistungsniveau* des Betriebes, wie auch übergeordneten Zielvoraussetzungen der im Betrieb arbeitenden Menschen gemäß den Erkenntnissen und Erfahrungen aus dem Motivationsverhalten orientieren. Als *übergeordnetes Kriterium wird die Arbeitszufriedenheit* angesehen. Die Entfaltung der Motivationsaspekte der Arbeitszufriedenheit wird im Zusammenhang mit den einzelnen Kriterien für die *industrielle, soziale und organisatorische Entfaltung* des Leistungsniveaus in Abb. 44 wiedergegeben.

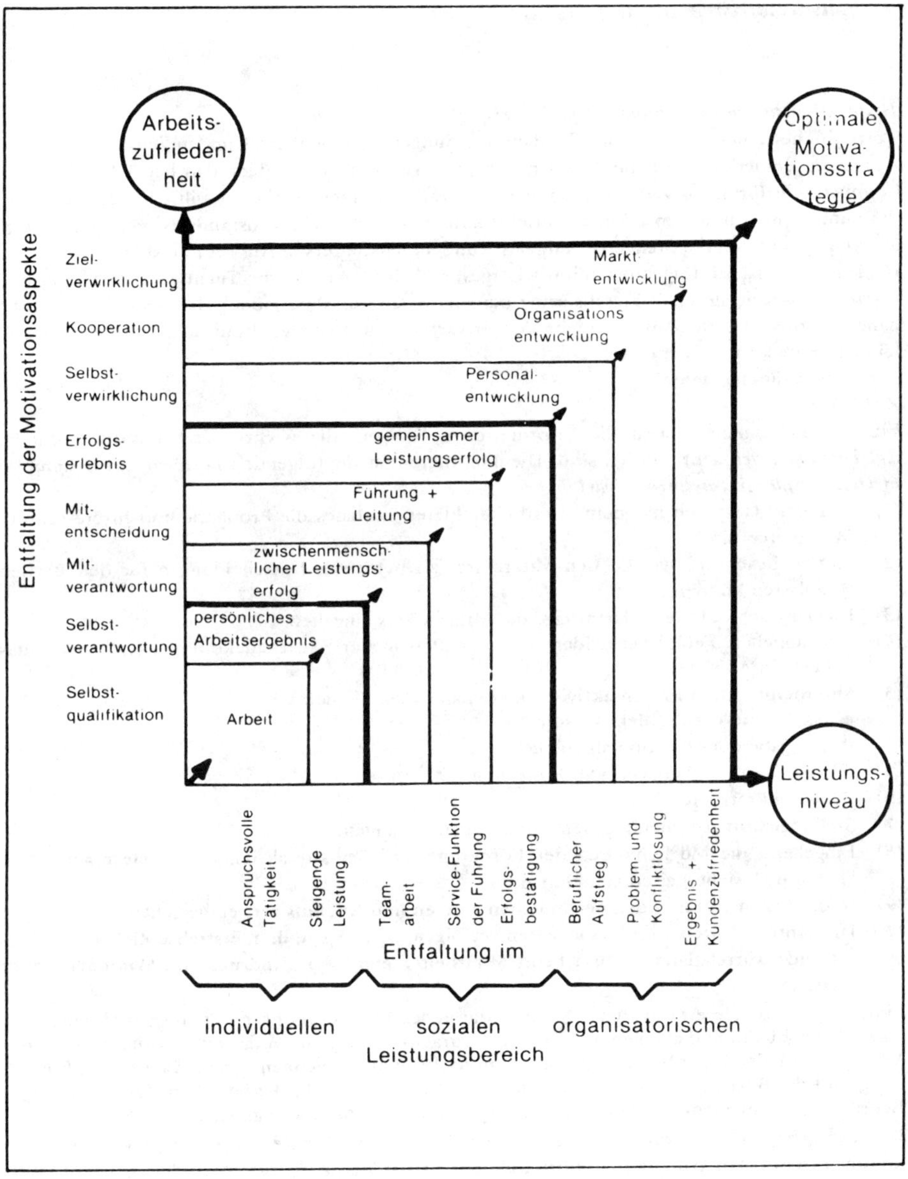

Abb. 44 Motivationsstrategie-Gitter (Quelle: Heidack 1981, 12)

4. *Fallstudie: Eine unerwartete Kündigung*

Erste Situationsbeschreibung (Negativ-Beispiel)
Vertriebschef Anders hat einen sehr tüchtigen jungen Ingenieur im Kundendienst, Herrn Behl. Aus einer Bemerkung von Behl in den letzten Tagen schließt Anders, daß bei Behl Absichten bestehen, die Firma zu verlassen. Da er den Mitarbeiter nicht verlieren will, überlegt er, wie er ihn zum Bleiben bewegen könnte und entschließt sich, ihm ein selbständiges Produktgebiet zu übertragen und ihm die Stellvertretung des Kundendienstleiters in Aussicht zu stellen.
In dem bald darauf folgenden Mitarbeitergespräch lobt Anders die Tüchtigkeit von Behl und macht sozusagen als Fazit hieraus seine beiden Angebote, ohne jedoch dabei auf Einzelheiten näher einzugehen. Behl macht nicht den erwarteten zufriedenen Eindruck. Im Gegenteil, er kündigt noch früher als erwartet.
Wie konnte dies passieren?
Zur Lösung:
Eine *Situationsanalyse* wird die Informationen bringen, die wichtig sind, um zu erkennen, *welche Fehler* gemacht worden sind. Dienlich hierzu ist die folgende *Checkliste zur Gesprächsmethodik und Mitarbeitermotivation*.

(1) Vor dem Gespräch mit dem Mitarbeiter klären, welches die Probleme und Interessen des Mitarbeiters sind.
(2) Motive beachten, welche den Mitarbeiter zu negativen Entscheidungen für den Betrieb veranlassen können.
(3) Im Gespräch auf die Bedürfnislage des Mitarbeiters eingehen.
(4) Den üblichen Fehler vermeiden, über die Person zur Sache zu kommen (vgl. hierzu das Schema in Abb. 45a).
(5) Mitarbeiter durch Fragen aktivieren, etwa nach dem Schema
- Sache und das Problem als solches
- Aufgabe oder Position als solche
- Person in der Aufgabe oder Position ganz konkret.

(6) Ziele konkretisieren.
(7) Stellungnahmen zu den eigenen Vorschlägen verlangen.
(8) Eingehend die Möglichkeiten der Förderung und Selbstqualifikation im Gespräch erläutern, um Unsicherheiten zu nehmen.
(9) In die Argumentation den persönlichen Nutzen und Erlebniswert einbeziehen.
(10) Die echten Vorteile, die beide seiten verfolgen, offenlegen, d. h. erstrebte Ziele und einzusetzende Mittel darlegen, um beim Mitarbeiter nicht den Eindruck von Manipulation zu erwecken.

Prüfen Sie bitte diese Checkliste. Sie läßt die bedeutsamsten Punkte erkennen und verschafft eine Übersicht durch die Schemata für den Gesprächsvorgang zur Mitarbeitermotivation, die das Vorgehen auf der Zielsetzungs- und Motivationsebene kennzeichnen. Abb. 45a, und die Einordnung und die Beziehungen der Motivationsaspekte in Abb. 45b, die vor allem für Förderungs-, Beurteilungs- und auch Einstellungsgespräche von Bedeutung sind (vgl. Rischar 1980).
Um *Gewißheit über eigene Fehler und die tatsächlichen Gründe der Kündigung* herauszubekommen, führt Herr Anders mit Herrn Behl noch ein *Abschiedsgespräch*, in dem er erfährt, daß das Angebot zu vage und zu ungewöhnlich war. Behl äußert darüberhinaus Zweifel, daß er die Aufgabe hätte bewältigen können, zumal ihn im Moment viele private Dinge beschäftigen und bedrücken.
Eine *Problemanalyse* des Falls ergibt, daß Herr Anders sich *vor dem Gespräch* nicht die Mühe gemacht hat, die Wünsche und Interessen des Mitarbeiters und seine *Bedürfnisse zu erkunden.* Denn nur wer die Bedürfnisse seiner Mitarbeiter kennt, kann sie richtig motivieren.
Während des Gespräches hätte er die Motivationsstärke und die *Erwartungen* seines Mitarbeiters, sowie auch seine *Gefühle, durch Fragen erkunden sollen.*

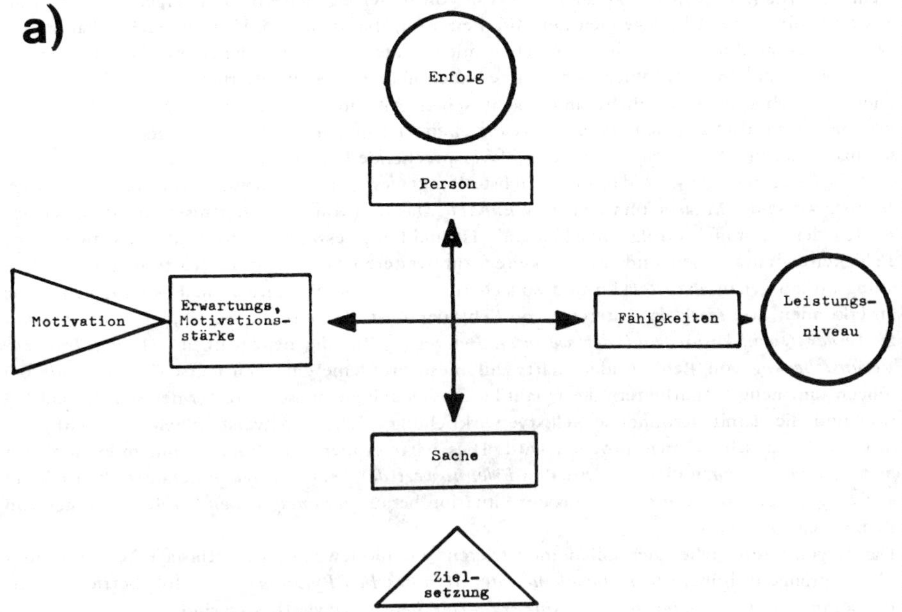

a) Gesprächsstrategie zur Mitarbeiter-Motivation: Vorgehen auf der Zielsetzungs- und Motivationsebene

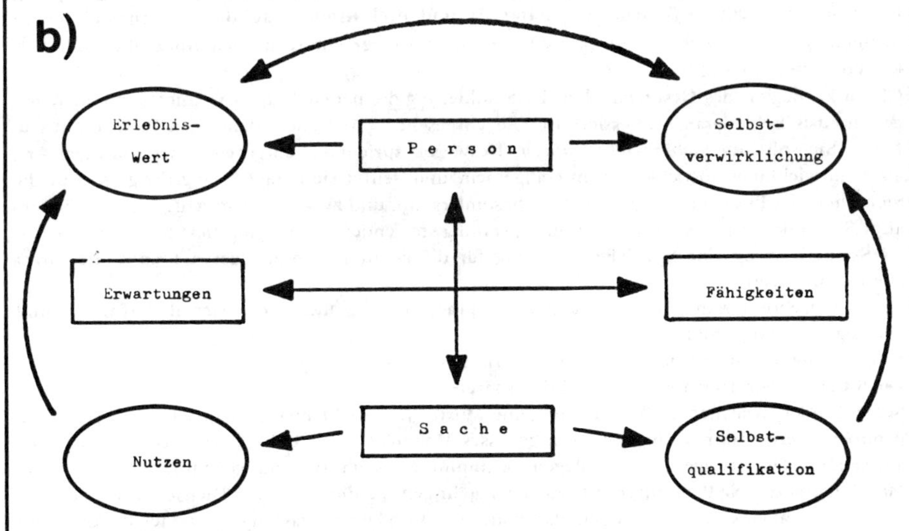

b) Gesprächsstrategie zur Mitarbeiter-Motivation: Einordnung und Beziehungen der Motivationsaspekte

Abb. 45 Übersichten zum motivierenden Vorgehen im Mitarbeitergespräch (Quelle: Heidack 1981, 66)

Die *richtige Taktik* verfehlte er, indem er mit Kanonen auf Spatzen schoß. Dadurch hat er Behl verunsichert. Anders hat aber auch viel von seiner eigenen Position vergeben, woraufhin aus psychologischer Überlegenheit der Mitarbeiter ungebührliche Forderungen stellen kann.
Weil in Verhandlungen oder in Gesprächen mit fremden Personen oder über unbekannte Dinge eine Anwärmphase empfohlen wird, ist es auch üblich, dies in Mitarbeitergesprächen zu machen, was aber meistens nicht angebracht scheint. Anders hätte *über die Sache zur Person* kommen und damit gleich *die Zielsetzungsebene ansprechen sollen*. Die sachliche Aufgabe kennzeichnet die Zielvorgabe und die erfolgversprechende Leistungserwartung.
Auf dieser Grundlage wäre dann der nächste Punkt gewesen, die *Erwartungen und die Motivationsstärke* seines Mitarbeiters Behl zu *erkunden*. Das Bild von der Bedürfnis- und Interessenlage ist für den Gesprächserfolg entscheidend. Ist Behl interessiert, so sollte Anders auch seine Fähigkeiten ansprechen und Möglichkeiten zur weiteren Qualifikation erörtern, um das Leistungsniveau genau abzustecken und zu sichern. Anders sprach dagegen die Förderung an, ohne zu erkunden, wie stark das Interesse von Behl hieran ist. Er lobte ihn, sagte aber *nichts genaues zu seiner Qualifikation und der weiteren Befähigung* für die neue Aufgabe. Dies *führte zur Verunsicherung* von Behl. Anders hätte auf diese Probleme eingehen müssen, weil gerade bei jungen und neuen Mitarbeitern der Qualifikationsgedanke, insbesondere der der Selbstqualifikation und die damit verbundene Selbstverwirklichung, nicht selbstverständlich ist. Wichtig ist, daß die Gefühlsebene angesprochen wird. Dies hätte Anders tun können, indem er Behl den *praktischen Nutzen* und vor allem den *Erlebniswert der neuen Aufgabe* herausstellt. Er hätte *überzeugend* gewirkt, wenn er sie aus der Situation heraus *der entsprechenden Bedürfnislage* von Behl angeglichen hätte.
Das folgende Positivbeispiel soll demonstrieren, wie die jeweilige Bedürfnislage behutsam und ohne Sprünge in höhere *Bedürfnisebenen der Maslowschen Pyramide* mit Erfolg befriedigt werden kann bzw. *Hygienefaktoren im Sinne von Herzberg* zu gewährleisten sind.

Zweite Situationsbeschreibung (Positiv-Beispiel)

Ein paar Tage nach dem Gespräch mit Anders, wird unser Jungingenieur zu einem Bewerbungsgespräch mit dem Vertriebschef einer anderen Firma, Herrn Wohlgemut, eingeladen. Dieser hat in Erfahrung gebracht, daß Behl verheiratet ist und drei Kinder hat, die er gern auf höhere Schulen schicken möchte, und eine schwerkranke Mutter, die recht viele Spezialbehandlungskosten verursacht.
Gleich zu Beginn des Gesprächs, bei der Schilderung des neuen Aufgabengebietes, merkt Wohlgemut, daß Behl daran interessiert ist, die vorgesehene Aufgabe möglichst jetzt schon auszufüllen. Sie soll ihm *Sicherheit gewähren*. Deswegen spricht er, entgegen seiner sonstigen Art, über Entwicklungsmöglichkeiten nur allgemein und deutet sie lediglich langfristig an. Auf die Sicherheit der Position dagegen weißt er besonders hin, und zwar mit dem Argument des Netzes alter Stammkunden, das bisher ein gutes, ständig steigendes *Gehalt garantiert* hat. Er verspricht als Sonderleistung eine Spezialversicherung für die gesamte Familie, deren Prämie die Firma übernehmen werde.
Dieses Angebot nimmt Herr Behl an. Es entsprach besser seiner derzeitigen Bedürfnislage und beruhigte ihn noch zusätzlich.

Weitere *Überlegungen zum steigenden Anspruchsniveau*

Die Situation von Herrn Behl einige Jahre später:
Seine Kinder besuchen gute Schulen, seine Mutter lebt nicht mehr, finanziell ist er gesichert, dennoch merkt Herr Wohlgemut ein gewisses Unbehagen bei Behl. Dessen Bemerkung über aufwendige Dienstwagen von Kollegen vernimmt er feinhörig und genehmigt in folgendem Mitarbeitergespräch Behl aufgrund seiner langjährigen Verdienste einen Dienstwagen und stellt ihm darüberhinaus einen günstigen Parkplatz zur Verfügung, was angesichts der Parkplatznot über den Dienstwagen hinaus ein *besonderes Statussymbol* ist. Behls Zufriedenheit ist wieder voll hergestellt.
Einige Jahre später bemerkt Wohlgemut wiederum starke Unzufriedenheit. Er spricht ihn daraufhin direkt an und wird gewahr, daß Behl glaubt, *genug Energien* frei zu haben, *um größere Probleme anzupacken*. Was in früheren Jahren für Behl kein besonderer Anreiz war, sondern eher eine Überbelastung und für ihn Unsicherheit mit sich gebracht hätte, entspricht jetzt seinen Bestrebungen und Bedürfnissen nach *Selbstverwirklichung*.

F. Die Regulation menschlicher Tätigkeit

Die Regulation menschlichen Handelns im Betrieb schließt je nach *Technisierungsgrad* (vgl. u. a. Kern/Schumann 1973) und *Arbeitsaufgabe mit ihren Anforderungen* (vgl. Hacker 1981) Tätigkeiten von fast automatisiertem Tun bis hin zu höchsten kognitiven Leistungen ein. Von Routinetätigkeiten bis hin zu höchst geplantem Handeln reicht der Handlungsspielraum, der auch den Freiheitsgrad der Handlung kennzeichnet und die psychischen Anforderungen an die Regulation des Tuns bestimmt.

1. *Reflexbedingte, reflexhafte und reflektierte Handlungen*

Menschliche Tätigkeit drückt sich in verschiedenen Handlungen aus (vgl. Abb. 46), die dann, wenn sie auf programmierte Erwartungsstrukturen hin erfolgen als *Reaktionen* bezeichnet werden, wenn sie vorgeplant und überlegt sind, *Aktionen* genannt werden. Die vorprogrammierten Erwartungen und Strukturen können einmal instinktgemäß nach natürlichen Erwartungsstrukturen verlaufen oder gelernte dispositive Haltungen sein.

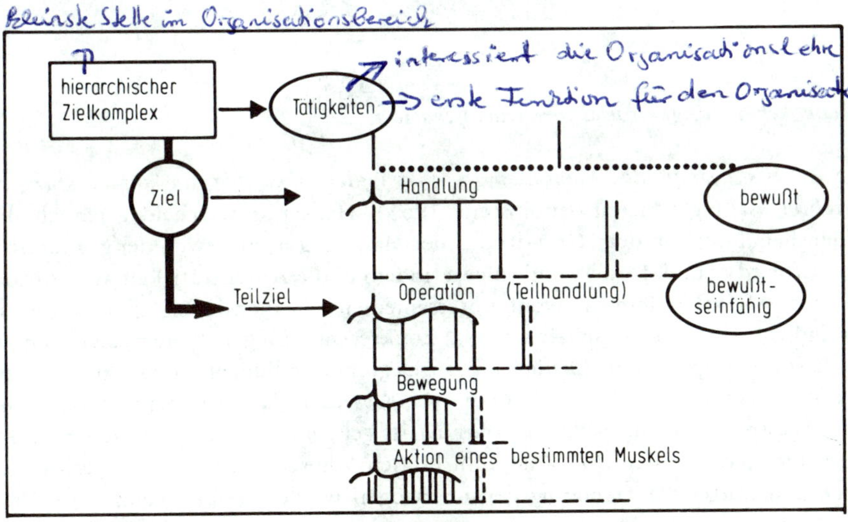

Abb. 46 Vereinfachendes Schema des hierarchischen Aufbaus der Tätigkeit (Quelle: Hacker 1978, 62)

Unterschied zwischen: Aufgabe
Tätigkeit
Handlung

Die sichtbaren Handlungen erfolgen über die Muskulatur (vgl. Abb. 15). *Die Muskulatur in ihren Bewegungsabläufen ist für sich unselbständig. Sie bedarf der Aktivierung*. Die beiden Komponenten, die dabei die Regulation von Handlungen bestimmen, sind

- Handlungsvorbereitung
- Handlungsdurchführung.

Die Art der Handlungsvorbereitung bestimmt die psychische Struktur der Handlung.

Bei *reflexbedingten Handlungen* (Augenlidreflex z. B.) erfolgt der Strukturverlauf *nicht-bewußt*, d. h. Bewußtseinsvorgänge werden nicht berührt.

Reflexhafte Handlungen sind *schematisch gesteuert*. Sie erfolgen ,,wie automatisch", z. B. der Griff nach dem Feuerzeug, um Zigaretten anzuzünden, oder der Knopfdruck, wenn ein Signal bei einer bestimmten Abfolge aufleuchtet. Die meisten Routinetätigkeiten sind hierzu zu rechnen. Gemäß Abb. 15 wird der Strukturverlauf schon im Akkomodator gesteuert, eine Verarbeitung im Kurzspeicher erfolgt nicht. Die Handlung ist somit nicht voll oder differenziert bewußt, jedoch *bewußtseinsfähig*. Dies wird vor allem dann sichtbar, wenn Probleme als Abweichung bei Handlungsergebnissen auftreten.

Bei *reflektierten Handlungen* sind *bewußte Überlegungen*, und je nach Anforderung, entsprechendes Denken erforderlich. Nach Abb. 15 sind *Rückkoppelungsvorgänge* notwendig. Zur Erfassung dieser psychischen Regulationen ist ein inneres Modell notwendig.

2. *Die Arbeitstätigkeit und ihre Klassifikation*

Die Arbeitstätigkeit des Menschen ist eine Willenshandlung, die auf Leistung ausgerichtet ist (vgl. hierzu Rubinstein 1963). Hacker unterscheidet jedoch diese Willenshandlung von dem Grundtypus der Handlung nach Lewin, der grundsätzlich eine Affektdynamik fordert und folgert, indem er die Arbeitstätigkeit als ,,Prototyp der von Affekthandlungen wohl unterschiedenen, willensmäßig gesteuerten, mit überindividuellem (gesellschaftlichem), konkretem Sinngehalt ausgestatteten und auf Zweckmäßigkeit der Ausführung angelegten Handlungen" (Hacker 1978, 62). Ihre besonderen Grundlagen sind ein *bewußtes Ziel*, das zu verwirklichen vorsätzlich angestrebt wird. Die Willenshandlung ist gekennzeichnet durch den Entschluß zu handeln, wobei der Übergang vom bloßen Wünschen zum Wollen erfolgt und Wege und Mittel der Handlung genau erwogen werden, selbst wenn diese *Mittel-Weg-Erwägungen*, bei Automatisierung z. B., stark reduziert sind und die Eigenart der Ausführungsregulation der Antriebsregulation weit überwiegt.

Bei der psychologischen *Klassifikation von Arbeitstätigkeiten* ist es naheliegend, die geforderte Leistung konkret als Kriterium zu nehmen, z. B. als Maschinen-, Programmier-, Fräs- oder Maurertätigkeit. Um die Arbeitstätigkeiten spezieller zu vergleichen, mag es zweckmäßiger erscheinen, in einem entsprechend höheren Abstraktionsniveau Tätigkeiten, etwa in Wartungs-, Montage-, Kontroll- oder Verkaufstätigkeiten einzuteilen. In beiden Fällen jedoch ist *keine Klassifikation nach hinreichenden psychologischen Merkmalen* gegeben.

3. Überlegungen zur Struktur der Handlung und zu den Regulationsebenen der Arbeitstätigkeit nach Hacker

Hacker (vgl. hierzu Hacker 1978, 1981; Hacker/Matern 1980) kritisiert die traditionellen Methoden des Arbeitsstudiums und der Bewegungsanalysen. Er kennzeichnet seine *Hinwendung zur Handlungsregulation als ein Verlassen eines äußerlichen Bewegungsphänomenalismus.* Solche Untersuchungen beschränken sich auf die Abfolge der Verrichtungselemente und betrachten die Prozeßstruktur der Handlung als lineare Abfolge von unveränderlichen Elementen. Die Optimierung der Handlung durch geeignete Kombination solcher Tätigkeitselemente im Sinne von Taylor und Gilbreth als Verkettung unveränderlicher Tätigkeitselemente hält er für theoretisch und empirisch unhaltbar. *Handlungsstrukturen sind als funktionelle Einheiten anzusehen. Der Gesamtvollzug ist für die Abgrenzung ihrer Funktion und ihrer Stellung stets entscheidend.* Er hält die Annahme für irrig, eine Handlung wesensangemessen dadurch zu charakterisieren, daß man die in ihr enthaltenen, aufeinander folgenden Elementarbewegungen angibt. Dies sei auf motorischem Gebiet die gleiche analoge, unheilvolle Auffassung, wie sie sich auf dem Gebiet der Wahrnehmung im Streit zwischen Elementenpsychologie und Gestaltpsychologie um den Empfindungsbegriff gehandelt habe.
Hacker legt ein *hierarchisch-sequenzielles Modell* vor, wie es vereinfacht das Schema in Abb. 46 widergibt. In diesem Modell ist *„Handlung“ die kleinste psychologische Einheit* der willensmäßig gesteuerten Tätigkeit, die im hierarchischen Zielkomplex mehrere Handlungen umfassen kann. Das bewußte Ziel grenzt die Handlung als mit einem Motiv verbundene Vorwegnahme des Ergebnisses ein. Das Ziel bestimmt die Selbständigkeit und die abgrenzbaren Grundbestandteile der Tätigkeit. *Operationen* stellen als Teilhandlungen nur unselbständige Bestandteile der Tätigkeit dar, weil ihre Resultate nicht als Ziele bewußt werden. Sie sind allerdings auch mehr als *Bewegungen*, die in unterschiedlicher Komplexität den Operationen zugrunde liegen. Die Bewegungen wiederum setzen sich aus *Aktionen bestimmter Muskeln* zusammen.
Bei der Regulation des menschlichen Handelns unterscheidet Hacker jeweils *drei Regulationsebenen.*

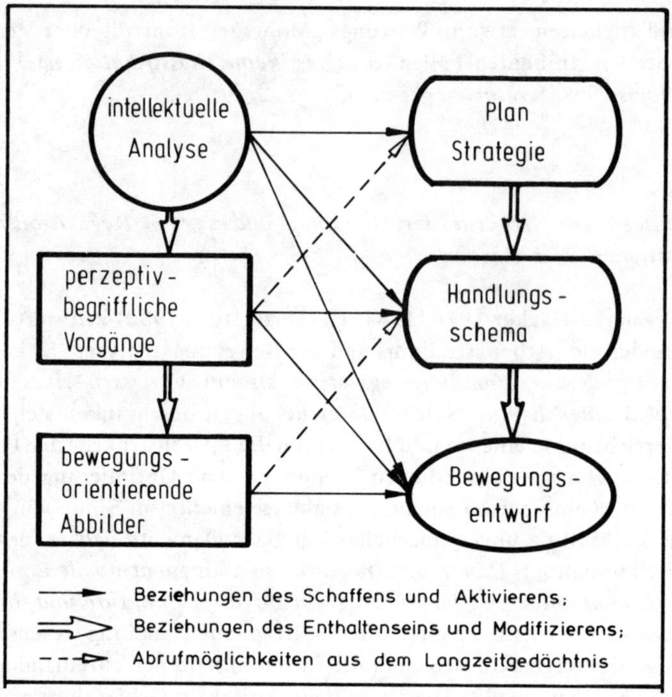

Abb. 47 Schematische Darstellung der Beziehungen zwischen handlungsvorbereitenden und handlungsrealisierenden Komponenten auf verschiedenen Regulationsebenen (Quelle: Hacker 1978, 105)

Für die Handlungsvorbereitung und deren kognitive Regulation mit unterschiedlichem Niveau kennzeichnet er die

- *sensumotorische Regulationsebene* als psychophysischen Grenzfall bei dem bewegungsorientierende Vorstellungen eine Rolle spielen.
- *perzeptiv-begriffliche Regulationsebene*: Sie reguliert durch bewußt gewordene Informationen und Vorstellungen Handlungsvorgänge.
- *intellektuelle Regulationsebene*: Sie bildet die höchste „bewußtseinspflichtige" Ebene der kognitiven Handlungsvorbereitung, indem individuelle Arbeitspläne durch intellektuelle Analyse und Synthese geschaffen werden.

Die Handlungsregulierung weist entsprechend drei Regulationskomponenten auf, wie Abb. 47 deutlich macht. Als charakteristische Ausprägungsformen *von Aktionsprogrammen* werden genannt: Bewegungsentwurf bzw. Komplexe von Bewegungsentwürfen (Stereotype), Handlungsschema, Plan, Strategie. Handlungsschemata, wie Pläne, Strategien können im hochgeübten Zustand aus dem Gedächtnis abgerufen werden.

Die *Strukturdynamik hierarchisch regulativer Funktionseinheiten* ist wirksam durch Rückkopplungskreise, indem ein Resultat einer Tätigkeit auf eine Zielstellung hin im Sinne eines Vergleichs („Tests") überprüft wird.

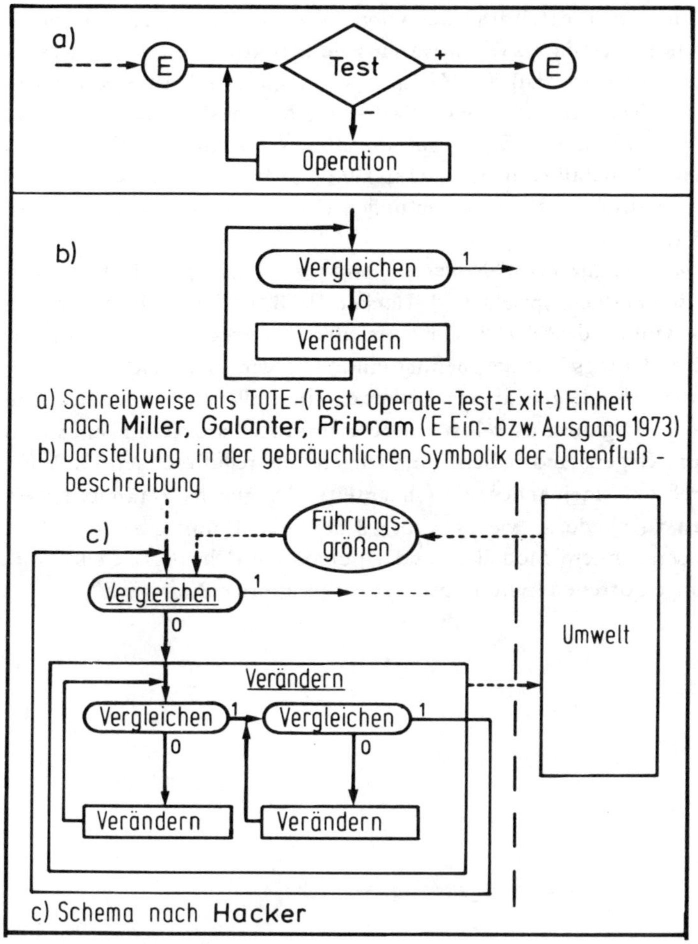

Abb. 48 Schematische Darstellung der Strukturdynamik hierarchisch regulativer Funktionseinheiten (Quelle: Hacker 1978, 92 f.)

Auf systemtheoretischem Abstraktionsniveau beinhaltet im Sinne von Sekundärregulationen die TOTE-Einheit (Miller u. a. 1973 (1960); vgl. auch Newell, Shaw, Simon 1958) den Fluß von Aktionsanweisungen entsprechend vorgegebener Ziele, wobei eine Differenzierung der Binnenstruktur erfolgt (vgl. Abb. 48).
Strategie und Taktik von Handlungen versuchen Miller, Galanter, Primbram durch die Funktion von hierarchisch-aufgebauten kybernetischen Einheiten zu erklären, deren Kern die *TOTE (Test-Operate-Test-Exit)-Einheit* ist (vgl. S. 115). Danach werden Erwartungen als Sollwerte mit Informationen aus der Umwelt als Istwerte verglichen (*kognitiver Eingangstest*) und als Prüfkriterien bzw. Sollzustände im Organismus behalten. Sobald Abweichungen festgestellt werden, setzt eine Handlungsphase (*Operation*) zur Reduzierung der Unstimmigkeiten ein. Diese Aktivität wird solange fortgesetzt, bis Plan und Wahrnehmung übereinstimmen (Test). Ist ein Kon-

sistenzniveau zur Fortführung des vorgefaßten Plans erreicht, hören die Regulierungsvorgänge auf (*Exit*). Die hierarchische Struktur dieser kognitiven Verhaltenspläne ist so gestaltet, daß die *Verhaltensstrategie* durch Komponenten einer *übergeordneten TOTE-Einheit* gebildet wird. Sie bauen sich auf aus *TOTE-Einheiten niederer Ordnung*, die in bezug auf die höhere Ordnung *Verhaltenstaktiken* sind. Das Planen sehen Miller u. a. (1973; 1960, 38) als eine Zusammenstellung einer Folge von auszuführenden Überprüfungen (Tests) an (vgl. hierzu Ackermann/Reber 1981, 365 f.).

Hacker verbessert das TOTE-Konzept, indem er von „Vergleichs-Veränderungs-Rückkoppelungseinheiten" spricht (vgl. Hacker 1978, 62). Er erhält zwar den entscheidenden Gedanken des TOTE-Konzepts, der die Erkenntnis betrifft, daß die Vergleichs-Veränderungs-Rückkoppelungseinheiten verschachtelte Systeme bzw. Subsysteme hierarchisch geordneter Einheiten sind, allerdings können einige Einheiten Vorgänge im Organismus selbst, andere unmittelbare Organismus-Umwelt-Beziehungen zum Gegenstand haben. Folglich sind die regulierenden Funktionseinheiten in hierarchisch ineinander verschachtelte Vergleichs-Veränderungs-Rückkoppelungsfolgen zu gliedern, wie es Abb. 48 darstellt. Damit gibt es keine nach außen abgeschlossene innere Modelle, sondern einen für Führungsverhalten und Umweltrückwirkungen offenen kybernetischen Wirkungsprozeß.

3. Kapitel: Individuelles Arbeits- und Leistungsverhalten und seine Beurteilung

I. Arbeit und Leistung

A. Sinn und Begriff von Arbeit und Leistung

Der Sinn der Arbeit und Leistung ist letztlich die Kernfrage der Humanisierungsbestrebungen im Betrieb (Rühl 1975). Wesentlich ist hier, der Entfremdung entgegenzuwirken, d. h. eine *Identifizierung mit der Arbeit*, eine Motivation durch die Arbeit selbst herbeizuführen. Dies ist nur zu erreichen, wenn der Mitarbeiter einen Überblick und Einblick in seine Tätigkeit hat, daß er mitdenken, mitbestimmen und mitverantworten kann. Dies hängt wesentlich von der qualifizierten Art seiner Tätigkeit ab. Alle Bestrebungen, Arbeit äußerlich im Sinne der *Human Relations* zu erleichtern, bleiben nur äußerlich. *Partizipation und Kooperation* treffen den inneren *Kern der Humanisierungsbestrebung* der Arbeit und führen den qualifizierten Mitarbeiter auch zu besserem Leistungserfolg.

Das *Verständnis der Arbeit vom Tätigsein des Menschen* her, das sein gesamtes Wachsein umfaßt (vgl. Thomaszevsky 1977, Volpert 1979), ist zu weit gespannt, so daß man weitere Unterscheidungsmerkmale heranziehen muß. Durch Aufgaben kann die Bestimmung konkretisiert werden, wobei wiederum gesagt werden muß, was eine Arbeitsaufgabe ist. Sie kann durch die Organisationsziele gesetzt werden, aber auch vom Mitarbeiter sich als Eigenziel gestellt werden (vgl. Hackmann 1970). Für Hacker (1978, 54) hat *jede Arbeitstätigkeit den Charakter einer Aufgabe*. Sie ist auch grundlegendes Ausgangsmoment jeder psychologischen Analyse von Arbeitstätigkeit.

Eine *umfassende Definition für Arbeit im Betrieb* bringt Hoyos (1974, 24):

„Arbeit ist eine Aktivität oder Tätigkeit, die im Rahmen bestimmter Aufgaben entfaltet wird und zu materiellem und/oder immateriellem Arbeitsergebnis führt, das in einem Normensystem bewertet werden kann; sie erfolgt durch den Einsatz der körperlichen, geistigen und seelischen Kräfte des Menschen und dient der Befriedigung seiner Bedürfnisse."

Leistung = „Arbeit in der Zeit"

Die *wichtigsten Determinanten für Arbeit und Leistungsvollzug* sind:

- Stelle, Arbeitsplatz,
- Arbeitsaufgabe,
- Anforderungen bzw. Beanspruchung/Leistungspotential,
- Arbeitsergebnis.

Dies sind *die wichtigsten organisatorischen Ansatzpunkte* für die Erstellung des Leistungsergebnisses.

B. Arbeitsanalyse

1. *Kennzeichnung der Probleme*

Arbeitsanalyse ist *nicht zu verwechseln mit Arbeitsbewertung* als Leistungsmessung, Arbeitsanalyse kennzeichnet vielmehr *Verfahren, die Arbeitssituation zu erfassen,* und befaßt sich zunächst mit dem *Arbeitsinhalt*, der gegliedert werden kann *nach Arbeitsobjekten und Arbeitsverrichtung*. Erste Aufgabe der Arbeitsanalyse ist es, „gegebene Tätigkeiten in geeigneter Weise, sei es *zum Zwecke der Anforderungsanalyse*, sei es für die arbeitsgestalterischen Maßnahmen, in Aufgaben, Teilaufgaben und Aufgabenelemente aufzugliedern." (Hoyos 1980 s. 62). Dabei sind zwei fundamental verschiedene Analyseansätze im Prozeß der Arbeitsanalyse zu unterscheiden:

(1) Tätigkeitsorientierte Analyse der objektiven Bedingungen und Anforderungen, der Arbeitssituation mit ihren technologisch/organisatorischen Arbeitsinhalten.

(2) Personenorientierte Analysen, die sich aufs Verhalten des arbeitenden Menschen und sein Handeln in der unmittelbaren und mittelbaren Arbeitssituation beziehen. Sie versucht dabei, motivationsfördernde Momente der Arbeit zu ermitteln, wobei Kategorien, wie soziale Kontaktmöglichkeiten, Abwechslungsreichtum, Dispositionsspielraum etc., von großer Bedeutung sind (vgl. Hackmann/Lawler 1971).

Als *wesentliches Problem* kennzeichnen Semmer/Volpert (1980, 39) die Frage, „wie man *von der Beschreibung des reinen äußerlichen Ablaufs zur Erfassung der ihm zugrundeliegenden psychischen Regulationsgrundlagen kommt*". Die Entwicklung solcher Verfahren (vgl. hierzu als Basis die Hackersche Theorie der Arbeitstätigkeit oder die Arbeiten von McCormick u.a. 1974) steckt noch in den Anfängen.

Generell läßt sich eine Arbeitsanalyse als eine genaue Studie der verschiedenen Anforderungen und Komponenten der zu verrichtenden Arbeit kennzeichnen, sowie der Arbeitsbedingungen, Arbeitsmotivationen und der dazu notwendigen individuellen Qualifikationen (vgl. hierzu Weinert 1981, 179). Gemäß den verschiedenen Aspekten der Arbeitsanalyse ergeben sich folgende Formen:

- Arbeitsplatzanalyse,
- Tätigkeitsanalyse,
- Aufgabenanalyse,
- Anforderungsanalyse.

Einige Autoren (Nutzhorn 1964 und Trebeck 1970 z. B.) rechnen *auch* die *Arbeitsbewertung* zu den Zielsetzungen der Arbeitsanalyse. Als Arbeitsanalyse im engeren Sinne kann man in der neueren Entwicklung die handlungsorientierte Tätigkeitsanalyse ansehen, die wir auch eingehender berücksichtigen.

2. *Arbeitsplatzanalyse*

Ausgangspunkt der Arbeitsanalyse ist einmal die *Tätigkeit und Handlung* der Personen, zudem anderen die *Verrichtung* und *Objektorientierung* des Arbeitsplatzes, die man bezogen auf eine bestimmte Person, Position oder Stelle nennt (vgl. Kap. 4, I, A, 1). Unter *Position* wird heute allgemein als verbindlich angesehen, eine Gruppe von Aufgaben, die von einer einzelnen Person ausgeführt werden, von denen es innerhalb einer Organisation gleiche Anzahl wie Beschäftigte gibt (vgl. u. a. Shartle 1961, Blum/Naylor 1968, Hoyos 1974). Die Stelle dagegen wird meistens auf Aufgaben bezogen betrachtet und formal organisatorisch verwandt.

Die Arbeitsplatzanalyse befaßt sich mit Bedingungen am Arbeitsplatz und dessen Umgebung. Dies sind in der Regel *Arbeitsbedingungen, die nicht aufgabenspezifisch sind*. Es sind vor allem die Umgebungseinflüsse

- Beleuchtung
- Lärm
- räumliche Gegebenheiten
- Klima
- mechanische Schwingung.

Dies sind meist arbeitsphysiologische Probleme, die einschlägig hinreichend untersucht sind (vgl. u.a. RWK-Reihe 1962 bis 1966; Lehmann 1963, Kaminsky 1971, Romert 1973).

3. *Tätigkeitsanalyse*

Die Tätigkeitsanalyse befaßt sich mit folgenden 3 *Ansätzen*:

- mit den Arbeitsverrichtungen oder dem Arbeitsinhalt, d. h. sie ist unter diesem Aspekt *verrichtungs- oder arbeitszentriert*.
- mit den einzelnen Aufgaben, durch die ein bestimmtes Ziel und Wege zur Zielerreichnung (Arbeitsmittel, Zeitbedarf etc.) für eine bestimmte Arbeitshandlung vorgegeben ist. Dieser Ansatz ist *handlungs- bzw. verhaltensorientiert*.
- Mit den *Anforderungen und Leistungsvoraussetzungen*. Hierbei wird die Arbeitsanalyse unter dem Aspekt der Aufgabenerfüllung und der Frage nach dem Zustandekommen des Arbeitsergebnisses betrachtet.

Während man die Untergliederung der Arbeit als Verrichtungstätigkeit „aus einem vertikalen Aspekt der Arbeitsanalyse bezeichnen kann, bildet die Aufgabenanalyse deren horizontalen Aspekt, denn sie untersucht die Interaktion von Arbeit und Arbeitendem, damit bildet die Aufgabe einen vorzüglichen Ansatzpunkt, den Handlungscharakter der menschlichen Arbeit zu erkennen" (Hoyos 1974, 54), muß zentraler Ausgangspunkt einer psychologischen Analyse der Arbeit die Aufgabe sein. Nützlich für die Arbeitsanalyse ist eine vertikale Gliederung der Verrichtungstätigkeit bis in ihre Elementarteile, Schemata mit einer solchen *Tiefen-Gliederung* orientieren sich vorwiegend am äußeren Arbeitsablauf, wie z. B. die *Siebenstufenhierarchie von Nordsieck* (1969):

(1) Arbeitsablauf,
(2) Arbeitszyklus,
(3) Arbeitsreihe,
(4) Arbeitsstufe,
(5) Teilarbeit,
(6) Arbeitsart,
(7) Arbeitselement.

Für eine psychologische Analyse sind dieses Schemata, die sich nicht am Arbeitsverhalten orientieren, weniger geeignet, Hacker (1978, 61) meint, eine psychologische angemessene Klassifikation von Arbeitstätigkeiten ist noch nicht gelöst. Er selbst macht einen Vorschlag für ein vereinfachendes Schema des hierarchischen Aufbaus der Tätigkeit, wie sie Abb.46 zeigt.

4. Aufgabenanalyse und Stellenbildung

Das Arbeitsverhalten ist auf einzelne Aufgaben bezogen. Diese wiederum konstituieren den Arbeitsplatz oder die Stelle. Der Stelleninhaber führt seine Aufgaben gemäß den Zielen der Organisation aus, wobei seine Ziele gemäß der eigenen Bedürfnisstruktur in die Aufgabe mit eingehen.

Eine Aufgabenanalyse beinhaltet somit jeweils eine *Zielanalyse*, einmal der Organisationsziele, zum anderen der Ziele des persönlichen Verhaltens des Mitarbeiters.

Im ersten Falle werden gemäß den *Organisationszielen* ,,die in der Aufgabenanalyse gewonnenen analytischen Teilaufgaben nach bestimmten Aufgabenbildungsmerkmalen zu synthetischen Teilaufgabenkomplexen (Stellen zusammengefaßt) kombiniert. Dieser Vorgang wird *Stellenbildung* genannt“ (Kosiol 1969, 176). Während so die Stelle *abstrakt* von bestimmten Personen oder Stelleninhabern losgelöst ist und in der Arbeitsanalyse nur die dortige Verrichtung analysiert werden kann, wird man nur dann *zu einer konkreten Aufgabenanalyse* gelangen, wenn man die Stelle besetzt und auch das Verhalten, das in konkreten zielgerichteten Handlungen des Mitarbeiters zum Ausdruck kommt, betrachtet. Mit der Rolle, die der Mitarbeiter mit den Aufgaben an diesem Arbeitsplatz übernimmt, verbinden sich ganz bestimmte Erwartungen, die sich nicht nur auf sein sichtbares Verhalten beziehen, sondern auch auf bestimmte Einstellungen und Werthaltungen für seine Handlungsorientierung. Sie bilden die psychischen Regulationsgrundlagen. Die *Erfüllung der Aufgabenerwartung* ist Leistung (vgl. hierzu Seibel 1973, 12).

Ausgangspunkt für eine Aufgabenanalyse ist die Unterscheidung von Aufgaben gemäß Gagné und Fleishmann nach Aufgabenfunktion, Aufgabeninhalt, Aufgabenbedingungen, Übungsgrad.

Bei der Betrachtung von *Aufgabenfunktionen* geht man in der Regel von informationstheoretischen Überlegungen aus, wobei sich deutlich folgende vier Funktionen (vgl. Abb. 15) voneinander abheben

- Wahrnehmungsprozesse,
- Gedächtnisprozesse,
- Verarbeitungsprozesse,
- Ausführungsprozesse.

Das Reiz-Organismus-Reaktion-Paradigma (vgl. Abb. 13) ist bei den psychologisch orientierten Konzepten der Arbeitsanalyse häufig zu finden und liegt auch den Arbeiten zugrunde, die wir hier nennen.

5. Methoden und Anwendungsmöglichkeiten der Arbeitsanalyse

Folgende *Liste der wichtigsten Arbeitsanalysemethoden* geht zurück auf eine Erhebung in 899 Organisationen, die im Jahre 1968 von Jones und DeCotis (1969; vgl. u.a. Hoyos 1974; Frieling 1975) durchgeführt wurden. (Kennzeichnung und Kritik der Methoden vgl. Weinert 1981, 181ff.).

Bezeichnung der Methode	Verwendungshäufigkeit bei Angestellten %	bei Arbeitern %
1. Checkliste von Aufgaben und Pflichten	19	23
2. Checkliste von Arbeitsverhaltensweisen	2	2
3. Critical Incident Technique	3	2
4. Tagebücher durch den Beschäftigten	3	4
5. Freie (geschriebene) Berichte der Beschäftigten	41	22
6. Interviews	85	84
7. Gruppeninterviews	11	9
8. Interviews mit Vorgesetzten	79	78
9. Interviews mit den Stelleninhabern	69	61
10. Standardisierte Ausbildungsberichte (Ausbildungsprogramme)	2	3
11. Schlüsselfrageninterviews (key question interviews)	26	20
12. Beobachtungen	57	72
13. Beobachtungs-Interviews (Kombination)	34	39
14. Alte Arbeitsplatzbeschreibungen	59	58
15. Fragebögen	43	30
16. Erfahrungsberichte von Arbeitsanalytikern	18	17
17. Freie Berichte von Vorgesetzten	54	42
18. Experten- (oder Vorgesetzten-)Konferenz	20	17
19. Zeit- und Bewegungsstudien	4	13
20. Durchführung der Arbeit durch den Arbeitsanalytiker (Selbsterfahrung)	8	7
21. Übrige (z. B. experimentelle oder statistische Methoden)	1	1

Abb. 49 Liste der wichtigsten Arbeitsanalysemethoden (Quelle: Jones/Delotis 1969, 808 nach Hoyos 1974, 71)

Nach jahrzehntelangen Forschungs- und Entwicklungsarbeiten legte McCormick (1979) als Resultat ein strukturiertes, aus 194 Arbeitselementen bestehendes Instrument zur Arbeitsanalyse vor. Es ist ein strukturierter Fragebogen zur Arbeitsanalyse zur Identifikation sinnvoller Dimensionen menschlichen Arbeitsverhaltens, der sogenannte *PAQ (=Positions Analysis Questionnaire)*. PAQ läßt eine verläßliche, abgesicherte Analyse individueller Arbeiten zu (vgl. hierzu Frieling 1975, 72 ff.; Weinert 1981, 158). In den letzten Jahren ist der PAQ für den deutschsprachigen Raum übersetzt, bearbeitet und modifiziert worden. Unter der Bezeichnung *,Fragebogen zur Arbeitsanalyse" (FAA)* wird er verwertet (vgl. Frieling/Hoyos 1978).
Als verhaltensorientiertes Beobachtungs- und Befragungsinstrument zur Analyse von Arbeitsplätzen wurde er von Frieling, Kannheiser und Hoyos für deutsche Verhältnisse standardisiert. So beschreibt jedes Arbeitselement eine allgemeine Arbeitstätigkeit, Arbeitsbedingung oder Arbeitseigenschaft und wird anhand eines Schlüssels (z. B. nach Häufigkeit, Wichtigkeit oder Zeitdauer) eingestuft. Heute stellt es ein in jeder Hinsicht erprobtes Verfahren dar, ,,um in Forschung und Praxis die Arbeitsanforderungen, die Auswirkung auf das Verhalten von Mitarbeitern zu beschreiben" (Weinert 1981, 186).
In einer Literaturanalyse hat Zerga insgesamt 20 Möglichkeiten herausgearbeitet, die heute noch aktuell sind und über die andere Überblicke (u. a. Nutzhorn 1964; Trebeck 1970) nicht hinausgehen. Sie sind in Abb. 50 aufgezählt.
Lediglich die Hinweise von Molle (1965) für die Bedeutung der arbeitsanalytischen Informationen im Berufsforschungsbereich ergänzen diesen Katalog: Berufsberatung, Berufsaufklärung, Arbeitsvermittlung, Berufsaus- und Fortbildung.

1. Einstufung und Klassifikation von Jobs (Positionen)
2. Festsetzung und Standardisierung des Arbeitsentgelts
3. Bestimmung von Einstellungsvoraussetzungen
4. Abgrenzung von Arbeitspflichten und Arbeitsverantwortung
5. Versetzung und Beförderung
6. Beilegung von Unzufriedenheit am Arbeitsplatz
7. Errichtung von funktionalen Kommunikationssystemen innerhalb der betrieblichen Hierarchie
8. Bestimmung und Beschreibung der Beförderungsstufen
9. Erforschung von Unfallursachen
10. Auffinden von fehlerhaften Arbeitsprozessen oder überflüssigen Arbeitsleistungen
11. Wartung, Bedienung und Einrichtung von Maschinen
12. Zeit- und Bewegungsstudien
13. Abgrenzung der Verantwortungsbereiche
14. Bestimmung und Erfassung von persönlichen Leistungen einzelner Beschäftigter
15. Bestimmung der Ursachen menschlichen Versagens
16. Ausbildung und berufliche Fortbildung
17. Vereinfachung von Arbeitsplätzen
18. Studien über Gesundheit und Ermüdung
19. Wissenschaftliche Beratung
20. Bestimmung von Tätigkeiten, die sich für eine Arbeitstherapie eignen.

Abb. 50 Anwendungsmöglichkeiten arbeitsanalytischer Informationen (Quelle: Zerga 1943 nach Hoyos 1974, 64 f.)

6. Kritik an der Arbeitsanalyse

→ keine Bewertungsgrundlage, da man es nicht präzisieren kann

Die Hauptargumente – meist von jenen ausgesprochen, die die Arbeitsanalyse nicht benutzen – meinen einerseits, man könne sich durch klare Arbeitsfunktions-, Anforderungs-, bzw. Pflichtenbeschreibung nicht *zu stark festlegen und einengen*, zum anderen möchte man *Nachteile vermeiden* durch detaillierte Beschreibungen und Festlegungen, die Kreativität und Eigeninitiative des einzelnen und Flexibilität der Organisation zunichte machen.

Vorteile für die praktische Durchführung sieht Weinert (1981, 176) vor allem:

(1) In der Verminderung von Mehrdeutigkeiten und Mißverständnissen durch Klärung von Verantwortung, Pflichten, Aufgaben und Anforderungen.

(2) Die Aufgaben der Mitarbeiter selbst und auch in der Abgrenzung zueinander werden deutlich und Lücken und überlappende Verantwortlichkeiten können festgestellt und ausgeschaltet werden.

(3) Es führt zu einer Vereinfachung und Verbesserung von Einstellungs-, Anlern-, Trainings-, Förderungsverfahren und -systemen, wie auch der Lohn- und Gehaltsermittlung.

Probleme bereiten jedoch theoretische und leitende Aufgaben, wo vor allem die Arbeitsdurchführung vom persönlichen Charakter und Stil der betreffenden Person bestimmt wird. *Von der wissenschaftstheoretischen Seite* sieht Frieling (1980, 100) das erste wichtige Problem schon in der Abgrenzung des Gegenstandsbereichs Arbeitsplatz und Arbeitsverhalten: arbeitszentriertes und verhaltensorientiertes Vorgehen. Für eine Kritik hieran gelten noch in höherem Maße die eben erwähnten Probleme: das dem PAQ/FAA zugrundeliegende Reiz-Organismus-Reaktion-Paradigma und das Mensch-Maschine-System-Modell dürften wohl kaum dazu geeignet sein, ausreichende Abgrenzungskriterien zu liefern. *Andere Ansätze*, die z. B. in handlungstheoretischen Modellen versucht wurden (siehe z. B. Hacker und Volpert) lassen ausreichende Operationalisierungsvorschläge vermissen, sind theoretisch aber befriedigender.

C. Arbeitsgestaltung und Arbeitsstrukturierung

Während sich die Arbeitsanalyse elementar mit der Verrichtung einer Arbeitstätigkeit beschäftigt, umfaßt Arbeitsgestaltung und Arbeitsstrukturierung im wesentlichen drei Aspekte:

- *ergonomisch/arbeitsphysiologische Aspekte*, äußere Arbeitsbedingungen, wie z. B. Sitzposition, Lärm, Überwachungsbedingungen etc. zu verbessern.
- *organisatorische Aspekte*, wie Spezialisierung und Rationalisierung, Aufgabengliederung und Bildung, sowie Arbeitsstrukturierung im Rahmen der Humanisierung des Arbeitslebens.
- *Systemtheoretische Aspekte,* wobei Mensch/Maschine/Systeme der Arbeitsorganisation, Mechanisierung und Automatisierung im Mittelpunkt von systemanalytischen, kybernetischen Betrachtungsweisen stehen.

Auf ergonomische Fragen gehen wir im Rahmen der Ermüdung und des Arbeitsschutzes ein.

1. Arbeitsgestaltung und Rationalisierung

Für das Verhalten des Einzelnen bedeutet Rationalisierung *Arbeitsteilung im Sinne der Spezialisierung*. Aufgaben werden in Teilaufgaben zerlegt, die den bestimmten hierzu qualifizierten Mitarbeitern übertragen werden. Strukturierung und Verteilung dieser Arbeit kann im Zuge der Mechanisierung zu einer Aufgabenautomatisierung führen, die durch Monotonie und Bewegungsarmut gekennzeichnet ist. Unerträgliche Arbeitsbedingungen, wie schwere körperliche Arbeit, sind durch Mechanisierung und Routinearbeit in ihrer Monotonie durch Automatisierung überwunden worden. Diese *„äußere Humanisierung"* ist nicht von der Hand zu weisen, „das psychophysische Arbeitsleid hat sich mit dem technischen Wandel verändert" (Hoyos 1980, S. 60), dennoch hat diese Spezialisierung zur *Fremdbestimmung* geführt und *Belastungen, vor allem durch Zeitdruck und Informationsdichte,* mit sich gebracht.

Die vielen Kontroll- und Überwachungstätigkeiten haben einen ganz neuen Zweig der Ergonomie geschaffen, die *Vigilanz-Forschung* (vgl. hierzu Schmidtke 1981) hat sich vor allem mit dem *Informationsangebot und Zuordnung von Signalen* und Handlungen im Rahmen der Arbeitsgestaltung befaßt.

Spezialisierung hat im Rahmen der zunehmenden individuellen Qualifikation bei der Arbeitsgestaltung für die Rationalisierung noch einen anderen Aspekt. Er liegt nicht in der *Arbeitsteilung*, sondern in der *Koordination der Arbeitszusammenführung*. Verschiedenartig hochqualifizierte Spezialisten, die an einem Projekt als Gesamtaufgabe zusammenarbeiten, kommen nur durch gute Kooperation und Zusammenführung ihrer Kenntnisse und Erkenntnisse zu einem schnellen Ergebnis und wirtschaftlichen Erfolg (Arbeitsverdichtung).

2. *Arbeitsstrukturierung und Humanisierung*

Wie bei der Humanisierung in der Arbeitsgestaltung gibt es auch hier zwei bedeutsame Ansätze. In der Führungsstruktur ist es die Delegation, wobei es vom Organisationsprinzip her um *Zentralisation/Dezentralisation* auf der Ebene der Leitungsorganisation geht, die auf der Ebene der Arbeitsorganisation der *Arbeitsweltverkleinerung/Arbeitsweltvergrößerung* entspricht.

Die Arbeitsteilung und die damit verbundene *Spezialisierung* hat zu teilweise *extremer Arbeitsfeldverkleinerung* geführt, was zur folgenden Verkettung und disfunktionalem Verhalten führte: zu einfache Arbeiten mit geringen Anforderungen schaffen Monotonie, worauf der Arbeitende mit Langeweile und Unzufriedenheit reagiert; dieser gefühlsmäßigen Reaktion folgt Leistungsabfall, Absentismus, Fluktuation.

Eine Fülle von Gestaltungsvorschlägen zur Beseitigung der Fehlentwicklungen und zur Hebung der Qualität des Arbeitslebens (vgl. u.a. Lattmann 1972, 1974, Villmar 1973, 1975, Schlaffke/Rühl/Weil 1974, Biedge 1975, Rühl 1975, Gaugler u. a. 1976) wurden gemacht, die jedoch kein einheitliches, sondern eher ein widersprüchliches Bild bieten. In erster Linie *aus Humanisierungsgründen*, aber auch aus technisch-ökonomischen Erwägungen – so weist Kolbinger (1977, S. 33) auf ein sogenanntes *„Gesetz vom abnehmenden Ertrag der Arbeitsteilung"* hin – versucht man die *Aufgaben zu vergrößern und zu einer „Ganzheit zu führen"*, damit sich für den arbeitenden Menschen Sinn ergibt.

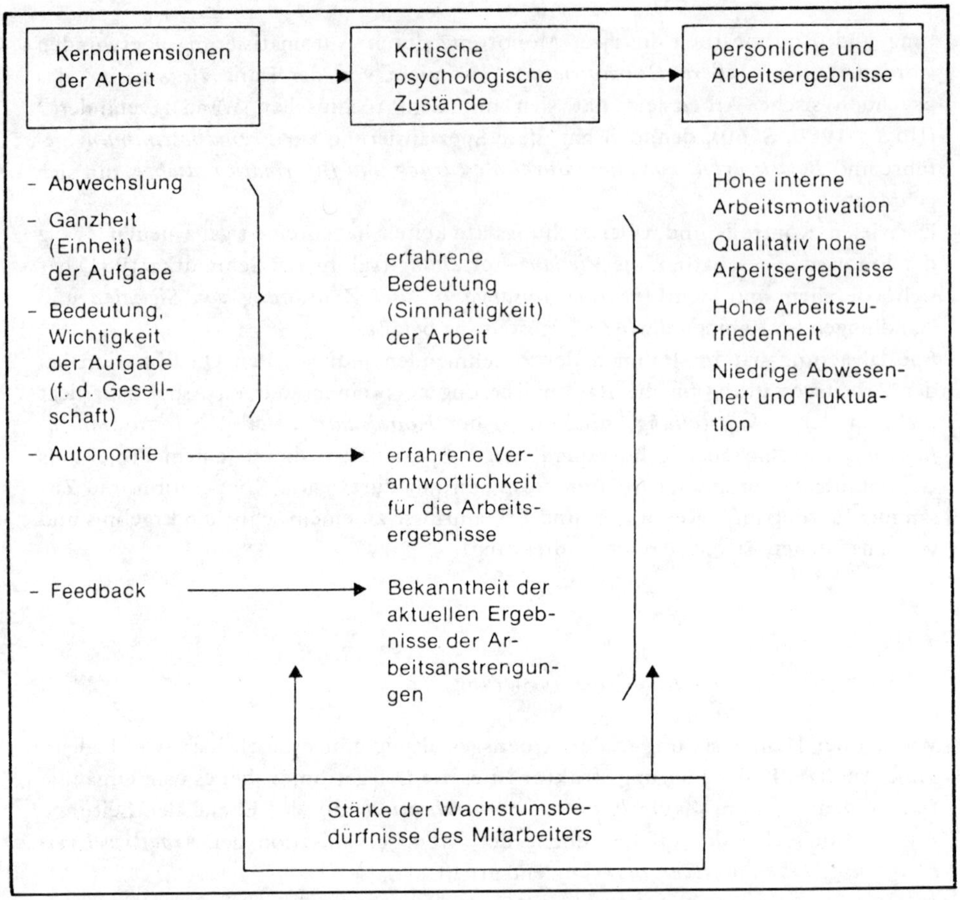

Abb. 51 Zusammenhang zwischen Arbeitsplatzgestaltung, individuellen psychologischen Zuständen und persönlichen bzw. Arbeitsergebnissen (nach Hackmann und Oldham 1976)

Die verhaltenswissenschaftlichen Zusammenhänge zwischen Arbeitsplatzgestaltung und individuellen, psychologischen Zuständen, persönlichen Ergebnissen und Arbeitsergebnissen zeigt Abb. 51, in der Hackmann und Oldmann (1976) Kerndimensionen der Arbeit aufzeigen, die zu kritischen, psychologischen Zuständen und darüber hinaus zu persönlichen Folgen und Arbeitsergebnissen führen.

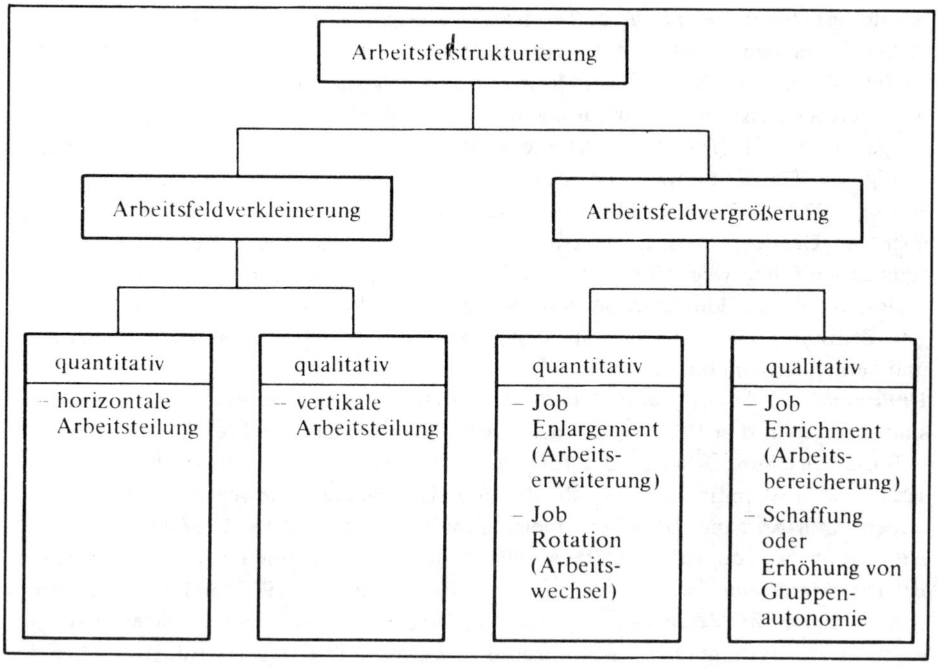

Abb. 52 Grundformen der Arbeitsfeldstrukturierung (Quelle: Hahn/Link 1975, 68)

Kern der Bemühungen bei der Arbeitsgestaltung ist eine Arbeitsfeldvergrößerung wie sie in Abb. 52 dargestellt wird. Die auf den einzelnen Arbeitsplatz bezogenen Gestaltungsmaßnahmen sind Aufgabenwechsel und Erweiterung des Handlungsspielraums im Sinne der Arbeitserweiterung und der Arbeitsbereicherung. Sie haben ihre besondere Bedeutung in den USA erlangt.

Arbeitserweiterung *(Job-Enlargement)* bedeutet *quantitative, horizontale Arbeitsfeldvergrößerung,* wie es zum erstenmal in der Praxis 1944 bei Reorganisation der Teilefertigung im *IBM Werk Endicott* (New York) angewandt wurde (vgl. hierzu Filley/House/Kerr 1976, S. 339 ff.) Vier verschiedene gleichartige Tätigkeiten: Maschinenbedienung, Einrichten, Instandhalten und Kontrollieren wurden bis dahin von vier Personen ausgeübt, sie wurden einer einzelnen Person übertragen, was zu geringeren Fertigungskosten, besserer Qualität und auch größerer Zufriedenheit der Mitarbeiter führte.

Aufgabenbereicherung *(Job-Enrichment)* geht als *qualitative vertikale Arbeitsfeldvergrößerung* einen Schritt weiter. Neben additiven zusätzlichen Arbeiten mit vergleichbarem Schwierigkeitsgrad wird auf den Planungs-, Entscheidungs- und Kontrollspielraum erweitert. Theoretische *Basis ist die Motivationstheorie Herzbergs* (vgl. Rühl 1975), sie wurde von zwei Praktikern in den USA in die Praxis umgesetzt. Bei *Texas Instruments* versuchte M. Scott, dann Myers (1974), nach positiven Ergebnissen des Tests mit der Herzbergschen Theorie das Job-Enrichment unternehmensweit einzuführen, und zwar 16% der gesamten Belegschaft waren lt. Geschäftsbericht von 1968 etwa mit zehntausend angereicherten Tätigkeiten bedacht (vgl. hierzu Luthans 1973, S. 514 ff.).

Bei der *American Telephone & Telegraph Com.*, Bellsystem führte Herbert N. Ford (1969) unter dem Motto *„Motivation durch die Arbeit selbst"* 19 Job-Enrichmentstudien durch. Nur eine davon konnte als Fehlschlag bezeichnet werden, neun waren erfolgreich, neun sogar außergewöhnlich ergiebig.

Aufgabenwechsel *(Job-Rotation)* dient dazu, die Mitglieder einer Gruppe regelmäßig ihre Tätigkeit bzw. ihren Arbeitsplatz wechseln zu lassen (vgl. hierzu u.a. den Hertog 1978, S. 59). Die Mitarbeiter erhalten dadurch einen größeren Überblick über den Gesamtprozeß einer Arbeit und werden vielseitiger einsetzbar. Springerfunktionen fallen weg. Von Job-Rotation spricht man auch in der Führungskräfteauslese oder Ausbildung, wobei Mitarbeiter innerhalb eines mehr oder weniger langen Zeitraums planmäßig verschiedene Arbeitsplätze oder Aufgaben übernehmen und kennenlernen können.

Umfassendere Ansätze der Arbeitsstrukturierung der Gesamtarbeitsorganisation sind weniger in den USA als vielmehr in Großbritannien durchgeführt worden, wo sich die Forschungsarbeiten des Tavistock/Instituts mit ihrem soziotechnischen Ansatz, und in Skandinavien, wo die Industrial-Democracy Bewegung 1961 in Norwegen ihren Ausgang nahm (vgl. hierzu Emery u. Thorsrud 1975) und sich auf eine *Humanisierung* von Arbeitsplätzen bzw. Arbeitsorganisationen richten. Ihr *Prinzip ist Autonomie und Partizipation* (vgl. u. a. Romert u. Weg 1977) in kleineren Gruppen, in denen die Verantwortung und die Fertigung des ganzen Produktes bzw. für einen damit zusammenhängenden Produktionsprozeß übertragen wird. Durch Schaffung oder Erhöhung an *Gruppenautonomie* hat man große Erfolge erzielt. Dabei kommt es nicht allein auf die Arbeitsstrukturierung an, sondern daß auch Kommunikations- und Enscheidungsprozesse ganzer Gruppen darin einbezogen werden. Ulrich (1978) spricht hier nicht nur von „kollektiver Selbstregulation", sondern sieht durch „individuelle Selbstregulation" Zusammenhänge zwischen Arbeitstätigkeit und Persönlichkeitsentwicklung (vgl. auch Alioth 1981).

Die *Autonomie und Verantwortung der Gruppe* kann sich *auf folgende Teilbereiche ihrer Arbeit oder eine Aufgabe* beziehen:

- Einflußnahme auf die Zielvorstellung bezüglich
  - was produziert werden soll,
  - wieviel produziert werden soll und unter welchen finanziellen Bedingungen.
- Entscheidungen im bestimmten Rahmen,
  - wo sie arbeitet,
  - wann sie arbeitet,
  - welche weiteren Tätigkeiten sie übernehmen möchte.
- Entscheidungen über
  - Produktionsmethode (bei Alternativmöglichkeiten),
  - Aufgabenverteilung,
  - die Mitgliedschaft.

D. Arbeits- und Leistungsbewertung

1. Abgrenzung und Ziele von Arbeits- und Leistungsbewertung

Arbeits- und Leistungsbewertung dienen u. a. hauptsächlich der Entgeltfestlegung.

> Während die *Arbeitsbewertung* das *Arbeitsobjekt* (Tätigkeit, Arbeitsaufgabe, Arbeitsbereich) von seinen Anforderungen her untersucht, hat die Leistungsbewertung das Ziel, festzustellen, wie die Arbeitsaufgabe durch das Leistungsverhalten des Menschen (Arbeitssubjekt) bewältigt wird. (Vgl. Bieding u. a. 1971, Platt 1977 a.b.).

Die Arbeitsbewertung (häufig auch „Stellenbewertung“ genannt; vgl. Bieding 1979) dient mit ihren Ergebnissen der Festlegung von Grundentgelten (Tariflohn, Arbeitswertlohn, Grundgehalt). Die Ergebnisse der Leistungsbewertung werden für die Festlegung von Zulagen auf der Basis dieser Grundentgelte verwandt. Die *Arbeitsbewertung ist somit Grundlage der Leistungsbewertung*. Grundlagen für die Arbeitsbewertung sind:

- Arbeitsanalyse,
- Stellenbeschreibung und Stellenbewertung (global).
- Anforderungsermittlung und Anforderungsbewertung (analytisch).

Die Arbeitsbewertung hat seit der internationalen *Konferenz über Arbeitsbewertung in Amsterdam 1969* beachtlichen Aufschwung und Aufwertung erfahren. Die sog. *Amsterdamer Thesen* enthalten in gedrängter Form (vgl. Zander 1970) das, was man heute als Grundlage für die Entwicklung und Einführung moderner Verfahren berücksichtigen muß.

Wenn auch bei den meisten Überlegungen, eine Arbeitsbewertung im Betrieb einzuführen, das Ziel einer gerechten Lohn- und Gehaltsfindung im Vordergrund steht, so ergab eine Umfrage (Dörken 1975) für die Zielsetzung einer analytischen Arbeitsbewertung folgende *weitere Ziele*.

- Hilfsmittel für Stellenbesetzung,
- Interne und externe Gehaltsvergleiche,
- Organisationsanalyse,
- Nachfolgeplanung,
- Qualifikationsanalysen,
- Rangstufensystem,
- Managemententwicklung.

2. Anforderungsanalyse

Die Anforderungsanalyse zur Bewertung der Anforderung, die eine Tätigkeit an einen arbeitenden Mensch stellt (vgl. Hafner 1981), ist *Kern der Arbeitsbewertung*. Dafür gibt es grundsätzlich zwei Vorgehensweisen, die In Abb. 53 in den dazugehörigen Verfahren dargestellt sind:

- *summarische Methode*, bei der alle Anforderungsarten als Einheit bewertet werden.
- *analytische Methode*, bei der jede Anforderungsart für sich bewertet wird.

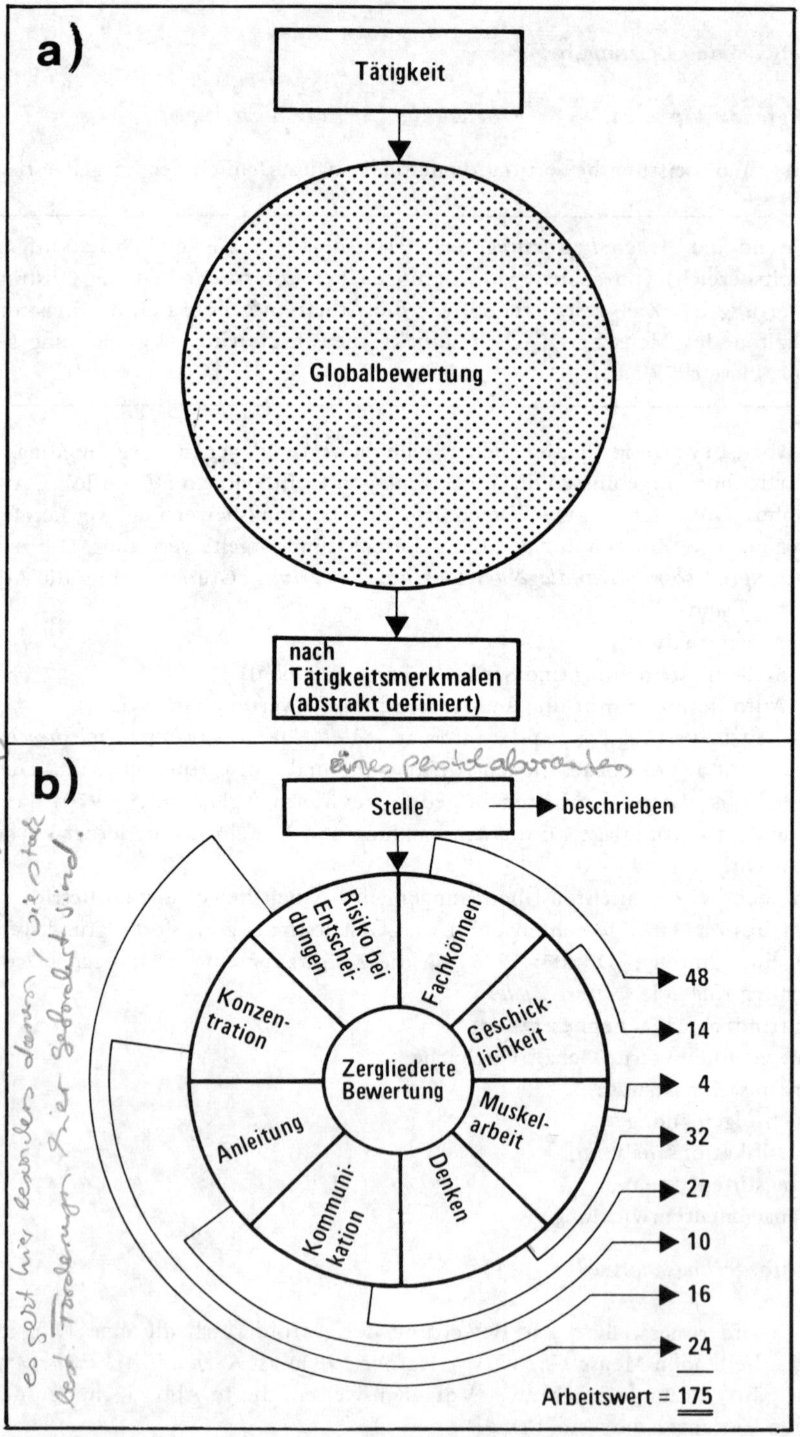

Abb. 53 Verdeutlichung des grundlegenden Unterschieds der summarischen und der analytischen Methode. (Quelle: Bieding/Döring 1974 nach Bieding 1979, 37)

Die beiden Bilder in Abb. 53 a und b verdeutlichen den grundlegenden Unterschied der beiden Methoden, die sich jeweils nach drei Hauptkriterien, die auch die Verfahren kennzeichnen, unterscheiden lassen (Bieding 1979, S. 34 f.):

- *summarische Methode:*
  - *(1)* Eine Bewertung wird nach Tätigkeitsmerkmalen durchgeführt oder erfolgt durch den Gesamtvergleich der Anforderungsstruktur der Stelle.
  - *(2)* Die Bewertungsmethode ist global, ohne Höhe und Intensität der Merkmale festzustellen.
  - *(3)* Im Bewertungsverfahren vollziehen sich Eingruppierung oder Aufstellen einer Rangfolge entsprechend der Gesamtschwierigkeit der Stelle.
- *analytische Methode:*
  - *(1)* Eine Bewertung wird nach konkret definierten Anforderungsarten vorgenommen, die voneinander abgegrenzt und gestuft sind.
  - *(2)* Die Bewertung wird in zergliederter Form durchgeführt, indem jede Anforderungsart einzeln analysiert und bewertet wird.
  - *(3)* Die Bewertungsverfahren vollziehen sich durch Punktvergabe je Merkmal (Vgl. Abb. 53 b) oder Aufstellen einer Rangreihe nach der Schwierigkeit, je Anforderungsart.

Ausgangspunkt der meisten analytischen Verfahren der Arbeitsbewertung sind Anforderungsarten, wie sie auf einer internationalen Arbeitsbewertungskonferenz 1950 in Genf vorgeschlagen wurden. Dies sog. *Genfer Schema* enthält vier Anforderungsarten: *Können, Belastung, Verantwortung, Arbeitsbedingungen*, wobei die beiden ersten *nach geistigen und körperlichen Anforderungen unterschieden* werden, so daß sich für die praktische Anwendung sechs Anforderungsarten ableiten lassen. (Vgl. Abb. 54)

Für die *Gewichtung innerhalb einer Anforderungsart* stehen lineare und nichtlineare Arten zur Verfügung, die in getrennter oder gebundener Form angewandt werden. Sie haben degressive, progressive, wechselnd degressive/progressive und sonstige Verläufe. Als Rangplätze gruppenweise zusammengefaßt, sind die Verlaufsformen gestuft und nicht kontinuierlich. (Vgl. u. a. Platt 1977 a,b, REFA, MLA Bd. 3)

Zur Veranschaulichung der Ergebnisse dienen *Anforderungsprofile*. Sie sind eine nützliche Hilfe bei der Stellenbesetzung und der Zuordnung zu bestimmten Arbeitsplätzen. Sie können mit *Fähigkeitsprofilen* bei der Besetzung, auch Eignungsprofile genannt, oder mit Leistungsprofilen bei der Beurteilung verglichen werden (vgl. 2. Kap. III, D, 3; Abb. 60).

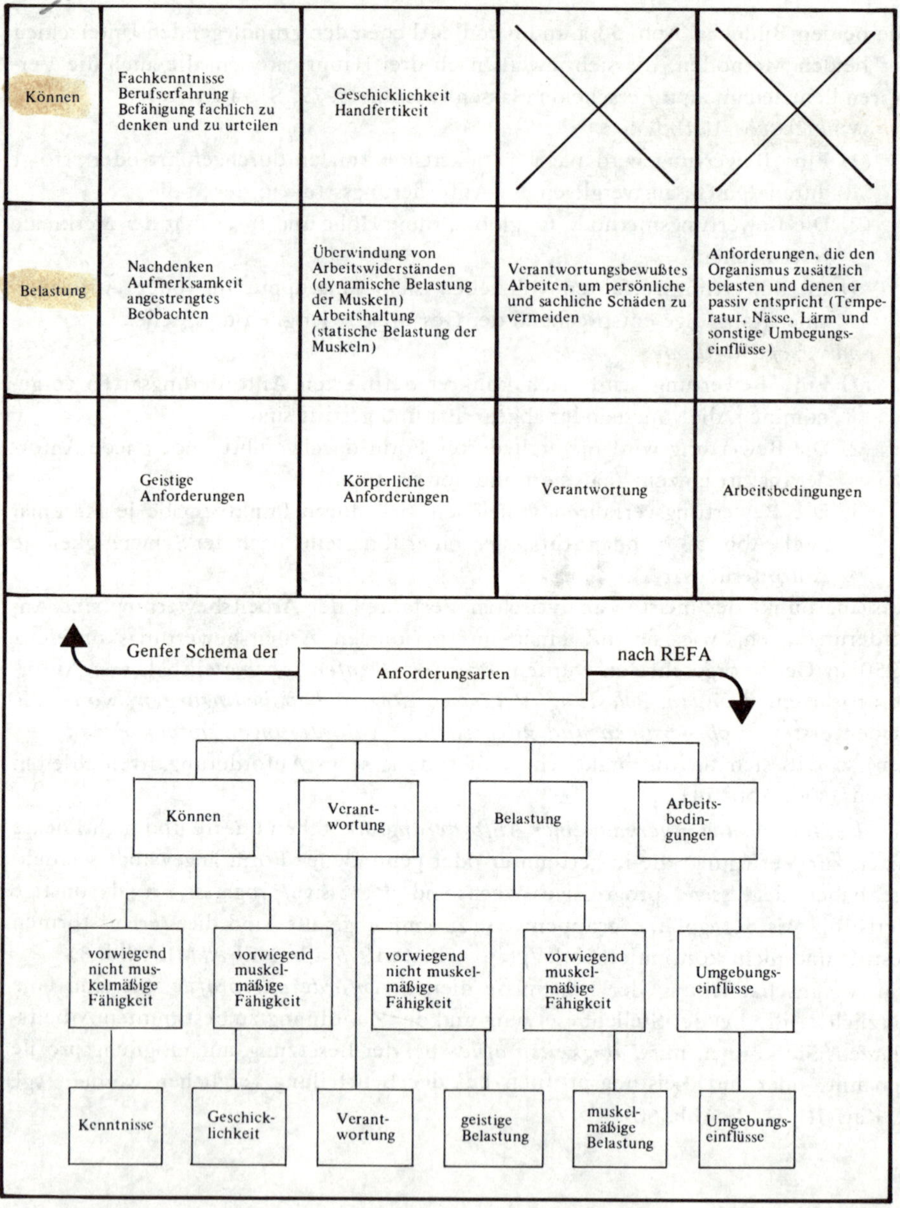

Abb. 54 Aufgliederung der Anforderungsarten

3. *Leistungsmerkmale*

Die menschliche Leistung ist auch in der Leistungsbewertung nur beschränkt meßbar. *In der Leistungsbewertung* gibt es im Gegensatz zur Arbeitsbewertung *kein allgemein gültiges Merkmalschema.* Als Grundlage kann man auch nicht schlechthin den Leistungsbegriff nehmen, da er je nach seiner Verwendung als physikalischer, juristischer, wirtschaftlicher Begriff sehr unterschiedliche Bedeutung hat. Verwandt wird der arbeitswissenschaftliche Begriff, der abgeleitet vom wirtschaftlichen *Leistungsbegriff* allgemein so formuliert werden kann: „*Menschliche Leistung ist die Anstrengung eines oder mehrer Menschen, die zu einem bestimmten Ergebnis oder Erfolg führt.*" (Pornschlegel u. a. 1967).

Die beiden *Hauptkriterien* sind

- die Sachleistung als Arbeitsergebnis nach Quantität und Qualität.
- das Arbeitsverhalten bei der Arbeitsausführung.

Die Bestimmungsgrößen der menschlichen Leistung in ihren sichtbaren und unsichtbaren Komponenten zeigt das Schema der Abb. 55.

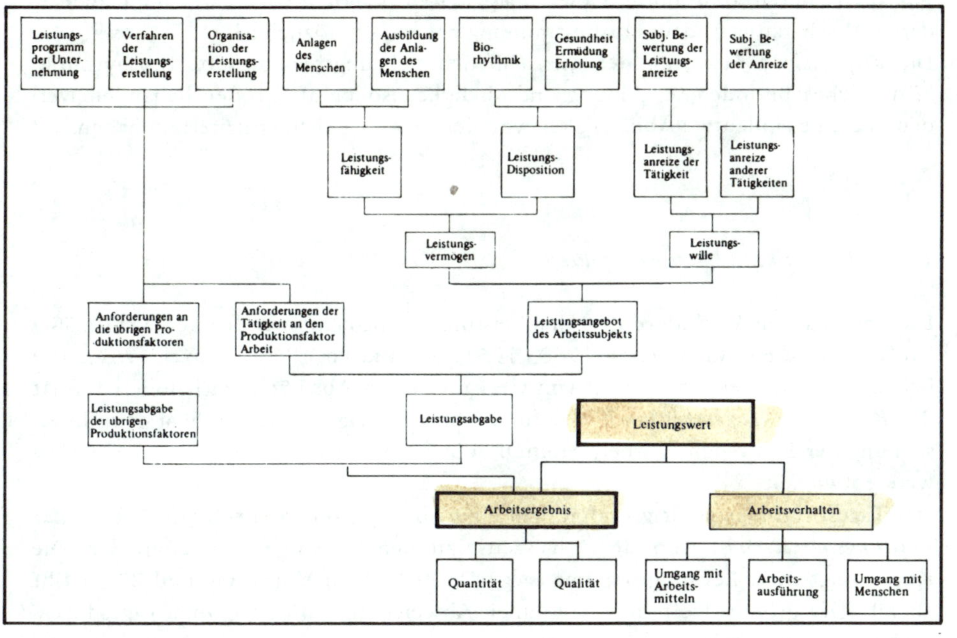

Abb. 55 Grundlagen des Leistungsangebots

Die *Bezugsgrundlagen bei der Ermittlung von Ausgangsdaten* für die Bewertung können sein

– Stellenbeschreibungen,
– Anforderungsprofile,
– Zielvorgaben.

Maßstäbe der Bewertung sind Leistungsstufen, die nach Rangreihen (entsprechend dem Notensystem oder Wertskalen) gebildet werden.

Die *Verfahren der Leistungsbewertung* können wie bei der Arbeitsbewertung in summarische und analytische Vorgehensweisen unterschieden werden.

E. Leistungsbereitschaft, Ermüdung, Streß

Maschinenleistung ist abhängig von der Laufzeit. Das Leistungsergebnis der Maschine ist der Zeit proportional und das Leistungsangebot stetig. Die *Leistung des Menschen* variiert dagegen mit dem Grad und der Dauer der Belastung und Beanspruchung.

Schon sehr früh und intensiv hat sich die Psychologie in Belastungstests (Kraepelin 1890; Pauli 1936; Mierke 1956; Rivers/Warner 1970 u. v. a.) mit Ermüdungserscheinungen und Belastungsgrenzen befaßt. Wie komplex dieses Problem ist, zeigt das Schema der *Grundlagen des Leistungsangebots* in Abb. 55. Es zeigt neben Faktoren, deren bestimmte Gesetzmäßigkeiten kalkulierbar sind, auch andere, deren Abschätzung und Vorausbestimmung nahezu unmöglich ist.

Die *dispositiven Faktoren* der menschlichen Leistungsbereitschaft: Biorhythmik, körperliches Befinden, Ermüdung und Müdigkeit sollen als Größen behandelt werden, die eine eindeutige Abhängigkeit von der Zeit als Leistungskriterium haben.

1. Biorhythmik und Pausenregelung

Die periodischen Veränderungen der Leistungsbereitschaft wurden verhältnismäßig häufig untersucht (u. a. Graf 1960, 1961; Schmidtke 1965; Menzel 1962). Die bekannteste Darstellung stammt von Graf und ist in Abb. 56 a enthalten. Graf hat die *Kurve der Tagesrhythmik* aufgrund von Unterlagen einer 20 jährigen Untersuchung der Schweden Bjerner, Holm und Swenson in einem großstädtischen Gaswerk entwickelt.

Der Tagesrhythmus stellt grundsätzlich eine Abhängigkeit rein *biologischer Art der Leistungsbereitschaft* von der Tageszeit und den Lebensgewohnheiten dar. Die Kurve zeigt zwei Leistungsmaxima: gegen 9.00 Uhr am Vormittag und 20.00 Uhr abends. Der größte Tiefpunkt mit einer Abweichung von 50% vom Tagesdurchschnittswert liegt bei 3.00 Uhr nachts.

Spiegelbildlich zur Leistungsbereitschaft verläuft in der Darstellung der Abb. 57b, die *Fehlleistungskurve*. Ein Leistungstief kann somit große Fehlleistungen zur Folge haben. Durch erhöhte Motivation kann momentan ein Leistungstief überwunden werden, umgekehrt kann durch mangelndes Interesse Hochleistung abgeflacht werden. Ein weiteres Merkmal für abnehmende Leistungsbereitschaft ist die entsprechende *Unfallhäufigkeit*, die sich besonders in der starken Zunahme der Arbeitsunfälle bei Überstundenarbeit zeigt.

Diese allgemeinen Kurvenverläufe müssen spezifisch auf die jeweilige Arbeit hin betrachtet werden. Sie sind entsprechend unterschiedlich. Dennoch ist die Kenntnis der rhythmisch bedingten Leistungsschwankungen für den optimalen Einsatz des arbeitenden Menschen sehr wichtig. *Besondere Bedeutung* hat sie *für die Arbeitszeitgestaltung und Pausenregelung, insbesondere für die Schichtarbeit.*

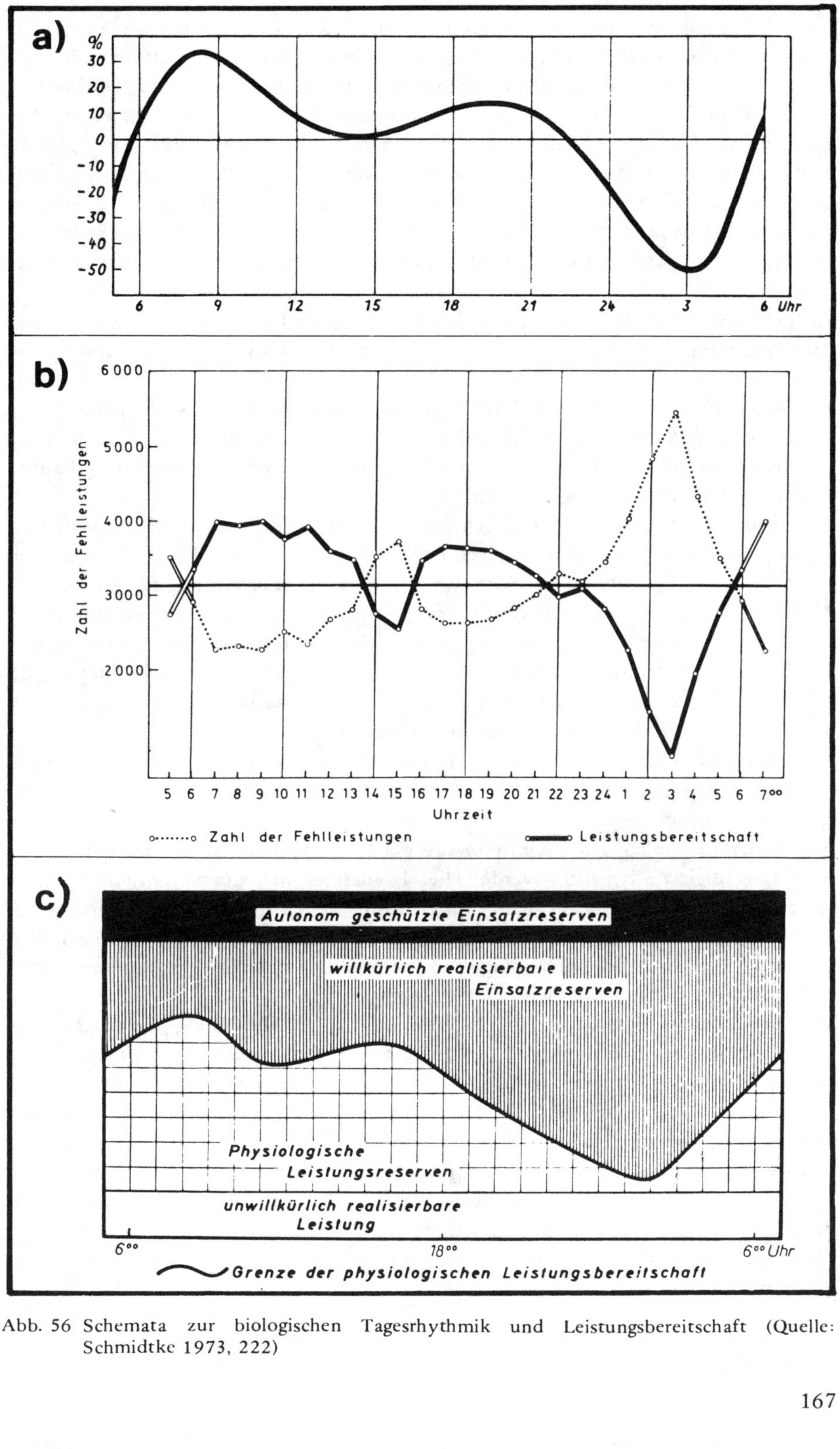

Abb. 56 Schemata zur biologischen Tagesrhythmik und Leistungsbereitschaft (Quelle: Schmidtke 1973, 222)

Das herkömmliche Schichtsystem steht den normalen Lebensfunktionen des Menschen entgegen. Viele Wirtschaftszweige werden zur Aufrechterhaltung ihrer Produktion ohne Schichtarbeit nicht auskommen und auch nicht auf *Nachtarbeit* verzichten können. Dennoch sollten die Auswirkungen auf Gesundheit, Privatleben und Arbeitserfolg stärker berücksichtigt werden (vgl. Carrow 1972). Entgegen früherer Auffassungen hat sich gezeigt, daß der Mensch nur nach längeren Übergangszeiten sich an einen anderen „normalen" Rhythmus wiedergewöhnt: z. B. längerer Aufenthalt in Ländern mit größerer Zeitverschiebung. Er kann sich dagegen nicht an zwangsweise Verschiebungen dieser Rhythmen anpassen, es sei denn in ganz geringen Grenzen.

Stärker beeinflussen kann man die Leistungsbereitschaft dagegen durch eine gezielte Pausenregelung. Arbeitsstudien haben ergeben, daß man vier Arten von Pausen unterscheiden kann:

- *Willkürliche Pausen*, die der Arbeitende offensichtlich zum Ausruhen einschaltet.
- *Maskierte Pausen*, die meist in Nebenarbeiten bestehen, die momentan nicht zur Erledigung des Arbeitsauftrags notwendig sind. Sie verschleiern häufig Pausen, die zur Erholung benötigt werden.
- *Arbeitsbedingte Pausen*, die durch die Organisation der Arbeit oder den Arbeitsgang von Maschinen oder anderen Personen bedingt sind. Nicht erholsam, sondern langweilig sind Pausen dort, wo auf Kunden oder Aufträge gewartet wird.
- *Vorgeschriebene Pausen* als vom Betrieb festgelegte Arbeitsunterbrechungen.

Durch eine gezielte Pausengestaltung können die willkürlichen und maskierten Pausen herabgesetzt werden. Untersuchungen (u. a. Lehmann 1953, Schmidtke 1965, 1973) haben gezeigt, daß mehrere kurze Pausen vorteilhafter sind als zu lange. Abb. 57 zeigt die *Wirkung von Pausen* auf die Leistungsfähigkeit.

Jede Pause hat einen Erholungswert. Entscheidend für die richtig dosierte Länge ist der Ermüdungsgrad der von der Schwere der Arbeitsbelastung und nervlichen Anspannung abhängt.

Neben der physiologischen Komponente der Leistungsbereitschaft muß stets auch die psychologische beachtet werde. Hier handelt es sich um wesentlichen um die *Leistungsmotivation* die sich im Willen zum Leistungsverhalten ausdrückt. „So spricht einiges dafür, in der Leistungsmotivation ein psychologisches Korrekturglied zu sehen, welches auf die physiologische Leistungsbereitschaft, insbesondere auf die Leistungsdisposition zurückwirkt" (Schmidtke 1973, S. 222).

Die schematische Darstellung in Abb. 56c zeigt durch die biologische Tagesrhythmuskurve begrenzt die *normalen physiologischen Leistungsreserven*. Durch motivationelle Einflüsse können „willkürlich realisierbare Einsatzreserven" beansprucht werden. Schließlich behält sich der Körper für ausgesprochene Notsituationen *„autonom geschützte Leistungsreserven"* vor, die nur unter lebensbedrohlichen Situationen, auch unter Drogen, zum Einsatz kommen. In den Bereich der „unwillkürlichen, automatisierten Leistungen" fallen alle Aktivitäten, die zur Aufrechterhaltung der Lebensfunktionen notwendig sind (Atmung, Kreislauf etc.) und mit elementaren körperlichen und geistigen Verrichtungen (Gehen oder Lesen z. B.) zusammenhängen.

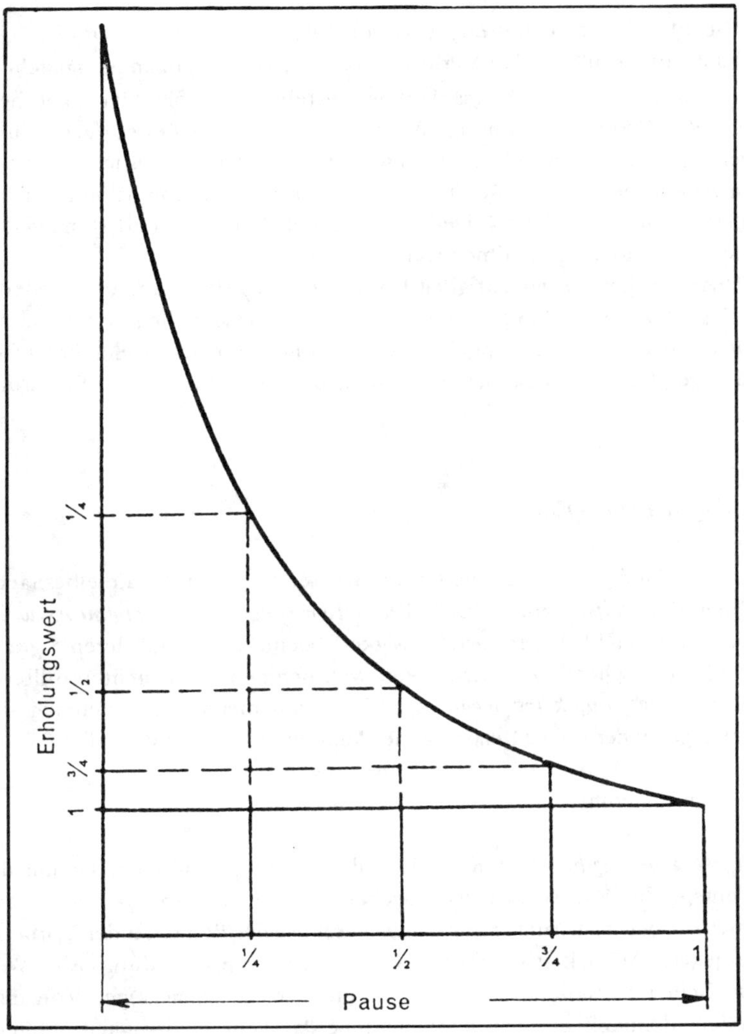

Abb. 57 Schematische Darstellung des Erholungswertes einzelner Pausenteile

2. *Bedingungen der körperlichen Leistungsfähigkeit*

In Betrachtung von zeitabhängigen Größen der körperlichen Bedingungen der Leistungsbereitschaft sind das *Alter* und die Kondition für den Betrieb von besonderer Bedeutung. In beiden Fällen spielt das *Geschlecht* ebenso eine wichtige Rolle.
Altersmäßig betrachtet erreicht der Mann mit 20 bis 25 Jahren seine maximale körperliche Leistungsfähigkeit, die Frau bereits mit 15 bis 20 Jahren. Der danach beginnende *Leistungsabfall kann durch sinnvolles, systematisches Training teilweise ausgeglichen werden*. Dies gilt von der geistigen wie körperlichen Leistungsfähigkeit. Es ist jedoch nachweisbar, daß trotz der Leistungsabnahme einzelner Körperfunktionen die Gesamtleistung im Sinne einer Normalleistung bis zu einem hohen Alter

konstant bleibt. *Übung, Erfahrung* und vor allem auch bessere *Arbeitstechniken* schaffen eine Kondition, die den Verlust einzelner Leistungsorgane ausgleicht.

Erfahrung und Übung im Arbeitsablauf vermitteln ein Gefühl der Sicherheit und vermindern die Gesamtanspannung. *Neuerungen*, neue Arbeitsaufgaben und Arbeitsumgebung erhöhen die Anspannung. *Einweisung* und richtige *Unterweisung* verringern Anlernzeit und Streßfaktoren. Die erforderliche Kondition für neue Aufgaben sollte immer mit planmäßiger Übung unter Anleitung und ständiger, sofortiger Fehlerkorrektur vorgenommen werden.

Längere Unterbrechung einer Tätigkeit bringt *Übungsverluste* und bei Wiederbeginn erhöhte Gesamtbeanspruchung mit sich. Durch den schnellen sozio-technischen Wandel werden diese Prozesse noch verschärft und können in vielen Bereichen nur durch ständiges Lernen ausgeglichen werden, da sonst Wissen und Erfahrung veraltet.

3. *Ermüdung und Müdigkeit*

Ermüdung und Müdigkeit sind nicht zwei Wörter für ein und dieselbe Sache. Sie kennzeichnen die *seelisch-körperliche Wechselwirkung einer Erscheinungsweise*, die uns alltäglich mit nachhaltiger Regelmäßigkeit beeinflußen, und deren *Signale* und *Symptome* (Vgl. Fischer 1970) wir bewußt wahrnehmen und beachten sollten.

Ermüdung ist eine „objektive Realität“. Sie ist eine meßbare Erscheinung, die sich nach vorausgegangener hoher Belastung des Menschen deutlich einstellt.

a) Das Müdigkeitsgefühl

Müdigkeit ist eine „subjektive Realität“, die einem psychischen Gefühl des Ermüdeten entspricht. Sie ist zwar psychischen Untersuchungsmethoden zugänglich, entzieht sich jedoch fast immer der Objektivierung. Für den Grad der Vorbelastung ist das subjektive Müdigkeitsgefühl ein Symptom für die Ermüdung. Eine Wechselwirkung zwischen physiologisch-körperlichen und psychisch-geistigen Vorgängen ist zwar gegeben, dennoch besteht keine einfache Parallelität. Müdigkeitsgefühle können lange trotz hoher Belastung ausbleiben, wenn die Arbeit interessant ist. Bei engagierten Tätigkeiten wird häufig solange weitergearbeitet, bis die körperlich und seelisch-geistige Leistungsgrenze erreicht oder sogar überschritten wird, daß meist die Leistung unversehen nachläßt und eine umso größere *Erschöpfung* die Folge ist. Das dabei überhöhte *Müdigkeitsgefühl hat eine Signal- und Appellfunktion*. Umgekehrt kann aber Müdigkeit auch ohne vorherige Belastung auftreten. Die körperliche Ermüdung ist dann häufig Symptom psychischer Ursachen. Neben den alltäglichen Formen mangelnder Motivation sind die Erscheinungsformen:

- *Morgenmüdigkeit*. Grund hierfür sind Ängste vor zu bewältigenden Aufgaben oder unangenehmen Begegnungen, Risiken, Unsicherheiten etc, die meist nicht bewußt sind.
- *Entzugsmüdigkeit*, die meist aufgrund mangelnder Anerkennung und Akzeptierung entsteht.

- *Erfolgsangst.* Trotz vorhergehend guter Leistung besteht die Befürchtung, die Leistung nicht wiederholen zu können und die Erwartungen („Machen Sie so weiter!") nicht erfüllen zu können.
- *Klimabedingte Müdigkeit*: Wetterfühligkeit bei Föhn oder Wechsel der Klimazonen bei Dienstreisen oder Urlaub.
- *Krise der Lebensmitte.* In der letzten Zeit ein häufig diskutiertes Thema über die Selbstwertkrise von erfolgreichen Menschen auf der Höhe ihres Erfolges, die meist in der Mitte der 40er Lebensjahre auftritt.
- *Müdigkeit als Frühsymptom streß bedingter Erkrankungen.* Wenn aufgrund dieses Signals die Leistungsbedingungen nicht normalisiert und nicht erfüllte Ansprüche an sich selbst reguliert werden, Entspannung und Erholung stattfindet, treten ernsthafte Erkrankungen bis hin zum Herzinfarkt oder Kreislaufkollaps auf.

Müdigkeit ist nicht nur ein Symptom für körperliche Ermüdung, wie es etwa auch Gähnen oder Zufallen der Augen sein kann, sondern hat eine
(1) Appellfunktion vor Überanstrengungen,
(2) Signalfunktion bei seelischen Problemen,
(3) Alarmfunktion bei innerlichen Gefährdungen,
(4) Schutzfuktion ähnlich dem Schmerz, bei akuten Gefahren autonome Leistungsreserven zu erschöpfen.

„*Entmüdung*" ist zu erreichen durch Erholung und seelische Entspannung, die sich am besten mit dem Wort *Muße* kennzeichnen läßt. Es ist vor allem wichtig, Erlebnisse nicht nur aufzunehmen, sondern sie auch zu verarbeiten. Nachhaltig geschieht dies beim *Träumen* im Schlaf.

b) Ermüdung und Erholung

Grundsätzlich ist Ermüdung stets mit einem *Funktions- und Leistungsabfall* verbunden. Jedoch ist diese Erklärung eine „frühe und naive Deutung, die noch nicht die internen und externen Bedingungen berücksichtigt" (Hoyos 1974, 146). Bereits aus der Sicht unserer alltäglichen Erfahrung wissen wir, daß der Leistungsabfall das gemeinsame Ergebnis von sehr verschiedenen Zuständen ist und sicher nicht von einer einzigen Ursache abhängt. Schmidtke (1965, 19) zeigt eine andere Diskussionsebene auf, die auch eher meßtechnischen Zugang zu dem Problem, bzw. Phänomen aufzeigt, wenn er *Ermüdung „als Folgeerscheinung einer vorhergehenden Beanspruchung*" kennzeichnet. Die wichtigsten Ursachen im Sinne der Beanspruchung im betrieblichen Alltag erweisen, daß Ermüdung aus einer Summation verschiedener Beanspruchungen entsteht und daß eine entsprechende Erholung notwendig ist, damit der Müdigkeitsspiegel nicht übermäßig ansteigt.
Nachdem man den Anspruch die „Ermüdung selbst zu messen" in der Bilanz der heutigen Forschung (Haider 1962; Schmidtke 1965; Bartenwerfer 1970; Nitsch 1970 u. a.) sehr skeptisch beurteilt und letztlich aufgegeben hat (Hoyos 1974, 148), ist der Ansatz Schmidtkes (1965) darauf aus, die bisherigen Arbeiten für ein System der Erfassung und Auswertung der Symptome *(Symptomatologie)* der Ermüdung zuzuführen.

Die Frage nach der Dauer und der Intensität der Erholungsphase nach der Ermüdungsphase muß ebenfalls in Zusammenhang mit der Dauer und Intensität der Belastung gesehen werden. Die Abb. 57 verdeutlicht, daß dieser *reversible Prozeß der Erholung* zunächst sehr intensiv verläuft, d. h. der Erholungswert ist in den ersten Pausenteilen sehr hoch, danach nimmt die Erholung nurmehr langsam zu und bedarf zur vollständigen Wiederherstellung längerer Phasen, die nur durch Schlaf oder durch Urlaub möglich sind.

Die rasche sozio-technische Entwicklung hat im Zusammenhang mit dem Ermüdungsphänomen zwei Komplexe bedeutsam gemacht:

- die *Wachsamkeits- bzw. Vigilanzforschung* und
- die Streßforschung (vgl. u. a. Lazarus 1966; McGrath 1970; Selye 1977; Nitsch 1979).

Die *Wachsamkeitsforschung* setzt sich mit den durch wachsende Automatisierung immer wichtiger werdenden Überwachungs- und Kontrolltätigkeiten auseinander, insbesondere *mit dem Informationsangebot und dem Erfassen und Zuordnen von Signalen* (Vgl. u. a. Schmidtke/Micko 1964; Schmidtke 1973; Hacker 1978). Hier steht nicht mehr die aktive Tätigkeit mit Reizaufnahme, -verarbeitung und Umsetzung in motorische Vollzüge, sondern die Handlungsbereitschaft in einer ermüdend abwartend-monotonen Tätigkeitssituation im Vordergrund. Dies gilt z. B. für den Schaltwart eines chemischen Betriebes, im Stellwerk, im Kraftwerk oder auf Radarstationen. Es handelt sich hierbei um Belastung und menschliche „Leistung unter anregungs- und handlungsarmen Bedingungen" (vgl. Schmidtke 1973, 281).

4. Streß

Kaum ein Begriff hat in den letzten Jahren so große Popularität erlangt wie der Begriff Streß, der von *Klaus Selye* stammt, der *Streß als die Summe aller nichtspezifischen biologischen Erscheinungen einschließlich Schädigung und Abwehr definiert.* Streß wird damit als eine nichtspezifische Reaktion des Körpers auf jede Anforderung, die an ihn gestellt wird (Selye 1977, 38), gekennzeichnet, in denen Abwehrreaktionen und Schädigungsmerkmale eine Rolle spielen. Eine typische Form des Streß ist die *Notfallreaktion*, in der autonome Leistungsreserven, wie Abb. 56b zeigt, mobilisiert werden. Der Reiz, der diese Streß-Reaktion auslöst, Stressor, muß für den betroffenen Organismus eine solche Bedrohung (Lazarus 1966) oder ernstzunehmende Funktion haben, daß er glaubt, mit seiner ganzen Abwehrkraft dem begegnen zu müssen. Diese Abwehrhaltung tritt dann ein (z. B. bei Elektroschock, Hitzeeinwirkung, Explosionsdruck, etc., um solche Einwirkungen zu nennen, die fraglos Notfallsreaktionen auslösen), wenn normale Abwehrmaßnahmen nicht mehr ausreichen und sich der Angriff auf die gesamte Person richtet. Der Streß ist eine *Alarmreaktion* und versetzt den Menschen in eine Alarmsituation, was *die wichtigen Dauerfunktionen*, wie Herzschlag und Blutdruck, Atemtätigkeit, Funktionen des Magens und des Darms, sowie des Stoffwechsels *in einer gleichsam vegetativen Gesamtumschaltung* (Selye 1953, 1977; Tobiasch 1979) erhöht.

Diese *medizinische Kennzeichnung des Streß zeigt die positive Reaktion*, wie sich der Körper frei von Schaden halten will, an. *In der allgemeinen Auffassung*, wie mit dem Ausdruck Streß, ist damit eine *negative Vorstellung* verbunden: Zeitnot, Hetze, Überbelastung, mehrere Arbeiten gleichzeitig werden meist mit Streß assoziiert. An Müdigkeit, Nervosität, Zeitmangel und vielen anderen Beschwerden wird Streß erkannt und gemessen, wobei gesellschaftlich „Streß" schon fast wie ein Statussymbol angesehen wird. Die *Beschwerdetrias*, die im Spiegel der Selbstdarstellung von streßgeplagten Patienten spontan genannt wird ist für Streß typisch:
Müdigkeit, Nervosität, Schlaflosigkeit.
Die *Streßursachen* liegen im Betrieb wesentlich im Motivationsbereich:
- dem *Leistungsdruck*, gesetzte Ziele zu erreichen, und
- der *Frustration*, gesteckte Ziele nicht erreicht zu haben oder zu wenig Anerkennung beim Erreichen von Zielen zu erhalten.

Physischer Streß in Maßen ist gesund, psychischer Streß, vor allem bei Dauerfrustration schädigend (vgl. Heidack 1981, 74). Selye (1977) unterscheidet in *Eustreß* als positive, lebensnotwendige Aktivation und *Dystreß* als schädigendes „Zuviel". Zur eigenen Entlastung sollte jeder Streßgeplagte folgende fünf Bereiche auf ihre *Streßursachen und Streßauswirkungen* persönlich überprüfen (vgl. Werneck/Heidack 1975, 82 ff.):
- das Arbeitsumfeld mit Raum und Zeit,
- das arbeitsmethodische Verhalten (Arbeitsmittel und Personen),
- die persönlichen Gefühle und Empfindungen,
- die Umwelt- und zwischenmenschlichen Beziehungen,
- die vegetativen Reaktionen.

F. Arbeitsschutz

1. Aufgabenkomplex zur Förderung der Arbeitssicherheit im Betrieb

Ziel des Arbeitsschutzes ist es, den arbeitenden Menschen vor Unfallgefahren und gesundheitlichen Schädigungen zu bewahren und ein sicheres Verhalten des Menschen bei der Arbeit zu gewährleisten (vgl. u. a. Hoyos 1980a, 1980b, Zimolong 1980, S. 310 ff.). *Sicheres Verhalten* aus der Sicht des Arbeitsschutzes ist eine Funktion, d. h. ein *Zusammenspiel von Arbeisbedingungen, Sicherheitstechnik, Betriebsorganisation, Verhalten*, das das Entstehen von Unfallereignissen und Gesundheitsschädigung vermeidet.
Das Verhalten bezieht sich auf jeden Arbeitenden im Betrieb, insbesondere auf die Führungskräfte, die Sicherheitsfachleute und Sicherheitsbeauftragten. Die Führungskräfte haben die Verantwortung für die *Systemgestaltung* des Arbeitsschutzes, die Sicherheitsfachkräfte (Ingenieure, Psychologen, Ärzte) für die *Systemanalyse* und die Sicherheitsbeauftragten für *Systemüberwachung und Beratung*. (vgl. hierzu Schneider 1972).
Während die ältere psychologische Unfallforschung sich fast ausschließlich mit Eigenschaftsmerkmalen von *potentiellen Unfällen* beschäftigte und fallbezogen

bestimmte Eigenschaften betrieblicher und außerbetrieblicher Lebens- und Arbeitssituationen zu Unfallursachenkomplexen zu kombinieren versuchte, betrachtet man heute in einem *integrierten und interdiziplinären „Unfallverhütungskonzept von technischen, psychologisch und medizinischen Aufgaben“* (vgl. Skiba 1973; Thiele/ Gottschalk 1973) folgende Aspekte:

- Unfallverhütung,
- Arbeitssicherheit,
- Gesundheitsschutz.

Ein umfassender Arbeitsschutz muß situations-, system- und personenbezogene Faktoren berücksichtigen.

Situationsbedingte Faktoren und Variablen spielen eine bedeutsame Rolle bei der Entstehung und Auslösung von Unfall. So unterscheiden sich Arbeitsplätze mit ähnlichen Tätigkeiten in ihrem Unfallrisiko z. B. durch scharfe Kanten. Schwankende Belastungen, Ermüdung, Akkordarbeit (vgl. Gardell 1978) bedingen höhere Unfallhäufigkeit. Aber auch schlechtes Betriebsklima, Ärger und Ablenkungen steigern die Unfallneigung. Generell bleiben meist Erleben und individuelles Verhalten in ihren Auswirkungen auf sicherheitstechnische Vorkehrungen und organisatorische Maßnahmen unberücksichtigt, was auch die Motivation, Sicherheitskleidung zu tragen, beeinträchtigt.

Systembezogene Faktoren sind alle sicherheitstechnischen, organisatorischen und handlungsorientierten Maßnahmen, die planvoll das Mensch-Maschine-Zusammenspiel strukturieren und regeln. Dem Aspekt der individuellen Belastung und Beanspruchung in betrieblichen Risikosituationen wird durch handlungsorientierte Bewertung von Arbeitschutzmaßnahmen (vgl. Hoyos u. a. 1977, 1980a) Rechnung getragen, die bei der Strukturierung des Arbeitsablaufs beachtet werden sollen. Für die ergonomische Analyse und Bewertung von arbeits- und umweltbedingter Belastung werden sensorische, informatorische, energetische und emotionale Belastungsgrößen (Lärm, Kontrollspielraum, Zeitdruck, Monotonie) verwandt (Schmidtke 1965, 176; 1981).

Personenbezogene Faktoren stehen heute nicht mehr so stark im Blickpunkt, wenngleich nach der Alltagerfahrung gemäß der Pareto-Regel eine Minderheit der Personen die Mehrzahl aller Unfälle verursacht, Eine *generelle Unfalldisposition* kann man bisher *nicht feststellen*, wenn man auch individuelle Merkmale als Ursache – oder besser: als Teilursache – feststellen konnte: Alter, Reaktionstendenzen bei Risiko, Beeinträchtigung von Sinneswahrnehmung und mangelnde Übung von „kritischen Verhaltensweisen.“ Sicherheitstechnische und arbeitsorganisatorische Anstrengungen, sowie ein beständiges Bemühen um Information und Sicherheitsunterweisung ist erfolgreicher und sinnvoller als eine über das normale Maß hinausgehende Suche nach „Unfällern“.

2. *Gefahrenermittlung und Gefährdungsanalyse*

Gefahren kann man als objektive Bestandteile der Arbeitsbedingungen kennzeichnen. Sie sind *systembedingt*. Rotierende Maschinenteile, offenes Feuer oder Glut sind Gefahren. Sie können schädigend auf den Menschen einwirken, was als Gefährdung bezeichnet wird. Die *Gefährdung ist der sicherheitsrelevante Aspekt* des Mensch-Maschine-Zusammenspiels in technischen Arbeitssystemen. (vgl. Schneider 1972, Hoyos 1980b). Der Gefährdungsbereich kennzeichnet die Möglichkeit eines Unfalls, wenn dort Mensch und Gefahr sich begegnen. Der Unfall kann durch die Kriterien Gefahrenart, Gefahrengröße, Gefahrenwirkungsrichtung bestimmt werden.

Analysebereiche für bestimmte Gefahren sind vor allem Sicherheitstechnik, Organisation und Verhalten.

Bei den genannten Gefahren rotierender Maschinenteile, Feuersglut, kommt es zur Gefährdung:

sicherheitstechnisch, z. B. wenn ein Schutzgitter fehlt,

organisatorisch, wenn mangels Wartung das Schutzgitter nicht funktioniert,

aufgrund von *Verhalten* durch Entfernen des Schutzgitters.

Die *Gefährdungsanalyse* hat das Ziel zu klären

- wo die Gefahren liegen,
- wie diese Gefahren wirksam werden können, dadurch, daß es zu Verletzungen kommt,
- welche Ansatzpunkte für erfolgreiche Sicherungsmaßnahmen erkennbar sind.

Zur *Gefahrenermittlung* und Analyse von Gefährdungen dienen direkte und indirekte Methoden.

Direkte Verfahren, z. B. Störfallablaufanalysen, versuchen die Situationen und Momente, in denen Personen, bzw. Objekte in Gefahr kommen, zu analysieren, sowie das Ausmaß und die Häufigkeit von Verletzungen abzuleiten und zu simulieren (vgl. Radl/Tietze 1976). Sie haben ausschließlich prophylaktischen Charakter und Wert.

Die *indirekten Methoden*, mit denen z. Z. noch vorrangig gearbeitet wird, erfassen aus meldepflichtigen Unfällen ihre Gefährdungsindikatoren. Dabei beschränkt sich die Information über die Gefährdung nur auf den Teil, der zum Unfall geführt hat, und zeigt auch nicht immer die eigentlichen Unfallursachen auf (Schulz 1973).

3. Sicherheitsunterweisung und Motivation im Arbeitsschutz

Um ein *differenziertes Problembewußtsein* für Arbeitsschutz und Arbeitssicherheit zu erreichen, bedarf es gezielter Informationen und spezieller Sicherheitsunterweisungen. Plakate, Hinweise und Markierungen allein reichen nicht aus. Sie sind eine gute Erinnerungshilfe und Bewußtseinsstütze (vgl. u. a. Zens 1980, 806 ff).

Angebracht sind *Sicherheitsunterweisungen* bei Neuerungen und Umorganisationen. Reaktivierung von Sicherheitsbewußtsein ist besonders wirksam durch Wettbewerbe, z. B. im Rahmen des betrieblichen Vorschlagswesens (vgl. Brinkmann/Heidack 1981).

Systematisch sollten Sicherheitsunterweisungen allgemeiner Art und direkt am Arbeitsplatz bei der *Einführung neuer Mitarbeiter* durchgeführt werden. In den ersten 4–6 Wochen sollten neue Mitarbeiter vom Sicherheitsbeauftragten in Zu-

sammenarbeit mit dem Betriebsrat zu einer gemeinsamen Besprechung eingeladen werden. In Großbetrieben sollte einer solchen Veranstaltung besonderes Gewicht verliehen werden, indem der Betriebsleiter die Eröffnungsansprache hält.
Trotz dieser Bemühungen wird man danach dennoch feststellen, daß Arbeitsschutzkleidung nicht getragen, Vorschriften leichtsinnig behandelt werden: kurzum, die Motivation für den Arbeitsschutz wenig verankert ist. – Wie läßt sich dies erklären?
Motivation, Unfälle zu verhüten, versucht man häufig mit der *Abschreckungsmethode*: Schmerzen durch Unfälle, dauernde Schäden etc. bilden mit entsprechenden Beispielen das Motivationspotential. Jedermann glaubt, daß er nicht so ist, daß ihm das passieren könnte. Unbewußte Abwehrmechanismen werden wach. Wie angenehme positive Dinge eine Anziehungskraft ausüben, so hat das Unerwünschte, Befürchtete eine abstoßende Wirkung (vgl. Undeutsch 1972).
Wegen der geringen Auftrittswahrscheinlichkeit von Unfällen liegt die Problematik, Mitarbeiter zur Arbeitssicherheit zu motivieren, letztlich darin, daß sicherheitsgerechtes Verhalten keinen direkt verhaltensbestimmenden Wert an sich hat. Die bisherigen Ansätze und *Motivationskonzepte* stellen *in der Regel eine „Außensteuerung"* dar, wie es nach Burkardt (1976, 16 ff., Gürtler 1981) die Aufgaben zeigen, die dem Vorgesetzten dabei zufallen:

- Herausstellen des Rechts auf Arbeitsschutz und Gesundheit,
- Verstärken von sicherem Verhalten durch Anerkennung,
- Kritik von sicherheitswidrigem Verhalten und Verknüpfen mit Mißerfolg,
- sicheres Verhalten bequem machen,
- sicherheitswidriges Verhalten unbequem machen.

Ein Ansatz der „Innensteuerung" ist möglich, wenn die Mitarbeiter auf der ausführenden Ebene unter dem Aspekt der Arbeitssicherheit in Fragen der Analyse und Gestaltung der Arbeit direkt einbezogen werden.
Ein solches *arbeitsorganisatorisches Konzept mit einem Motivationprogramm zur Arbeitssicherheit* mit 17 Punkten, die in vier Phasen verwirklicht werden sollen, schägt Zink (1980, 204 ff.; vgl. auch Zens 1980) vor.
Phase 1: *Vorbereitung*
(1) Bereitstellung der erforderlichen Unterlagen für das Management.
(2) Formulierung der Sicherheitspolitik als wesentliche Unternehmensaufgabe unter Einbeziehung aller Beteiligten.
(3) Arbeitssicherheitsprogramm mit Durchführungsbestimmungen,
(4) Weckung und Verstärkung des Sicherheitsbewußtseins und -verständnisses.
Phase 2: *Systematisches Programm zur Reduzierung von Unfallursachen*
(5) Einführung durch die Geschäftsleitung,
(6) Organisatorischer Rahmen.
  - Sicherheitslenkungsausschuß aus Führungskräften (aus jeder Hauptabteilung in regelmäßigem Wechsel je eine Führungskraft),
  - Sicherheitshauptausschuß aus Betriebsleitung, Betriebsrat, Sicherheitsingenieur,
  - Unfallschutzbesprechung monatlich für alle Mitarbeiter,
  - Schichtunfallschutzausschuß je Abt. und Schicht,
  - Zusätzliche Gespräche am Arbeitsplatz,

(7) Schulung der Mitarbeiter in Konferenz- und Problemlösungstechniken als Voraussetzung der Gruppenarbeit,
(8) Verbesserungsmaßnahmen,
(9) Erfolgskontrollen.

Phase 3: Flankierende Maßnahmen

(10) Planung der Maßnahmen (Plakate, Schaukästen, Vorschlagswettbewerbe etc.)
(11) Schulung und Motivation der Führungskräfte,
(12) Bekanntgabe durch Ansprachen, Informationsschriften, Werbemittel,
(13) Feedback der Zielsetzungen (Information),
(14) Feedback durch Anerkennung und Würdigung,
(15) Unfallquellenhinweis Aktion,

Phase 4: *Weiterführung*

(16) Aufforderung zur dauerhaften Unfallverhütung,
(17) Beurteilung des Gesamtprogramms.

II. Beurteilung des individuellen Verhaltens

Die Beurteilung von Eignung und Qualifikation des Mitarbeiters nimmt bei der betrieblichen Leistungserstellung an Bedeutung zu, je differenzierter die Anforderung durch die Arbeit an das Verhalten des Mitarbeiters ist. Entsprechend dem Personalgrundsatz: „Den richtigen Mitarbeiter am richtigen Platz", müssen einerseits die Arbeitsverhältnisse von ihren Anforderungen her analysiert und bewertet sein, andererseits auch die Fähigkeiten und persönlichen Qualifikationen des Mitarbeiters erkundet, festgestellt und kontrolliert werden. Der Mitarbeiter selbst will den Standort seiner Leistung und die Möglichkeiten seiner Entwicklung wissen. Genauso ist es für den Betrieb im Personalentwicklungsplan wichtig, über das Leistungs- und Qualifikationspotential seiner Mitarbeiter Bescheid zu wissen.

A. Differenzierung von Wertungsbegriffen

Für ein differenziertes Problemverständnis von Beurteilung menschlichen Verhaltens, insbesondere für eine systematische Mitarbeiterbeurteilung, ist eine Übersicht über die Begriffe, die als qualitative und quantitative *Vorgänge bei der Urteilsbildung und im Beurteilungsprozeß von Bedeutung* sind, wichtig. Es sind die Begriffe: *Beurteilen, Schätzen, Bewerten, Messen*.

Das *Beurteilen* selbst ist *die eigentliche psychologische Komponente* mit ihrer subjektiven Meinungsäußerung bei Eindrücken und Erscheinungen, die auf bestimmten Erwartungen und Einstellungen beruhen: „Dies Gespräch war angenehm!" ist ein Beispiel hierzu. Bei dieser Aussage stehen qualitative Merkmale im Vordergrund, die in keiner Weise meß- oder zählbar sind.

Schätzen besagt, daß etwas subjektiv bestimmt wird, was eine quantitative Aussage enthält über Eindrücke und Erscheinungen, die durchaus nachprüfbar sind, wie z. B. „Herr Schneider scheint um die 30 Jahre alt zu sein" oder „Bei der Präsentation waren gegen 40 Leute anwesend". Diese beiden Aussagen könnten durchaus quantitativ erfaßt werden. Gerade im Hinblick auf die begrenzte Informationsmöglichkeit (vgl. hierzu Simon 1980; March/Simon 1976) beim Beurteilen und bei Entscheidungen dürfen diese Vorgänge von begrenzt exakter Aussagekraft bei der Informationssuche nicht außer Acht gelassen werden.
Bewerten bedeutet, daß man quantitativ und eindeutig Erscheinungen und Ereignisse, die man urteilsmäßig erfaßt hat, vorher vereinbarten Maßstäben zuordnet. Gemäß den Notenrichtlinien muß z. B. eine als „gut" beurteilte Klausur mit „2" bewertet werden, also diesen Zahlenwert bekommen. In gleicher Weise werden für eine bestimmte gute Leistung gemäß dem Prämienschlüssel DM 100.- Prämie gezahlt.
Messen (vgl. Tack 1977) ist der Vorgang eines genauen Vergleiches von Meßgegenstand (z. B. einer Tischkante) und einem Maßstab (Metermaß), um den Meßwert (z. B. in cm) exakt zu ermitteln.
Bei der Handhabung von betrieblichen Beurteilungssystemen spielen alle genannten Vorgänge eine Rolle, wobei das Zusammenspiel von Beurteilen und Bewerten am bedeutsamsten ist, während bei Tests und betrieblicher Eignungsdiagnostik Meßprobleme im Vordergrund stehen.

B. Bedeutung von Tests

1. *Zum Begriff Test*

Im Alltag begegnet man dem Test allenthalben, ob es sich um einen Augentest fürs Autofahren, um amüsante Denk- oder Fragespiele in Zeitschriften oder gar um „Persönlichkeitstests zur richtigen Partnerwahl" in Illustrierten handelt. Dies alles gibt recht unklare Vorstellungen von Tests, die man in einem weiten Alltagsbegriff und in einem engen wissenschaftlich-psychologischen Sinn unterscheiden muß.
Das Wort Test kommt aus dem angelsächsichen Sprachgebrauch und besagt soviel wie Probe. Die Bedeutung von Test im weitesten Sinne, kennzeichnet allgemein, daß man sich selbst oder andere auf eine Probe stellt. In diesem Sinne ist jede Art der Prüfung oder schon die Prüfungssituation, die irgendwie zur Stellungnahme oder Handlung auffordert, ein Test.
Ein wissenschaftlich-psychologischer Test (vgl. hierzu Lienert 1969; Sieber 1969; Ingenkamp 1975, 1977; Preiser 1977; Rey 1977, Pillat 1980) verlangt eine gewisse *Zuverlässigkeit der Aussage der Ergebnisse*, d. h. im Grunde genommen eine Beurteilung und Bewertung des Verhaltens. Um im Urteil sicher zu sein und den Tatsachen zu entsprechen, braucht man *Maßstäbe und Methode*. Hierbei kann man sich entweder auf spezielle Erfahrungen stützen oder man versucht, die Situation zu

objektivieren, um den subjektiven Einfluß des Testers auszuschließen. Im ersten Fall handelt es sich bei der Erfahrung eines Experten um *persönliche Kompetenz*, im anderen Fall um *methodisch-objektivierte Kompetenz*. Je weniger eine Situation objektivierbar ist, umso mehr braucht man das Urteil eines erfahrenen Experten.

Die *Komponenten eines verhaltenswissenschaftlichen Tests* sind:

- eine *Aufgabe*, die das Verhalten auslöst und die möglichst *operationalisierte Zielvorgaben* enthält,
- eine *Anweisung zur Interpretation* des Verhaltens, die Rückschlüsse auf relativ konstante Verhaltenselemente, wie z. B. Fähigkeiten, Fertigkeiten, Einstellungen, Motive etc. zuläßt, oder mit Angaben des Wahrscheinlichkeitsgrades, mit dem die festgestellten Verhaltensweisen in Zukunft zu erwarten sind.

Operational sind die Ziele einer Aufgabe (vgl. u. a. Mager 1974), wenn angegeben ist:

(1) das (beobachtbare) Verhalten,
(2) die wichtigsten Bedingungen,
(3) der Beurteilungsmaßstab.

Die weitverbreitete *Definition* von Lienert (1969, 7) lautet: „Ein Test ist ein wissenschaftliches Routineverfahren zur Untersuchung eines oder mehrerer empirisch abgrenzbarer Persönlichkeitsmerkmale mit dem Ziel einer möglichst quantitativen Aussage über den relativen Grad der individuellen Merkmalsausprägung". Einfacher ausgedrückt stellt ein Test „ein Meßinstrument zur wiederholbaren objektiven Ermittlung von Persönlichkeits- und Fähigkeitsdimension" (Pillat 1980, 141) dar.

2. *Anwendungsart und instrumentelle Gütekriterien von Tests*

In seiner *Anwendung* kann der Test mit naturwissenschaftlichen, experimentellen Instrumentarien verglichen werden. Während jedoch in der Naturwissenschaft die Dimension, die zu messen ist, exakt isoliert und als relativ unabhängige Größe bestimmt werden kann, stehen die Verhaltensmerkmale in einem engen dynamischen Zusammenhang mit anderen Verhaltensgrößen und korrellieren in vielfacher Weise miteinander. Die moderne Testtheorie versucht mit probabilistischen Modellen (z. B. Erfassen der latenten Strukturdynamik) zu einer „befriedigenden" Meßgenauigkeit zu kommen, um damit Mängel der klassischen Testtheorie auszuschalten.

Der *Anwednungsbereich der verhaltenswissenschaftlichen Kriterien*, der für das Verhalten im Betrieb relevant ist, erstreckt sich auf zwei Gebiete:

- *psychologische Diagnostik*, insbesondere die Eignungsdiagnostik,
- *pädagogisch/methodische Problematik* bei Erfolgs- und Verhaltenskontrollen im Bereich der Qualifikation und Bildung.

Die instrumentellen Kriterien für die Güte von verhaltenswissenschaftlichen Tests sind *nach der klassischen Testtheorie* gekennzeichnet in den *Hauptgütekriterien*: Objektivität, Zuverlässigkeit (Reliabilität), Gültigkeit (Validität).

Daran schließen sich noch folgende bedingte Forderungen *(Nebengütekriterien)*: Normierung, Vergleichbarkeit, Wirtschaftlichkeit, Zweckmäßigkeit (Nützlichkeit).

Die drei klassischen psychologischen Testkriterien kann man wie folgt charakterisieren:

Die *Objektivität* eines Tests betrifft den Grad, in dem die Ergebnisse eines Tests unabhängig vom einzelnen Untersucher sind. Entsprechend den Testphasen: Durchführung, Auswertung, Interpretation der Ergebnisse werden bestimmte Aspekte der Objektivität unterschieden:

a) *Durchführungsobjektivität*. Das ist der Grad der Unabhängigkeit der Testergebnisse von zufälligen und systematischen Verhaltensabweichungen des Testers während der Testdurchführung. Die Verhaltensabweichungen des Testers und der Testpersonen beeinflussen die Ergebnisse. Die Verbesserung der Durchführungsobjektivität in der Praxis wird durch eindeutige Testanweisungen mit Angabe der zulässigen Lösungshilfen, Zeitgrenzen usw. erreicht werden.

b) *Auswertungsobjektivität*. Das ist der Grad der Unabhängigkeit der Testergebnisse von Meinungen, Vorurteilen, persönlichen Zu- und Abneigungen des Auswerters. Vorher festgelegter Lösungsschlüssel, genau abgegrenzte richtige Lösung, festgelegte Kriterien für die Bewertung, anonyme Bewertung oder sogar maschinelle Auswertung erhöhen die Auswertungsobjektivität.

c) *Interpretationsobjektivität*. Das ist der Grad der Unabhängigkeit der Interpretation des Testergebnisses von der Person oder des Empfängers der Ergebnismeldung. Die Angabe eines numerischen Wertes, der die Position der Testperson auf einer eindimensionalen Skala festlegt, oder weitere Interpretationshinweise, erhöhen ihre Objektivität.

Die *Reliabilität* besagt den Grad der Zuverlässigkeit, mit dem der Test ein bestimmtes Persönlichkeits- oder Verhaltensmerkmal mißt, gleichgültig, ob er dieses Merkmal auch zu messen beansprucht (hierüber sagt die Validität etwas aus). Hohe Zuverlässigkeit bietet eine Gewähr dafür, daß bei mehreren Messungen des gleichen Verhaltens nicht völlig unterschiedliche Ergebnisse geliefert werden (*Konsistenz*). Die Zuverlässigkeit kann mit Hilfe von Korrelationskoeffizienten geschätzt werden auf:

a) *Re-Test-Zuverlässigkeit* durch eine Wiederholung unter möglichst gleichen Bedingungen bei gleichen Personen,

b) *Parallel-Test-Zuverlässigkeit* durch den Vergleich mit den Ergebnissen eines anderen Tests, der Parallel dazu die gleichen Merkmale unter möglichst gleichen Bedingungen bei gleichen Personen testet,

c) Die *Zuverlässigkeit der inneren Konsistenz* (Testhalbierungszuverlässigkeit) bedeutet eine gleichartige innere Zuverlässigkeit von Testteilen.

Validität bezieht sich auf den Genauigkeitsgrad und die Gültigkeit, in dem der Test tatsächlich das mißt, was er messen soll. Er muß diagnostisch ergiebig sein. Dies bezieht sich auf den Inhalt und die Vorhersagegültigkeit, d. h. er muß also möglichst gute Voraussagen für das Verhalten in bestimmten Situationen gestatten, z. B. Ergebnis des Eignungstests (Prädiktor) und spätere Berufstüchtigkeit (Kriterium).

Zwischen den einzelnen Gütekriterein finden Wechselwirkungen statt, die die Güte des Tests beeinflussen.

Wirtschaftlichkeit ist zwar nur als Nebenkriterium angegeben, dennoch ist sie eine Forderung, die für die Eignungsdiagnostik und das betriebliche Beurteilungswesen in gleicher Weise gilt, wie für Tests. Nach Lienert (1969, 19) ist ein Test „dann ökonomisch, wenn er

a) eine kurze Durchführungszeit beansprucht,
b) wenig Material verbraucht,
c) einfach zu handhaben,
d) als Gruppentest durchführbar,
e) schnell und bequem ausführbar ist."

Diese Kriterienmerkmale betreffen jedoch nur die *Durchführung* und *Auswertung* eines Tests, man geht also davon aus, daß ein geeigneter Test bereits vorhanden ist. Der betriebliche Maßstab für Wirtschaftlichkeit muß jedoch die Gesamtkosten eines Tests erfassen, somit auch die meist erheblichen Kosten seiner *Entwicklung*. So fallen bei folgenden Entwicklungsarbeiten *Kosten* an: Testplanung, Testkonstruktion, Testanalyse, Kriterienkontrolle, Training der Tester.

Folgende *Kostenarten* können aus der Sicht der Kostenrechnung noch in Betracht kommen: Materialkosten, Personalkosten, Abschreibungen, u. U. Kosten für Rechts- und Fremddienste.

Während man die Mengenkomponente der Kosten noch relativ einfach ermitteln kann, ist die Problematik der zweckmäßigen Bewertung dieser Mengen noch nicht als gelöst zu betrachten.

Bestimmen die Testkriterien die Güte und die Bedeutung des Tests an sich, sagt die Klassifikation verschiedener Tests etwas über die Bedeutung der Anwendung der Tests aus.

3. Klassifikation und Anwendungsbereiche von Tests

Im *Anwendungsbereich* muß zunächst unterschieden werden nach dem *Anwendbarkeitsgrad von Tests*. Hier unterscheidet man zwischen

- Standardisierten oder geeichten Tests. Sie müssen wissenschaftlich entwickelt, hinsichtlich ihrer wichtigsten Gütekriterien untersucht und unter Standardbedingungen durchführbar und genormt sein.
- Nicht-Standardisierte oder Nicht-Formalisierte Tests. Sie sind gewissermaßen für den Hausgebrauch von Psychologen und Pädagogen gemacht. Sie mögen wohl den Normen entsprechen. Normen allein machen jedoch keinen standardisierten Test aus. Die meisten im deutschsprachigen Bereich angewandten und publizierten Tests entsprechen nicht standardisierten Bedingungen.

Die *weitestverbreitete Klassifikation* von Tests zeigt folgende Einteilung in

(1) Intelligenztest
  a) allgemeiner Intelligenztest
  b) spezieller Intelligenztest oder Begabungstest

(2) Leistungstest
  a) motorischer Leistungstest
  b) sensorischer Leistungstest
  c) psychischer Leistungstest

(3) Persönlichkeitstest

a) Eigenschaftstest
b) Interessentest
c) Einstellungstest
d) Charaktertest
e) Typentest.

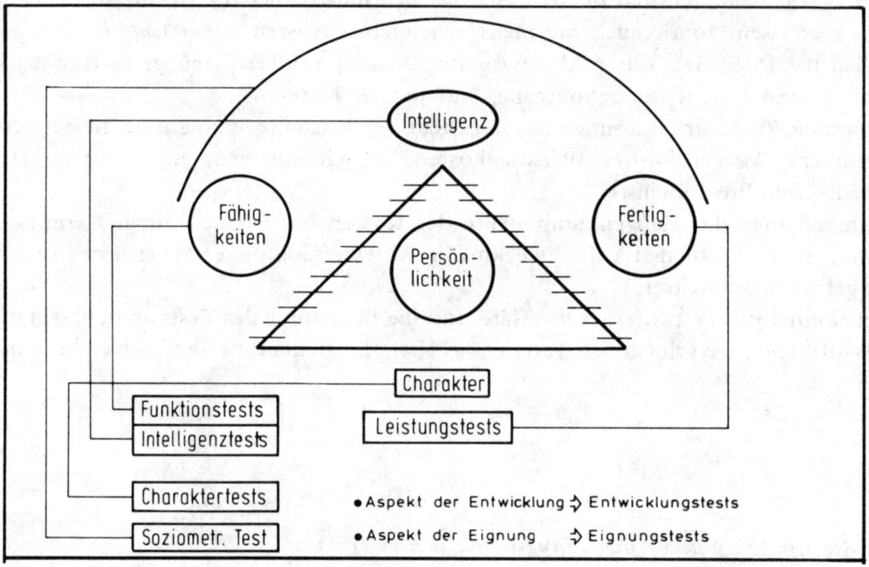

Abb. 58 Überblick über die Grundformen von Tests (Quelle: Lückert 1974, 91)

Ihren Anwendungsbereich charakterisieren diese Tests durch die Anzahl der zu erfassenden Persönlichkeits- und Leistungsaspekte. Hierbei unterscheidet man *eindimensionale und mehrdimensionale Tests*, je nachdem ob sie nur einen oder mehrere Aspekte prüfen.
In diesem Rahmen müssen wir darauf verzichten, verschiedene Testformen oder gar Einzeltests im Detail zu beschreiben. Es scheint dagegen wichtig, die Zusammenhänge und Verhaltensansätze durch einen *Überblick über die Grundformen des Tests* anhand eines Schemas zu verschaffen, wie es Abb. 58 verdeutlicht. Wie aus diesem Schema ersichtlich wird, werden Fähigkeiten oder spezielle Begabungen durch Funktionstests, die allgemeine Intelligenz mit Intelligenztests gemessen. Die durch Erfahrung und Übung erworbenen Fähigkeiten messen Leistungstests im engeren Sinne. Im weiteren Sinne umfassen sie auch Funktions- und Intelligenztests. Der Ausdruck von Persönlichkeit, Charakter genannt, wird durch sog. Charaktertests gemessen. Darüberhinaus werden die Testmöglichkeiten in der sozialen Umwelt durch soziometrische Tests erfaßt. Die Begriffe Entwicklungs- und Eignungstests charakterisieren abgeleitete Tests, die in diesem Sinne sekundär sind, da die jeweiligen Einzeltests aus den genannten Grundformen genommen werden.

Die drei bedeutendsten Formen, in denen erreichte Testwerte ausgedrückt werden können, sind

- der *Intelligenzquotient*(IQ). Die Formel für den Intelligenzquozienten lautet:

$$\frac{\text{Intelligenzalter}}{\text{biologisches Alter}} \times 100 .$$

Das Intelligenzalter führte Binet (Binet/Simon 1908) im Jahre 1908 ein, um den unterschiedlichen Intelligenzgrad verschiedenaltriger Kinder einerseits vergleichbar zu machen, zum anderen zu differenzieren. Zunächst wird der Test durchgeführt. Die Ergebniswerte entsprechen dem Intelligenzalter. Sie werden durch das biologische Alter dividiert. Um eine unnötige Klassifizierung in eine Vielzahl von Klassen zu vermeiden und um die Möglichkeit eines besseren Vergleichs zu haben, führte 1914 Stern den Begriff des Intelligenzquotienten ein. Wenn das Intelligenzalter dem Lebensalter entspricht, so ist der Intelligenzquotient = 1 bzw. 100. Dieser Intelligenzquotient entspricht somit der Erwachsenenreife und gilt als Durchschnittswert, da sich die Intelligenz bezogen auf die Gesamtbevölkerung normal verteilt.

Die Anteile der Intelligenz bezogen auf den Durchschnitt der Bevölkerung sind aus der Abb. 59 ersichtlich.

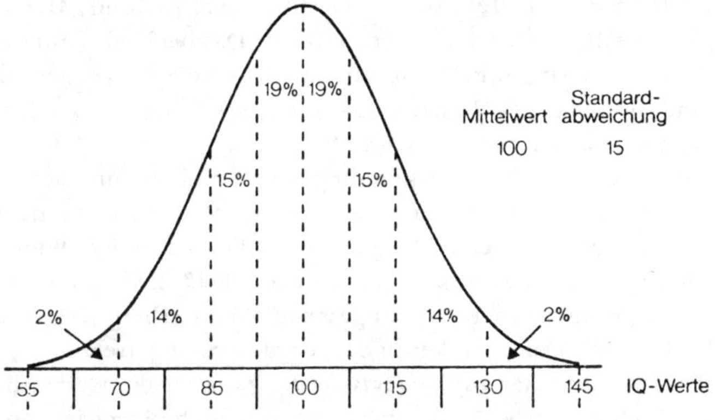

Abb. 59 Verteilung der IQ-Werte

- *Standardwerte*. Sie drücken die relative Position der Testperson in Standardabweichungen vom Mittelwert der Bezugsgruppe aus. Die Formel lautet

$$SD = \sqrt{\frac{(x_i - x)^2}{n - 1}} .$$

- *Perzentile* (Prozentanteile). Es sind Umrechnungen der Standardwerte in Prozentanteile. Sie sagen aus, wieviel % der Bezugsgruppe über oder unter dem Wert liegen, den die Testperson erreicht hat.

Um den Aussagewert über ein Fähigkeits- oder Leistungsmerkmal zu erhöhen, bzw. die Effizienz des gesamten Testvorhabens *zu erhöhen*, benutzt man in der Praxis der Eignungsdiagnostik *Testbatterien*. Eine Testbatterie ist eine Kombination mehrerer Einzeltests, wobei die Einzeltests ihre Eigenständigkeit aufgeben, um auf ein ganz bestimmte Gültigkeitskriterium eines genau definierten Testmerkmals eine genauere

Aussage zu machen. Im Gegensatz dazu verwendet man in der Eignungsdiagnostik sog. *Testprofile,* in denen die Einzeltests ein Höchstmaß an Eigenständigkeit bewahren. Die Profile werden meist nach praktischen Gesichtspunkten zusammengestellt, um z. B. zur Beschreibung einer Berufseignung ein Berufsprofil zu erhalten, das man in einer graphischen Darstellung veranschaulicht (vgl. hierzu Lienert 1969, 366 ff.).

C. Eignungsdiagnostik im Betrieb

1. Bedeutung, Zweck und Ziel der betrieblichen Eignungsdiagnostik

Bedeutendste Aufgabe eines Betriebspsychologen ist die Eignungsdiagnostik. Sie trägt zu der Verbesserung der Leistung und der Leistungsbedingungen dadurch bei, daß ihre Verfahren dazu helfen, daß *„Menschenkenntnis"* und *„Menschenbehandlung" in geeigneten Methoden angewandt werden.* Das heißt im Grunde genommen, daß der alltägliche Umgang mit Menschen: ihre Motive zu erkennen, ihr Verhalten zu erklären und unser eigenes Verhalten danach auszurichten, zuverlässiger beurteilt und im Handeln wirksamer gestaltet wird.

Diagnostik heißt, systematische Erkundung zu betreiben, um sich ein Urteil zu bilden. Zweck dieser Erkundung ist – wie in der Medizin recht deutlich wird – Anhaltspunkte für optimale Behandlung der Menschen zu finden. Wurde früher häufig in der Eignungsdiagnostik aus Tayloristischer Sicht Erkundung des Menschen zwecks höchsten produktiven Einsatzes gesehen (Münsterberg 1912), so sind heute Gedanken der Humanisierung stärker in den Vordergrund getreten.

Von der Definition her heißt *psychologische Diagnostik*: die Gesamtheit aller Verfahren und Methoden, welche dazu dienen, die psychische Eigenart von Personen zu erkunden, um eine Aussage über ihr voraussichtliches Verhalten zu machen. *Spezifisches Objekt der Eignungsdiagnostik* (vgl. hierzu Cronbach/Gleser 1965; Jäger 1970; Hoyos 1974; Maukisch1978; Marchner 1980: Schuler/Stehle 1981) ist es, durch Prognostik möglichst zuverlässige Hilfen bei Entscheidungen zu geben, wenn es darum geht, Menschen bestimmten Arbeiten oder Stellen zuzuordnen. Der *Zweck* der Eignungsdiagnostik ist, mit möglichst zuverlässigen und ökonomischen Verfahren Prognosen zu gewinnen, um möglichst frühzeitig optimale Übereinstimmung zwischen der Eignung des Menschen und den betrieblichen Anforderungen zu erhalten, daß die Verluste auf beiden Seiten möglichst gering sind.

Anforderungen beziehen sich auf die Aufgabe und das Leistungsangebot, das dieser Aufgabe entspricht, legen das Rollen- und Arbeitsverhalten fest, die der Aufgabe in einer ganz bestimmten Position entsprechen. *Eignung* dagegen ist einmal als Übereinstimmung des Leistungspotentials mit den Anforderungen (vgl. Hoyos 1974) anzusehen. Es bezieht sich hier auf Fähigkeiten und Fertigkeiten, also auf zeitkonstante und instrumentale Dispositionen. Im Grunde genommen wird damit die *Tauglichkeit* festgestellt, ohne situative und motivationale Aspekte zu berücksichtigen. Zum anderen kann Eignung auch als Leistungsangebot angesehen werden, das ein gewünschtes Arbeitsergebnis sicherstellt. Hier sind situative und motivationale Komponenten in den Aspekten der Eignung einbezogen. Geprüft wird hier die *Tüchtigkeit*.

Ein weiterer Zweck der Eignungsdiagnostik ist auch, Belastungsgrenzen festzustellen und den Mitarbeiter vor Überforderungen und Schädigungen zu bewahren. Die konventionelle Definition (Maukisch 1978, 112) kennzeichnet

> „Eignung als Übereinstimmung bzw. Entsprechung zwischen dem Anforderungskomplex einer Arbeitstätigkeit und den Leistungsvoraussetzungen einer Person in der Weise, daß ein gewünschtes Arbeitsergebnis ohne Belastungsschädigungen des Menschen sichergestellt ist."

Verbesserung der Zuverlässigkeit im Urteil und bei der Entscheidung ist das eigentliche Ziel der Eignungsdiagnostik. Dabei kann nie eine restlose Ausschaltung von Fehlern gewährleistet werden. Wenn die Fehlentscheidungen und Fehlbesetzungen im personellen Sektor durch die Eignungsdiagnostik von 30–40% auf 20% gesenkt werden, bedeutet dies einen großen Fortschritt und Gewinn (Lückert 1974, 112).

2. *Methode der herkömmlichen und der modernen Eignungsdiagnostik*

Die Zuverlässigkeit ist auch hier eine Frage der Validität. Der Grad der Erfolgswahrscheinlichkeit hängt ab von dem Ausmaß, in dem das diagnostische Verfahren das erfaßt, was es theoretisch erfassen soll (*Konstruktvalidität*). Die Merkmale müssen operational erfaßbar sein, wenn sie ihre eignungsdiagnostischen Funktionen als *Prädiktoren* (vgl. Tack 1981) d. h. ihrem Zweck für das Kriterium „Erfolg als das Arbeits- und Leistungsverhalten differenziert und psychologisch genau vorherzusagen, gerecht werden sollen." Die Prädiktoren beziehen sich in der klassischen Diagnostik auf die Merkmalskonzeptionen aus konstanten, festgelegten Merkmalen. Sie *eignen sich zur Statusdiagnostik, nicht aber zur Veränderungsmessung*. Neuere diagnostische Ansätze verlangen auch eine gültige Vorhersageveränderung im Rahmen der Auseinandersetzung mit der sozialen Umwelt am Arbeitsplatz. Dies spielt in der betrieblichen Eignungsdiagnostik für das Bildungs- und Qualifikationswesen eine immer bedeutsamere Rolle. Hier werden *kriteriumsorientierte Tests* (vgl. Frieke 1974; Petermann 1978) *oder eine lehr- oder lernzielorientierte Diagnostik* auch für die Eignungsdiagnostik erforderlich. Die Validität muß hier erfassen, in welchem Ausmaß die Verfahren Rückschlüsse auf andere Verhaltensweisen (*zielkriterienbezogene Valididierung*) möglich sind. Solche Diagnostik würde sich auch zur Veränderungsmessung eignen, in der der aktuelle Zustand der Testperson von vorneherein als eine Durchgangsstation im Rahmen eines Lernprozesses aufgefaßt wird.

Bedeutsam ist hierbei, ob ein pädagogisch oder leistungsbestimmtes Ziel bzw. Kriterium von allen Personen erreicht wird, was die Normenorientiertheit der herkömmlichen Diagnostik, insbesondere unter Testbedingungen, erschwert. In der neueren Diagnostik setzt man sich von der starren Annahme der Konstanz traditioneller Eignungsdiagnostik ab und sucht auch der Tatsache interaktionsbedingter Veränderung von Personen und Situationen gerecht zu werden.

3. *Verhaltensdiagnostische Verfahren und ihre Anwendungsgebiete im Betrieb*

Der Operationalität der Eignungsdiagnostik werden am besten Tests gerecht. Sie sind jedoch nur ein Teil der gesamten Verfahren, die die folgende *Übersicht der diagnostischen Verfahren* nennt:

- *Verhaltensbeobachtung* (Gruppenbeobachtungen evtl. mit soziographischen Mitteln)
- *diagnostisches Gespräch*
  - Anamnese, d. h. Ermittlung der Vorgeschichte des Untersuchten durch Befragung oder durch Lebenslaufanalyse
  - Exploration, d. h. Erkundung durch gezielte, planvolle Befragung
- *Ausdrucksanalyse*
  - Mimik, Gestik, Stimme
  - Handschrift (evtl. graphologische Gutachten)
  - zeichnerische Gestaltung
- *Persönlichkeitstests* zur Ermittlung von Eigenschaften, Einstellungen, Motiven und Interessen etc.
  - Fragebogentests
  - projektive Tests als tiefenpsychologische Tests wie z. b. der Rorschach Test, wo nicht bewußte Affekte, Motive oder andere Inhalte durch das Testmaterial angeregt „projiziert“ werden
- *Leistungstests*
  - Funktionstests
  - Intelligenztests
  - Leistungstests über spezielle Fähigkeiten und Fertigkeiten
- *Entwicklungstests*
- *Charaktertests*
- *Soziometrische Tests*
- *Kombinierte Gruppentests* (wie z. B. Assessment Centers).

Die speziellen *Eignungstests* werden in der Regel *als Testbatterien* entsprechend den Zielvorgaben des Betriebes zusammengestellt und sind nicht ohne weiteres von dem einen Betrieb auf den anderen übertragbar.

Die *methodischen Anwendungsgebiete* sind zunächst die klassischen Bereiche: Auslese (*Selektionsmethoden*), Klassifikation (*Beurteilungsmethoden*), Prognose von Veränderungen, die von der neuen Diagnostik angestrebt wird und in Ziel und Kriterien orientiert in Aussagen (*Modifikationsmethoden*) besteht.

Klassifkation ist relativ einfacher als die Auslese. In der Klassifikation wird nur der Grad der Eignung festgestellt und entsprechend in ein Klassifikationsschema eingestuft. Bei der Auslese muß auch die Eignung festgestellt werden. Darüber hinaus muß notwendig eine Auswahl unter den Geeigneten getroffen werden.

4. *Praxis der Eignungsdiagnostik in Personalauslese und Personaleinsatz*

Das *Hauptanwendungsgebiet* der Eignungsdiagnostik in der betrieblichen Praxis ist die *Personalauslese* bzw. der *richtige Personaleinsatz*. So wie es notwendig ist, die Anforderungen vom Arbeitsplatz und der Stelle her durch Arbeitsanalyse und Stellenbewertung (vgl. hierzu 2. Kapitel, IV, b) genau zu kennen, so ist es wichtig, die Eignung des Menschen für diesen Arbeitsplatz festzustellen (vgl. Schein 1980, 36 ff.).

Psychologische Eignungsuntersuchungen werden durch die bisher in der Praxis üblichen Verfahren (z. B. Analyse der Bewerbungsunterlagen) ergänzt und nicht verdrängt. Sie sind Beratungs- und Entscheidungshilfe und dienen dazu, das Urteil zuverlässiger zu machen.

a) Assessment-Center

durch Psychologen + Praktiker durchgeführt

Um den Zuverlässigkeitsgrad der Diagnostik zu steigern und die Schwächen der bisher praktizierten Auswahl- und Bewertungsprozesse zu beheben, sind die sog. *Assessment-Centers* entwickelt worden. Diese Methode beruht auf einem Ansatz, der für die Bewertung des Bewerbers gleichzeitig *mehrere Bewerter* vorsieht, die eine ganze *Reihe von verschiedenen Verfahren* mit unterschiedlichen Bewertungstechniken zur Verfügung haben. Assessment Centers wählen Kandidaten für qualifizierte Positionen aus. Es werden dort Gruppen von 10–15 Kandidaten zusammengestellt, die sich fast allen oben genannten diagnostischen Verfahren unterziehen müssen. Dabei wird insbesondere den Gruppenausleseverfahren besonderes Gewicht beigemessen. Der Vorteil des Vorgehens im Assessment Center liegt darin, daß sie ein *größeres Maß von Praxisnähe* in den Auswahlprozeß einbringen, aber auch in der Tatsache, daß sie tatsächliches Verhalten messen, die die Dynamik und das Interaktionsgeschehen des Arbeitsplatzes berücksichtigen.

Die *Prinzipien der Assessment-Center-Technik* (vgl. Neubauer 1980, 125; Jeserich 1981) sind Verhaltensorientierung, Methodenvielfalt, Mehrfachbeurteilung, Anforderungsbezogenheit. Auf der Basis dieser Prinzipien kann man den beiden an sich unterschiedlichen Zielsetzungen von Auswahl und Entwicklung Rechnung tragen.

Fähigkeitsprofil

(Kreisprofil) **a)**

Name ______________________ Vorname ______________________ geb. ______________

Tätigkeit ______________________ Abt. ______________ Werk ______________

Seit wann jetzige Tätigkeit ______________________ Beurteilung vom: ______________________

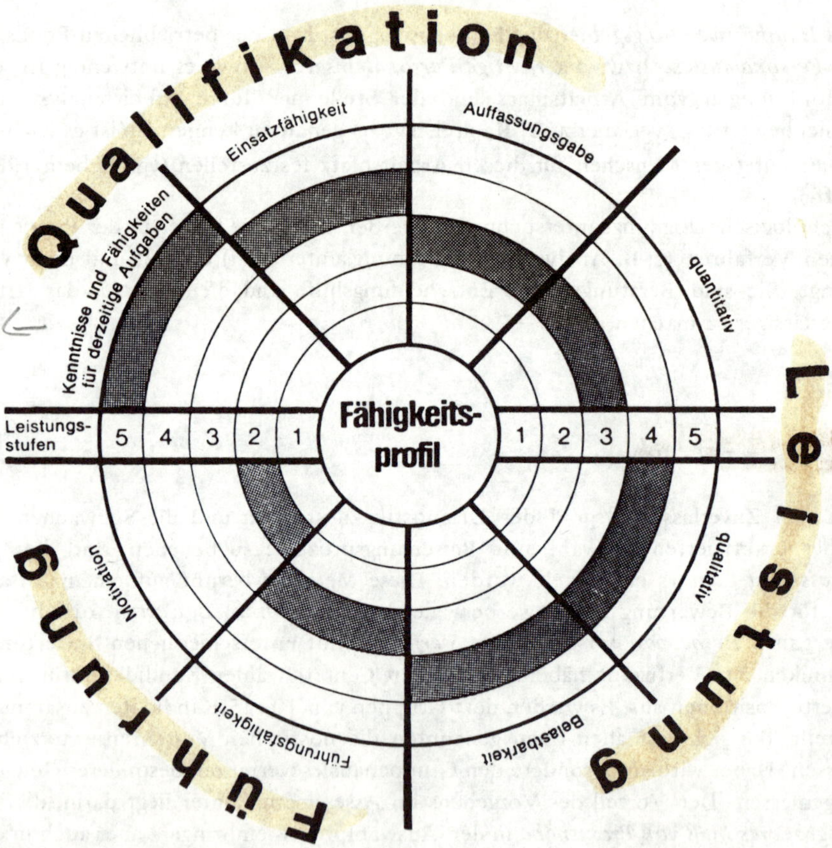

Definition der Stufen

Die Anforderungen und Erwartungen
werden: ←(alternativ)→ **liegen:**

werden:	liegen:
1 begrenzt erfüllt	1 unter Durchschnitt
2 im wesentlichen erfüllt	2 im Durchschnitt
3 voll erfüllt	3 über Durchschnitt
4 höher erfüllt	4 herausragend über Durchschnitt
5 herausragend erfüllt	

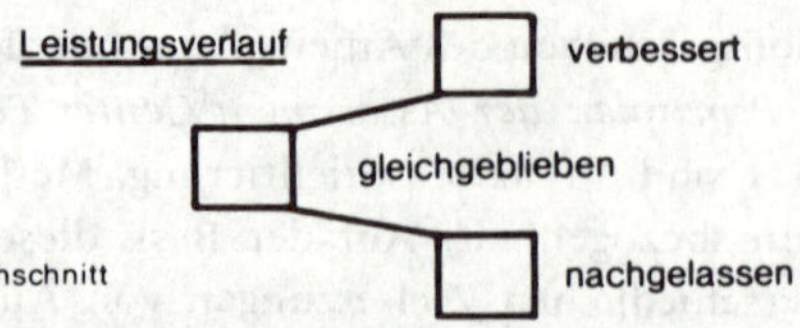

Heute beurteilt man auch durch ein Mitarbeitergespräch

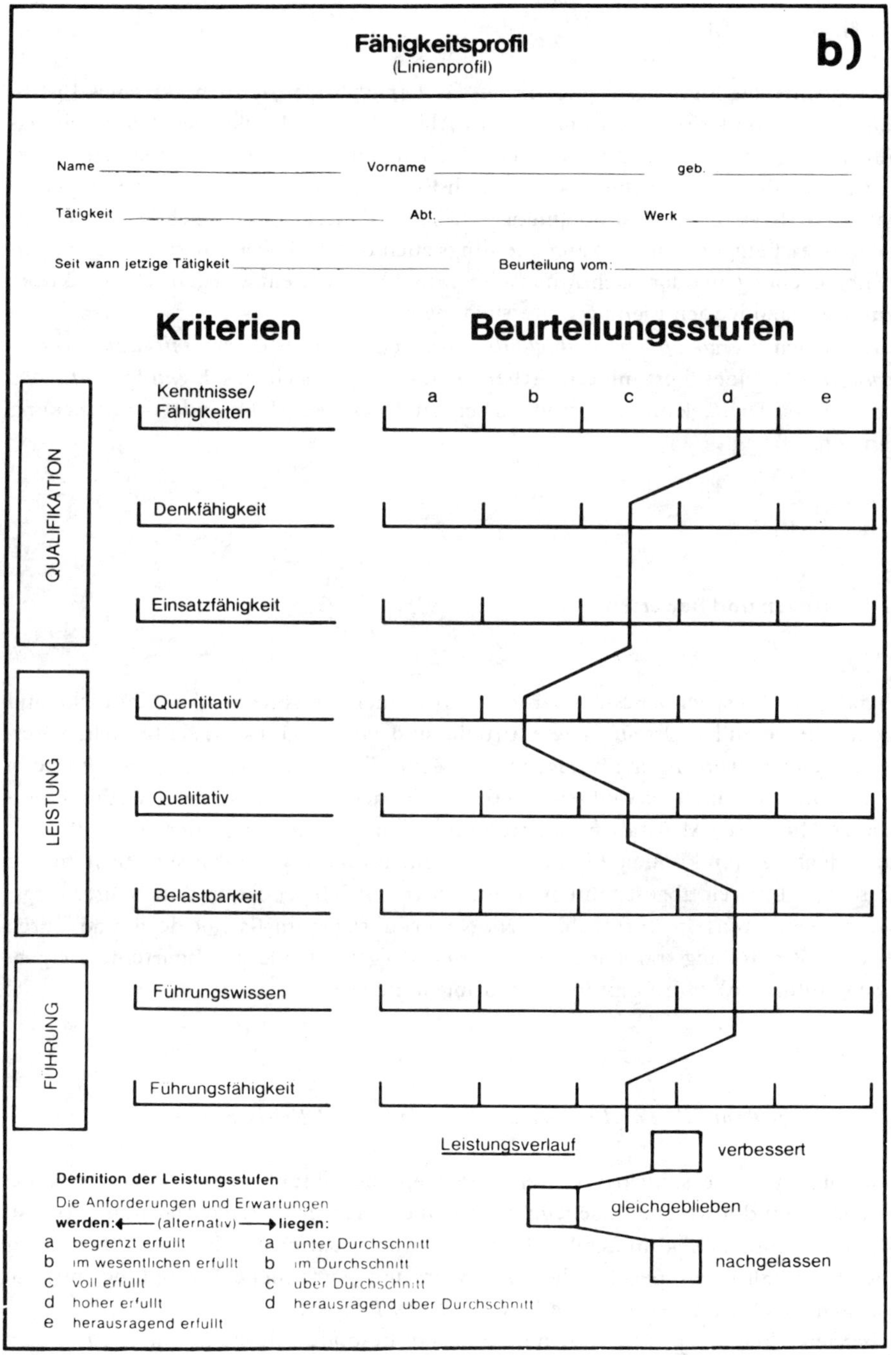

Abb. 60 Beispiele für Fähigkeitsprofile (Quelle: Wiesner, Personal 3, 1975, 106–110)

b) Fähigkeitsprofil

Als Ergebnis der Eignungsdiagnostik ist das *Fähigkeitsprofil* als praktisches Instrument von besonderer Bedeutung, wie es Abb. 60 zeigt. In gleicher Weise, wie das Anforderungsprofil die Ergebnisse der Arbeitsplatzbeschreibung oder Stellenbewertung anschaulich kennzeichnet, kann durch Eignungsuntersuchungen ein Fähigkeitsprofil erstellt werden, das die Eignungen des Mitarbeiters anschaulich kennzeichnet. Ein solches Fähigkeitsprofil kann allerdings auch durch Bewerbungsunterlagen, Personalbeurteilungen oder nach Mitarbeitergesprächen erstellt werden. Die exakteste Grundlage sind jedoch Eignungsuntersuchungen.
Durch einen *Vergleich des Fähigkeitsprofils* eines Mitarbeiters *mit dem Anforderungsprofil* eines bestimmten Arbeitsplatzes *ergibt* sich das *Eignungsprofil* des Mitarbeiters. Dabei kann es grundsätzlich zu Deckung, Unter- oder Überdeckung kommen.

D. Beurteilen und Bewerten

Überall, wo Menschen zusammenarbeiten, gewinnen sie voneinander Eindrücke und bilden übereinander Urteile. Diese Urteile sind völlig subjektiv, sie brauchen Vergleichs- und Bewertungsmaßstäbe, um als Beurteilung brauchbar zu sein. Um sie in Beurteilungssystemen verwenden zu können, ist neben dem Maß auch Methode notwendig. Mit diesen Maßstäben und Methoden muß sich derjenige, der beurteilt wird, auch identifizieren können. Sie müssen deshalb auf das organisatorische System und die soziale Umwelt abgestimmt sein. Ein jeder Betrieb wird sich sein Beurteilungssystem wenigstens in entscheidenden Nuancen selbst maßschneidern und durch gezieltes Beurteilungstraining sowie durch Erfolgskontrolle der Beurteilungsergebnisse (Evaluation) zum Funktionieren bringen müssen.

1. Situatives Beurteilen und Bewerten: Lob und Tadel/Kritik und Anerkennung

Beurteilen ist eine subjektiv bewertende Meinungsbildung, die als Meinungsäußerung über Eindrücke und Erscheinungen keinen mengenmäßigen Maßstab aufweist. Das zum Ausdruck kommende Urteil ist zwar situationsbestimmt, schließt aber Erwartungshaltungen persönlichen Erlebens und persönliche Einstellung mit ein. Dies kennzeichnet die *psychische Wesensart von Beurteilen*.
In betrieblichen Alltagssituationen kommt dies besonders durch *Lob und Tadel* zum Ausdruck. Spontane Äußerungen, wie „Sie sind heute besonders fleißig bzw. faul" mögen von subjektiven Erwartungen getragen sein und *beziehen sich allein auf die Person des Mitarbeiters*. (Vgl. Neuberger 1973; Heidack 1981).

Wenn man *Anerkennung und Kritik*, wie: „diese Arbeit ist fehlerfrei" oder „in dieser Arbeit sind 2 Fehler" ausspricht, so sind entgegen Lob und Tadel *sachliche Wertbezüge* in den Aussagen zu erkennen. Je mehr das Urteil objektiv sein soll, umso mehr muß es Maßstäbe erkennen lassen, in die man seine Eindrücke einordnet und darin sein Urteil bewertend zum Ausdruck bringt.
Erwartungen, die in Lob und Tadel zum Ausdruck kommen, schätzen die Situation persönlich emotional ein. Bei Anerkennung und Kritik ist dieses *Schätzen* von einem ungefähren subjektiven Bestimmen von meßbaren und zählbaren Erscheinungen oder Ereignissen getragen. Es gibt bereits Maßstäbe, die man objektivieren kann.

2. *Kriterien und Erwartungshorizont einer systemorientierten Beurteilung und Bewertung*

Bezieht sich die Urteils- und Meinungsbildung über einen Mitarbeiter nicht nur auf eine konkrete Situation, sondern wird sein Verhalten längerfristig in seiner Position mit der ihn umgebenden sozialen Umwelt gesehen, so ist seine Beurteilung gekennzeichnet durch die gegenseitige Verflechtung und Beeinflussung von *Vergangenheitseinschätzung, Zukunftseinschätzung, Fremdeinschätzung, Selbsteinschätzung*. Der Begriff Einschätzung weist schon darauf hin, daß hier die Maßstabfindung und *Bewertung begrenzt* ist. Trotzdem kann man zu einer systemorientierten Beurteilung kommen, wenn die *Systemgegebenheiten erfaßt* sind. Wesentlich sind hierbei die Erwartungshaltungen und der *Erwartungshorizont* (vgl. Heidack 1981, 84 ff.), den Vorgesetzte und Mitarbeiter miteinander haben. Er ist gekennzeichnet durch *Erwartungspotential*, dessen Bewertungsgrundlage das neue Fähigkeits- bzw. Eignungsprofil des Mitarbeiters ist, und durch *Erwartungsperspektiven*. Sie geben sich von dem Betrieb her. Sie haben als Bewertungsgrundlage das Anforderungsprofil und bieten auch die Möglichkeiten der Förderung, insbesondere der Qualifikation durch den Betrieb.
Voraussetzungen für diesen Systemansatz sind ein funktionierendes Beurteilungswesen und Fördersystem.

3. *Beurteilungs- und Bewertungsproblem der Mitarbeiterbeurteilung*

Die Mitarbeiterbeurteilung will den Beitrag eines Mitarbeiters zu den Zielen seiner Leistungserstellung im Betrieb kennzeichnen und quantifizieren. Probleme ergeben sich hierbei aus der Bewertung, aus individuellen Beurteilungsschwierigkeiten und aus der sozialen Wahrnehmung und Kommunikation.

a) Bewertungsfragen und Probleme des Messens
Angemessene Leistungskriterien und Bewertungsaspekte zu finden, ist besonders bei Angestelltentätigkeiten oder Führungspositionen schwierig. Die Arbeitsergebnisse sind dort meist nicht auf einfache Art und Weise zähl- oder meßbar. Eigenschafts-

bezogene Kriterien werden häufig als unzumutbar empfunden, verhaltensnahe und ergebnisbezogene Aspekte dagegen werden zwar akzeptiert, haben aber geringere Vergleichbarkeit zwischen den Arbeitsplätzen und Positionen.

Gebräuchlich sind folgende Verfahren:

(1) *Beurteilung nach Leistungsstandards.* Sie basiert auf einem Soll/Ist-Vergleich im Rahmen von MbO (Management by Objectives), wo die Standards in der Stellenbeschreibungoder durch Gruppenbeschluß festgelegt sind.

(2) *Freie Merkmalsbeschreibung.* Hier kann der Beurteiler seine Meinung über die Merkmale frei formulieren.

(3) *Beurteilung nach der Methode der kritischen Vorfälle* (vgl. Flanagan 1968). Der Beurteiler hält hier auffallend positive oder auffallend negative Ereignisse am Arbeitsplatz fest. Die Häufigkeiten der positiven und negativen Fälle werden gegeneinander ausgezählt.

(4) *Verwendung von Beurteilungsskalen.* Diese am meisten verwandten Verfahrenstypen lassen sich einteilen (vgl. u. a. Brandtstätter 1970) in:

- Kennzeichnungsverfahren
- Rangordnungsverfahren
- Einstufungsverfahren.

Bei dem *Kennzeichnungsverfahren* werden in einer *Checkliste in freier Wahl* (F-Liste) Aussagen, die Eigenschaften oder Verhalten kennzeichnen, gemischt vorgegeben. Eine andere Form ist die des *Wahlzwangs zwischen verschiedenen Alternativen* (Z-Liste), in der die vorgegebenen Aussagen als zutreffend oder unzutreffend zu markieren sind. Mit Hilfe solcher Listen versucht man bewußte Bevorzugung und/oder Benachteiligungen durch den Beurteiler auszuschliessen. Im *Rangordnungsverfahren* werden die Mitarbeiter entweder global (summarische Methode) oder nach einzelnen Merkmalen (analytische Methode) in eine Rangreihe gebracht. Bei wenigen Mitarbeitern wird der *Paar-Vergleich* genutzt, d. h. jeder Mitarbeiter wird hinsichtlich des Beurteilungsmerkmals mit allen anderen Beurteilten verglichen. Der Rangplatz ergibt sich hieraus.

Bei größeren Mitarbeiterzahlen wird nach einer *Quotenvorgabe* (erzwungene Verteilung) eingestuft: 10% die Besten, 20% die Nächstbesten, 40% die Mittleren etc. Quotenvorgabe entspricht meistens der Normalverteilungskurve.

Einstufungsverfahren sind die am häufigsten verwendete Methode, wobei der Beurteiler die Aufgabe hat, vorgegebene beschriebene Merkmale in eine Skala numerischer Art (z. B. 1–5), in eine Nominalskala (z. B. wenig-mittel-viel), in eine graphische Skalierung oder in eine abgestufte Verhaltenbeschreibung einzustufen. Die in der Bundesrepublik Deutschland nach einer empirischen Erhebung von 102 Beurteilungssystemen in 82 Organisationen (vgl. Gaugler 1978 u. a.) am meisten genutzte Einstufungsskalierung hat die *häufigste Stufenzahl* 5, es folgen 9 Stufen und dann 7.

Bewertungstendenzen schaffen zusätzlich Probleme. Hierzu gehören z. B. die mangelnde Differenzierung zwischen Beurteilungsaspekten oder nicht hinreichende Differenzierung in einer Skala, bzw. der geeigneten Skalenkonstruktion, aber auch die *Zuordnung von Verantwortlichkeit (Attribuierungsproblem)* hat trotz seines sozialpsychologischen Hintergrundes Zuordnungsprobleme, die Weiner (u. a. 1971) dadurch zu lösen versucht, indem er stabile und variable Faktoren als Gründe für Erfolg oder Mißerfolg bei einer Aufgabe als Kategorien der Person und der Umwelt zuschreibt. Wenn also ein Sachbearbeiter weniger Vorgänge bearbeitet, als sein Kollege, so könnte man dies seiner Fähigkeit als stabilen Personenfaktor oder seiner Anstrengungsbereitschaft als variablen Personenfaktor oder aber auch der Umwelt zuschreiben. Stabiler Faktor wäre hier, wenn es zu seinem Aufgabengebiet gehört, schwierige Fälle zu bearbeiten. Variable Umweltfaktoren wären z. B. unzureichende Arbeitsmittel oder Ausstattung des Arbeitsplatzes.

b) Beurteilungsschwierigkeiten

Die folgende Liste zeigt Beurteilungsschwierigkeiten auf (vgl. hierzu Sahm 1974, 94; Lückert 1974; Adolphs 1977; Heidack 1981), die häufig zu Fehlbeurteilungen führen:

- *Schwierigkeiten in der Menschenkenntnis*
  - der Mitarbeiter kann sich verstellen,
  - der Mitarbeiter ist in seinem Verhalten situationsabhängig,
  - der Mitarbeiter ändert sich durch innere und äußere Einflüsse
- *Schwierigkeiten in der Methodik*
  - die Beurteilung kann ausschließlich situationsgebunden, spontan und willkürlich erfolgen,
  - die Beurteilung kann schematisch zur reinen Schablone werden,
  - die Beurteilung kann von einer zufälligen Einzelbeobachtung oder vom Urteil Dritter abhängig sein,
- *Schwierigkeiten der eigenen charakterlichen Fehleinstellung*
  - der Vorgesetzte kann Ärger und Verdruß ,,vergelten" wollen
  - der Vorgesetzte kann durch Negativbeurteilung des Mitarbeiters seine eigene Unzulänglichkeit verschleiern wollen,
  - der Vorgesetzte kann einen unangenehmen oder leistungsschwachen Mitarbeiter ,,wegloben" wollen,
- *Schwierigkeiten in gefühlsmäßigen Vorurteilen*
  - der Vorgesetzte kann sich in seiner Beurteilung auf den ersten Eindruck fixiert haben,
  - der Vorgesetzte kann nach Sympathie und Antipathie urteilen,
  - der Vorgesetzte kann allzusehr vom eigenen Ich – sei es vom hohen Selbstwertgefühl oder von einem Minderwertigkeitsgefühl getragen – als Beurteilungsmaßstab ausgehen.

c) Typische Beurteilungsschwächen aufgrund sozialer Wahrnehmung und Kommunikation

Im Bereich der sozialen Wahrnehmung und Urteilsbildung (vgl. hierzu u. a. Brandtstätter/Schuler/Stocker-Kraichgauer 1981) und der Kommunikation (vgl. Schuler 1978) liegen die meisten Untersuchungen über Fehler und Schwächen der Beurteilung. Typische Beurteilungsschwächen und Fehlerquellen sind:

- *selektive Wahrnehmung*, die einen unterschiedlichen Informationsgrad erzeugt, sodaß der Beurteiler gewöhnlich nur einen kleinen Ausschnitt aus der Gesamtheit des Verhaltens kennt.
- *Vorurteile* und *logische Fehler*. Aus der Alltagserfahrung glaubt man zu wissen, daß bestimmte Eigenschaften immer wieder zusammen auftreten, oder daß charakterliche Merkmale bestimmten körperlichen Merkmalen entsprechen (vgl. hierzu 2. Kapitel, II, A).
- Der *HALO-Effekt* (vgl. hierzu 2. Kapitel, III, B, 5). Auffallend gute Leistungen bzw. Verhaltensweisen werden auf das Gesamtbild übertragen. Einzelne Verhaltensweisen überstrahlen alle anderen Verhaltensweisen. Hierzu gehören auch die Äußerungen dritter.
- *Primacy-* und *Recency-Effekt* (vgl. 2. Kapitel, III,B. 5). Der erste Eindruck gilt als der beste oder das Letzte (Recency-Effekt) bleibt am besten im Gedächtnis haften. Vgl. hierzu Abb. 30.
- Der *Strenge-* oder *Milde-Effekt*. Vielfach neigen die Beurteiler dazu, einen Teil der Menschen zu milde oder zu großzügig zu beurteilen, den anderen Teil zu streng zu beurteilen. Dies hängt häufig mit *Sympathie* oder *Antipathie* zusammen, oder auch, wie ähnlich sie dem eigenen Selbstbild sind oder nicht.
- Der *Konstrast-* oder *Ähnlichkeits-Effekt*. Manche Beurteiler schreiben dem Beurteilten eher Eigenschaften zu, die denen des Beurteilers entgegengesetzt sind, oder projizieren eigene, oft uneingestandene Eigenschaften in den Beurteilten.
- *Hierarchie-Effekt* oder auch *Statusfehler* genannt, sind Beurteilungen, die tendenziell Mitarbeitern der hierarchisch höheren Ebenen bessere Beurteilungen geben als denen in niedereren Ebenen. Auch Titel und Auszeichnungen können eine gleiche Tendenz hervorrufen.
- Die *Tendenz zur Mitte* und die *Tendenz zum Extremen* (Beurteilertyp). Einige Beurteiler legen sich ungern fest und scheuen extreme Beurteilungen, sodaß die Beurteilten fast alle gleiche durchschnittliche Bewertungsbilder aufzeigen. Andere wieder neigen zu Extremen, weil die Ausprägung einzelner Merkmale häufig übertrieben wird.
- Der *Sleeper-Effekt*. Einzelne Merkmale oder Eigenschaften sind vom Beurteiler erst recht spät erkannt worden, sind dann aber zu einer überragenden Bedeutung angewachsen, die sie unter Umständen nicht verdienen.
- Der *Rosenthal-Effekt* (Selffulfillment-Prophecy). Beurteiler neigen dazu, eigene Prognosen in das Urteil einzubringen in der bewußten oder unbewußten Hoffnung, daß sich diese auch realisieren. Darüberhinaus fördern sie Ansätze in diese Richtung.

4. *Ziele/Zwecke und Arten der Beurteilung*

Die *Faktoren der Mitarbeiterbeurteilung* zeigt in einem systematischen Überblick die Abb. 61

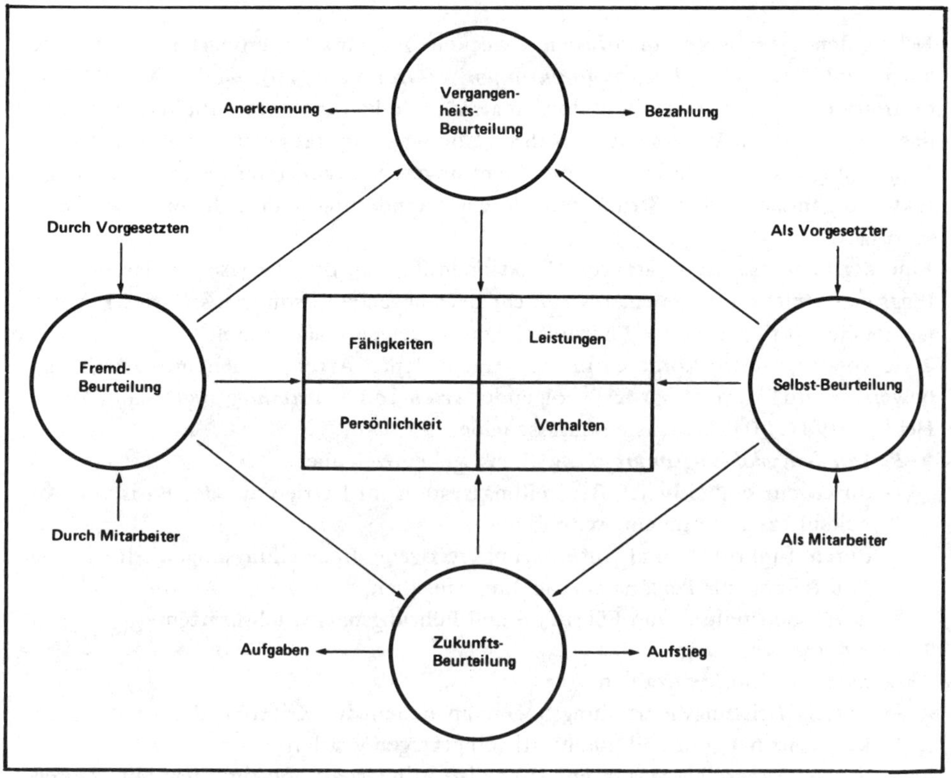

Abb. 61 Arten und Ziele der Mitarbeiterbeurteilung (Quelle: Sahm 1974, 97)

In der Praxis bestimmen die *Einsatzzwecke* die *Ziele* der Mitarbeiterbeurteilung weitgehend (vgl. Gaugler 1978 u. a.; Schuler 1978). Im Vordergrund stehen *administrative Ziele*, wie die folgende Aufzählung zeigt. Mitarbeiterbeurteilungen dienen als

- Grundlage für die *Entgeltfindung* (Vgl. auch 2. Kapitel, IV, D, 1).
- Grundlage für den *Personaleinsatz*.
  - *individuell* als Plazierung für Förderung und Versetzung, Arbeitsplatzumgestaltung.
  - *kollektiv* für die Personalplanung.
- Grundlage für Entscheidungen bei *Personalentwicklungsmaßnahmen* insbesondere bei der Aus- und Weiterbildung
  - *individuell*: Erhöhung der individuellen Bewährungswahrscheinlichkeit, gezielte Schulungsmaßnahmen
  - *kollektiv*: Ausbildungs- und Laufbahnplanung
- *Leistungsmotivation und Verhaltenssteuerung*
- *Information* von Mitarbeitern, bessere *Kommunikation* zwischen Vorgesetzten und Mitarbeitern
- *Individuelle Beratung* und *Förderung*.

Neben den offenbaren, manifesten Zwecken der Mitarbeiterbeurteilung, gibt es auch verdeckte, sog. „*latente Funktionen*" (Grunow 1976), wodurch z. B. ganz bestimmte Leistungsbeurteilungsmerkmale das Verhalten der Mitarbeiter, aber auch das Verhalten der Vorgesetzten in ihrer Überwachungstätigkeit, steuern sollen, die Beurteilung als Disziplinierungsinstrument angesehen wird oder als Stabilisierungsfaktor organisatorischer Strukturen, deren Veränderung man nicht für wünschenswert hält.

Eine der bedeutsamsten latenten Funktionen ist, daß der Vorgesetzte das Beurteilungswesen nicht nur als ein Instrument betrachten soll, sondern sich das Beurteilen als eine aktive, kreative Führungstätigkeit zueigen machen muß.

Ziele von Beurteilen kommen in den verschiedenen Arten, in denen beurteilt und bewertet wird, zum Ausdruck. Folgende *Arten von Beurteilung* (vgl. Sahm 1974; Heidack 1981, 201) lassen sich unterscheiden:

- *Personalentwicklungsbeurteilung*. Sie ist gekennzeichnet:
  - durch ein einheitliches Beurteilungssystem im Betrieb auf der Basis von Arbeitsplatz- und Stellenbeschreibung
  - durch funktions- und anforderungsbezogene Beurteilungsbogen, die in die Beurteilung zur Personalentwicklung eingehen
  - durch Beurteilung von Führungs- und Führungsnachwuchskräften
- *Leistungsbeurteilung*
  - nach Ergebniskennzahlen
  - mittels Leistungsbeurteilungsbogen, in denen die Kriterien der Leistung gekennzeichnet sind und quantitativ eingetragen werden
  - durch Rangreihenverfahren (Rangliste) innerhalb bestimmter Mitarbeitergruppen, in denen häufig nur die erfolgreichsten Mitarbeiter eingetragen werden
- *Persönlichkeitsbeurteilung*, wofür typisch sind
  - Bewerber-Eignungstests
  - Kennzeichnung in Persönlichkeitsprofilen
  - Fähigkeitsprofile
- *Sonderbeurteilung*
  - Pre-Tests von Lehrstoffen z. B. zwecks Einordnung in bestimmte Lerngruppen
  - Erfolgskontrollen in und von Seminaren
  - Re-Tests (Nach-Tests) als Erfolgskontrolle im Funktionsfeld
  - Beurteilung von Vorlesungen, Vorträgen etc.
  - Evaluation von ganzen Lehrprogrammen z. B.
- *Selbstbeurteilung*
  - Selbsttest
  - Selbstkritik
  - Feedback.

5. *Probleme beim Einsatz von Beurteilungssystemen*

Wenn in der Bundesrepublik Deutschland etwas mehr als 50% in Großbetrieben und etwa in 30% der gesamten Betriebe in Wirtschaft und Verwaltung ihre Mitarbeiter durch ein Beurteilungssystem beurteilen (vgl. Gaugler u. a. 1978) und noch sehr viel z. T. berechtigte Kritik (vgl. Neuberger 1979) an der Praxis der Beurteilung geübt wird, läßt es darauf schließen, daß es doch erhebliche Probleme beim Einsatz von Beurteilungssystemen gibt.

Zunächst ist es wichtig, daß das *Beurteilungssystem in das Personalförderungssystem* aufgrund der Aussagen der Personalziele und der Personalgrundsätze des Betriebes *integriert* ist. Danach stellt sich in der Praxis die Frage nach der Brauchbarkeit. Insgesamt gesehen kann man die drei Grundanforderungen (vgl. Schuler 1980)

- Brauchbarkeit (Validität)
- Wirtschaftlichkeit
- betriebliches Einverständnis (Akzeptanz)

kaum voneinander trennen. Unter Verhaltensaspekten ist das *Akzeptanzproblem* von besonderer Bedeutung. Es berührt die Brauchbarkeit schon in der Weise, daß sowohl bei der Einführung, wie auch bei dem weiteren Einsatz es wesentlich davon abhängt, ob das Beurteilungssystem von den Betroffenen, das sind *Beurteilte und Beurteiler,* angenommen wird. Dies gilt *individuell* wie auch *kollektiv*, denn Übereinkunft fordern das Betriebsverfassungsgesetz (BVG) § 94, 1 und das Bundespersonalvertretungsgesetz (BPersVG) § 76, II). Mangelndes Einvernehmen heißt mangelnde Motivation und Hemmnisse, sogar Widerstand.

4. Kapitel: Verhalten in Gruppen

I. Gruppendynamik

A. Die Bedeutung des gruppendynamischen Erklärungsansatzes

1. *Die Kernproblematik*

Im Betrieb arbeiten die Menschen vor allem in Gruppen. Stand bislang der Mensch in seinem individuellen Verhalten als Grundlage der Verhaltensprozesse im Vordergrund, so rückt mit dem Verhalten in Gruppen eine neue Ebene menschlichen Verhaltens in den Mittelpunkt unserer Betrachtungen. Die Erklärung der gegenseitigen Anpassungsprozesse von Individuen, Gruppen und sozialen Gebilden organisatorischer und institutioneller Art, steht heute im Interesse des Brennpunkts der *Gruppendynamik*, seit *Kurt Lewin* diesen *Begriff 1939 erstmals* für den Forschungsbereich verwandte, der sich damit beschäftigt, wie kleine Gruppen entstehen, sich entwickeln, durch Strukturen und in Prozessen wirksam werden und funktionieren.

2. *Die unterschiedlichen Richtungen*

Einseitige individualistische und kollektivistische Standpunkte sind durch das Beschäftigen mit gruppendynamischen Phänomenen aufgeweicht worden. Aber auch die individualistische Auffassung von den Bestimmungsgründen der Produktivität des *„Homo ökonomikus"* wird *in Frage gestellt* und echte Erkenntniszeichen einer Humanisierung im Arbeitsleben der Gruppe gesetzt. Die *Begriffe Kooperation und Partizipation* werden der *Mittelpunkt der Überlegungen und Anstrengungen* und werden in ihrer funktionalen Form als *Team zuweilen als Allheilmittel* für jedwede Verhaltensprobleme gesehen (vgl. hierzu u. a. Scharmann 1972; Forster 1978; Trebesch 1980; Weinert 1981). In den verschiedenen Richtungen der Gruppendynamik und den unterschiedlichen Gebieten, die sich als Gruppendynamik kennzeichnen, spielen diese Begriffe eine bedeutsame Rolle. Cartwright/Zander (1968) kennzeichnen drei Hauptgebiete, in denen Gruppendynamik in unterschiedlicher Bedeutung verwendet wird:

(1) *Gruppendynamik als Forschungsgebiet.* Hierfür setzt sich immer mehr der Begriff der Kleingruppenforschung durch. Sie will die Prozesse, die sich innerhalb und zwischen Gruppen abspielen, wissenschaftlich erforschen. Den Begriff *Kooperation*, der *aus einer normativ sozialwissenschaftlichen Denkrichtung heraus* (vgl. vor allem Agyris 1973) als zentraler und eigenständiger Wert in den

Arbeitsbeziehungen unserer Gesellschaft gefordert wird, beurteilt man jedoch im Rahmen der meist empirischen Untersuchungen der Forschung durchaus kritisch.

(2) *Gruppendynamik als Trainingsmethode* (vgl. hierzu u. a. Bradford u. a. 1972; Däumling u. a. 1974). Hierunter verbirgt sich eine Fülle von Maßnahmen zur Verbesserung zwischenmenschlichen Verhaltens. Die ersten Seminare dieser Art wurden als Sensitivitätstraining vom NTL (National Training Laboratories) im Jahre 1947 in Bethel (USA) durchgeführt. Diese Trainings sind gekennzeichnet in einer *sozial-technologischen Orientierung*, bei denen wiederum der Schwerpunkt auf dem Training jener Fähigkeiten liegt, die durch Selbsterfahrung der Gruppenmitglieder und Stärkung ihrer Sensitivität, die für die Kooperation in Arbeitsgruppen unumgänglich ist, erreicht wird.

(3) *Gruppendynamik als gesellschaftspolitische Aufgabe*. Sie kommt in ihrem *emanzipatorischen Interesse* am stärksten in der *Aktionsforschung* zum Ausdruck. Hier wird versucht, die Gruppe als zentrales Bindeglied zwischen Individuum und Gesellschaft selbst zur Verbesserung der Lebens- und Arbeitsbedingungen in einem demokratisch-partizipativ gestalteten Prozeß einzubeziehen. Man glaubt dabei, daß die Betroffenen selbst am besten Möglichkeiten und Grenzen des Erträglichen und Zumutbaren ihrer Verhaltensbedingungen kennen (vgl. hierzu Thorsrud 1977; Fricke u. a. 1979, „Peiner Modell").

Diesen gruppenzentrierten Bemühungen wird in der *Kritik* mangelnde gegenseitige Befruchtung, vor allem zwischen Forschen und Training (Sader 1972), ferner Antiintellektualismus und mangelnde Theoriebildung (vgl. Fengler 1975) vorgeworfen. Über diese drei klassischen Bedeutungen von Gruppendynamik hinaus entwickelt sich ein weiteres Gebiet:

(4) *Gruppendynamik als geplanter organisatorischer Wandel* im Rahmen der Organisationsentwicklung, die vor allem durch Teamentwicklung Verbesserung kooperativer Arbeitsbeziehungen anstrebt. Hier sind *Lernprozesse im Rahmen einer pädagogischen Strategie* angestrebt (Bennis 1972, 26), vgl. 1. Kapitel, I, C, 4. In diesem Bereich entfaltet die Organisationspsychologie ihr Wirken.

3. *Die Arbeitsprinzipien der Gruppendynamik*

Trotz der vielfältigen unterschiedlichen Richtungen der Gruppendynamik lassen sich *drei Grundprinzipien* der Untersuchungs- und Arbeitsmethodik bei fast allen Richtungen feststellen, die man als Arbeitsprinzipien (vgl. Fengler 1974, 19) der Gruppendynamik bezeichnen kann. Es sind

(1) *Veränderungskonzeptionen*, die meist auf den von Lewin 1944 geprägten Ausdruck des „*Unfreezing*" zurückgehen. Dies bedeutet, daß eine Motivation für Veränderung hergestellt wird, die von der Verunsicherung durch Probleme und Konflikte bis hin zum Bewußtwerden von Selbstverständlichem (Sicherheitssituation), Entroutinisierung (Däumling 1968) von stereotypem Verhalten und größerer Wachheit gegenüber Betriebsblindheit reicht. Auffallend ist hierbei die

relative Unstrukturiertheit des Vorgehens. Dem „Unfreezing" folgen Phasen der Veränderung und der Stabilisierung des Verhaltens (vgl. auch Abb. 64).

(2) *Das Hier-und-Jetzt-Prinzip* betont die Augenblickssituation. Man soll sich in der Aufmerksamkeit lediglich auf die aktuell ablaufenden Gruppenprozesse und Interaktionen, die Auswirkungen eigenen und fremden Handelns und Erlebens (*Sensitivität*) konzentrieren. Man will sich hiermit gegenüber der Psychotherapie und ihrer Betonung der gesamten Lebensgeschichte bewußt abheben. Ferner benutzt man den lerntheoretischen *Gedanken der unmittelbaren Verstärkung.*

(3) Das *Feedback-Prinzip* ist unmittelbar mit dem Gedanken der Verstärkung operanten Verhaltens verbunden (vgl. hierzu Abb. 48). Seiner Informations-, Vergleichs- und Korrektivfunktion werden wesentlich Ergebnisse und Erfolgserlebnisse in den Gruppensituationen zugeschrieben (vgl. 1. Kapitel, II, 3.).

Eine Eigentümlichkeit im Arbeitsvorgehen gruppendynamischen Forschens, Trainierens und Lernens ist es, daß *Ziele und Mittel nahezu identisch* sind. Die Verhaltensziele, die zu erreichen sind, dienen gleichzeitig auch als Mittel, diese Ziele zu erreichen, was eng mit dem wichtigsten methodischen Grundprinzip des Hier und Jetzt und der relativen Unstrukturiertheit, die sogar als eigenes Arbeitsprinzip (vgl. Küchler 1979, 29) herausgestellt wird.

4. *Aktuelle Probleme der gruppendynamischen Forschung über die Gruppe im Betrieb*

Lutz v. Rosenstiel (1978, 236) nennt vier *Problembereiche zur besonderen Aktualität der Arbeitsgruppe* im Betrieb:

(1) die Forderung nach stärkerer *Beachtung der sozialen Motivation des Menschen in Organisationen*, die aus den Forderungen der Human-Relations-Bewegung stammt.

(2) den vielfach behaupteten *Leistungsvorteil der Gruppe*,

(3) das *Partizipationsproblem*, wie Gruppenmitglieder bei Entscheidungen über den Arbeitsinhalt beteiligt werden und durch diese Identifikation sich stärker mit den Zielen verbunden fühlen und eine höhere Leistung vollbringen,

(4) die Bedeutung und die Möglichkeiten, *autonome bzw. teilautonome Gruppen* zu schaffen.

Diese Grundthematik muß eingebettet gesehen werden in die aktuellen Bemühungen der Gruppendynamik.

B. Was eine Gruppe zur Gruppe macht

1. *Verhaltenskriterien aus einer spontanen Gruppenbildung (Busbeispiel)*

Das folgende Fallbeispiel soll die *Erscheinungsformen* von einer spontanen Gruppenbildung und damit die bedeutendsten Kriterien *der Verhaltensdynamik in einer Kleingruppe* kennzeichnen.

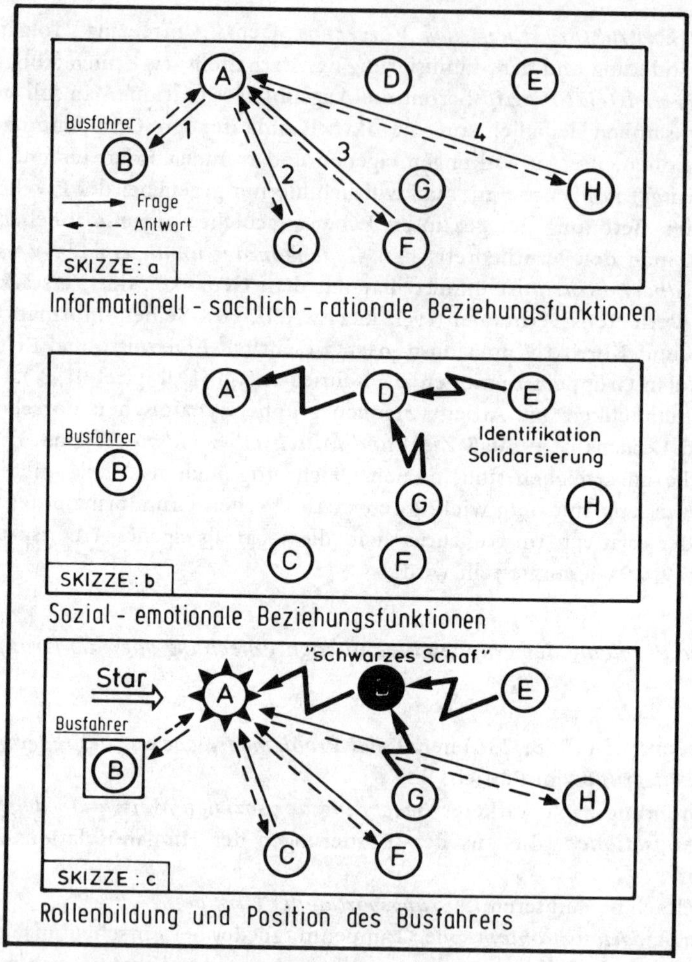

Abb. 62 Soziographische Skizzen zum Busbeispiel

Situationsschilderung:
In einem Bus sitzen auf seiner Frühfahrt verstreut sieben Personen, wie es die *soziographische Darstellung in Abb. 62* zeigt. Sie haben fast alle das gleiche Ziel: eine größere Fabrik am Rande der Stadt. Die Personen kennen sich zum Teil und haben sich auch beim Einsteigen gegrüßt. Zwei, die nebeneinander sitzen, reden ab und zu miteinander. Ansonsten ist es ruhig auf der Fahrt.
Auf einer größeren Kreuzung fährt nach der Anfahrt des Busses bei Grün noch ein Pkw, von der Seite bei Rot, über die Kreuzung, so daß der Busfahrer sehr scharf bremsen muß, die Leute durcheinandergeschüttelt werden und erschreckt sind. Da außer dem Busfahrer (B) niemand genau mitbekommen hat, weshalb gebremst wurde, fragt als erster ein junger Mann (A), der direkt hinter dem Busfahrer sitzt, was passiert ist. Der Busfahrer gibt ihm Auskunft (vgl. hierzu die soziographische

Skizze a in Abb. 62). Weiter hinten im Bus wurde dies nicht verstanden, deswegen fragt ein Mitfahrer (C) den jungen Mann, was geschehen war. Dieser gibt Auskunft, was aber weiter hinten im Bus auch diesmal nicht verstanden wurde. Deshalb fragt ein anderer (F) wiederum nach vorne. Bereitwillig gibt der junge Mann Auskunft. Ein weiteres Mal wird gefragt (H), da es zum zweitenmal hinten nicht verstanden, woraufhin der junge Mann nochmals Auskunft gibt. Dieses Hin und Her störte jedoch einen der Mitfahrer (die Person D in der Skizze). Mürrisch fährt er den jungen Mann an: „Mensch, spiel Dich doch nicht so auf hier. Wir wissen mittlerweile alle Bescheid! halt' den Mund!". Der junge Mann schweigt betroffen. Dafür ruft ein anderer (E), der sich bisher noch nicht beteiligt hatte: „Was fällt Ihnen ein den jungen Mann dort anzumeckern, der uns hier freundlich Auskunft gibt!". Eine Mitfahrerin (G), die bisher auch noch nichts gesagt hatte, sagt ebenfalls laut vernehmlich: „Ja, das meine ich aber auch!".
Kurz darauf kommt der Bus an der Haltestelle an. Als alle aussteigen, wird der junge Mann von dem „Meckerer" angerempelt, der dazu noch sagt: „Mensch, können Sie nicht aufpassen!". Auf die bedeutsamen Blicke der anderen hin, entfernt er sich jedoch daraufhin sehr schnell.

Situationsanalyse:
Die *anfängliche Situation* im Bus ist dadurch gekennzeichnet, daß mit der Busfahrt alle das gleiche Ziel anstreben, ja alle sogar derselben Fabrik angehören. Sie befinden sich alle in demselben festabgeschlossenen Raum. Dennoch ist es eine *Ansammlung von Menschen*, die man nicht als Gruppe bezeichnen kann.
Erst durch ein *Ereignis*, das sie alle betraf, wurde eine *Aktion* ausgelöst, die sich in *Beziehungsformen auf verschiedenen Verhaltensebenen* zeigt:

- *In sachlich-informeller Art durch Frage und Antwort* verlief zunächst das Gruppengeschehen (vgl. in Abb. 62 Skizze a)
- *Sozial-emotionale Beziehungen* taten sich auf, als einer der Businsassen den jungen Mann als Hauptbeziehungsperson für die Fragenden angriff. Hiermit trat eine *Spannung* auf, die sich leicht zu einem *Konflikt* hätte ausweiten können, zumal zwei weitere Personen, die vorher am Gruppengeschehen noch nicht aktiv teilgenommen hatten, für den jungen Mann deutlich Partei ergriffen, also sozialemotional Stellung bezogen, sich mit dem jungen Mann identifizierten und solidarisch erklärten (vgl. Skizze b in Abb. 62).

Das Beziehungsgeflecht in der Gruppe läßt deutlich *zwei Positionierungen* erkennen, die rein quantitativ die meisten Beziehungen *im Soziogramm* auf sich vereinigen und eine deutliche *Kennzeichnung von Rollen* möglich machen (vgl. Skizze c in Abb. 62):

1. Die *Rolle des jungen Mannes*, der nicht nur im Geflecht der rational sachlichen Beziehungen im Mittelpunkt steht, sondern auch positive, sozial-emotionale Beziehungen auf sich vereint. Er ist sozusagen der *Star* in der Gruppe und hat bezogen auf die Arbeitssituation gegebenenfalls eine informelle Führerschaft inne aufgrund seiner Positionierung.

2. Das *Kontra zu diesem jungen Mann* wird deutlich in einer dysfunktionalen, d. h. den Gruppenprozeß störenden Rolle von den anderen Mitfahrenden empfunden und als solche auch deutlich gemacht, wenn man will, als „*schwarzes Schaf*".

So spontan wie die Gruppe entstand, hört sie auch auf, zu bestehen, wenn die Beziehungen abgeklungen sind. Dies ist bei den rational sachlichen Beziehungen, die aufgrund von Informationsaustausch entstanden waren, sofort nach Beendigung der Antworten und ihrer Verarbeitung der Fall. Bei dem sozial-emotionalen Geschehen klingt dies jedoch länger nach. Ausdruck für die noch bestehende Spannung ist das Anrempeln und die entsprechenden Blicke der anderen Personen daraufhin.

Die Erscheinungsformen, die als Kriterien für die Gruppendynamik gelten, sind als deren *grundlegende Verhaltenselemente*:

(1) die *Beziehungen*, die sich als
- Information
- Kommunikation
- Interaktion

deutlich kennzeichnen und die sich in die beiden Verhaltensebenen funktional als rational-sachliche und sozial-emotionale Aspekte einteilen lassen. (*Vgl. hierzu das Bales'sche Interaktionsschema* in Abb. 74).

(2) die *Rolle*, die in diesem kurzen Beispiel *als konstruktive und dysfunktionale Rollenart* im gruppendynamischen Prozeß deutlich wird, wie es ausführlicher die Abb. 76 zeigt.

Die gruppendynamischen Rollen heben sich deutlich von der Rolle des Busfahrers ab. Während in dem Gruppengeschehen nur von einer Rollenpositionierung gesprochen werden kann, hat der *Busfahrer eine Position* inne. Diese Position beruht darauf, daß ihm innerhalb seiner Organisation der Städtischen Verkehrsbetriebe eine bestimmte *Stelle* als Busfahrer zugewiesen ist. Während Stellen den sachlichen Komplex von Aufgaben, die unabhängig vom Stelleninhaber gebildet werden, bedeuten, zeigt die *Position* die differenzierte Stellung innerhalb der Hierarchie oder des sozialen Systems an, die mit einem bestimmten Status verbunden ist. Der *Status* zeigt die Wertschätzung für den möglichen Positionsinhaber an. Dieser Status, der rein von der organisatorischen Position her geprägt ist, ist als *organisatorischer Status* zu unterscheiden vom *sozialen Status*, der die Wertschätzung von Personen außerhalb der Organisation, wie Freunde, Nachbarn etc. ausdrückt. Der Busfahrer hat einen organisatorischen Status aufgrund der Tätigkeit, die er aufgrund einer zugewiesenen Rolle ausübt. Hierin unterscheidet sich seine Rolle als Busfahrer von der Rolle, die er spontan ausübt als Beantworter einer Frage, die er in dem gruppendynamischen Prozeß des geschilderten Falles übernimmt, die rein situativ gebunden ist.

Dieser situative Ausschnitt zeigt das Gruppengeschehen in seiner *Hier-und-Heute-Erfahrung*, was *als heuristisches Prinzip der Gruppendynamik* wesentliche Verhaltensaspekte erkennen läßt. Sie müssen jedoch im Zusammenhang größerer Zeiträume und umfangreicherer sozialer Umfeldstruktur durch weitere Aspekte, insbesondere unter dem *Gesichtspunkt von Normen und habituellen Verfestigungen* ergänzt, gesehen werden, die durch Organisation und Institution weitgehend geprägt sind.

2. *Definition der Gruppe*

In einer begrifflichen Abgrenzung sollte man zunächst den Begriff Gruppe von dem Begriff *Menge* (Aggregat), wobei es auf die Zählbarkeit ankommt, ferner von *Masse*, die mit amorphen Begriffsvorstellungen verbunden ist, und auch von einer *Klasse*, die das Kriterium gleicher Merkmale kennzeichnet, unterscheiden. Auch *Schichtung* oder *Gruppierung*, die die Typisierung gleicher Eigenschaften bedeutet, können nicht als Gruppe bezeichnet werden, wenn dies im alltäglichen Sprachgebrauch auch häufig der Fall ist. Der Begriff Gruppe wird selbst in den Verhaltenswissenschaften z. T. erheblich voneinander abweichend definiert. Die folgende Begriffsdefinition beinhaltet die Kriterien, die die Gruppe im verhaltenstheoretischen Sinne zur Gruppe machen (vgl. Rosenstiel 1978, 240; Schein 1980, 108):

> *Gruppe* ist ein soziales Gebilde (= Mehrzahl von Menschen), deren Mitglieder in direkter Interaktion stehen, durch Rollendifferenzierung und gemeinsame Normen und ein Wir-Gefühl gekennzeichnet sind, d. h. daß sie sich in unterschiedlichem Grad zusammengehörig, aufeinander angewiesen, voneinander abhängig wissen und fühlen.

Die Forderung von direkter Interaktion und das gemeinsame Wir-Gefühl beschränken sowohl die Anzahl der Gruppenmitglieder nach oben, wie auch die allzu lange *zeitliche* und allzu weite *räumliche Distanz* voneinander. Sie schalten auch ein rein zufälliges Begegnen, wie z. B. im Bus-Fallbeispiel, aus. *Bedeutsam ist dabei nicht nur die Wahrnehmung, sondern auch das Entwickeln von Gefühlen zueinander.*

C. Verschiedene Gruppenarten

Hier geht es um *Kriterien, die die Verhaltensdynamik und die Verhaltenssteuerung in Gruppen bestimmen.* Wesentlich sind Gruppengröße, die Gruppenreife, die die Gruppe als Team bestimmt, sowie die Phänomene rationalen, emotionalen und instrumental-organisatorischen Verhaltens.

1. *Kriterium „Gruppengröße“*

a) Kleingruppe/Großgruppe

Die direkte Interaktion ist das Maß für die Gruppe in Aktion und gleichzeitig für die Kleingruppe. Mit wachsender Gruppengröße sinkt der Gruppenzusammenhalt. Es zeigen sich größere Spannungen und geringere Zufriedenheit. Ferner verändert sich auch die physische Distanz. Kleingruppen sind nach *Cooley* (1908) *Primärgruppen* (face-to-face-group). Die Großgruppe wird als *Sekundärgruppe* bezeichnet. Die Beziehungen zwischen den Mitgliedern sind unpersönlich-rational, meist vertraglich oder formal geregelt. Die Personen nehmen an dem Gruppenleben nicht als ganze Persönlichkeiten teil, sondern nur mit ihren begrenzten und besonderen Fähigkeiten. Die Gruppe ist nicht Selbstzweck, sondern eher Mittel zum Zweck, wie es in vielen Verbänden sehr deutlich zum Ausdruck kommt. *Die Arbeitsgruppe ist Primärgruppe, während der Betrieb Sekundärgruppe ist.*

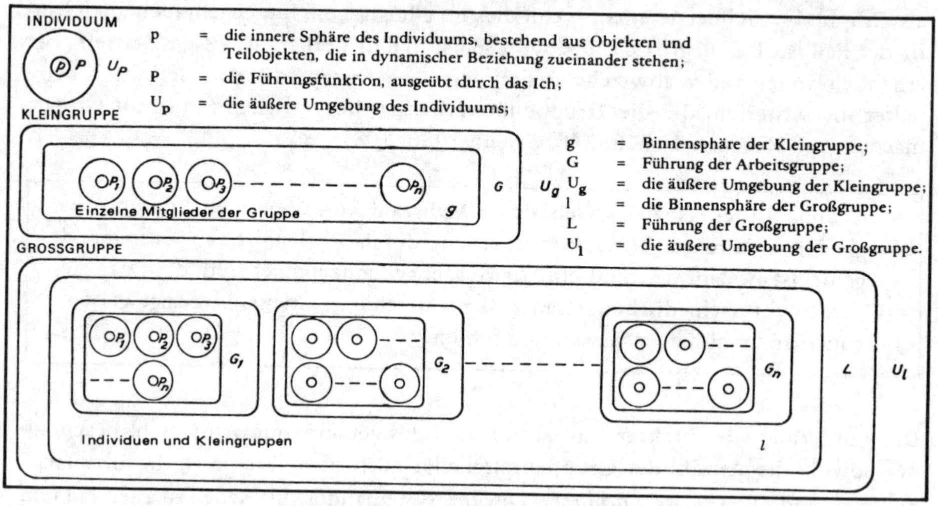

Abb. 63 Diagramm der Beziehungen zwischen individueller, Kleingruppen- und Großgruppenorganisation (Quelle: Rice 1971, 22 f.)

Rice (1971, 19) sieht *12 Personen als die Höchstzahl für eine aktive Kleingruppe* an. Sie hängt zwar von der jeweiligen Gruppenkultur ab und der unterschiedlich intensiven Kommunikation, jedoch werden die Gruppen mit mehr als 12 bis 15 Personen so komplex, daß sich Untergruppen bilden. *Strukturierung und Führung bzw. Leitung sind für die Großgruppe unerläßlich*, denn sonst bleibt die Großgruppe ein Spielball primitiver Impulse. Eine Strukturierung der Großgruppe im Vergleich zu der Kleingruppe und dem Individuum zeigt die Abb. 63.

b) Verhaltenseigenschaften von Gruppen verschiedener Größe

Die *Gruppengröße* wird *im Betrieb* im allgemeinen nicht im Hinblick auf die zu erwartende Gruppenkohärenz festgelegt. Maßgeblich ist in der Regel die *Unterschiedlichkeit und Differenziertheit in der Arbeitsverrichtung*, die die Gruppe auszuführen hat. In höheren hierarchischen Betriebsebenen ist die Unterschiedlichkeit und Differenziertheit der Arbeit sehr hoch, deshalb treffen wir dort kleinere Gruppen von 5–7 Mitgliedern an. Wo die Arbeit leichter koordinierbar und kontrollierbar ist, gibt es größere Gruppen, 30 oder sogar mehr Arbeiter. Die *Verhaltenseigenschaften und Erwartungen an die Führung* tendieren in den kleineren Gruppen zu kooperativen und partizipativen Verhaltensstilen, während in großen Gruppen

(Vroom 1964) eine Tendenz und der Wunsch nach einer straffen Führung und autoritärem Verhalten besteht und Durchgreifen offensichtlich nicht nur akzeptiert, sondern sogar bevorzugt wird.
Betrachtet man die *Beteiligungsrate (Partizipation)* in Kleingruppen, so ist sie in Gruppen von 3–4 Personen noch relativ gleich verteilt (vgl. hierzu Shaw 1976, 157). Wenn die Mitgliederzahl über fünf steigt, verändert sich diese Beteiligungsrate zugunsten weniger Personen, sodaß man annehmen kann, daß auch das kooperative Verhalten abnimmt.
Die Aufmerksamkeitsspanne der menschlichen Wahrnehmung, die sich in der magischen *Zahl* 7 ausdrückt (vgl. hierzu Miller 1981: 7 minus oder plus 2; vgl. 2. Kapitel, III, B, 2), sollte durchaus bei Führungs- und Kontrollspannen für qualifizierte Mitarbeiter bedacht werden und bei der Bildung von speziellen Arbeitsgruppen für Projekte und Problemlösungen beachtet werden.
Die richtige Gruppengröße ist wichtig für eine erfolgreiche Gruppenleistung. Ist die Gruppe zu klein, so ist u. U. die *Spanne des Fachwissens* nicht groß genug und auch der *Vorrat an Ideen* zu gering. Ist die Gruppe dagegen zu groß, so leidet die Kooperation und Koordination der Arbeit, schon deshalb, weil das Beziehungsgeflecht zu kompliziert ist (vgl. Heidack, 1981, 145 ff.). Die Gruppen müssen sich auch mit ihrer Methodik so einstellen, daß sie den Aufgaben und den Verhaltensgegebenheiten in der Gruppe gerecht werden (vgl. hierzu 4. Kapitel, I, E).

2. *Kriterium „Teamreife“*

a) Kennzeichnung des Begriffs Team und seine Verwendung in der Betriebspraxis

Der besondere Zusammenhang durch das *Wir-Gefühl, das auf ein gemeinsames Ziel hin über längere Zeit* andauert, kennzeichnet bei aller unterschiedlichen Begriffsgebung (Forster 1978, 14 ff. bringt eine Zusammenstellung von 20 verschiedenen Definitionen) das Hauptmerkmal von „Team“. Gegenüber anderen *Ad-hoc-Gruppen*, z. B. Konferenzen, Sitzungen oder dergl. hat das Team aufgrund seiner längeren Zusammenarbeit mehr formalen Charakter oder ist im Betrieb als Institution bestimmt. Ulrich (1968, 73: vgl. auch Trebesch 1980) kennzeichnet für den Betrieb das *Team als formelle Arbeitsgruppe*, „Wenn ihre Mitglieder zugleich eine informelle Gruppe mit intensiven Wechselwirkungen und ausgeprägter gemeinsamer Mittel (Ziele, Wir-Gefühl) bilden“. Das Team pflegt die persönlichen Beziehungen im Rahmen einer sachlich gegebenen Aufgabe. Es bildet sich deutlich eine *Gruppenkultur*, die bestimmt ist durch Teamreife. Wenn Mitglieder in der Gruppe ihre Ziele vollkommen oder teilweise selbst bestimmen können, spricht man von autonomen oder teilautonomen Gruppen (vgl. Kap. 3, I).
Der Teambegriff in der Betriebspraxis hat zumeist eine spezifische Bedeutung. Das Team hat nur zeitlich oder sachlich begrenzte Aufgaben zu lösen, im Gegensatz zur relativ dauerhaften formalen Gruppe in der Organisation der Hierarchie. Forster (1978) kennzeichnet das Team durch folgende *Merkmale*:

- Keine bestimmte Stellung in der Unternehmenshierarchie.
- Einsetzung durch autorisierte Personen gegenüber denen das Team auch verantwortlich ist.
- Innerhalb des Teams gibt es keine formellen hierarchischen Unterschiede.
- Die Berufung des Teammitglieds beruht auf besonderer Fähigkeit.
- Die Lösung der Aufgabe ist nur durch kooperative Interaktion möglich und das Ergebnis wird allen Mitgliedern zugeschrieben.
- Teamleiter ist eher Koordinator und Moderator, nicht Dienstvorgesetzter.
- Disziplinarisch bleiben die Mitglieder eines Teams den Vorgesetzten ihrer formellen Gruppen zugeordnet.
- Arbeit im Team und weiterhin in der formalen Gruppe ist möglich.

b) Gruppenbildung und Kontakthäufigkeit

Daß sich eine Gruppe bildet und zu einem Team heranreift, hängt wesentlich von der Kontakthäufigkeit ab. *Homans* (1950) erkennt hierin sogar eine *Gesetzmäßigkeit*, daß nämlich *proportional zur Anzahl der Kontakte auch die zwischenmenschliche Sympathie* steigt. Dies auch empirisch nachgewiesene Phänomen muß jedoch nach Vroom (1964, 112) dahingehend differenziert werden, daß man die Bedingungen genauer danach betrachtet, ob ein Kontakt für die einzelnen Personen lohnend und in welchem Maß sie u. U. frustrierend sind. Wenn der Kontakt häufig ist, so ist die Wahrscheinlichkeit auch gegeben, daß sich diese Personen auch zur Gruppe zusammenschließen. Dies ist zwar eine wesentliche, aber keine zureichende Bedingung.

c) Gruppenkohäsion und Attraktivität

Wenn sich eine Gruppe nicht nur bildet, sondern es auch zu Gruppenwachstum und Gruppenreife kommen soll, so muß die Zusammenarbeit lohnend und attraktiv sein. Die Erwartung und Erfahrung positiver Konsequenzen führt zu stärkerem Gruppenzusammenhalt und Wachstum oder zu Gruppenzerfall (vgl. hierzu Abb. 68).
Gruppenzusammenarbeit steht in enger Beziehung zu *Vertrauen und Solidarität* und ist somit eine wesentliche Bedingung wie auch Folge partnerschaftlicher Zusammenarbeit und gegenseitigem Umgang (vgl. hierzu Abb. 88). Von der Theorie her bedeutet der Begriff Gruppenkohäsion in der einschlägigen Literatur (vgl. u. a. Festinger 1950), daß die durchschnittliche Attraktivität der Gruppe für ihre Mitglieder als Resultante all jener Kräfte ist, die auf die Gruppenmitglieder einwirken, um Mitglied in einer Gruppe zu bleiben. Andere Aspekte des Gruppenzusammenhalts sind der *Grad der Koordiniertheit der Anstrengungen* der Mitglieder, wie der *Grad, in dem die Mitglieder motiviert sind*, eine Aufgabe zu lösen (vgl. Feger 1972, 159 f.).

Die *Stärke des Gruppenzusammenhalts* versucht man vor allem soziometrisch zu messen. Die klassische Form des *Soziogramms* kennzeichnet die Beziehungen oder, bei Frageaktionen, die Wahl der Personen, die bevorzugt werden,

- bei der Verrichtung von Aufgaben (*Sachziele*),
- Gruppenmitglieder mit denen man am liebsten zusammenarbeiten würde aufgrund persönlicher Vorliebe und Zuneigung (*persönliche Ziele und Affektivität*), (vgl. hierzu 3. Kapitel I, F, 1, und Abb. 73).

d) Kooperationsbereitschaft und Konflikttoleranz

In der Problematik aller Gruppen sind Konsens und Konflikt als mächtige Zentralprobleme zu betrachten. Kooperation, Konkurrenz und Konflikt erzeugen eine *Spannung*, die durchaus *nicht nur destruktiv*, sondern auch sehr *kreativ* sein kann. Die Auffassung, daß Konfliktfreiheit wünschenswert und der Zielerreichung unbedingt förderlich ist, kann in dieser generellen Form weder empirisch gestützt, noch als theoretisch haltbar angesehen werden. Sie ist eher eine ideologische Auffassung. Wo Konkurrenz und Konflikt fehlen, muß nicht notwendigerweise Kooperation herrschen. Oder umgekehrt bedeuten Spannungen nicht Fehlen von Kooperationsbereitschaft. Die Mitglieder sollten den Willen zur Überzeugung der anderen haben und dabei auch Spannungen ertragen können, und sich durch Konflikte nicht persönlich und in den Zielen der Gruppe verunsichern lassen. Konflikttoleranz ist hierbei weitgehend abhängig von *Streß- und Frustrationstoleranz* (vgl. hierzu 2. Kapitel III, E, 1, f. und Abb. 37).

e) Gruppennormen und Organisationskonzept

Zu einer reifen Gruppe gehört das Einvernehmen aller Gruppenmitglieder über ganz bestimmte Verhaltensweisen und der damit verbundenen *Erwartung, wie in bestimmten Situationen alle Mitglieder der Gruppe denken und handeln sollen*. Hierdurch sind Gruppennormen gekennzeichnet, die zu einem standardisierten, routinierten, gewohnheitsmäßigen Verhalten führen, die nach Irle (1975, 444) die sozialen Beziehungen und Interaktionen in der Gruppe entlasten, und nicht nur Zwänge an sich sind. Eine *Zusammenfassung standardisierter Gruppennormen* stellt ein *Organisationskonzept* dar, daß für Arbeitsgruppen im Betrieb verbindlich ist. In der Regel ist das Maß, wie jemand, vor allem ein neu eingetretenes Mitglied der Gruppe, Normen akzeptiert, auch der Grad, wie er selbst von der Gruppe akzeptiert wird. Dies hängt allerdings auch von seiner Position und Rolle ab. *Normenabweichung führt zu Sanktionen*, kann aber auch bei genügender Konflikttoleranz *zur Überzeugung* der anderen Gruppenmitglieder und zur Änderung der Normen führen und damit zu einem inneren Gruppenwachstum. Kreative Veränderungen und *Innovationen* beruhen meistens auf solchen einvernehmlichen Umstrukturierungen (vgl. u. a. Thom 1980). Umgekehrt führt es zu Verfallserscheinungen (vgl. Abb. 68, 69). Von besonderer Bedeutung für den Betrieb sind die *Auswirkungen von Arbeitsnormen auf die Leistung* (vgl. hierzu Vroom 1964; Zander 1971; Hackman/Morris 1975). So können Akkordgruppen z. B. die geplante Leistung auf ein Niveau fixieren, das meist unterhalb dem vom Betrieb erwarteten Standard liegt. Hierbei halten sie sich an das Organisationskonzept, das in den Akkordrichtlinien zum Ausdruck kommt.

f) Führungsform und Partizipation

Dieser Teilaspekt der Teamreife ist von seiner Aktualität her der bedeutsamste. Dies vor allem dadurch, daß in Führungsform und Partizipation die Reife einer Gruppe in besonderer Weise zum Ausdruck kommt. Das Führungsverhalten kann nicht isoliert von den anderen behandelten Grundbedingungen der Teamreife betrachtet werden. So ist Partizipation und Führungsform wesentlich von der Gruppengröße abhängig, wie bereits deutlich gemacht wurde.
Führung bedeutet die *unmittelbare zielbezogene Einflußnahme* auf die Gruppenmitglieder. Partizipation dagegen besagt, daß die Mitglieder der Gruppe an für sie relevanten Entscheidungen so beteiligt werden, daß sie *mitberaten und mitbestimmen* können. Führungsformen, die im Gruppenreifungsprozeß entstehen, müssen dem Spannungsfeld gerecht werden, das dadurch entsteht, daß die Mitglieder für einen bestimmten Grad an Freiheit, den sie aufgeben, entsprechend wirksam persönliche und sachgerechte Beiträge von der Führung erwarten, die dies rechtfertigen (Grundlage der *Anreiz-Beitrags-Theorie*), oder anders gesehen: es wird erwartet, daß jemand in der Führungsrolle Mittel und Wege, die zum Erfolg von persönlichen und sachorientierten Zielen führen, wesentlich und nachhaltig beeinflussen kann, daß eine berechtigte Erfolgserwartung besteht (Ansatz der *Weg-Ziel-Theorie*, vgl. Neuberger 1978; Heidack 1981).

3. Kriterium „Verhaltensebene"

Das Gruppenverhalten zeigt Phänomene, die man rationalem, emotionalem und instrumental-organisatorischem Verhalten zuordnen kann. Dies zeigt sich in der Art und Weise des Gruppenverhaltens, hat Konsequenzen für die Gruppenarbeit und den Vorgang des Lernens in der Gruppe.

a) Die Unterscheidung des Gruppenverhaltens nach Verhaltensebenen bei Bion und Mills

In gruppendynamischen Untersuchungen, vor allem solchen, die aus gruppentherapeutischen Ansätzen stammen, und hier insbesondere die Arbeiten von Bion (1971), haben sich die Annahmen erhärtet, daß das Verhalten des einzelnen wie auch der Gruppe dem Einfluß nicht bewußter emotionaler Kräfte unterliegt, und das einzelne wie Gruppen folglich immer auch in einer Weise handeln, die nicht allein aus rationalen und offen zutagetretenden Absichten erklärt werden kann. *Bion* stellt deshalb fest, daß *jede Gruppe auf zwei Ebenen gleichzeitig* handelt. Das offenkundige (manifeste) Arbeitsverhalten vollzieht sich auf einer rationalen Verhaltensebene. Es wird begleitet durch die Phänomene eines nicht bewußten (latenten) psychischen Verhaltens, das einer emotionalen Verhaltensebene entstammt.
Was darüber hinaus das Leistungsverhalten betrifft, muß auch die *organisatorisch, instrumentale Ebene* in gesteigertem Maße berücksichtigt werden. Der Leistungserfolg hängt neben der rationalen Anstrengung und der emotionalen Beteiligung der

Gruppe wesentlich auch von ihrem Übungsgrad, den motorischen Fertigkeiten und deren Koordination ab.

Mills (1964, 85 f.) kennzeichnet den Gruppenprozeß in *fünf Verhaltensebenen*, die er auch *Subsysteme* nennt. Über das rein psychische Geschehen hinaus, das vor allem Bion interessiert, befaßt sich Mills auch mit Bereichen, die durch die soziale Umwelt, also *auch soziologisch, bestimmt* sind. Er definiert die fünf Ebenen wie folgt:

(1) Ebene des Verhaltens (Subsystem *Interaktion*)

(2) Ebene der Emotion (Subsystem *Gruppen-Emotion*, wobei es sich nicht um die individuellen Gefühle, sondern um eine Struktur der Gefühle, Affekte und emotionalen Reaktionen der Gruppenmitglieder handelt)

(3) Normen der Handlungsebene (*normatives Subsystem*)

(4) Zielebene (*technisches Subsystem*, wobei es sich um eine Struktur der arbeitsmethodischen Vorstellungen und Pläne handelt, die helfen, Sachziele zu erreichen)

(5) Wertebene (*Leitsystem*, das die Vorstellungen darüber umfaßt, was die Gruppe ist und sein soll).

Für Mills durchläuft ein neues Gruppenmitglied alle Ebenen nacheinander.

b) Lernschritte auf verschiedenen Verhaltensebenen

Lernschritte im Gruppenprozeß vollziehen sich in der Regel wenig bewußt auf verschiedenen Verhaltensebenen. Bewußtes Verhalten kann hier Konflikte vermeiden und die Effizienz steigern helfen. Abb. 64 zeigt das Wechselspiel gegenseitiger Wirkung zwischen den einzelnen Lernschritten auf drei verschiedenen Verhaltensebenen (vgl. Heidack 1980).

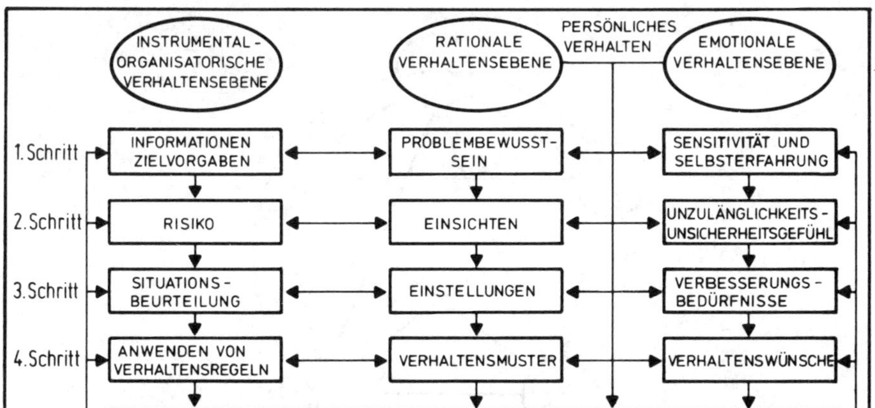

Abb. 64 Lernprozeß und Lernschritte auf verschiedenen Verhaltensebenen

- rationale Verhaltensebene
- emotionale Verhaltensebene
- instrumental-organisatorische Verhaltensebene.

Die Lernschritte kennzeichnen einen *Prozeß der Verhaltenssteuerung*, in dem sich neue Einstellungen und in Konsequenz damit auch neue Verhaltensmuster herausbilden. Dies geschieht nicht nur aufgrund der rationalen Orientierung, sondern auch aufgrund emotionaler Impulse. Ferner sind instrumental-organisatorische Gegebenheiten nötig, um Verhaltenssicherheit, gute Umgangs- und Arbeitsqualität zu gewährleisten (vgl. hierzu die Ausführungen im 1. Kapitel, I, D. 4).

c) Selbsterfahrungsgruppe und Arbeitsgruppe

Im Gruppenlernprozeß muß sich die Gruppe stets *mit einer doppelten Problemstellung* auseinandersetzen: Sie hat eine *Sachaufgabe* zu erfüllen, und hierzu sind die *menschlichen Beziehungen* in Interaktion und Rollendynamik entsprechend einzusetzen. Grundsätzlich muß daher rationales und emotionales Verhalten in Lern- und Leistungsprozessen beachtet werden. Erfahrungswerte sprechen dafür, daß selbst in reifen Teams noch 30 % der Zeit dafür aufgewandt werden müssen, um Spannungen und Probleme aufzuarbeiten, die nichts mit der Sachaufgabe zu tun haben (vgl. hierzu Werneck/Heidack 1975).

Je nach Art des Zieles können wir zwei Gruppen unterscheiden:

- *Die Arbeitsgruppe*. Sie ist auf ein Ergebnis gerichtet, das ihr Ziel außerhalb der Gruppe hat. Man kann sie auch eine Aufgabenorientierte Gruppe nennen, denn die Aufgabe steht im Mittelpunkt der Bemühungen der Gruppe, wie Abb. 65 zeigt. Jeder einzelne trägt in seiner Rolle etwas zur Aufgabe bei.

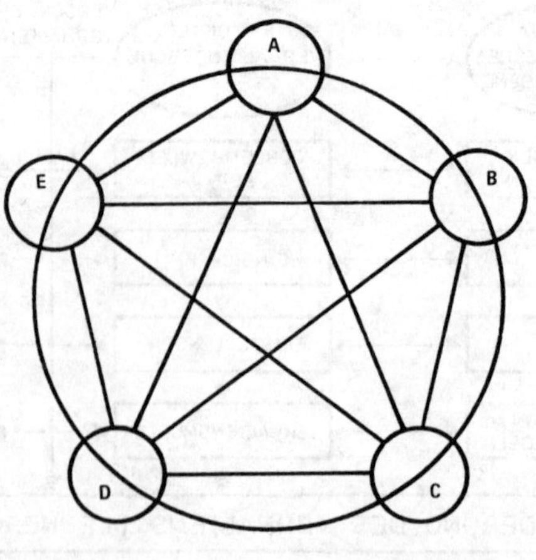

Abb. 65 Selbsterfahrungsgruppe als Interaktionsgruppe (Quelle: Heidack 1980, 108)

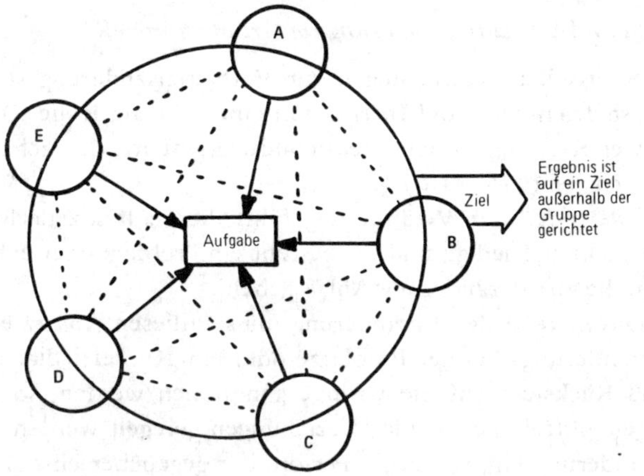

Abb. 66 Arbeitsgruppe als aufgabenorientierte Gruppe (Quelle: Heidack, 1980, 108)

- Die *Selbsterfahrungsgruppe*. Sie hat das Ziel der Gruppenbemühungen in dem Verhalten der Gruppe selbst, wie es die Abb. 66 zeigt, die eine Interaktionsgruppe mit einem vollstrukturierten Kommunikationsmuster darstellt. Die aktiven Bemühungen der einzelnen Gruppenmitglieder sind auf das Verhalten in der Gruppe und auf das Lernen aus eigenen Erfahrungen im Umgang mit anderen Gruppenmitgliedern ausgerichtet. Es zeigt sich hier die Eigentümlichkeit dessen, was als eines der Grundarbeitsprinzipien der gruppendynamischen Verfahrensweise gekennzeichnet wurde (vgl. 4. Kapitel, I, A, 1,c). Mittel und Ziele sind geradezu identisch, d. h. hier, die Verhaltensziele, die man in der Selbsterfahrung anstrebt, wie z. B. zuhören, gegenseitige Offenheit, sensitives Erleben etc. dienen gleichzeitig auch als Mittel, um dieses Ziel zu erreichen.

Treten in aufgabenorientierten Gruppenarbeiten Streß- oder Konfliktsituationen auf, sollte sich die Gruppe in einer Selbsterfahrungsphase diesen Problemen zuwenden, umsich dann mit besseren Ergebnissen wiederum als Arbeitsgruppe den „eigentlichen“ Sachaufgaben zuzuwenden.

D. Typisches Lernverhalten in Gruppen

Das individuelle Verhalten in Arbeitsgruppen ist wesentlich dadurch bestimmt, daß es bei der ziel- oder aufgabenorientierten Leistung innerhalb des Beziehungsgeflechtes der Gruppe und des Betriebes auch in seinen sozialen Bedürfnissen befriedigt wird. Veränderungen werden vor allem durch die Verhaltensdynamik der Interaktion herbeigeführt, oder daß Probleme oder unbefriedigende Situationen eintreten, die nach Veränderung verlangen.

1. Verhalten und Verhaltensänderung im Gruppenprozeß

In allen theoretischen Überlegungen zur Verhaltensänderung spielen die Aspekte der Bedürfnisbefriedigung und Interaktion eine zentrale Rolle. Die beiden Aspekte haben zu zwei Richtungen der Theoriebildung geführt, die sich einander ergänzen (vgl. hierzu Fengler 1975, 41 f.):

- Das *Defizit-Modell* der Veränderung führt diese auf soziale Bedürfnisse zurück, die noch nicht befriedigt sind. Es besteht ein Problem oder eine unbefriedigende Situation, die zur Veränderung Anlaß geben.
- *Interaktionsmodelle* der Veränderung müssen diesen Ansatz ergänzen, denn bei jeder Veränderung, bei der Probleme oder ein „Unbefriedigtsein" beseitigt werden, muß Rücksicht auf die Gruppe genommen werden, so daß fast alle Veränderungen mittels personeller Beziehungen geregelt werden. So tritt nur dann eine Veränderung ein, wenn die Person, der gegenüber eine Diskrepanz besteht, für den Betroffenen von Wichtigkeit ist. Auch das Schema des „unfreezing-change-refreezing" soll nach Benne (u. a. 1964) in dieser sich ergänzenden Form der beiden theoretischen Ansätze verstanden werden.

Für die Kennzeichnung von Veränderungsprozessen zwischen Individuen und in der Gruppe ist das *Johari-Fenster ein bewährtes heuristisches Modell* (vgl. 4. Kap. I, E, 2 und Abb. 75).

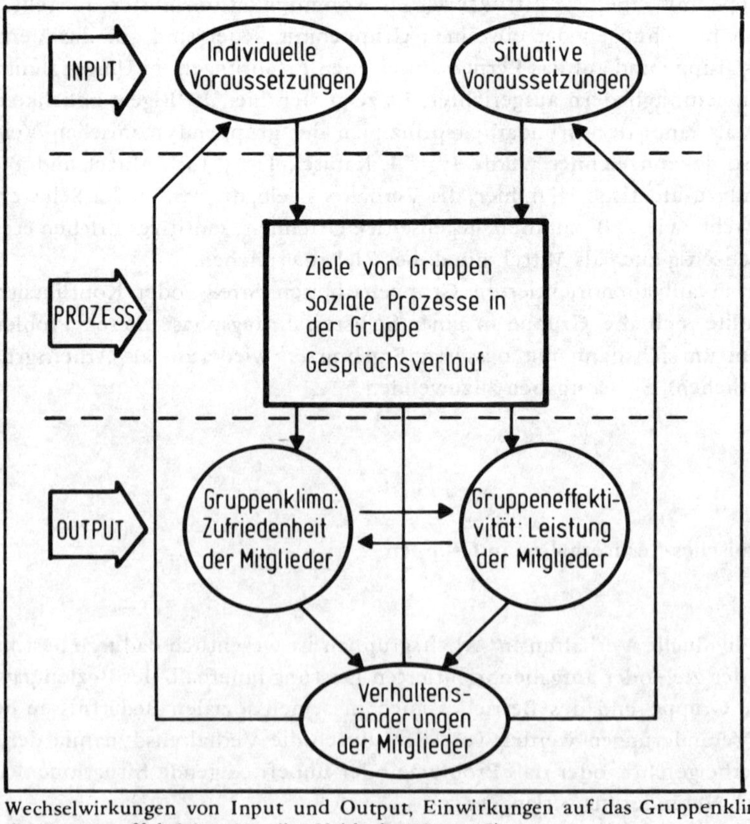

Abb. 67 Wechselwirkungen von Input und Output, Einwirkungen auf das Gruppenklima und die Gruppeneffektivität (Quelle: Heidack 1980, 115)

Den gesamten Wirkprozeß kennzeichnet die Darstellung in Abb. 67. Die individuellen und situativen Voraussetzungen gehen als Eingangsgrößen (input) in den Gruppenprozeß ein. Dieser ist bestimmt durch

- Ziele von Gruppen
- soziale Bedürfnisse in der Gruppe
- Interaktionsgeschehen und Rollendynamik in der Gruppe.

Die entsprechenden Ergebnisse (output) beeinflußten einerseits das Gruppenklima, das durch Zufriedenheit der Mitglieder gekennzeichnet wird, andererseits die Effektivität der Gruppenarbeit, d. h. was die Mitglieder aufgrund der vorgegebenen Ziele leisten (vgl. die Hauptkriterien ,,Betonung der menschlichen Belange" und ,,Betonung der Leistung und Produktivität" bei Blake/Mouton 1980). Diese Ergebnisse beeinflussen wiederum das Verhalten der Mitglieder. Ein Feedback führt zur Veränderung, sowohl, was die persönlichen und individuellen Voraussetzungen der Gruppenmitglieder betrifft, wie auch die situativen Bedingungen der Arbeitsgruppe.

2. *Verhaltenszyklus und Gruppenprozeß*

Lern- und Verhaltensprozesse in der Gruppe lassen sich als zyklische Vorgänge kennzeichnen. Maßgeblich für die Ansätze auf diesem Gebiet ist die Darstellung von *Kurt Lewin*, der den Veränderungszyklus in die drei schon bekannten Phasen einteilt:

(1) Auftauphase (*Unfreezing*), in der eine Motivation zur Veränderung hergestellt wird.

(2) Veränderungsphase (*Change*). Auf der Grundlage von neuen Informationen kommt eine neue Entwicklung in Gang.

(3) Verfestigungs- bzw. Stabilisierungsphase (*Refreezing*). Dies bedeutet Integration der neuen Veränderung in das eigene Verhaltensrepertoire.

Außer anderen Modellen bringt eine Erweiterung dieses Modells, vor allem in der eigentlichen Veränderungsphase das Modell von Miles (1965, 45 f). In Anlehnung an seine Ausführungen veranschaulicht die Abb. 68a den *Einzelzyklus* der Verhaltensänderung in Augenblickssituationen, während 68b in schematischer Form den Gruppenwachstums- und Integrationsprozeß, bzw. auch eine Regressions- und Zerfallsphase veranschaulicht.

Im einzelnen zeigt der Zyklus, daß im Gruppenprozeß nach *Auftreten eines neuen Problems*, Konflikts- oder unbefriedigenden Zustandes (Defizit) bei den Gruppenmitgliedern *Unsicherheit* und eine noch wenig geordnete Vorstellung zielgerichteten Handelns (Chaos) herrscht. In der folgenden kritischen Phase erfolgt nach *Suche von Lösungen* und Verhaltensmustern eine Auswahl des Verhaltens. In der nächsten Phase wird dies neue *Verhalten ausprobiert*. Nach Einsicht in die Wirkungen ist eine Risikoeinschränkung gegeben. Ist der *Beweis für das richtige Verhalten* erbracht, was auch gefühlsmäßig miterlebt (internalisiert) wird, wird es in der *Anwendungsphase* generell auf das Verhalten der Gruppe übertragen und allgemein integriert. Der Verhaltenszyklus ist abgeschlossen. Sobald ein anderes unbefriedigtes Bedürfnis, ein neues Problem, ein neuer Konflikt, auftritt, beginnt der Verhaltenszyklus

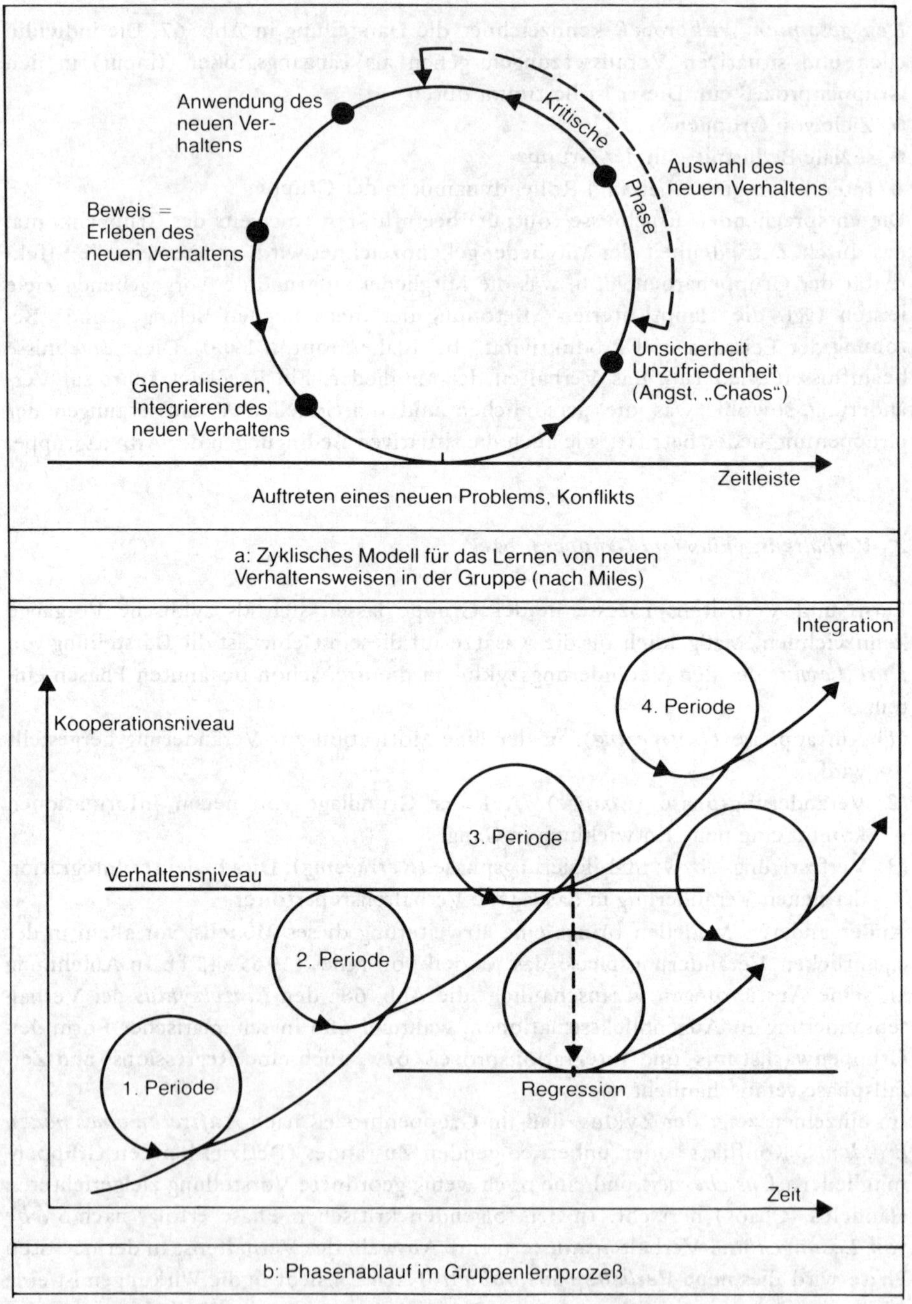

Abb. 68 Zyklisches Gruppenmodell und Phasenablauf im Gruppenlernprozeß

auf einem höheren Integrationsniveau von neuem, wie Abb. 68b kennzeichnet. Kommt man zu keiner positiven Veränderung, so kann dies zu Regressions- oder Zerfallserscheinungen führen.

3. *Zyklen der Gruppenentwicklung*

Wie bereits Abb. 68 schematisch anzeigt, ist über längere Zeit die Entwicklung der Gruppe durch *Integrations-, bzw. Wachstumsprozesse*, aber auch durch *Regressions- bzw. Zerfallsprozesse* gekennzeichnet. Abb. 69 veranschaulicht diese positive und negative Gruppenentwicklung und charakterisiert sie auch vom Inhalt her (vgl. Mills 1974, 176).

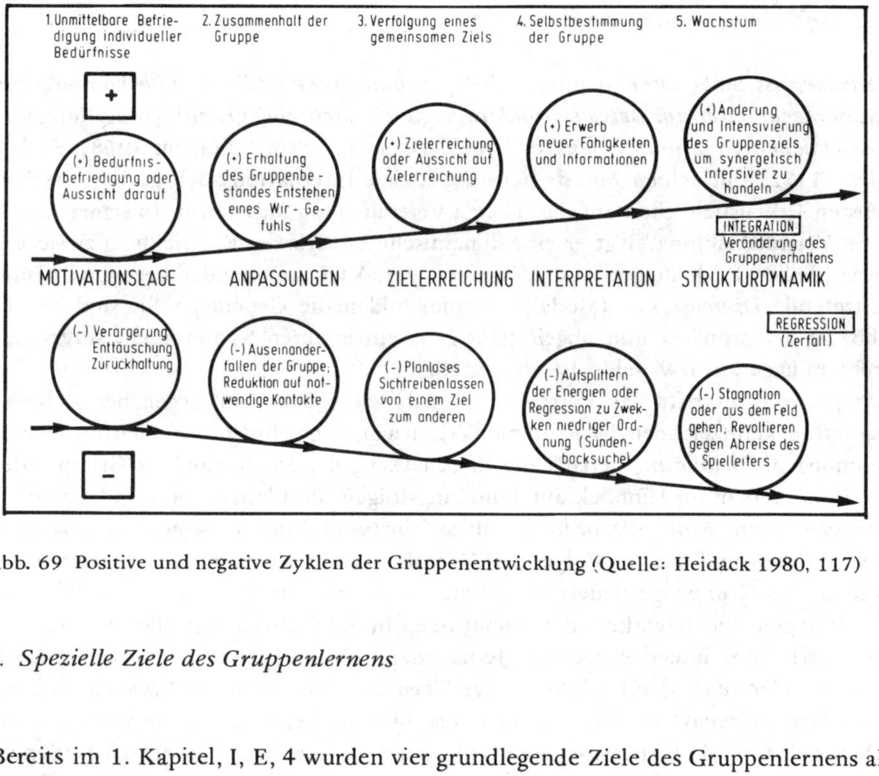

Abb. 69 Positive und negative Zyklen der Gruppenentwicklung (Quelle: Heidack 1980, 117)

4. *Spezielle Ziele des Gruppenlernens*

Bereits im 1. Kapitel, I, E, 4 wurden vier grundlegende Ziele des Gruppenlernens als *Strukturelemente des sozialen Lernens* arbeitsmethodischer Art dargestellt:

- Entwicklung der Fertigkeiten, als Mitglied einer Gruppe zu handeln,
- Sensitivierung für Gruppenprozesse
- Lernen wie man lernt
- Lernen wie man hilft.

In Abb. 34 sind sie in ihrer Strukturdynamik veranschaulicht. Folgende *besondere Lernmöglichkeiten und Lernziele* sind für die Teilnehmer *im Gruppenprozeß* nach den Erfahrungen der gruppendynamischen Forschung (Benne u. a. 1972, 58 ff.) gegeben:

- Aufdecken und Prüfen von Unsicherheit und Verunsicherung
- Prüfen der Übereinstimmung von Ziel und Handlungsweise und Einvernehmen über zielorientiertes Handeln
- Kooperatives Bestimmen der Veränderungsrichtung durch Klären von Konflikten

- Bestimmung der Wege zur Veränderung. Dazu gehört auch die Unsicherheit, neue Wege zu beschreiten durch Erörterung mit anderen, welche Wege gangbar scheinen. Man schafft dadurch eine *höhere Innovationsneigung*.
- Einschätzung der Wirksamkeiten neuen Verhaltens. Dies ist durch Einübung, Vertrautmachen und Anwendung und Probehandeln in der Gruppe leichter möglich.

5. *Schaffen eines Vertrauensklimas*

Vertrauen ist nicht nur eine notwendige psychologische Bedingung für kooperatives Zusammenarbeiten im Betrieb, sondern zugleich auch eine grundlegende Kategorie menschlichen Zusammenlebens (vgl. u. a. Deutsch 1976; Luhmann 1968). So hat *Gibb* (1972) mit seinen Mitarbeitern die soziale Interaktion auch in den verschiedensten Lebensbereichen auf das Thema Vertrauen hin untersucht. In seiner Arbeit „Das Vertrauensklima" legt er eine dynamische Theorie der Entwicklung zwischenmenschlicher Beziehungen von Vertrauen vor. Vier aufeinander bezogene häufig auftretende *Dimensionen* (Modalprobleme) bilden die Grundlage. Sie sind, wie in Abb. 70, als primäres und abgeleitetes Problem in ihren Symptomen, sofern das Problem ungelöst bzw. gelöst ist, dargestellt.
Akzeptierung betrifft das Vertrauen zu sich selbst und auch gegenüber anderen. *Datenfluß* kennzeichnet die Kommunikation von Einstellung, Gefühlen und Wahrnehmungen. *Zielbildung* betrifft die Einschätzung der Motivation der Gruppe oder der Einzelperson im Hinblick auf Handlungsfolgen, Problemlösungs- und Entscheidungsverhalten. *Kontrolle* bezieht sich auf intra- und interpersonelle Regulationsmechanismen und hat zur Folge, daß Verhaltensvorgänge in der Person koordiniert und in der Gruppe gegliedert ablaufen. Sie führen zur Bildung von Rollen und Erwartungen und bewirken, daß Funktionen in die Struktur auf allen Ebenen des Sozialverhaltens integriert werden. Je nachdem, ob manipulativ – autoritäre (*Formen des Überredens*) oder kooperative Techniken (*Formen des Überzeugens und des Einvernehmens*) in den zwischenmenschlichen Beziehungen vorherrschen, ergeben sich für jede Dimension unterschiedliche Verhaltensweisen der Dependenz = Abhängigkeitsverhalten, der Counter-Dependenz = Aufsässigkeitsverhalten, und der Interdependenz mit partizipativen Verhaltensformen.
Wie weit ein Gruppenmitglied, insbesondere eine Führungskraft, das Vertrauen der anderen Gruppenmitglieder noch behält, wenn er von den Gruppennormen und -Erwartungen abweicht, versucht *Hollander* (1972) in seiner Theorie des *„Idiosynkrasie-Kredits"* zu erklären. Danach ist die Führungskraft darauf bedacht, durch gruppenkonformes Verhalten möglichst viel Vertrauensvorschuß (Kredit) zu erhalten, um diesen positiv bewerteten Vertrauenskredit zur Änderung der Gruppennormen einzusetzen, wenn sie es für richtig hält. In der Praxis zeigt sich, daß eine extern bestimmte oder gewählte *Führungskraft* von vornherein *aufgrund ihres formalen Status* einen Kreditspielraum eingeräumt bekommt. In dem Maße, wie sie den Gruppenerwartungen entspricht, oder nicht, vermehrt oder vermindert sich ihr Vertrauensvorschuß. Allgemein bezeichnet man dies als *Autoritätsgewinn oder -verlust*.

VERUNSICHERUNG als PRIMÄRES PROBLEM in:	hat Auswirkungen als FOLGEPROBLEM auf die:	SYMPTOME für bestehende Verunsicherung bzw. für MANGELNDES VERTRAUENSKLIMA sind:	SYMPTOME für behobene Verunsicherung bzw. für BESTEHENDES VERTRAUENSKLIMA sind:	Anzeichen für Entwicklung der Persönlichkeit des Einzelnen sind :	Anzeichen für Entwicklung der Gruppe insgesamt sind :
AKZEPTIERUNG	Mitgliedschaft	• Furcht • Unsicherheit • Misstrauen	• Akzeptieren • Vertrauen	Akzeptieren • seiner selbst • und anderer	• Klima gegenseitiger Unterstützung und • Klima gegenseitigen Vertrauens
Datenfluss / INFORMATION	Entscheidung	• Höfliche Fassade • Vorsichts-strategie	• Spontanität • Prozessbezogenes Feedback	• Spontanität • Bewusstheit • Risikobereitschaft	• Kommunikation aufgrund von Realitätsdaten • Funktionales Feed-back
ZIELBILDUNG	Produktivität	• Apathie • Wettbewerb	• Kooperation • Kreative Arbeit • Spiel	• Integration • Zielgerichtetheit	• Zielintegration • Lenkbarkeit
SOZIALE KONTROLLE	Organisation	• Dependenz • Feinseligkeit (Counterdependenz)	• Interdependenz • Bewusste Rollenverteilung	• Interdependenz • Identifikation	• Interdependenz • Partizipatives Handeln • Partizipative Struktur

Abb. 70 Probleme der Verunsicherung und Dimensionen der Persönlichkeits-Entfaltung und der Gruppenentwicklung (Das Vertrauensklima nach Gibb 1972)

6. *Risikobereitschaft in Gruppen*

Sehr häufig wurde gerade in den 60er Jahren die These untersucht (vgl. Irle 1972; Schneider 1975), daß Gruppen gegenüber Individuen eine erhöhte Risikobereitschaft zeigen (*Risky-Shift-Phänomen*). Die Experimente ergeben, daß die Gruppe risikoreicher entscheidet. Man führt diese Werte zurück auf

- Verteilung der Verantwortung auf die ganze Gruppe
- das höhere Informationsniveau
- risikobereitere informelle Führerschaft in der Gruppe
- die soziale Wertigkeit, die Risikofreudigkeit genießt.

Dennoch ist vor einer unzulässigen Verallgemeinerung des überwiegend in künstlichen Testgruppen nachgewiesenen Risikoschubphänomen zu warnen (Staehle 1980, 281). *Ohne Kenntnisse des organisatorischen Wertsystems ist das Risikophänomen weder als Vor- noch als Nachteil von Gruppenarbeit zu beurteilen.*

E. Methodische Hinweise zur Gruppenarbeit

Die Gruppenarbeit im Betrieb nimmt sowohl im Lernfeld bei Schulungen und Trainings wie auch im Funktionsfeld durch Arbeitssitzungen und Projekte, Besprechungen u. dergl., immer weiter zu. Daß häufig die Ergebnisse zu wünschen übrig lassen, und auch die Mitarbeiter mit der Gruppenarbeit nicht zufrieden sind, liegt weitgehend an mangelnder Übung und daran, daß man sich kaum um die Arbeitsökologie kümmert und die Arbeitsmethodik vernachlässigt (vgl. Heidack 1981, 174 f.).

1. *Arbeits- und Lernökologie*

Dort wo Gruppen etwas leisten und lernen sollen, müssen sie entsprechende Umweltbedingungen haben. Eine leistungsstarke Gruppe zieht ihre Kraft aus ihrem sozialen Umfeld, das sie sich zum größten Teil selbst gestaltet. Dieses soziale Umfeld bedeutet für die Gruppe sozusagen die *„heimatlichen Gefilde“*, sowohl von der äußeren Vertrautheit wie auch von den gefühlsmäßigen Bindungen her. Es braucht nicht unbedingt lange Zeit, um ein solches soziales Umfeld aufzubauen, jedoch müssen die äußeren Voraussetzungen hierzu gegeben sein. Ist dies der Fall, so wird sich schnell eine Arbeitsökologie aufbauen (Ökologie mag hier in der griechischen Bedeutung: *Oikos* = Haus, auf den emotionalen Rahmen des sozialen Umfeldes – „Häuslichkeit“ hindeuten).

Eine gute Arbeitsökologie fördert das *Arbeitsklima*, weil es das *Wir-Gefühl stärkt und Verunsicherungen nimmt*, so daß man sich nicht nur wohlfühlt, sondern auch in einem Rahmen arbeitet, der Informations- und Kommunikationsgeschehen fördert.

Es gibt allerdings auch eine eigenartige *Ambivalenz* in der Gruppenarbeit, auf die bereits der Philosoph *Spinoza* hingewiesen hat, die er mit dem Verhalten der

Stachelschweine beschreibt. In diesem *Stachelschwein-Beispiel* rücken die Tiere zunächst zusammen, um sich zu wärmen. Kommen sie sich jedoch zu nahe, so pieken sie sich gegenseitig und rücken wieder auseinander. Für die *Notwendigkeit des Zusammenhalts in der Gruppe* und der dabei *verbleibenden Unabhängigkeit der Gruppenmitglieder* für ein gutes Arbeitsklima ist dieses Beispiel treffend.
Die Arbeitsökologie ist ein wesentlicher Bestandteil der *Lernökologie*. Diese umfaßt begrifflich alle Bedingungen des Lernens und ist praktisch das Lernfeld, in dem sich alle Verhaltensänderungen vollziehen (vgl. hierzu 2. Kapitel, III, C, 1). Sie befaßt sich mit der Lerntechnologie (vgl. Abb. 30), der didaktischen Strukturierung und dem differenzierten methodischen Vorgehen entsprechend den gestellten Aufgaben. Die Gestaltung von Gruppenarbeitssitzungen sollte sich nach ihren Erkenntnissen richten.

2. *Methodischer Ablauf einer problemorientierten Gruppenarbeit*

Ist die Aufgabe, die der Gruppe gestellt ist, problemorientiert, sozusagen ein Fall, so empfiehlt sich für das arbeitsmäßige Vorgehen, den methodischen Ablauf einzuhalten, wie es die Abb. 71 in einzelnen Vorgangsschritten grob skizziert.

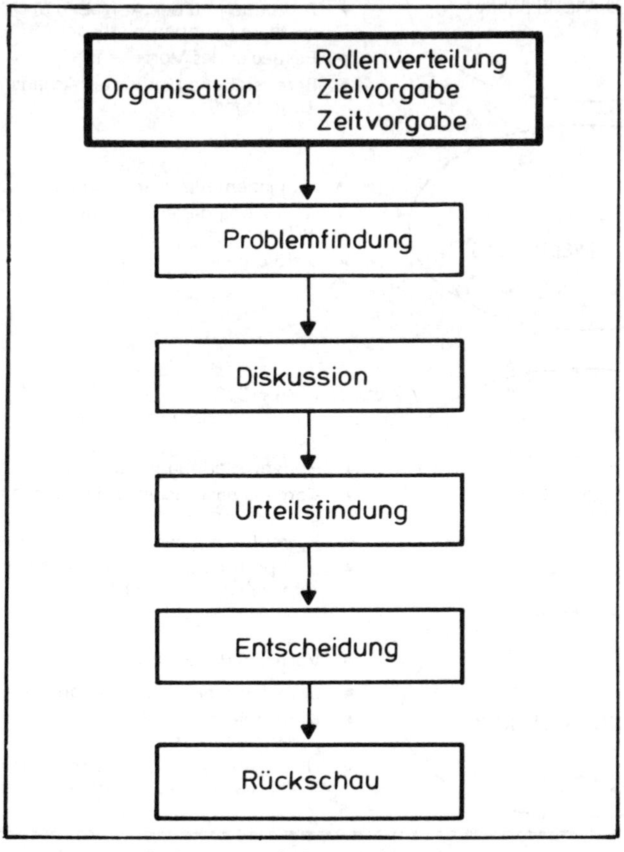

Abb. 71 Schema zum methodischen Ablauf einer problemorientierten Gruppenarbeit (Quelle: Heidack 1980, 150)

Zur Vorbereitung sollten in der *Organisationsphase* durch

- Rollenverteilung die Funktionsträger, so z. B. der Leiter und der Protokollant, bestimmt werden,
- die Zielvorgabe nochmals bewußt gemacht und
- die Zeitvorgabe genau festgelegt werden, die sich auf die weitere Prozedur bezieht.

3. Methodisches Vorgehen bei einer arbeitsteiligen Gruppenarbeit

Ist die einer Gruppe gestellte Aufgabe sehr komplex und verlangt sie Arbeitsteilung, so wird zum methodischen Vorgehen das Schema in Abb. 72 vorgeschlagen.

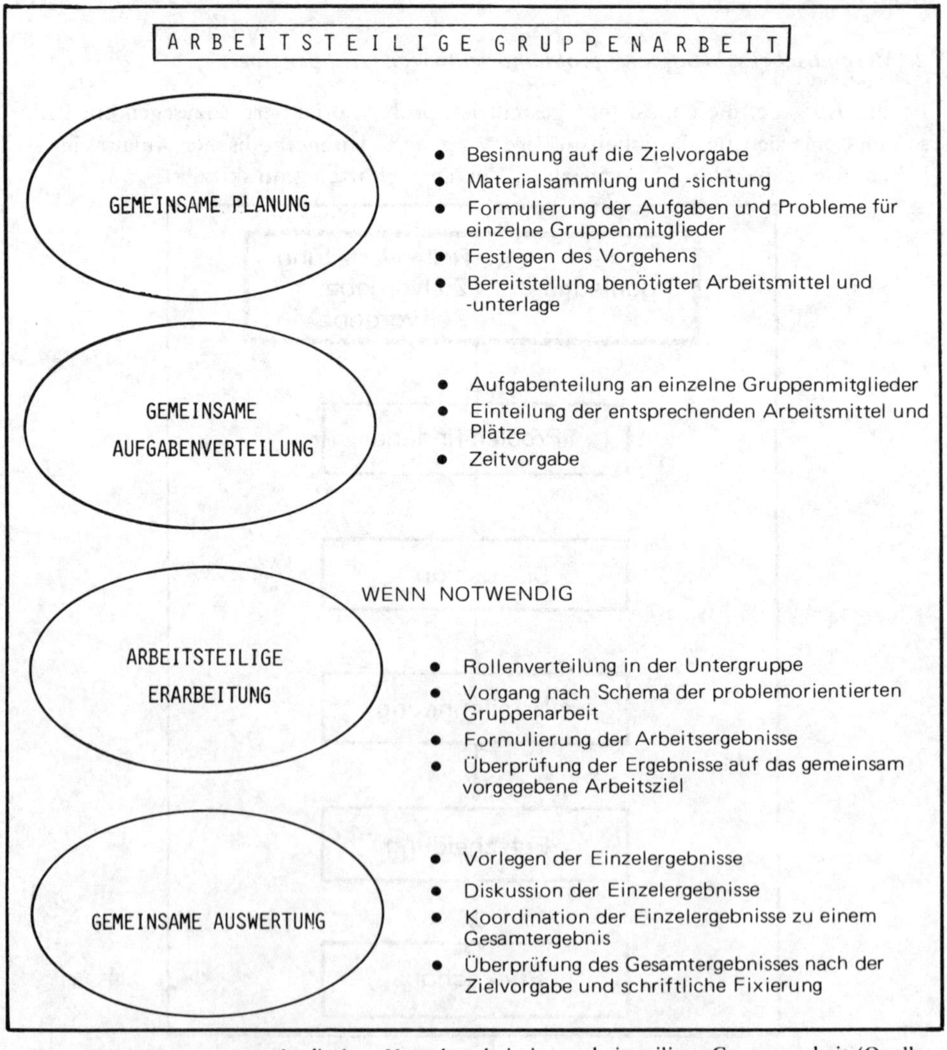

Abb. 72 Schema zum methodischen Vorgehen bei einer arbeitsteiligen Gruppenarbeit (Quelle: Heidack 1980, 151)

F. Heuristische Modelle und Methoden zur Klärung und zum Verständnis von Verhalten in Gruppen

Heuristische Erklärungen kommen aus der Erfahrung und dienen der Erfahrung als Erkenntnis.

1. *Soziometrische Methoden*

Moreno (1967), Begründer und Wortschöpfer von Soziometrie, strebte an, alle sozialen Phänomene mit der soziometrischen Methode zu erfassen zu differenzieren und zu strukturieren. Auf *Lebensnähe und Spontaneität* beim Vorgehen legte er besonderes Gewicht. Die Entwicklung der Soziometrie zeigt, daß ihr *Hauptarbeits- und Hauptanwendungsgebiet*

- Erhebung
- Darstellung
- Analyse

zwischenmenschlicher Beziehungen ist, wobei das besondere Schwergewicht auf der *Erforschung menschlicher Präferenzbeziehungen* liegt.
Grundlage für die *Erhebung* aller Verfahren ist das relativ einfache *Vorgehen im soziometrischen Test*, der als Meßinstrument oder Interventionsmaßnahme, um z. B. Konflikte nicht nur festzustellen, sondern sie auch zu analysieren und zu beheben, verwandt wird. Im soziometrischen Test werden Mitglieder von Gruppen aufgefordert, andere Gruppenmitglieder für gruppenrelevante Aufgaben und Tätigkeiten auszuwählen oder abzulehnen. Sie kennzeichnen damit die aufgabenorientierten Preferenzen (*Lokomotion* im Sprachgebrauch der Schule von Lewin). Neben dieser *Tätigkeitsrangordnung* wird in der Regel auch eine Beliebtheitsrangordnung aufgestellt, die affektive Zuneigung oder Abneigung im Test (vgl. hierzu 4. Kapitel, I, C, 2,b) ebenfalls erfragt (*Gruppenkohäsion*). Der soziometrische Test macht damit eine Wahrnehmung von Gruppenstrukturen in ihren Bedingungszusammenhängen für die Gruppenmitglieder selbst und für Außenstehende möglich.

Soziogramm

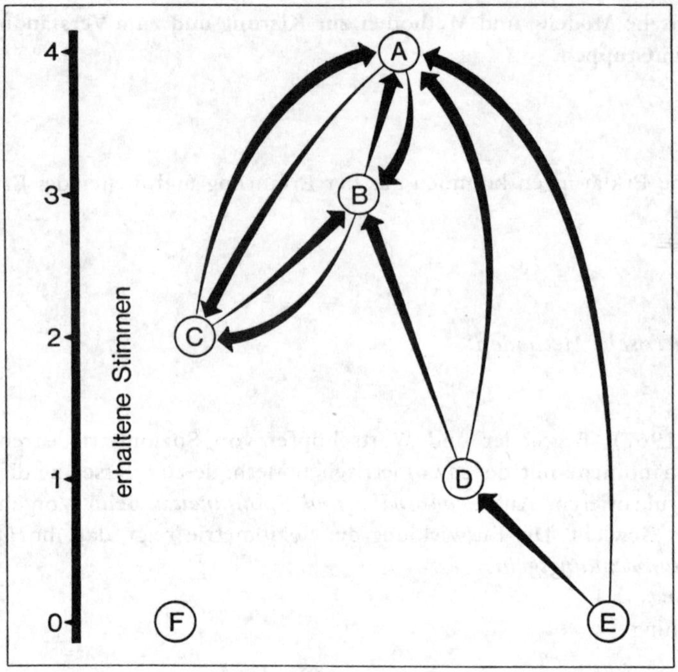

Soziomatrix

→	A	B	C	D	E	F
A	\	X	X	—	—	—
B	X	\	X	—	—	—
C	X	X	\	—	—	—
D	X	X	—	\	—	—
E	X	—	—	X	\	—
F	—	—	—	—	—	\
erhaltene Stimmen	4	3	2	1	0	0

Abb. 73 Soziomatrix und Soziogramm (Quelle: Kretschmar o. J.)

Die *Darstellung* dieser Beziehungen ist ein wesentlicher Bestandteil der soziometrischen Methode. Sie erfolgt über eine *Sozio-Matrix*, in der die Häufigkeit der gegenseitigen Beziehungen eingetragen ist, wie Abb. 73a zeigt. Anschaulicher wirkt die Darstellung durch ein *Soziogramm*. Die Elemente eines Soziogramms sind Kreise, die Personen darstellen, und Pfeile, die die Beziehung und Beziehungsrichtung zwischen den Personen angeben. Abb. 73b zeigt eine Darstellungsform des Soziogramms, in der ein Maßstab für erhaltene Stimmen eingezeichnet ist, wodurch die Beziehungsstruktur in ihrem Testergebnis anschaulich verdeutlicht wird. Man kann diese Ergebnisse auch durch Ziffern an den Pfeilen, die die Kontakt- oder Nennungshäufigkeit der Beziehungen anzeigen, oder durch die unterschiedliche Breite der Pfeile kennzeichnen.

Will man den Aussagewert eines Soziogramms erhöhen, so ist dies durch ein *Interaktiogramm* möglich, in dem nicht nur die reinen Beziehungen, sondern noch zusätzliche Kennzeichnungen über die Inhalte der Beziehungen gemacht werden. In der Abb. 62 sind in dieser Form Frage und Antwort sowie auch die einzelnen emotionalen Beziehungen charakterisiert.

Es sei hier auch auf die Darstellungsform des *Organigramms* hingewiesen, die in Analogie zu den persönlichen Beziehungsstrukturen im Soziogramm die organisatorisch festgelegten formalen Beziehungen aufzeigt; ferner auf *Kommunigramme*, auch Kommunikationsdiagramme genannt, die anstatt Personen Stellen enthalten und den Informationsaustausch und kommunikativen Kontakt zwischen den einzelnen Stellen eines Betriebes für die zweckgerechte Aufgabenerfüllung jeder Stelle in Soll bzw. Ist wiedergeben (vgl. hierzu Joschke 1980, 443).

Für den Wissenschaftler anwendungsorientierter Richtung ist die Soziometrie ein heuristisch-empirisches Instrumentarium als *Spezialinstrument zur Einstellungsmessung* (vgl. Hofstätter 1973, 100 f.).

Aus ihrer *Analyse* ergeben sich folgende *Indices als soziometrische Daten*:

- Wahlstatus der Person
- Zurückweisungsstatus der Person
- Kohäsion der Gruppe
- Kohärenz der Gruppe
- Gruppenintegration.

Es wird damit etwas ausgesagt über die *soziale Distanz*, die *Affektdynamik* und den *Führungstatus*, jedoch nichts über die Eignung und die tatsächliche Befähigung.

Für den Praktiker ist die Soziometrie ein handliches Verfahren zu schnellen *Informationen über die Gruppenstruktur*. Vor allem dann, wenn es darum geht, Gruppen so zusammenzustellen, daß Konflikte vermindert und die Kooperationsbereitschaft gesteigert wird. Wesentliche Bedingung für die erfolgreiche Anwendung eines soziometrischen Tests für diese Praxiszwecke ist, daß die Antworten von Belang sind und Konsequenzen haben. Auch hier muß stets bedacht werden, daß *über eine Führungseignung oder sonstige Befähigung nichts ausgesagt* wird. *Rollenanalysen*, vor allem im Zusammenhang mit dem *Rollenspiel*, sind aussagekräftiger, wobei soziometrische Hilfsmittel sehr nützlich sind (vgl. hierzu 3. Kapitel II, A, 5).

2. *Interaktions-Prozeß-Analyse nach Bales*

Die von Bales (1950) entwickelte „Interaktions-Prozeß-Analyse“ ist in ihrem Schema dargestellt in Abb. 74. Sie ist eine der bekanntesten und vielfältig eingesetzten Methoden zur *Beschreibung und Klassifikation sozialer Interaktion in kleinen Gruppen*. Sie dient im wesentlichen dem Verständnis von interpersonellem Verhalten, spiegelt aber, auch nach Ansicht Bales (1970) in Analogie zu den Vorgängen im Gruppenverhalten das individuelle Verhalten wieder.

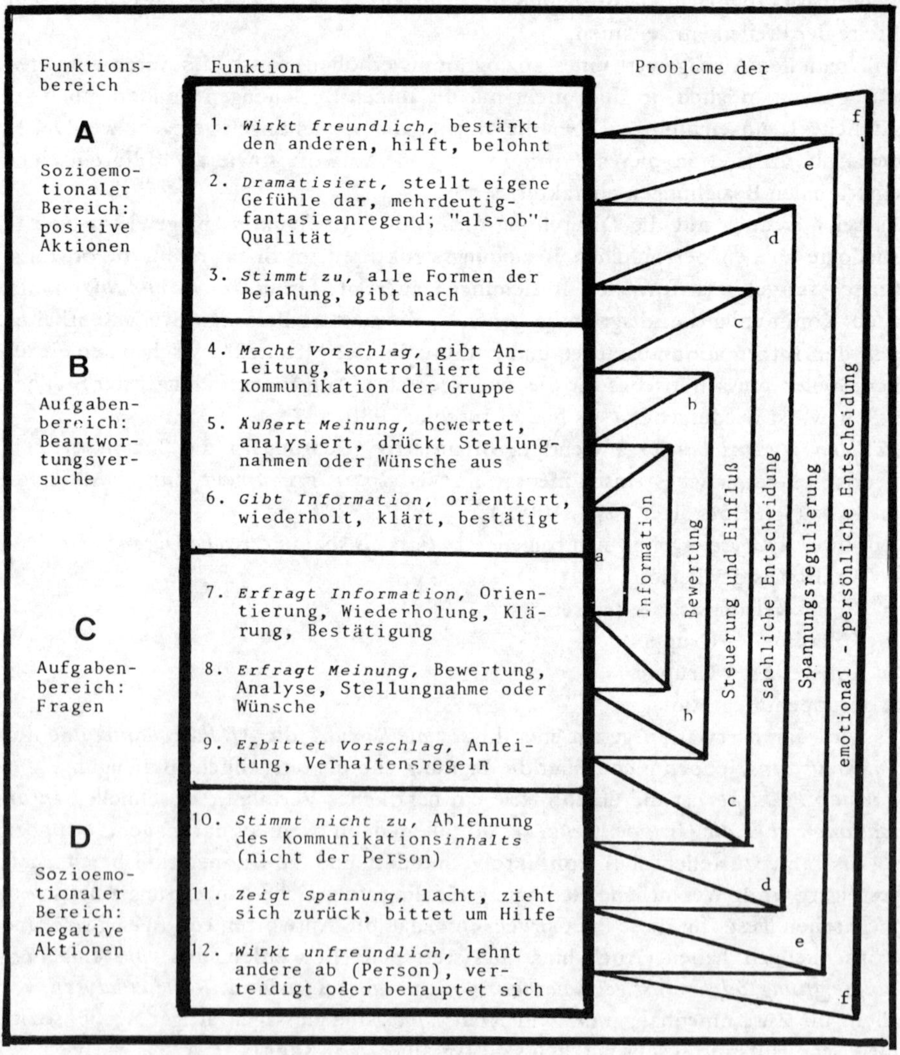

Abb. 74 Schema zur Interaktionsanalyse nach Bales

Wie Abb. 74 zeigt, werden für die Beobachtung und Einschätzung des Verhaltens 12 *Funktionskategorien* benutzt, von denen je 6 dem *sozial-emotionalen Verhaltensbereich* und dem emotional-neutralen, *sachlich-rationalen Aufgabenbereich* zugeordnet werden. Die 12 Funktionskategorien sind ferner in 4 *Funktionsbereiche* wie folgt eingeteilt:
(A) Positive Reaktionen
(B) Bemühung um Antwort
(C) Fragen
(D) Negative Reaktionen.
Ferner sind die Funktionskategorien paarweise (von innen nach außen) in 6 Problembereiche zusammengefaßt, die jeweils ein Gruppenproblem erklären. Die *Problembereiche* sind
(a) Information
(b) Bewertung
(c) Steuerung und Einfluß
(d) Sachliche Entscheidung
(e) Spannungsregulierung
(f) Emotional-persönliche Entscheidung, die die Integration betrifft.
Der Wert und Nutzen dieses Modells (vgl. u. a. Kock/Strube 1977, 164 ff.) liegt nicht nur in der Verhaltensanalyse und Diagnose, sondern auch in der Möglichkeit, es auch zum Moderatoren- und Führungstraining einzusetzen und Prognosen, Aufzeichnungen vergangener Sitzungen für zukünftig zu erwartende Verhaltensweisen zu erhalten.

3. Das Johari-Fenster

Ein etwas einfaches, aber ebenso weit verbreitetes heuristisches Instrument stellt für das Interaktionsgeschehen das Johari-Fenster dar. Es hat sich als *Feedback-Modell* von hohem heuristischen Wert, sowohl für die individuelle Verhaltensänderung, wie auch von Veränderungsprozessen in Gruppen, erwiesen.
Mit dem Johari-Fenster haben *Joe* Luft und *Harry* Ingham (1955), als Kunstwort mit der Abkürzung ihrer Vornamen, ein graphisches Schema vorgelegt, mit dessen Hilfe man Beziehungen zwischen Personen im Hinblick auf bewußte Wahrnehmung darstellen kann. Es ist mit einer erweiterten *Kennzeichnung der Konfliktgefahren* in den einzelnen Feldern in Abb. 75 dargestellt.

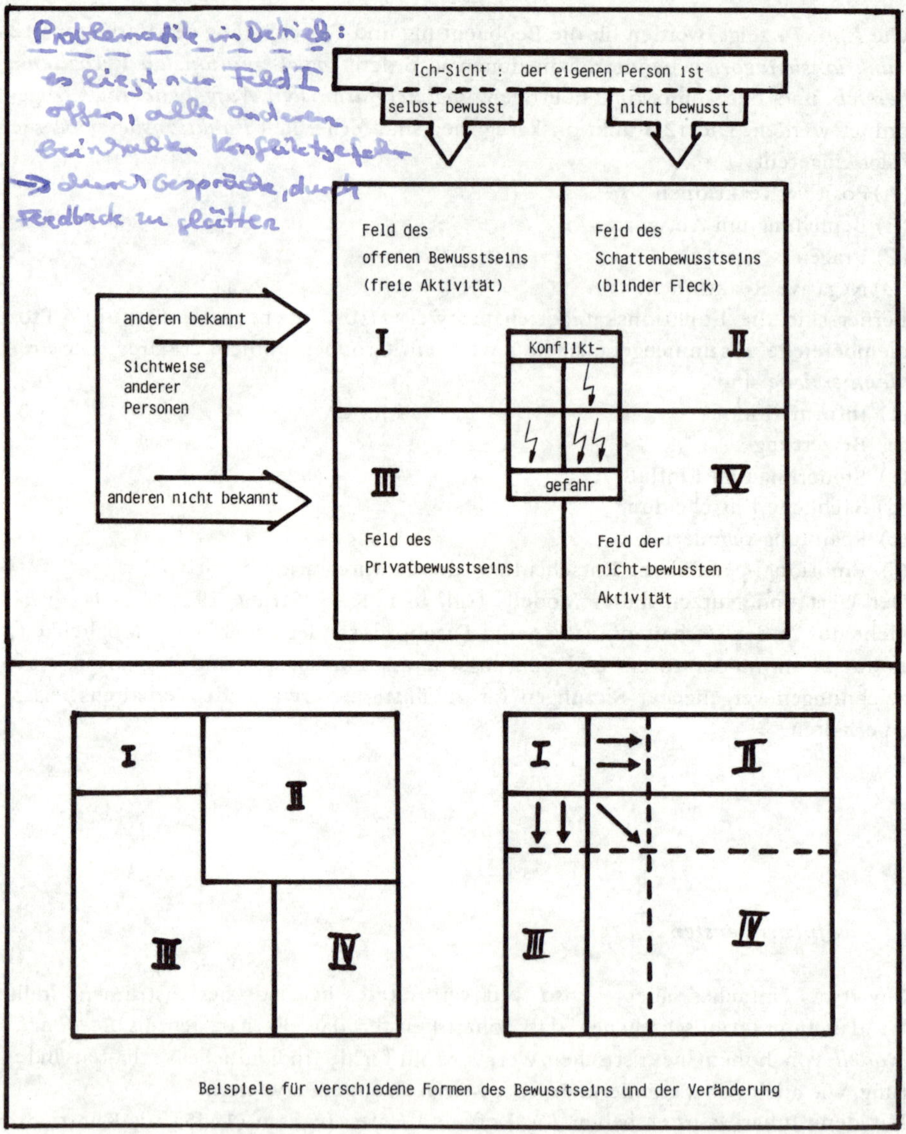

Abb. 75 Das Johari-Fenster mit Andeutungen von Veränderungen (Luft 1972, 22)

Die Kennzeichnung der einzelnen Quadranten und die Prinzipien der Veränderung werden mit den Worten von Luft selbst (1971, 23f.) wiedergegeben:

„*Quadrant I*, der Bereich der freien Aktivität, sagt etwas aus über Verhaltensweisen und Motivationen, die einem selbst und anderen bekannt sind.

Quadrant II, der Bereich des blinden Flecks, bezeichnet das Gebiet, wo andere Dinge in uns sehen können, von denen wir selbst nichts wissen.

Quadrant III, der Bereich des Vermeidens oder Verbergens, stellt Dinge dar, die wir selbst wissen, aber anderen nicht offenbaren (z. B. ein geheimes Programm oder Dinge, in bezug auf die wir empfindlich sind).
Quadrant IV ist der Bereich der unbekannten Aktivität. Weder das Individuum noch andere Menschen bemerken bestimmte Verhaltensweisen oder Motive. Wir können jedoch annehmen, daß sie existieren, denn am Ende treten einige dieser Dinge zutage; dann wird erkannt, daß diese unbekannten Verhaltensweisen und Motive die ganze Zeit schon die Beziehungen beeinflußt haben."
Zwischen Personen, die sich noch nicht kennen, oder in einer neuen Gruppe, ist der Quadrant I sehr klein. Es wird dort zunächst an freien und spontanen Interaktionen fehlen. Je mehr die Kontakte wachsen, bzw. die Gruppe als ganzes wächst und reift, desto mehr vergrößert sich auch der Quadrant I.
Für die *Prinzipien der Veränderung* gilt:

- „Eine Veränderung in irgendeinem der Quadranten berührt alle anderen Quadranten auch.
- Es erfordert Energie, ein Verhalten, das in der Interaktion zutage tritt, zu verbergen, zu leugnen oder nicht zu sehen.
- Bedrohung vermindert gewöhnlich das Erkennungsvermögen; gegenseitiges Vertrauen vermehrt es gewöhnlich.
- Erzwungenes Erkennen (Bloßstellung) ist unerwünscht und gewöhnlich unwirksam.
- Interpersonales Lernen bedeutet, daß eine Veränderung eingetreten ist; Quadrant I ist größer und einer oder mehrere der anderen Quadranten sind kleiner geworden.
- Die Zusammenarbeit mit anderen wird erleichtert durch einen genügend großen Bereich freier Aktivität. Wenn dieser vorhanden ist, können mehr der in der Gruppe vorhandenen Hilfsmittel und Fertigkeiten zur Lösung der aktuellen Aufgabe eingesetzt werden.
- Je kleiner der Quadrant I ist, desto schlechter ist die Kommunikation.
- Jedermann ist neugierig in bezug auf den unbekannten Bereich, aber diese Neugier wird durch Sitte, soziales Training und verschiedene Ängste in Schach gehalten.
- Sensitivität bedeutet, daß man die verdeckten Verhaltensaspekte in den Quadranten II, III und IV einzuschätzen weiß und den Wunsch anderer achtet, diese Bereiche verdeckt zu halten.
- Wenn man durch eigenes Erleben etwas über Gruppenprozesse lernt, trägt das zu einer Steigerung des Erkennungsvermögens (größerer Quadrant I) in bezug auf die Gruppe als ganzes wie auch in bezug auf die einzelnen Gruppenmitglieder bei.
- Das Wertsystem einer Gruppe und ihrer Mitglieder läßt sich ablesen an der Art, wie man sich zu dem *Unbekannten* im Gruppenleben stellt." (Luft 1972, 24).

Gerade dieses *Unbekannte* mag ungenützte Begabungen und verborgene Talente zutage fördern, aber es enthält auch häufig stark unterdrückte, kontrollierte, nicht bewußte Bedürfnisse. Dies birgt besondere *Konflikte* und Gefahren in sich. Gesteigert wird es dadurch, daß es für beide Partner oder Parteien etwas Fremdes ist, somit *Verunsicherungen* bewirkt und besondere Risiken enthält.

4. Schema zur Rollentypologie

Die in Abb. 76 veranschaulichte Rollentypologie (vgl. hierzu Benne/Sheets 1948; Brocher 1967; Antons 1973) zeigt in der Dynamik des Gruppenprozesses verschiedene Rollenfunktionen in vier Kategorien auf:

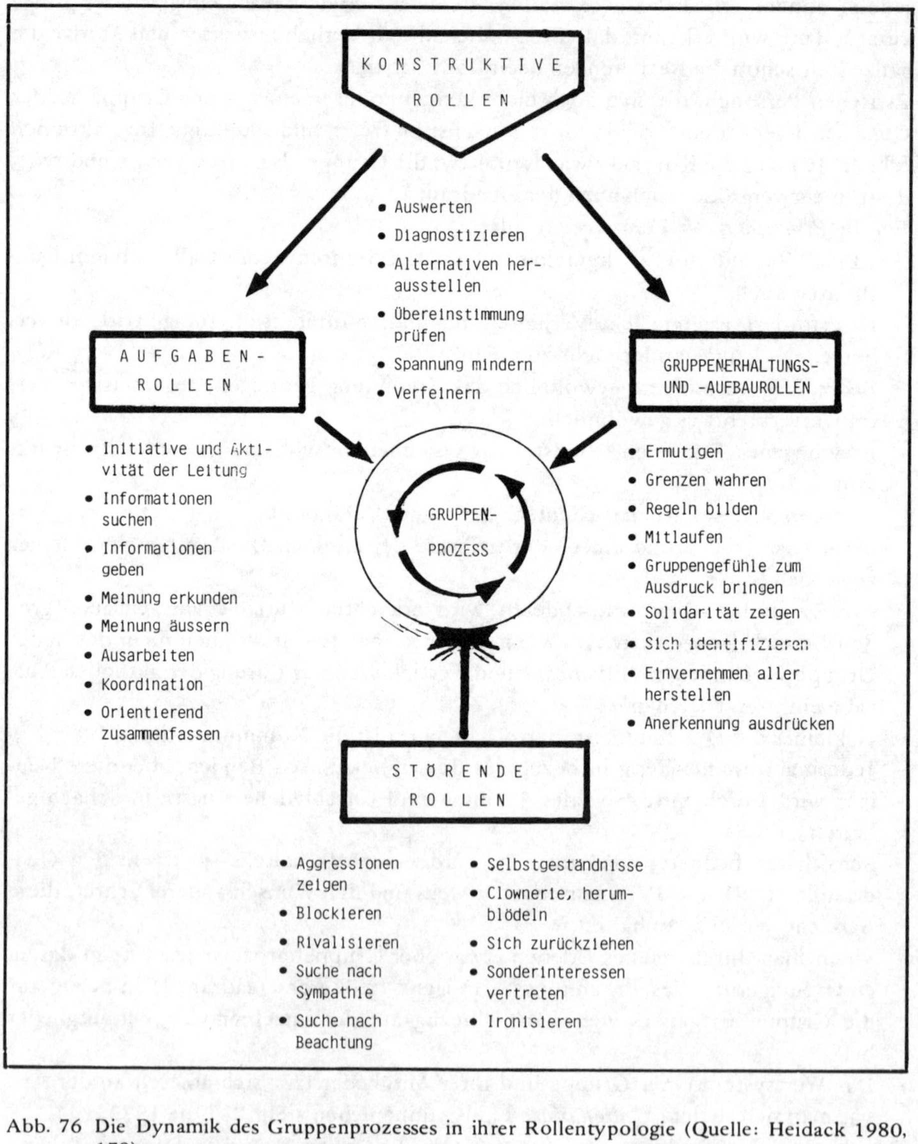

Abb. 76 Die Dynamik des Gruppenprozesses in ihrer Rollentypologie (Quelle: Heidack 1980, 179)

- *Konstruktive Rollen.* Die einzelnen Funktionen, die direkt zugeordnet sind, könnten auch Teilaspekte einer Führungsrolle sein.
- *Gruppenaufgabenrollen.* Sie kommen zum Ausdruck in Situationen, in denen

gemeinsam Aufgaben geplant, Probleme ausgesucht, definiert und gelöst werden, wo bei Aktivitäten koordiniert und gefördert werden müssen.

- *Gruppenaufbau- und Gruppenerhaltungsrollen.* Sie zielen auf Situationen ab, wo die Gruppe als Ganzes im Mittelpunkt steht und geändert, gestärkt, reguliert und langfristig gesichert werden soll.
- *Dysfunktionale Rollen.* Sie sind auf Befriedigung individueller Bedürfnisse abgestellt, stören den Gruppenprozeß und sind für die Gruppenaufgabe irrelevant.

Zu den konstruktiven Rollen gehören auch die Gruppenaufgaben und Gruppenerhaltungsrollen, die nur aufgrund funktionaler Aspekte der Gruppendynamik getrennt erscheinen, unter einem anderen Ziel/Mittel-Aspekt ausgetauscht werden könnten. Z. B. kann „Ermutigen" durchaus eine Aufgaben- oder konstruktive Führungsrolle sein, und „Initiative" als Gruppenaufbau- und Gruppenerhaltungsrolle nötig sein, wie sie auch markantes Kennzeichen konstruktiver Führung ist.
Diese Rollentypologie kennzeichnet *Mitglieder-Rollen* im gruppendynamischen Prozeß. Sie ist aus Trainings- und Therapiesituationen entstanden und beruht mehr auf der Beobachtung auffälligen Verhaltens als auf der Analyse von Erwartungen (vgl. hierzu die Darstellung des Rollenkonzepts im 3. Kapitel, II, A).
Der Typologie liegt *kein systematisches Kategorienschema* zugrunde, was auf die relative Unstrukturiertheit der Untersuchungssituationen, aus denen sie entstanden ist, zurückgeführt werden kann. Dafür ist sie gekennzeichnet durch eine heuristische Breite für die Typisierung der Verhaltensdynamik und die Verteilung der Aktivitäten im Gruppengeschehen. Neuberger (1976/93) weist darauf hin, daß der Vorteil dieser gruppendynamischen Betrachtungsweise in der „Profanisierung der Führungsrolle" liegt. Sie wird in verschiedene Aktivkomponenten oder Teil-Rollen zerlegt, wodurch sich die Vielschichtigkeit und Widersprüchlichkeit der Verhaltenserwartungen zeigen, und macht auch deutlich, an welchen funktionalen Erfordernissen sich die Gruppe im Hinblick auf die Zuweisung von Führungspositionen orientiert.

5. *Transaktionsanalyse*

Während die anderen heuristischen Modelle vornehmlich den gruppendynamischen Bemühungen entstammen, *geht* die Transaktionsanalyse *auf psychoanalytische und gruppentherapeutische Methoden* zurück. Die Psychoanalyse von Erik Erikson und die Gestalttherapie von Frederik Perls hat den Begründer der Transaktionsanalyse, *Eric Berne* (1967) geprägt. Im Gegensatz jedoch zu den langwierigen psychoanalytischen Verfahren möchte er zu schnelleren Erfolgen kommen, weshalb er die wissenschaftlichen Grundlagen radikal vereinfacht und popularisiert. Er schafft damit einen heuristisch wirksamen Ansatz, in dessen Mittelpunkt die Kommunikationsmuster von wechselseitigen Transaktionen und das Verhaltenskonzept der Lebensanschauung „Ich bin o. K., Du bist o. K." stehen. Die *Gesamtmethode besteht aus vier Analysebereichen*:
(1) Strukturanalyse,
(2) Transaktionsanalyse,
(3) Skriptanalyse,
(4) Spielanalyse.

Die *Strukturanalyse ist durch drei Ich-Zustände gekennzeichnet.*

- Das *Eltern-Ich* gilt als das gelernte Lebenskonzept und enthält Regeln und Gesetze, die wir von unseren Eltern her kennen und die sich in Gefühlen, Einstellungen und Reaktionen mit entsprechenden Werthaltungen, Normen, insbesondere Ge- und Verboten, niederschlagen.
- Das *Erwachsenen-Ich* ist das rationale, von uns gedachte Lebenskonzept, das gleich einem Computer die Daten im Eltern- und Kind-Ich herauszufinden sucht, sie bewertet und für das Verhalten „entscheidend" dienstbar macht. Es ist der rational kognitive, emotional neutrale Bereich im Verhalten.
- Das *Kind-Ich* ist durch emotionales kindgleiches Verhalten gekennzeichnet. Es sind nicht nur die schlechten, „nicht-o. k."-Gefühle, sondern auch die schönen Gefühle, die das Entstehen von emotionalem Verhalten erzeugen.

In der *Transaktionsanalyse* werden die konkreten Erscheinungsformen der Transaktionen zwischen den Personen erlebt und erfahren, sie lassen sich beobachten und diagnostizieren. Einfach ausgedrückt will die Transaktionsanalyse in einer Kommunikation (Transaktion) zwischen zwei Personen feststellen, warum der eine was zum anderen sagt.

Berne (1967) kennzeichnet die *Transaktion als eine Grundeinheit der Kommunikation zwischen zwei Menschen*, die in einer Situation durch Sprechen oder auch nicht verbal zeigen, daß sie den anderen zur Kenntnis genommen haben. Dies nennt er den *Transaktionsreiz*. In irgendeiner Weise reagiert die andere Person darauf, dies ist die *Transaktionsantwort*. In dem Schema der Transaktionsanalyse in Abb. 77 werden von den 72 denkbaren Transaktionen einige typische gezeigt.

Die *Skriptanalyse* ist durch vier Grundhaltungen der Lebenseinstellung bzw. Lebensanschauung gekennzeichnet. Sie gehen sozusagen auf unsere Frühe Kindheit zurück und sind in unsere Lebensrolle eingeprägt (Skript). Analytisch befaßt man sich hier mit den positiv/negativ Abwandlungen des ,,Ich bin o.k. – Du bist o. k.", *(Harris 1975). Dieses Schema* gibt den heuristischen Rahmen in den verschiedenen Möglichkeiten in einem Lebenseinstellungsdiagramm wieder.

In der *Spielanalyse* werden verschiedene stereotype Transaktionsmuster wie Opfer-, Verfolger-, Verräter-, Märtyrer-Rolle etc. in ihren Phänomenen beschrieben und mit Hilfe der Transaktionsanalyse entlarvt.

Den Erfolg in jüngster Zeit, vor allem in Wirtschaftskreisen, mag die Transaktionsanalyse dem Konzept verdanken, daß sie sehr zielstrebig im Training *sachlich-rationale Normalsituationen* anstrebt und nicht Ideale, wie viele andere Trainingsformen von zwischenmenschlichem Verhalten, wenngleich die Methode paradoxerweise *irrationale Elemente der Metakommunikation* zum Gegenstand hat.

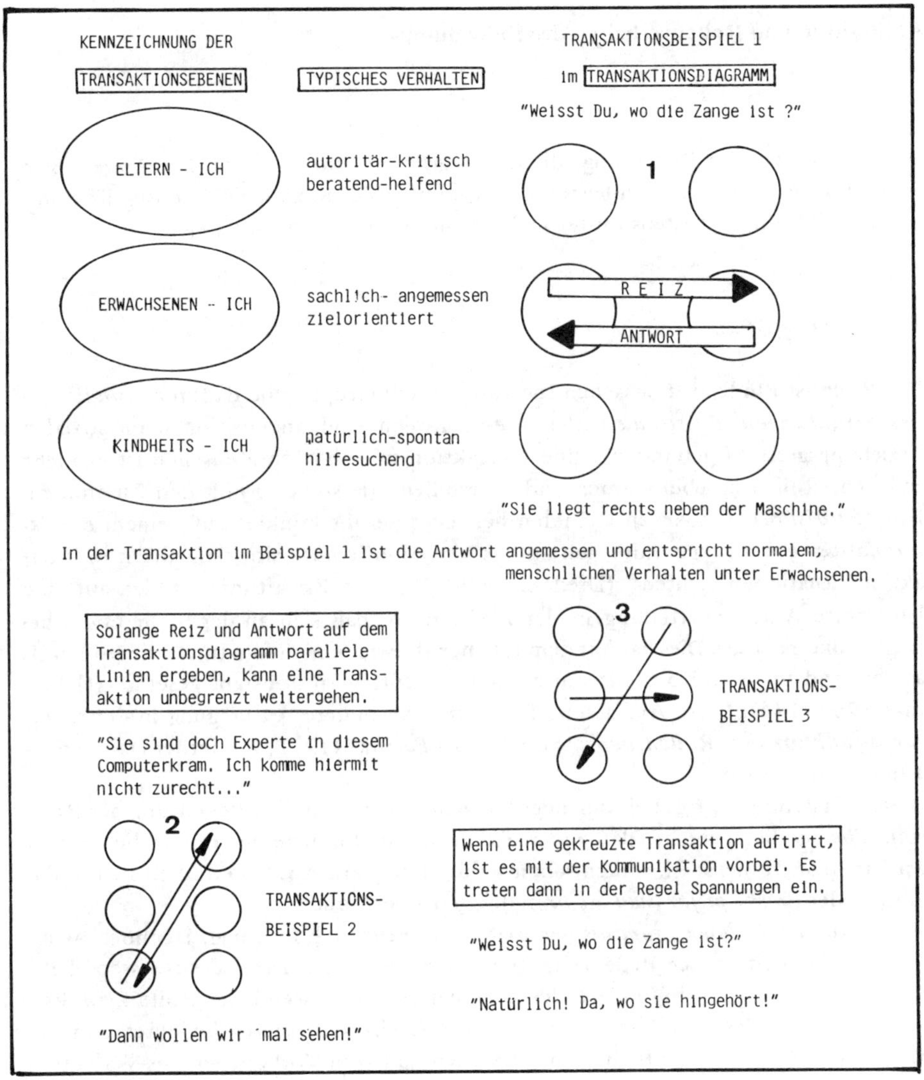

Abb. 77 Hinweise und Beispiele zum Schema der Transaktionsanalyse

II. Gruppenstrukturen

Während in der Betrachtung der Gruppendynamik das Kräftespiel im Verhalten einer Gruppe im Vordergrund steht, rückt jetzt der strukturelle Teilaspekt des Gruppenverhaltens in den Mittelpunkt. Die Abb. 63 zeigt die wesentlichen Strukturelemente, wie sie in ihren organisierten und institutionalisierten Erscheinungsformen auch im Betrieb typisch sind.

A. Position und Rollenverhalten des Individuums

Die gleiche zentrale Bedeutung, die der Begriff *Motivation in der Psychologie* zur Erklärung des Verhaltens zu leisten hat, kommt in der Soziologie dem Begriff *Rolle* als Inbegriff von Verhaltensmuster in der Gruppe zu.

1. Rollenbegriff und Rollenkonzept

Die Rolle ist Bindeglied zwischen Individuum und Gruppe und dadurch *grundlegendes Strukturelement sozialen Verhaltens.* Rollen sind an Positionen im sozialen Beziehungsgeflecht gebunden, ohne Interaktion mit anderen Menschen ist es nicht möglich, Rollen zu übernehmen und zu erfüllen. Sie stellen somit den Zusammenhalt (*Kohäsion*) in sozialen Gebilden her. Dies beruht konkret auf „einem *Bündel normativer Erwartungen*, die sich an das Verhalten von Positionsinhabern in Interaktionssituationen richten" (Dreitzel 1979, 71). Die Erwartungen zielen auf eine bestimmte Aufgabenerfüllung in der Position ab, daß sich an der Stelle etwas bewegt (Lokomotion). Dies hat mit dem Inhaber als Person nichts zu tun: „die Rollen als solche sind in ihrer Konstellation zu den Rollenträgern konstant gesetzt" (Habermas 1963, 174). Diese Auffassung findet ihre besondere Ausprägung in der *strukturell-funktionalen Rollentheorie von Talcott Parsons* (1951; vgl. ferner Dahrendorf 1964, Merton 1968).
Diese Vorstellung wird auch der begrifflichen und kulturellen Bedeutung der Rolle *vom Theater* her gerecht, daß die Rolle durch die Sprache der Person bemerkbar wird (personare heißt im italienischen = durchklingen). Ansonsten ist Rolle nur das Skript oder *Präskript für die Person* in der Pergamentrolle.
Das kritische Rollenverständnis verlangt heute echte Ich-Leistung. Dennoch bleibt eine Ähnlichkeit in der Bedeutung auch in der modernen verhaltenswissenschaftlichen Auffassung, insbesondere der Gruppendynamik, wenn die Rolle „*ein Verhaltensmuster*, das den Platz in einer Gruppe charakterisiert" bedeutet und das Konzept der Rolle wesentlich zum Verstehen und zum Vorhersagen des Verhaltens eines Individuums beitragen kann" (Luft 1972, 36 f.). Allerdings muß in einem kritischen Rollenkonzept dieser kognitiven Leistung auch eine Bedürfnisbefriedigung auf der motivationalen Ebene gegenüberstehen. Als *Begriffselemente* sind somit zu unterscheiden:

- Rolle als erwartetes Verhaltensmuster an einem Platz im Beziehungsgeflecht der Gruppe (*motivational-situativer Teilaspekt*),
- Rolle als erwartete Verhaltensdynamik in einer Position (*funktional-struktureller Teilaspekt*),
- *Rollenträger* oder Positionsinhaber,
- *Rollenhandeln* oder Rollenspiel als das tatsächliche Verhalten, das sich an den Erwartungen orientiert.

Für das *Rollenkonzept* ist bedeutsam:

- Die Rollenbeschreibung, bzw. Rollendefinition (*Aufgabe*). Damit werden die normativen Erwartungen bzw. Verhaltensmuster gekennzeichnet.
- Rollenzuschreibung an eine Person (*Kompetenz*),
- Rollenwahrnehmung und Rolleninterpretation durch den Positionsinhaber (*Verantwortung*),
- *Rollenbefähigung* des Positionsinhabers,
- *Rollenbehandlung* bzw. Rollenspiel gemäß den Erwartungen,
- *Rollenfeedback*; Rollenbestätigung oder Rollen- bzw. Statusänderung; *Anerkennung:* Sozialer Status; Sanktionen.

2. *Position und Status*

Anhand des Busfahrers im Fallbeispiel (3. Kapitel, I, B, 1) wurde bereits auf die Begriffe von Stelle, Position und Status eingegangen. Von *Position* spricht man im Betrieb, wenn eine *Stelle* als Komplex von versachlichten Aufgaben in der Betriebsorganisation ein bestimmter Platz zugewiesen ist. Jede Position hat eine bestimmte Wertschätzung für den möglichen Positionsinhaber, die man *Status* nennt. Während die Stelle die Aufgabe beschreibt, die vom Stelleninhaber bzw. Rollenträger zu erfüllen erwartet wird, drückt sich im *organisatorischen Status* seine Kompetenz aus, die zunächst einmal ohne Ansehen der Person gegeben ist. Die Wertschätzung, die der Person entgegenkommt, nennt man *sozialen Status*. Sie verleiht der Person auch persönliche Autorität und Verantwortung. Dieser Status kann von einer Person selbst erworben sein, er kann aber auch zugeschrieben sein, z. B. durch Geburt. *Äußere Zeichen des Status* können sein

- *Privilegien* als Statusvorteile aufgrund von Tradition,
- *Statussymbole* als äußere Phänomene von Statusdifferenzierung, z. B. großer Schreibtisch, Teppiche, oder auch Rangabzeichen, wie beim Militär aufgrund der Institution,
- *Prestige* aufgrund von persönlichen Bewertungsprozessen innerhalb und außerhalb der Organisation (vgl. Kluth 1957), hierzu gehört auch der Vertrauenskredit (Ideosynkrasie-Kredit).

Während der Status das mehr oder weniger stabile, überdauernde Ansehen einer Position kennzeichnet, dient die Rolle dazu, dem Positionsinhaber konkret vorzuschreiben, welche Erwartungen an sein Handeln und Verhalten gestellt werden.

3. *Rollenzuweisung und Rollenübernahme*

Während Position und Status mehr statisch-strukturelle Aspekte im Rollenkonzept darstellen, enthält das Erwartungskonzept die dynamisch-strukturellen Aspekte, die in ihrem kommunikativen Zusammenhang *Katz/Kahn* (1969, 182 ff.) formal anschaulich in ihrem klassischen *Rollen-Episoden-Konzept* beschrieben werden (vgl. Abb. 78).

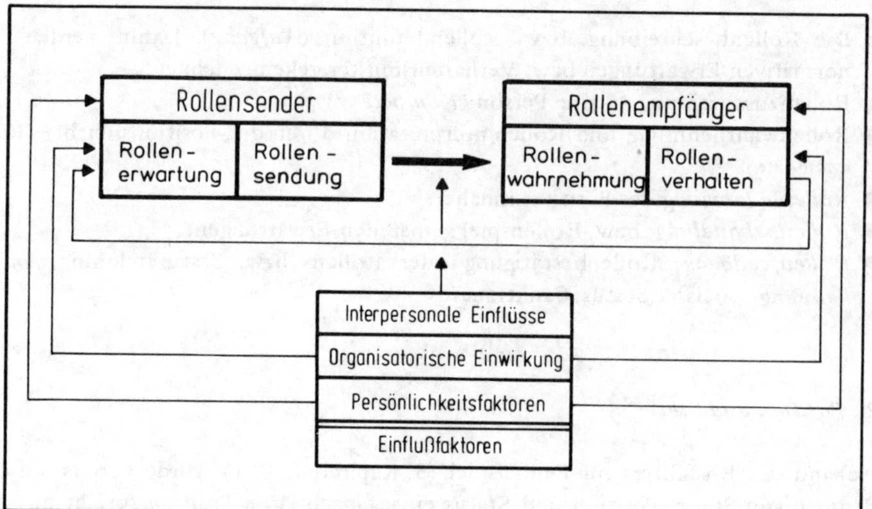

Abb. 78 Rollendynamik nach der Rollen-Episode nach Katz/Kahn

Träger des Kommunikationsprozesses sind Rollensender als Bezugspersonen oder Bezugsgruppen und Rollenempfänger als Positionsinhaber, durch die die gegenseitige Rollenzuweisung vorgenommen wird. Kern des Konzepts sind vier Elemente:

(a) *Rollenerwartung*

(b) *gesendete Rolle*

(c) *empfangene Rolle*

(d) *Rollenverhalten*.

Die Bezugspersonen als Rollensender entwickeln ganz bestimmte Rollenerwartungen über das Verhalten der Positionsinhaber (vgl. hierzu Abb. 78) als Rollenempfänger, bringen diesen gegenüber ihre Erwartungen zum Ausdruck = gesendete Rolle. Durch die Wahrnehmung dessen, was der Rollenempfänger wahrnimmt und erlebt = empfangene Rolle, bestimmt er sein Rollenverhalten. Der ganze Vorgang wird durch eine segmentartige Abfolge von Feedbackprozessen gekennzeichnet. Weitere Bestimmungsgrößen des Rollenkonzepts sind *organisatorische Einflußgrößen* (vgl. Kieser/Kubicek, 1977, 323), wie Unternehmenspolitik, technologische Entwicklung, organisatorischer Aufbau etc. Sie beeinflussen in erster Linie die Rollenerwartung der Rollensender, die im Betrieb die Vorgesetzten sind. Ferner sind es die *Persönlichkeitsfaktoren*, wie Einstellungen, Motive, Werthaltungen der Bezugspersonen, deren Erwartungshaltung wesentlich dadurch bestimmt wird, wie auch des Positionsinhabers, der sie in seinem Verhalten ausdrückt. Schließlich beeinflußt auch die *Qualität der Kommunikation* den Feedbackprozeß, was durch den Hinweis auf interpersonale Beziehungen in Abb. 78 gekennzeichnet ist (vgl. Abb. 88).

Jeder aufgezeigte Struktur- und Funktionsaspekt kann Quelle für Konflikte sein. Wenngleich die konkrete Situation im Betrieb durch eine umfassende Rollendynamik gekennzeichnet ist, gibt das Konzept der Rollen-Episode einen guten Überblick über Einflußfaktoren und deren Zusammenhänge im Prozeß der Rollenzuweisung und der damit zusammenhängenden Verhaltensdynamik.

4. *Dimensionen der Rolle*

Um die Rolle inhaltlich in ihrem Ausmaß nach verschiedenen Aspekten abgrenzen zu können, unterscheidet Neuberger (1976, 77 f.) sechs voneinander verschiedene Dimensionen des Rollenkonzeptes, die in besonderer Weise die konfliktträchtige Führungsrolle präzisieren und empirischen Untersuchungen zugänglich machen sollen:

(1) *Verpflichtungscharakter*. Dahrendorf (1964, 29 ff.) typisiert den Verpflichtungscharakter danach, daß die Rolle aussagt, was man in ihr tun *muß*, *darf*, *kann*.
Ferner wird hierunter auch eine Prioritätsordnung der Rollenerwartungen verstanden.

(2) *Identifikationsgrad*. Hier geht es um das Ausmaß der individuellen Bedeutsamkeit einer Rolle, um ihr Gewicht; ob sie zentralen oder nur peripheren Charakter für den einzelnen hat.

(3) *Allgemeinheitsgrad*. Rollen unterscheiden sich im Entfaltungsspielraum, den sie dem Inhaber lassen. Die Klarheit, Eindeutigkeit und Präzision der Rollenformulierung in ihrer Regelung zwischen rituellstarrer Festlegung bis hin zu innovationsoffener Freundlichkeit kennzeichnet den Allgemeinheitsgrad.

(4) *Bekanntheitsgrad*. Hiermit ist die Öffentlichkeit der Rollenerwartung und die Zugänglichkeit gemeint.

(5) *Die Reichweite*. Im Mittelpunkt steht hier der Erstreckungsbereich und Durchdringungsgrad einer Rolle und wie weit sie alle Lebensbereiche oder nur ein ganz spezifisches Segment erfaßt (z. B. Clownerien, beschränken sich auf den Betriebsausflug).

(6) *Konsens*. Hiermit ist die Widerspruchsfreiheit und die Übereinstimmung der Anforderungen an den Positionsinhaber gemeint. Seine Rolleninterpretation muß mit der Rollendefinition durch die Bezugsperson, ihren Erwartungen und Zumutungen, übereinstimmen. Dies bedingt auch seine Motivation aufgrund seiner Interessenlage.

5. *Rollendynamik und Rollendifferenzierung*

Der aufgezeigte Prozeß der Rollenzuweisung und Rollenübernahme im Konzept der Rollenepisode zeigt bereits, wie komplex ein einfaches Rollenhandeln ist. Nun ist allerdings in der Praxis die Rollendynamik weitaus komplexer. Jede Position ist, wie schon Abb. 79 zeigt, nicht nur mit einer Rolle bzw. Rollenerwartung, die von einer Bezugsperson oder Bezugsgruppe kommt, verbunden, sondern mit mehreren. Man spricht hier von einem *Rollen-Set* bzw. von *Rollensegmenten* oder *Rollensektoren* als denjenigen Rollenteilaspekten, die die Erwartung jeweils einer Bezugsperson oder Bezugsgruppe, etwa nur die des Vorgesetzten oder der Mitarbeiter, in Abb. 79 beinhalten.

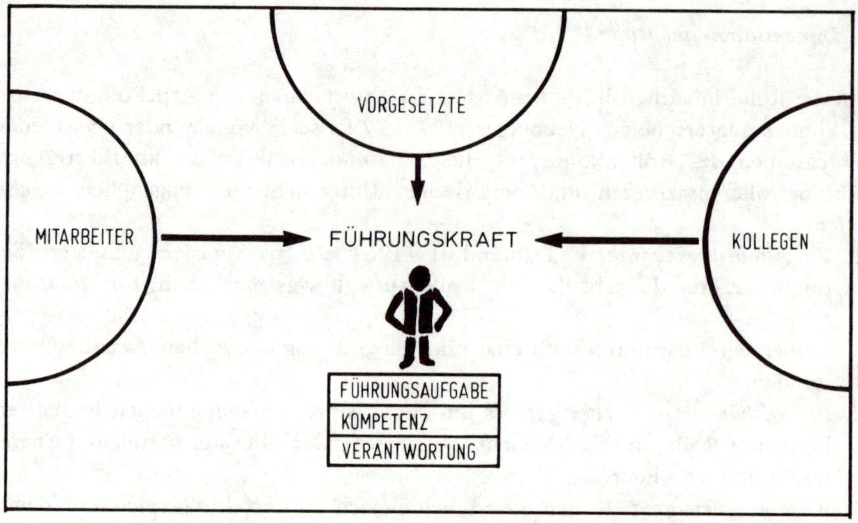

Abb. 79 Führungsposition und Erwartungen der Bezugsgruppen

In der gesamten Rollendynamik eines Mitarbeiters im Betrieb ist vom Rollenset zu unterscheiden, seine *Rollenvielzahl*, daß er auch innerhalb und außerhalb der Organisation viele Rollen innehat (z. B. als Mitglied des Betriebsrats, im Sportverein, in der Partei, als Ehemann, Freund etc.), die nicht zwangsläufig mit seiner Position im Betrieb zu tun haben, wie es beim Rollen-Set der Fall ist.

Rollen-Set und Rollenvielfalt kennzeichnen insgesamt die Komplexität der Rollendynamik und die Differenziertheit im Beziehungsgeflecht des Betriebs. Zeit und Energie müssen deshalb differenziert und nach bestimmten Prioritäten auf den gesamten „*Rollenhaushalt*" (Dreitzel, 1979, 72) hin abgestimmt werden.

Situative Aspekte der Rollendifferenzierung sind in den Rollenfunktionen der Abb. 76 nach vier Kategorien gekennzeichnet:

- Konstruktive Rollen (Führungsrollen)
- Gruppenaufgaben-Rollen
- Gruppenaufbau- und Gruppenerhaltungs-Rollen
- Dysfunktionale (persönliche) Rollen.

Diese Rollentypologie beschreibt vor allem Erscheinungsformen von *Mitglieder-Rollen* im gruppendynamischen Prozeß, wobei die Bedeutung der *Führungsrolle* nicht im angemessenen Grad zur Geltung kommt, es sei denn, man betrachtet die verschiedenen Rollenfunktionen, soweit sie konstruktiv sind, als Teilaspekte von positiven Erwartungen an eine Führungsrolle. Es muß vor allem die Differenzierung der Führungsrolle in Beliebtheit und Tüchtigkeit, die in der Rollendynamik meist eine hohe Spannung zeigen, beachtet werden, da sie in der Regel divergieren. Sie werden deshalb als *Divergenztheorie* oder *Führungsdual* gekennzeichnet (vgl. vor allem Paschen 1978).

Ansatzmöglichkeiten zu verschiedenen Typen von Rollenkonflikten bietet das Konzept der Rollenepisode (vgl. Abb. 78). Vier *Typen von Rollenkonflikten* lassen sich deutlich voneinander abgrenzen (vgl. hierzu u. a. Krüger 1972, 42 ff.).

(1) Im *Intra-Senderkonflikt* richtet ein und derselbe Rollensender eine widersprüchliche Erwartung an den Rollenträger, z. B. Erledigung eiliger Aufträge unter gleichzeitig größter Sorgfalt und größter Schnelligkeit.

(2) Beim *Inter-Senderkonflikt* widersprechen sich die Erwartungen verschiedener Bezugspersonen. Dies ist vor allem bei Zwischenvorgesetzten der Fall und fast sprichwörtlich für die Rolle des Meisters.

(3) Beim *Inter-Rollenkonflikt* handelt es sich um verschiedene, sich widerstreitende Erwartungen aus verschiedenen Rollenverpflichtungen, wie z. B. die des Managers im Betrieb und die des Ehemanns und Vaters in der Familie, die häufig bei Führungskräften auftreten, wenn sie an vielen Tagen der Woche ihre Familie kaum sehen.

(4) *Träger* bzw. *Personen-Rollenkonflikte* entstehen durch den Widerspruch durch Erwartungen, die von außen an den Rollenträger herangetragen werden, und Erwartungen, die er selbst hegt. Diese Konflikte treten im Betrieb besonders dort auf, wo Spezialisten sehr viel mit Routinearbeiten beschäftigt werden, oder altgediente Stabsleute zum Linienvorgesetzten befördert werden.

Konfliktsituationen treten auch dann auf, wenn es zu *Rollenüberlastungen* (Rollenstreß) oder zu Rollenunterforderung kommt. Der Rollenstreß macht sich mit steigendem Rang in der Hierarchie besonders bemerkbar oder bei chronischer Unterbesetzung. *Rollenunterforderung* kommt dann vor, wenn hochspezialisierte Leute sich plötzlich aufgrund von Rationalisierungen mit monotonen Routinearbeiten und Überwachungstätigkeiten befassen müssen. Sie ist auch dann gegeben, wenn z. B. gelernte Bäcker am Montageband arbeiten müssen, weil sie keine entsprechende Stellung in ihrem gelernten Beruf finden.

Konfliktträchtig ist auch die *Rollenmehrdeutigkeit*, wenn keine klaren Abgrenzungen der Kompetenz oder Eindeutigkeit der Aussage eines Auftrags oder generell auch Informationen für die Aufgabenerfüllung fehlen. Zur Rollengerechten Ausführung seiner Tätigkeit benötigt jeder Mitarbeiter entsprechende Information. Die Zwielichtigkeit, wenn man nicht weiß, ob ein Ermessensspielraum besteht oder nicht, oder nur angemessene Informationen fehlen, nennt man *Rollenambiguität*. Wenn diese auch nicht unbedingt einen Konflikt herbeiführt, so bewirkt sie doch eine hohe Verunsicherung der Mitarbeiter.

Bei der Konfliktlösung in der Gruppe soll die Konfliktsituation als Problemlösungssituation aufgefaßt werden und nach dem „*Prinzip der gemeinsamen Tatsachenfindung*“ (*Lewin*), d. h. durch eine offene und sachliche Besprechung der widersprüchlichen Ansichten mit allen Betroffenen soll das Problem tatsächlich erkannt und einer gemeinsamen Lösung zugänglich gemacht werden. Dieser pragmatische Ansatz verlangt nicht nur den guten Willen aller Beteiligten, sondern auch konkrete

Zielabsprachen für die weitere kooperative Zusammenarbeit, die die Erwartungsstrukturen für die zukünftigen Rollen festlegen und neu definieren.

7. Rollenspiel

Rollenspiel wird das *Rollenhandeln* genannt, das sich an den Rollenerwartungen orientiert. Rollenspiel kann aber auch eine *Simulation* dieses Rollenhandelns sein, das als *Trainingsmethode* (vgl. Maier/Sollem/Maier 1974) Einstellung, Rollenwahrnehmung und vor allem Rollen-Feedback mit den entsprechenden Gefühlen untersucht, bewußt macht und einübt.
Das Rollenspiel eignet sich vor allem als Trainingsform *zur kooperativen Selbstqualifikation* einer Gruppe, um eigene Konflikte zu erkennen und zu lösen. Gemäß dem eben genannten „Prinzip der gemeinsamen Tatsachenfindung" werden *zur Erleichterung der gemeinsamen Konfliktverarbeitung* Rollenspiele durchgeführt. Hier stehen zwei Methoden zur Verfügung: Im *informellen Rollenspiel* übernehmen aus der Diskussion des Problems, in dem die Gruppe tatsächlich steht, Mitarbeiter die Gesprächsrollen, oder die in Konflikt geratenen Personen selbst den Gesprächspart im Rollenspiel und versuchen in einer spontanen, freien Gestaltung das Problem zu diskutieren und zur Konfliktverarbeitung beizutragen. Dies ist jedoch nicht ganz unproblematisch. Es bedarf einer bereits vorhandenen Übungserfahrung oder der Anleitung durch einen Trainer.
Das *formelle Rollenspiel* ist dagegen schon eine Art Planspiel. Es werden Rollenspieler bestimmt oder ausgewählt, die sich selbst oder mit der Gruppe auf ihr Spiel, dem *Soziodrama*, wie Schauspieler vorbereiten. Die Zuschauer insgesamt kennen nur den allgemeinen Rahmen und nur teilweise die Vorgeschichte der betrieblichen Situation.
Die nötige Distanz zur eigenen affektgeladenen Situation zu erlangen, und außerdem affektives Verhalten lernend beobachten und erkennen zu können, werden die *Rollenspiele mit Fallstudien* gestaltet, die einen ähnlichen Sachverhalt haben und dem gleichen Problembereich entstammen, wie der anstehende Konflikt in der eigenen Gruppe. Über diese *Problementfremdung* (vgl. Sahm 1981, 102 f.) wird das eigene Problem distanziert und differenzierter angegangen. Dieses wird erleichtert oder gar erst ermöglicht durch gezielte Beobachtung einzelner Verhaltensaspekte.
Im Rollenspiel wird deutlich, daß nicht nur funktional-strukturelle Erwartungsaspekte Gegenstand der Rolle sind, die zu simulieren und einzuüben Ziel des Rollenspiels ist, sondern daß in gleicher Weise im Sinne der kritischen Rollentheorie die Motivationsebene angesprochen werden muß. Die Rolleninterpretation muß nicht nur der Rollendefinition durch die Bezugsperson entsprechen, sondern auch durch Interessenlage und Bedürfnisspannung zu echten Ich-Leistungen anregen. Das *Rollenspiel ist somit kein Theaterspiel*, in dem die Rollenpartner möglichst großen Beifall von den Beobachtern bekommen, weil sie ihre Rolle gut spielen, *sondern es ist ein hochwertiges Motivationstraining*, das zur Erkenntnis von Konfliktursachen durch persönliche Einsicht und Zielidentifikation und zur Klärung der Motivationslage innerhalb der ganzen Gruppe wesentlich beiträgt.

B. Kleingruppe

So wie das Rollenkonzept die Kluft zwischen Individuum und Gruppe überbrückt, stellt die Gruppe ein Bindeglied zwischen Individuum und Gesellschaft dar (vgl. Wunderer/Grunwald 1980, I, 130). Die kleinste soziale Einheit im Betrieb, in der Individuen zusammenarbeiten, d. h. Rollen übernehmen und erfüllen, ist die Kleingruppe.

1. *Gruppenarten*

Die wichtigsten Gruppenarten sind bereits in anderem Zusammenhang beschrieben worden (vgl. Kap. 4, I, C) und aufgrund ihrer inhaltlichen Kriterien näher charakterisiert. Hier werden sie noch einmal *nach ihren Einteilungskriterien* aufgezählt. Dabei werden organisatorische Kriterien für Gruppen, z. B. Projektgruppen, Trainings- und Therapiegruppen, außer acht gelassen. Nach allgemeinen Kriterien lassen sich folgende Gruppenarten feststellen:

- Nach der Gruppengröße: *Kleingruppe/Großgruppe* (vgl. 4. Kapitel I, C, 1),
- nach der Zeitdauer: *Ad-hoc-Gruppe/Dauergruppe*,
- aufgrund der Wahrnehmung: *face-to-face-group*,
- nach der Intimität der Interaktionen: *Primär- und Sekundärgruppen*,
- nach den Bedürfnissen und Entstehungsgründen von Gruppen: *Formelle* und *informelle Gruppe*,
- aufgrund der intensiven Kommunikationsstruktur und Zielausrichtung einer Gruppe: das *Team*,
- aufgrund des intensiven Kommunikationszusammenhalts, mit dem Ziel der Erreichung egoistischer Motive: die *Clique*,
- nach dem Maß der Selbstbestimmung: *autonome* bzw. *teilautonome Gruppe*,
- nach der Unterscheidung der rationalen, sachlichen Arbeitsstruktur und der emotional unterschwelligen Gefühlsstruktur: *Arbeitsgruppe* und *Basisgruppe* nach Bion (vgl. Kap. 4, I, C, 3a).
- aufgrund der gegenseitigen Abhängigkeit zwischen Gruppenmitgliedern zum Erreichen eines Zieles (Fiedler 1967),
  - die *intergrierende Gruppe*, wenn die einzelnen Mitglieder in der Ausführung ihrer Aufgabe und ihrer Abfolge voneinander abhängig sind.
  - *Koagierende* Gruppe, wenn die Gruppenmitglieder in der Durchführung ihrer Arbeitsrolle relativ unabhängig voneinander sind,
  - *konteragierende* Gruppe, in denen die Mitglieder der Gruppe bei der Arbeit damit beschäftigt sind, Probleme durch Verhandlungen und Kompromisse zu lösen.

2. *Abhängigkeit und Autonomie*

Das *Stachelschwein-Beispiel* (vgl. Kap. 4, I, E, 1) veranschaulicht sehr deutlich das *Dilemma von sozialer Abhängigkeit und persönlicher Autonomie*, wie sie in der Entwicklung und der Atmosphäre von Kleingruppen herrscht.

Die Verhaltensstrukturen sind in der gruppendynamischen Forschung eingehend untersucht worden. Die *Ergebnisse der gruppentherapeutischen* Richtung, insbesondere von Bion in seinen Grundannahmen (vgl. 1. Kap. I, D, 2) und *der gruppendynamischen Trainingserfahrungen* (vgl. Bennis 1972, 272 f.) kommen zur gleichen Bestimmung der wichtigsten Dimension der Gruppe.

Bion kennzeichnet in seinen *Basisannahmen* die Dimensionen zwischen Abhängigkeit und Autonomie mit folgenden Verhaltensarten:

(1) Flucht und Kampfverhalten (kontra-dependentes Verhalten),
(2) Abhängigkeitsverhalten (dependentes Verhalten),
(3) Subgruppen- bzw. Paarbildung (interdependentes Verhalten),
Hinzu kommt noch aufgrund weiterer Beschäftigung mit seinen Thesen,
(4) Arbeitsverhalten (Thelen 1951).

Allgemein durchgesetzt haben sich folgende Begriffe:

- *Dependenz*: Dieser Verhaltensaspekt umfaßt die charakteristischen Verhaltensweisen eines Gruppenmitglieds, das die Gruppenführung die Regelstruktur und dergl. als angenehm empfindet. Ihr Verhalten ist als abhängig zu bezeichnen. Auch Fluchtverhalten ist dependent.
- *Kontra-Dependenz (Counter)*: Hiermit wird das Aufsässigkeitsverhalten von Gruppenmitgliedern erklärt, die angesichts autoritärer Strukturen opponieren und „aus der Fassung" geraten.
- *Interdependenz*: Sie zeugt von einem Streben nach Gemeinsamkeit, der Identifizierung und des Einvernehmens aller unter besonderer Betonung auch der Gefühlsstruktur mit hohem Wir-Gefühl und dem Streben nach Kooperation.
- *Independenz*: Sie kennzeichnet einen hohen Grad personaler Unabhängigkeit und Autonomie als Gruppenteilnehmer und bei der Suche nach Problemlösung. Sie ist mit dem Arbeitsverhalten bei Bion in etwa vergleichbar. Für die Gruppe selbst bedeutet Independenz, daß die Flucht in Abhängigkeitsverhältnisse gering ist und Kontradependenz im Sinne einer grundsätzlichen Opposition fehlt.
- *Encounter*: Sie ist jene Verhaltensdimension, die in der offenen, persönlichkeitsbezogenen Gesprächsform von Begegnungsgruppen zum Ausdruck kommt, die auf *Carl Rogers* (1961) zurückgeht. Der psychologische Ansatz ist die Problemfeststellung und Konfliktverarbeitung durch Nachempfinden, Aussprechen oder sonstigen Ausdruck von Empfindungen, das Finden zu Partnerschaft.

Bei der Gruppendynamik werden die genannten Verhaltensdimensionen als Momente der Gruppenentwicklung angesehen. Bedeutsam hierbei ist die Interdependenz für den Prozeß einer reifen Gruppe. *Selbstständigkeit* bedeutet hierbei, daß jemand sich auf seine eigenen Eindrücke, Gefühle und Urteile verläßt und entsprechend handelt. *Abhängigkeit* bedeutet, daß er sich auf andere verläßt. In dem *Wechselspiel der Interdependenz* werden die verschiedenartigen Gruppenmitglieder

neue Maßstäbe setzen und neue Verfahrensweisen ausarbeiten, die den Zielen und Fähigkeiten der Gruppenmitglieder entsprechen. Interdependenz bedeutet dann mehr als nur eine Arbeitsteilung innerhalb der Gruppe, nämlich daß man auch lernt, Abhängigkeiten zu akzeptieren, wenn es wirklich erforderlich ist, und Counter-Dependenz abzubauen. Verunsicherungen begünstigen Dependenz (Flucht) und Counter-Dependenz (Kampf) (vgl. hierzu Abb. 35 und Abb. 36). *Vertrauensklima in der Gruppe und gutes Betriebsklima im sozialen Umfeld* begünstigen die innere Interdependenz im Sinne einer kooperativen Zusammenarbeit.
Allerdings sind die Aspekte Selbständigkeit und Autonomie im Gruppengeschehen zwei sich bedingende Teilaspekte, die vom Führungsverhalten und dem Führungsstil abhängig sind. Vgl. hierzu Abb. 93, die deutlich macht, daß partizipativer Führungsstil den *Autonomiegrad*, d. h. die Interdependenz des einzelnen und die Gruppendependenz erhöht, wogegen autoritäres Führungsverhalten dies schmälert. Um die interdependente Zusammenarbeit in der Gruppe zu steigern, muß der einzelne etwas von seiner Autonomie aufgeben, die Führungskraft dagegen muß den Autonomiegrad der Gruppe steigern.

3. Binnenstruktur

Die Binnenstruktur der Kleingruppe ist im Vergleich mit der Großgruppe *unter feldtheoretischen Aspekten* (vgl. 1. Kapitel II, C, 1) in Abb. 63 dargestellt. Die *Strukturdynamik* ist durch das Veränderungsprinzip des Unfreezing (vgl. 3. Kapitel I, A, 3) bestimmt. Die Binnensphäre ist durch die interpersonalen Beziehungen gekennzeichnet und weist gemäß der Feldtheorie

- *ökologische und typologische Determinanten*, d. h. Umfeld- und standortbezogene Bestimmungsgründe der Stellung des Individums in der Gruppe auf, ferner
- *ökologische Gruppenstrukturen (Gruppenformation)*, die für die Leistung der Gruppe wichtig sind (vgl. Scharmann 1972, 48 ff.).

Von erstrangiger Bedeutung für die Binnenstruktur der Gruppe ist die *Führungsstruktur* oder Autoritätsstruktur. Die klassische Einteilung von Lewin/Lippitt/White (1939) typisiert das Führungsgeschehen in einer Gruppe durch *drei Führungsformen*, die in verschieden geführten Gruppen zum Ausdruck kommen.
Autoritäres Führungsverhalten zeigt eine führungszentrierte, straffe Binnenstruktur der Gruppe. *Demokratisches Verhalten* läßt einen hohen Grad an wechselseitigen Beziehungen in der Binnenstruktur erkennen. *Laissez-faire* Verhalten dagegen ist durch einen lockeren Verbund ohne großen Zusammenhalt gekennzeichnet.

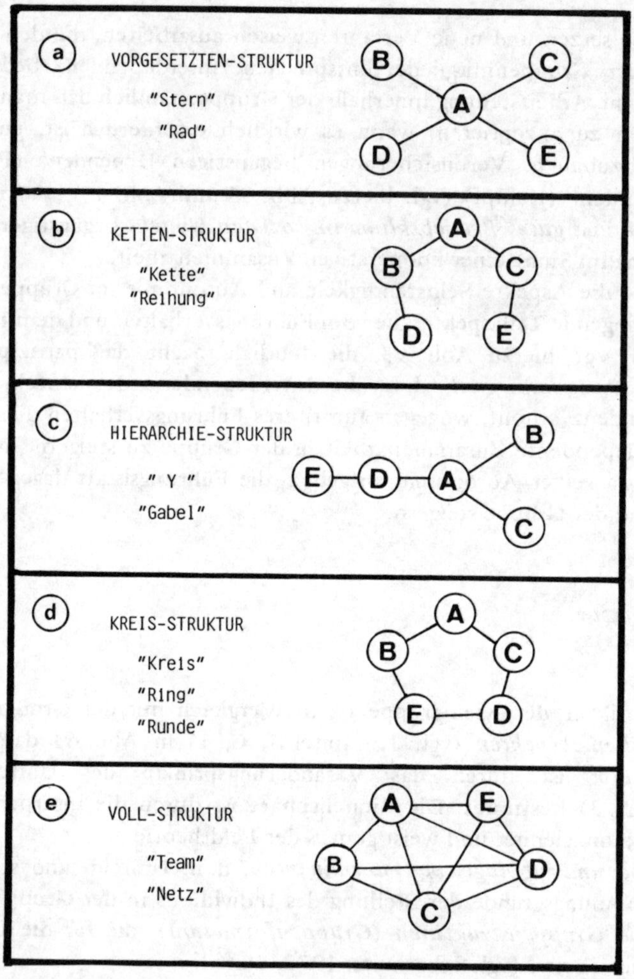

Abb. 80 Typische Kommunikationsmuster in der Kleingruppe

Durch die *Kommunikationsstruktur* wird in gleicher Weise die Binnenstruktur der Kleingruppe verdeutlicht, indem man sie soziographisch in ihrem Kommunikationsmuster veranschaulicht. Abb. 80 stellt die *typischen Kommunikationsmuster* von jeweils einer Kleingruppe mit fünf Personen dar. Diese *Grundnetzwerke* der Kommunikation wurden *von Bavelas* (1956) *und Leavitt* (1951) zu Untersuchungszwecken erstellt.

Eine deutliche *Beziehung zur Führungsstruktur* ist bei allen Kommunikationsmustern gegeben. (a) kennzeichnet die autoritäre Vorgesetztenstruktur. Sie ist die restriktivste Form. Die Kettenstruktur in (b) ist ebenfalls führungszentriert, und die Gabel in (c) läßt deutlich eine hierarchische Struktur erkennen. Die Person A in diesen Kommunikationsmustern hat eine zentrale Stellung für Kommunikation und Information. .

Im Hinblick auf die Information führte Bavelas den Begriff *Zentralität* als Maß für den Abstand jedes einzelnen von den übrigen Gruppenmitgliedern ein. Es ist auch ein Maß für die *Zugänglichkeit der notwendigen Information*, die das einzelne Gruppenmitglied im Hinblick auf eine gemeinsame Problemlösung zur Verfügung hat. Die Mitglieder in Gruppen mit Teamstruktur haben eine gleiche Zentralität, die Personen in einer Kreisstruktur eine relative Zentralität. Das höchste Maß der Zentralität hat jeweils die Person A in den anderen Kommunikationsmustern.

Als Sonderform in der Binnenstrukturierung sei die häufig vorkommende *Position des Außenseiters* erwähnt, der in seinen Beziehungen zu den anderen Gruppenmitgliedern isoliert dasteht (vgl. Abb. 73).

Die Art der Binnenstruktur hat für die Arbeitsatmosphäre und den Leistungsstil in der Kleingruppe wesentliche Bedeutung. Zu beachten ist allerdings auch der *Außenkontakt*. So gibt es durchaus Gruppen, die in der Binnenstruktur ein Kommunikationsnetz aufweisen, nach außen jedoch kaum Kontakt haben oder ihn meiden. Dies ist die typische Form einer *Clique*.

4. Leistungsvor- und Nachteile der Gruppe

Gemäß dem *Synergie-Effekt* besteht die Annahme, daß die Summe der Leistungen einer Gruppe höher ist, als die Summe der Leistungen ihrer einzelnen Mitglieder. Dies ist jedoch *nur bedingt richtig*. Bei einer differenzierten Betrachtung ergeben sich sogar Nachteile der Gruppenleistung gegenüber der Einzelleistung; denn Träger schöpferisch-kreativen Tuns ist stets das Individuum. Es hängt von der Art der zu erstellenden Leistungen ab, ob eine Gruppe oder der einzelne effektivere Leistungen erzielt.

Es gibt *Phänomene höherer Leistung* des einzelnen, wo die *bloße Anwesenheit* von anderen Personen dies bewirkt. Zajonc (1965) hat dies differenzierter untersucht und festgestellt, daß nur bei Routinearbeiten und bei der Anwesenheit von sozial erwünschten Personen eine höhere Leistung erfolgt. Bei Arbeiten jedoch, wo etwas Neues gelernt werden muß, oder die kreative Aufmerksamkeit erfordern, wird bevorzugt, die Tätigkeit in Einzelarbeit und allein zu erledigen.

Ganz allgemein kann man auch *bei Problemlösungs- und Entscheidungsaufgaben drei Möglichkeiten* mit Kelley und Thibaut (1969) unterscheiden,

(1) die Gruppenleistung liegt *über* der besten Einzelleistung,
(2) die Gruppenleistung ist *gleich* der besten Einzelleistung,
(3) die Gruppenleistung liegt *unter* der besten Einzelleistung.

Im dritten Fall kann es sogar so sein, daß Masseneffekte auftreten, die der *Auffassung der alten Massenpsychologie* von LeBon (1950), Ortega y Gasset (1955) u. a. entspricht, daß das Niveau der schlechtesten Einzelleistung noch unterschritten wird.

Die *Verschlechterung der Leistung* in der Gruppe liegt vor allem an Leistungsverlusten durch emotionale Reibereien, aber auch an Koordinationsschwierigkeiten arbeitsmethodischer Art im Sachaufgabenbereich. Die persönliche *Orientierung einzelner Gruppenmitglieder* aufgrund von Erfolgszuversicht und anderer an Mißerfolgsangst ist hierbei auch zu berücksichtigen.

Ferner muß bedacht werden, daß nicht durch das bloße Hinzufügen einer Person die Gruppe auch einen höheren Leistungseffekt erbringt. Im Gegenteil kann man nach Schlicksupp (1977, 173 f.) sogar von *abnehmenden Leistungszuwächsen* analog des Ertragsgesetzes sprechen. Eine Rückläufigkeit der Leistung wird schon bei Gruppen von 12 und 14 (und mehr) festgestellt (vgl. Kap. 4, I, C, 1).
Der *Synergie-Effekt einer Gruppenleistung* kommt nur dann zum Tragen, wenn der Problemkomplex der Aufgabe sich aus vielen Teilaspekten zusammensetzt, die jeweils von einem einzelnen erbracht werden kann.
Auf der anderen Seite kommt es zu dem gleichen Effekt, wenn die Schwächen und Stärken der Mitarbeiter nicht korrelieren und sich somit das von Hofstätter (1971, 36) hierzu beschriebene „*Prinzip des statistischen Fehlerausgleichs*" auswirken kann.
Bei all diesen Voraussetzungen für höhere Gruppenleistung ist jedoch die *Teamreife einer Gruppe von ausschlaggebender Bedeutung*. Eine reife geschulte Gruppe wird selbst erkennen, wann es besser ist, in der Gruppe zu arbeiten oder Einzelarbeit zu bevorzugen.
In den folgenden Ausführungen sind *Kriterien* hierfür aufgezeigt.
Hofstätter (1971, 29 ff.) unterscheidet grundsätzlich drei *Typen* von Gruppenleistungsvorteilen:

- *beim Tragen und Heben* (Leistungen, die dem einzelnen ohne technische Hilfe gar nicht möglich sind),
- *beim Suchen und Finden*,
- *beim Bestimmen und Normieren* (besseres Urteilsvermögen).

Vorteile der Gruppenarbeit müssen nicht unbedingt auf die Ergebnisse der Gruppe abgestellt sein, sondern können auch *persönlichen oder zwischenmenschlichen Gewinn* bedeuten, der sich indirekt auf die Leistung auswirkt.
In folgenden Bereichen wird der *Vorteil einer guten Teamarbeit* sichtbar (Werneck/Heidack 1975, 166 f.).

- In der *kreativen Überlegenheit* der Gruppe gegenüber dem einzelnen. Dies zeigt sich, wenn
  - für die Lösung von Problemen große Vielfalt an Können und Wissen erforderlich ist,
  - bei der Auswahl von Alternativen zur Entscheidung eine vergleichende Prüfung von Fakten und Ideen nötig ist,
  - durch freien Gedankenaustausch neue Ideen angeregt werden,
  - durch Feedback Ideen der anderen weitergeführt und kritisch geprüft werden.
- In der *sozialen Überlegenheit* der Gruppe:
  - Das Gruppenmitglied wird durch die Rollenerwartung und das gemeinsame Arbeitserlebnis höher motiviert und engagiert sich im Arbeitsprozeß stärker.
  - Wenn alle in der Gruppe das gleiche Ziel verfolgen, kommt es zu einer leistungsstarken Zusammenarbeit auch an Projekten, die den einzelnen entmutigen.
  - Im Team wird störendes Konkurrenzverhalten durch den Feedback der Gruppe abgebaut und konstruktive Mitarbeit und Zusammenarbeit bewirkt.
  - Wird eine Gruppenentscheidung im Einvernehmen aller getroffen, so ist gewährleistet, daß auch alle bei der Durchführung dahinterstehen.

- In der *organisatorischen Überlegenheit* der Gruppe,
  - durch die Möglichkeit der Arbeitsteilung mit entsprechendem Rationalisierungseffekt,
  - durch eine zweckentsprechende Wahl der Mitglieder,
  - durch eine funktionstüchtige Gruppengröße,
  - durch eine gute Führung oder Leitung,
  - durch die ständige Eigenkontrolle, wodurch Fehler früher erkannt und Irrwege vermieden werden können.

  Vor allem die sozialen Vorteile stärken die *Funktionslust und Arbeitsfreude*. Allerdings muß vor einer falschen Idealisierung des „Teamgeistes" gewarnt werden. Manche Mitarbeiter arbeiten lieber alleine und leisten dann auch mehr. *Die Leistung* kann auch dadurch *beeinträchtigt* werden, daß
  - der *Stärkste* in der Arbeitsgruppe die anderen *dominiert* und die anderen sich nach ihm ausrichten,
  - die *Gruppenmacht* von Bequemen und Leistungsunwilligen ausgenutzt wird, um Leistung gezielt zu mindern,
  - *falsche Solidarisierung* mit dem „schwächsten Glied in der Kette" eine psychologische Leistungsnivellierung auf einem niedrigen Niveau ergibt,
  - das starke „Wir-Gefühl" in der Gruppe eine *Frontbildung nach außen* oder oben, also auch gegen den Vorgesetzten bewirkt, und es so zu einem falschen Machtbewußtsein kommt,
  - von daher auch die Gefahr von *Gruppen- und Abteilungsegoismus* besteht.

C. Großgruppe

In einer anderen Art als die Kleingruppe bildet die Großgruppe, der Betrieb, das *Bindeglied zur Gesellschaft*. Sie ist bereits ein Bestandteil der Gesellschaft. Die äußere Umgebung setzt sich (vgl. hierzu Abb. 63) neben anderen Großgruppen auch aus Individuen und Kleingruppen zusammen, so wie sie selbst strukturiert ist. In dieser Umgebung sind die eigenen Mitglieder in anderen Rollen tätig. Die Führung einer Großgruppe kann sich deshalb nicht auf die Kontrolle nach innen der widerstreitenden Interessen der Mitarbeiter beschränken, sondern muß sie auch zu der äußeren Umwelt in Beziehung sehen und setzen (vgl. hierzu Rice 1971, 23).

1. Steigendes Maß notwendiger Organisation/Institutionalisierung

Mit wachsender Mitgliederzahl steigt auch die Notwendigkeit klar definierter Zielsetzungen, eindeutig geregelter Führung und Leitung und auch nach organisatorischer Abgrenzung, die festlegt, wer innerhalb und außerhalb der Gruppe steht. *Die Führung wird immer stärker von Organisationselementen* geprägt. Eine Unterscheidung zwischen Führung und Leitung ist bei der Ausführung der offenkundigen Aufgabe recht schwierig. Die Gesamtaufgabe der Leitung und Führung des Betriebs als Großgruppe ist *Management* (vgl. hierzu 5. Kapitel I, A). Verschiedene Ausprägungen von Organisations- und Führungselementen zeigt der *idealtypische Klassifikationsansatz* von Bleicher (1972) in Abb. 81. Er will der steigenden Notwendigkeit nach Organisation und Institutionalisierung durch sechs verschiedene Merkmale formaler Organisation in einem Polaritätenprofil möglicher Flexibilität der Führung Rechnung tragen.

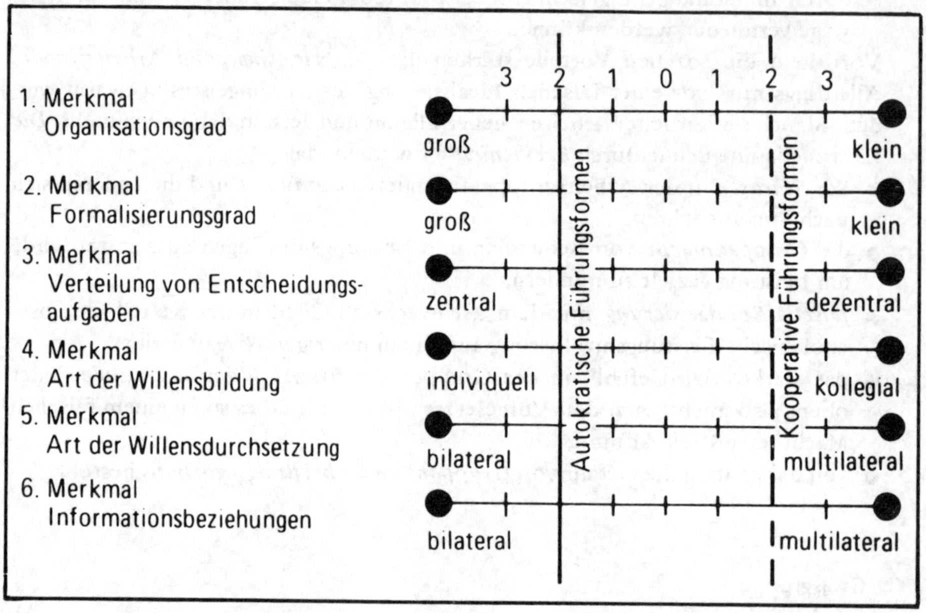

Abb. 81 Polaritätsprofil: Ausprägungen von Organisations- und Führungselementen (nach Bleicher 1972, 272)

2. Formelle und informelle Strukturen

Die informellen Gruppenstrukturen wurden *bei den Untersuchungen der Hawthorne-Studie „entdeckt“* und werden seither mit den formalen Gruppenstrukturen verglichen und ihnen gegenübergestellt. Spricht man von informellen oder formellen Gruppen, so wird dies zu Recht *kritisiert* (vgl. Irle 1965; v. Rosenstiel 1976, 1977, 1978), wenn man hierin zwei verschiedene Typen von Gruppen sieht. Beide haben die gleiche Struktur-Prozeßeinheit, wie sie laut Definition für jede Gruppe besteht. *Von ihrer Entstehung her und ihrer Zusammensetzung und Interaktion gibt es Merkmale, durch die sich formelle und informelle Gruppen in ihrer Struktur deutlich unterscheiden.*

Formelle Gruppen sind Kooperationseinheiten, die zur Erfüllung spezifischer Ziele und Aufgaben in *eindeutigem Zusammenhang mit dem Organisationsauftrag und dem Organisationsziel* stehen. Sie hängen in ihrer Größe, Zusammensetzung und Dauer des Bestehens von der Organisationsstruktur des Betriebes und dem Ablaufprogramm ab. Sie werden in ihrer Zielsetzung, Information und Koordination von der Organisationsleitung bestimmt und gesteuert. Von der *Zeitdauer* her gibt es permanente formelle Gruppen, z. B. Vorstandsgremien, Stabsstellen oder Arbeitsgruppen in Abteilungen, sowie zeitlich begrenzte formelle Gruppen, wie Komitees, Krisenstäbe, Studienausschüsse etc. In der Arbeitsgruppe von Dauer sind die Mitarbeiter im Grunde genommen auswechselbare Teile der Struktur. Eine solche formell organisierte Gruppe wird in der Regel auch dann noch ihre Funktion und Wirksamkeit fortsetzen, wenn die Mitglieder in Folge von Fluktuation wechseln.

Informelle Gruppen entstehen im Gegensatz zu den zweckrational geplanten und bewußt in der Großgruppe Betrieb eingesetzten Arbeitsgruppen durch spontane und organische Gruppierungen von Organisationsmitgliedern. Zwei *Gründe*, die meist nicht unabhängig voneinander auftreten, sind dabei erkennbar

- *Soziale Bedürfnisse*, die in der Natur des Menschen liegen, lassen informelle Beziehungen entstehen, die mannigfaltige individuelle Anknüpfungspunkte bieten. Solche Anknüpfungspunkte, die *Ursachen für das Entstehen* informeller Beziehungen und die Bildung von informellen Gruppen im Betrieb sein können, sind gegeben durch
  - gemeinsame Interessen oder Hobbies,
  - gemeinsame Bekanntschaften oder Zugehörigkeiten zu Vereinen, Parteien, Clubs usw. außerhalb des Betriebes,
  - gleiche Merkmale, wie Alter, Konfession, Landsmannschaft etc.,
  - gleiche hierarchische Stellung oder gleiches Prestige trotz räumlicher Trennung im Betrieb,
  - gleiche oder ähnliche Funktionen im Betrieb oder überbetrieblichen Organisationen,
  - technisch-funktional bedingte Beziehungen formaler Art während der Arbeitszeit, oder auch gleicher Heimweg (Fahrgemeinschaft).
- *persönliche Bedürfnisse*, die bei der Arbeit selbst unerfüllt bleiben (vgl. Schein 1980) führen zu einer Vielzahl von Beziehungen zu anderen Mitgliedern der Organisation und zur Bildung von informellen Interessengruppen. Persönliche Interessen, brachliegende persönliche Anlagen und Fähigkeiten, die bei der Arbeit nicht eingesetzt werden können, geben Anlaß zu solch informellen Beziehungen, die zunächst *spontan* entstehen, durch Verfestigung dann jedoch zu informellen Gruppen führen. Dieser zweite Grund von Entstehung informeller Strukturen tendiert sehr häufig zu negativen Erscheinungsformen, weil die gleichen persönlichen Bedürfnisse häufig auf *gleiche Frustrationserlebnisse* zurückzuführen sind. Auf diese Sonderform der Clique wird getrennt eingegangen.

Insgesamt gesehen sind die spontanen Aktivitäten informeller Natur ein belebendes Element in der Organisation und von stärkerer Begeisterung getragen, als die reine Arbeitsmotivation, was sich auf den Leistungserfolg formeller Ziele niederschlägt. Das gesamte Gruppenverhalten ist in der Regel gemischt aus formellen und informellen Verhaltensanteilen. *Der informelle Faktor kann wesentlich zu einer Verstärkung der Motivation des gesamten Leistungsverhaltens beitragen, wenn er entsprechend berücksichtigt und gewürdigt wird*, z. B. bei Einreichgemeinschaften im betrieblichen Vorschlagswesen (vgl. Heidack/Brinkmann 1982).

3. Clique

Eine Clique ist eine *Sonderform der informellen Gruppen*. Sie schließt sich auch anderen informellen Gruppen gegenüber ab und stellt insgesamt einen Fremdkörper in der formellen Organisation und Sozialstruktur des Betriebes dar. Ihr Entstehen verdankt sie egoistischen persönlichen Bedürfnissen, die zu einem sehr engen Zusammenhalt und Wir-Gefühl führen. Obwohl die Clique auch sehr leistungsintensiv sein kann, ist sie auf die gesamte Struktur hin gesehen meist leistungshemmend, baut Barrieren auf, weil sie stets betont gruppenegoistische Interessen verfolgt, die sich im Hinblick auf übergeordnete Interessenzusammenhänge störend und destruktiv auswirken. Eine Clique zeigt oft aggressive oder resignative Solidarität von Frustrierten.

v. Rosenstiel (1978, 246 f.) wendet sich gegen die Bezeichnung „informelle Gruppe" und definiert diese als Clique, d. h. als eine Gruppe „in der Organisation, die in ihrer Zusammensetzung *vom Organisationsplan abweicht* und in ihrem Verhalten *den Organisationsnormen widerspricht*." Gemäß der Hierarchiestruktur teilt er sie in horizontale, vertikale oder gemischte Cliquen ein.

4. Das System von überlappenden Gruppen nach Likert

Um den persönlichen und sozialen Bedürfnissen des Mitarbeiters im Arbeitsprozeß einer Großgruppe Rechnung zu tragen, hat Likert (1973, 1975) ein gruppenbezogenes Strukturmodell entworfen, das als System überlappender Gruppen weithin bekannt wurde. Es ist empirisch gut fundiert und beeinflußt auch die Struktur unserer heutigen Organisationsformen (vgl. Weinert 1981, 80).

Dies Modell geht von der Tatsache aus, daß die Strukturen in der Organisation von Großgruppen nicht durch feste Grenzen gekennzeichnet sind, sondern daß die Mitglieder von Gruppen und weiter übergeordneten Arbeits- und Organisationseinheiten (Abteilungen, Hauptabteilungen usw.) nicht nur innerhalb der Gruppe in Kontakt und Beziehung stehen, sondern sich *überlappende Kommunikations- und Rollenverhältnisse* ergeben. Dies ist in der Hierarchie *vertikal* und *horizontal*, wie Abb. 82 verdeutlicht, oder sogar *multiple* möglich, z. B. als Gruppenführer, Mitglied der Abteilungsleiterbesprechung und Projektleiter. Im Gegensatz zur klassischen Linienorganisation, das auf dem System der Vorgesetzten-Mitarbeiter-Beziehungen im Sinne des Mann-zu-Mann-Modells mit dem Kommunikationsmuster eines Sterns beruht, geht Likert (1975, 60) in seinem hierarchischen System überlappender Gruppen von einer Gruppenführung aus, „in der jede Arbeitsgruppe durch Personen, die mehr als einer Gruppe angehören, mit der übrigen Organisation verbunden ist".

Die Überlappung der einzelnen hierarchischen Gruppen erfolgt durch Personen, die Mitglieder zweier oder mehrerer Gruppen sind, und als Verbindungsglieder (*„linking pins"*) fungieren. Die Rollenverteilung sieht so aus, daß diese Personen zugleich Vorgesetzte ihrer eigenen Gruppe und Mitarbeiter in einer anderen Gruppe sind. Der Einfluß wird damit von unten nach oben institutionalisiert. Empirische Unter-

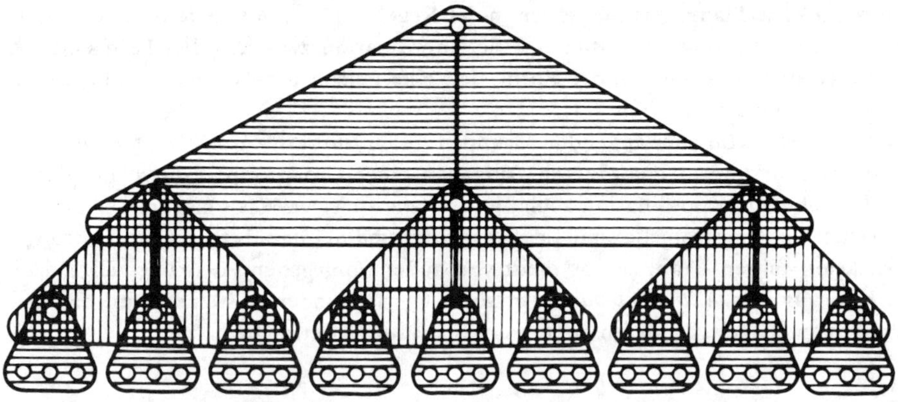

Abb. 82 System der überlappenden Gruppen nach Likert (1972, 114)

suchungen haben gezeigt, daß dadurch die Beteiligung der Mitarbeiter am Gruppenprozeß attraktiver wird.

Die besonderen *Vorteile dieser Verbindungsrollen* liegen darin, daß der Rollenträger als Verbindungsglied

- *multilateralen Einfluß* ausübt,
- durch die Kenntnisse der spezifischen Normenwerte, Bedürfnisse und Ziele jeder Gruppe mit beiden Gruppen *wirksam kommunizieren* und entsprechenden Einfluß ausüben kann,
- eine wesentliche Rolle bei der *Koordinierung von Problemlösungsaktivitäten beider Gruppen* spielt.

Eine Verbesserung der Kommunikationsstruktur bezweckt auch das *Colleague-Modell von Gollembiewski* (1967), das auch die Stabsmitglieder an Entscheidungsprozessen durch Einbeziehen in Colleague-Teams beteiligen will. Ferner ist zu nennen das *Quickborner Modell des vermaschten Planungsteams von Schnelle (1966)*, dem für die Einbringung aller für die Aufgabe der Planung bedeutsamen Sachaspekte sachkundige Mitarbeiter aus dem Betrieb und externe Spezialisten angehö-

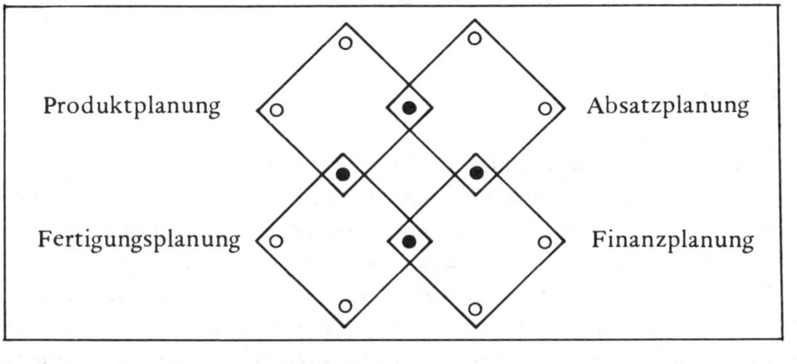

Abb. 83 Vermaschung von vier Planungsteams

ren sollen. Die Planungsteams sollen in der Regel aus 3–6 Mitgliedern bestehen, die jeweils ein Teilproblem bearbeiten. Die Koordination zwischen den Teams erfolgt durch Teamvermaschung in der Form, daß eine Person des Teams auch Mitglied in anderen Teams ist (vgl. Abb. 83).
Diese Systeme von überlappenden Gruppen sollen *Interessenkonflikte abbauen, zur Identifikation* mit übergeordneten Aufgaben einer Großgruppe *führen* und durch die Teilhabe und Koordination auch die *Leistung steigern*. Was sonst zur Diskrepanz zwischen Leistungsvorgabe und Leistungsnorm und der daraus folgenden Leistungsrestriktion führen kann, ist das meist von außen vorgegebene Leistungsziel. *Durch Mitberatung und Mitentscheidung* in solch überlappenden Systemen wird das Ziel gemeinsam festgelegt und ein *hoher Partizipationsgrad* erreicht.

III. Gruppenprozesse

Die Beziehungen im Gruppenprozeß beruhen auf Information, Kommunikation und Interaktion. Information ist das Grundelement zielgerechten, zweckmäßigen und sinnvollen Handelns. Kommunikation ist der dazu zwischenmenschlich notwendige Vermittlungsprozeß. In der Interaktion treten diese Beziehungen voll in Erscheinung und können in Einzelaktionen im Rahmen der gesamten Prozeßdynamik differenziert werden. Kommunikation und Interaktion sind der konkret menschlich-soziale Ausdruck von Informationsgeschehen.
Die Problematik im Betrieb liegt darin, daß auf der einen Seite die *Datenflut* immer mehr steigt und auf der anderen Seite die *Kommunikationslücke* immer drückender wird.

A. Information

Information im Betrieb ermöglicht Mitwissen. Der richtige Informationsgrad nimmt Ungewißheit und Verunsicherung und vermindert Streß.

1. Begriffliche Aspekte

Information kann man *wesensmäßig* so verstehen, daß sie eine *Grundkategorie unseres Lebens* ist und von Wissenschaftlern (z. B. Wiener 1952) für so bedeutsam gehalten wird, daß sie sie als dritte Kategorie neben Materie und Energie stellen. Betrachtet man sie jedoch *pragmatisch* von ihrer Erscheinungsform her (vgl. hierzu Abb. 15), *so beruht Wissen auf Information und Information ist Basis sinnvollen Handelns*. Da dieses Wissen als Information dient, Handlungen vorzubereiten, wird dieser Aspekt in betriebswirtschaftlichen und sozialpsychologischen Abhandlungen (vgl. u. a. Staehle 1980, 426; Wittmann 1959, 1980; Szyperski 1980; vgl. auch

Grunert 1981, 839) bevorzugt. *Information* wird *als zweckorientiertes Wissen* gekennzeichnet. Das Information auch Basis von Wissen ist, wird dann besser berücksichtigt, wenn *Information als potentielles oder effektives Wissen* verstanden wird.

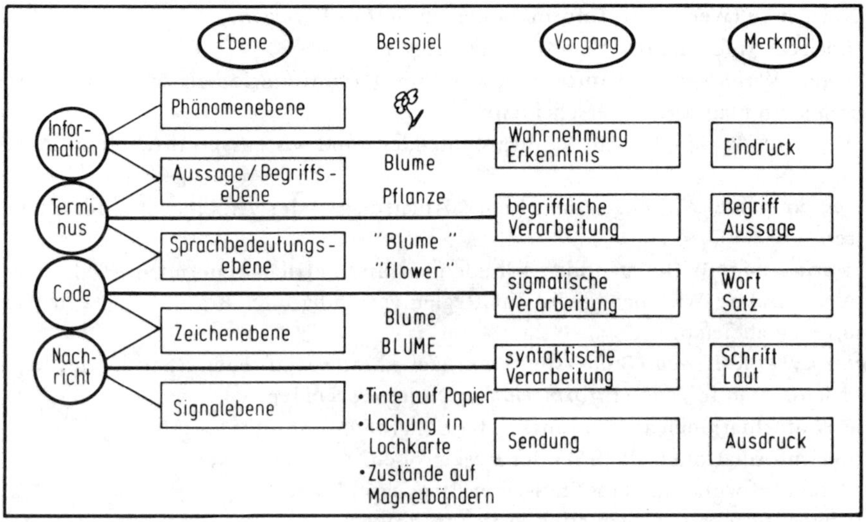

Abb. 84 Nachricht als Produkt eines mehrstufigen Prozesses

Durch den *Empfang einer Nachricht* wird der Nichtwissende *informiert*. Diese *Nachricht* ist bereits das *Produkt einer informationellen Stufung*, die, wie Abb. 84 verdeutlicht, vier sich überlappende Stufungen hat

- Information (psychologische Verarbeitung),
- Begriffsbestimmung: Terminus (semantische Verarbeitung),
- Code (sigmatische Verarbeitung, von griech. Sigma = Zeichen),
- Nachricht (syntaktische Verarbeitung).

Die Gestaltung beginnt auf der *Phänomenebene* (Wahrnehmungs- bzw. Erkenntnisebene). Der Informationsgehalt oder Gegenstand wird auf der *Aussagenebene* als Begriff (Gegenstand: Blume oder Aussage: sitzen) zu einer konkreten begrifflichen Vorstellung. Die Begriffsbildung hat damit bereits begonnen und kommt auf der *Sprachbedeutungs-Ebene* als Wort oder Satz zum Ausdruck. Mit den Wörtern oder Sätzen hat bereits eine Codierung stattgefunden, die auf der *Zeichenebene* auch durch Schrift in verschiedener Typisierung der Sprache entspricht. Als Nachricht ist sie damit bereits vorgeprägt und kann so bereits gespeichert werden (vgl. Abb. 84). Es bedarf jetzt nur noch der *Signalebene*, wo sie mittels Signale übertragen und wahrgenommen werden kann. Signale sind (vgl. Steinbuch 1965) physikalisch wahrnehmbare Tatbestände, z. B. Lichtwellen, Schallwellen, Stromstöße etc., die zur Übertragung und Speicherung von Nachrichten dienen. Träger können hier sein: Lochungen in der Lochkarte, Druckerschwärze auf Papier, oder elektrische Zustände auf Magnetbändern. Das Wissen um diese Stufungen und Ebenen ist für das funktionale Verständnis wichtig, denn eine Störung ist auf jeder Ebene möglich.

Von der Aussage her lassen sich *folgende Arten von Informationen* unterscheiden:

- Tatsachen-Informationen als *IST-Aussagen*,
- Prognose-Informationen als *WIRD-Aussagen*,
- Möglichkeitsinformationen als *KANN-Aussagen*,
- Normative (Werturteil)-Informationen als *SOLL-Aussagen*,
- Logische Informationen als *MUSS-Aussagen*.

Folgende *Wirkungen* von Information in ihrer Grundfunktion als zweckorientiertes Wissen kann man u. a. unterscheiden:

- *Kognitive* Wirkungen mit kenntnisbildendem und wissensvermittelndem Charakter.
- *Instruierende* Wirkungen mit Lehr-, Anleitungs- oder Arbeitsmethodik-Charakter.
- *Motivierende* Wirkungen mit zielbildenden und antriebssteuernden Effekten.
- *Normierende* Wirkungen, die auf Reglementierung oder Bestimmung von Werturteilen abzielen.

Unter kybernetischen Gesichtspunkten nach ihrer spezifischen Funktion im Regelkreis kann man folgende *Informationsarten* unterscheiden:

- Zielinformationen als Führungs- oder Sollgrößen,
- IST-Informationen als IST- oder Regelgrößen,
- Befehlsinformationen als Stell- oder Eingangsgrößen,
- Umweltbezogene Informationen als Störgrößen,
- Kontrollinformationen als Abweichungsgrößen.

Mit diesen begrifflichen Bestimmungen ist die *Information als Grundelement für ihre Verhaltensauslösende Wirkung* gekennzeichnet. Dies ist die Basis für das, was man in der Regel als *Information in dem Sinn von Informieren* versteht: d. h. Erlangen oder Geben von Information, womit Unkenntnis und Ungewißheit beseitigt wird.

2. Bedeutung und Funktion von Information im Betrieb

Information in Sinn von Informieren hat *im Betrieb einen doppelten Zweck.* Sie soll den Mitarbeitern dazu verhelfen

- besser mit ihren Aufgaben, dem Arbeitsprozeß in der Gruppe und im Funktionszusammenhang des Betriebes umgehen zu können.
- besser mit den Kollegen, den Vorgesetzten und sich selbst zurechtzukommen.

Information erfüllt damit eine der wesentlichen Voraussetzungen für eine sachlich erfolgreiche und persönlich befriedigende Zusammenarbeit.

Auf Information beruhen im Betrieb alle Managementprozesse im Bereich des Planens, Durchführens und Kontrollierens; Führungsfunktionen und -tätigkeiten; Lern-, Problemlösungs- und Entscheidungsfindungsprozesse und vor allem auch in ihrer institutionellen Form des Informations- und Berichtswesen (vgl. u. a. Blohm 1977; Fürstenberg 1977; Grunwald 1981).

3. *Informationsfluß und Informationsaustausch im Betrieb*

Die Übermittlung von Informationen (Informationsfluß) kann einseitig oder wechselseitig (Informationsaustausch) sein. Der Zweck der innerbetrieblichen Information bestimmt die Richtung des Informationsflusses, wobei ein Informationsaustausch nicht selbstverständlich ist.

Folgende *Informationsrichtungen* sind im Betrieb möglich und für eine gute Zusammenarbeit nötig:

(1) Zielorientierte *Abwärtsinformation*, die Entlastung der Führungskräfte bewirkt.

(2) Koordinationsorientierte *Querinformation* als Voraussetzung für Zusammenarbeit auf der gleichen Ebene.

(3) Kontaktorientierte *Schräginformation*, die dem guten Betriebsklima dienlich ist.

(4) Rückmeldungsorientierte *Aufwärtsinformation*, die die Führung erleichtert und verbessert, indem sie Kontrollen abbaut.

4. *Informationsgrad*

Bei der steigenden Datenflut ist es notwendig, sich nach einem Maß zu orientieren, das einen Hinweis auf effektive Informiertheit gibt.

$$\text{Informationsgrad} = \frac{\text{vorhandene Informationen}}{\text{notwendige Informationen}}$$

gibt formal eine gewisse Richtschnur an. Die notwendigen Informationen werden jeweils an dem Bedarf an Informationen, um Entscheidungssituationen zu verbessern, gemessen. Fehlt die notwendige Information, so ist die Folge Ungewißheit und Verunsicherung. Problematisch ist aber auch, wenn ein *Überangebot an Information da* ist, daß es zu einem Informationsstau und zum Streß kommt.

Die Bestimmung eines hinreichenden Informationsgrades liegt einmal in der rationalen Begrenztheit (vgl. hierzu March/Simon 1976; Simon 1981), wo *nur ein zufriedenstellendes Maß an Informationsgebung realistisch* ist. Zum anderen mag auch von besonderer Bedeutung für die Vorbereitung von Entscheidungen die subjektive Wahrscheinlichkeit sein, die sich theoretisch mit dem *Prinzip der Maximierung des Erwartungsnutzens* ausdrücken läßt.

Meist ist die Effizienz wirtschaftlicher Entscheidungen weniger durch die *Informationsversorgung* als durch die *Informationsnachfrage* gefährdet (vgl. Witte 1972). Es ist die gleiche Problematik, wie der Anschlag am schwarzen Brett. Ob die Information gelesen wird, ist fraglich, und ob sie wirksam wird, bleibt zweifelhaft. Wenn hier über Probleme geklagt wird, so liegt dies meist bereits im Bereich der Kommunikation, d. h. der persönlichen Teilnahme und persönlichen Teilhabe. Das Informationsangebot am schwarzen Brett vermittelt nur die Daten, den Inhalt der Information (Inhaltsaspekt). Für die Kommunikation selbst ist jedoch auch der Beziehungsaspekt wichtig. Bei der Kommunikation wird der Inhalt in dem Maße wirksam, wie er aufgefaßt, verstanden und als handlungswirksam anerkannt wird.

B. Kommunikation

Kommunikation im Betrieb ermöglicht Mitsprache und schafft Vertrauen. Wer offensichtlich oder unbedacht ausgeschlossen wird, fühlt sich gekränkt.

> Kommunikation bedeutet jedes Tun oder Unterlassen mit Mitteilungscharakter in den zwischenmenschlichen Beziehungen. Zu unterscheiden ist ein *Inhalts- und Beziehungsaspekt*. „Der Inhaltsaspekt vermittelt die „Daten", der Beziehungsaspekt weist an, wie diese Daten aufzufassen sind" (Watzlawick u. a. 1967, 55).

1. Bedeutung von Kommunikation

a) Systemaspekte

Bei der Definition des Begriffes Kommunikation gilt es zwischen einem
- verhaltenswissenschaftlichen Aspekt,
- nachrichtentechnischen-informationstheoretischen Aspekt

zu unterscheiden.
Im *verhaltenswissenschaftlichen Sinne* versteht man unter Kommunikation (Communicare lat. = miteinander in Beziehung treten, sich gegenseitig etwas mitteilen) die soziale Fähigkeit eines Menschen, seine Gedanken und Gefühle anderen mitzuteilen, sowie in Gruppen zwischenmenschliche Beziehungen zu unterhalten. Im Verhalten drückt sich Kommunikation durch die Sprache oder auch ohne Worte durch Signale aus.
Im *nachrichtentechnischen Sinne* versteht man unter Kommunikation Übermittlung von Nachrichten oder Informationen einschließlich aller damit zusammenhängenden Funktionen, die in einem *Grundmodell der Kommunikation*, in seiner gebräuchlichsten Form auf Shannon/Weaver (1949) zurückgehend, dargestellt werden (vgl. Abb. 85). Auch die verhaltenstheoretischen Aussagen orientieren sich an diesem Modell, da für eine eigenständige, sozialwissenschaftliche, integrationsfähige Informationstheorie das theoretisch-begriffliche Rüstzeug noch fehlt (vgl. Grunwald 1981, 882; Graumann 1976).
Das Modell in Abb. 85 zeigt die *Grundelemente* Sender, Empfänger, Nachrichtenkanal und das im gemeinsamen Zeichenvorrat erzielte Kommunikationsergebnis, dargestellt in einem Regelsystem, das die einzelnen Vorgangsschritte und Zusammenhänge systematisch verdeutlichen will. Außerdem sind die *Möglichkeiten von psychologischen, semantischen und technischen Störungen* angezeigt.
Die Quellen und Ursachen dieser Störungen sind des näheren in Abb. 86 und 87 gekennzeichnet.

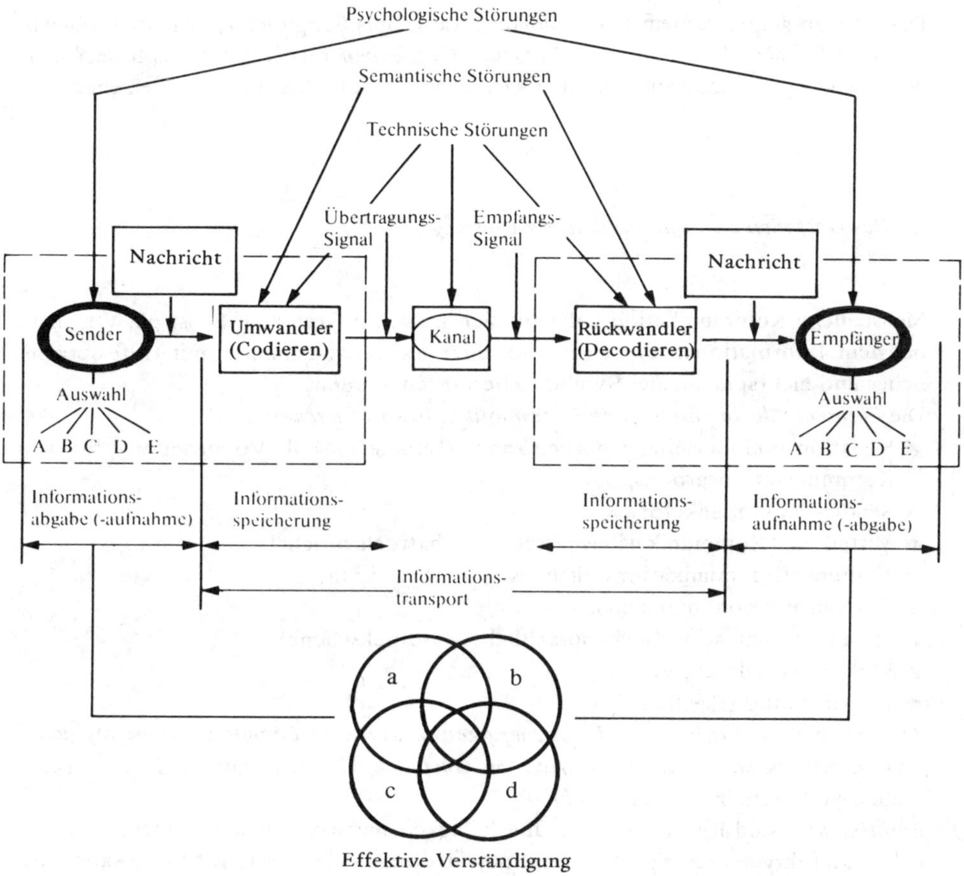

Abb. 85 Grundmodell der Kommunikation mit Hinweisen auf Störungen und Aspekte des Kommunikationsergebnisses (modifiziert nach Grunwald 1981, 843)

b) Psychologische Aspekte des Kommunikationsergebnisses

Entscheidend für die Zusammenarbeit, die Zufriedenheit und die Leistung, ist das Kommunikationsergebnis (vgl. Abb. 85), das durch den *gemeinsamen Zeichenvorrat* von Sender und Empfänger gekennzeichnet ist. *Das Ergebnis hängt davon ab, inwieweit Sender und Empfänger über ein adäquates Fremd- und Selbstbild verfügen.* Das Ergebnis ist gefiltert durch vier sich überlagernde Eindruckskomponenten.

a) Das *Selbstbild*, wie jeweils Empfänger und Sender sich selbst sehen,
b) Das *Fremdbild*, wie Empfänger oder Sender den anderen sehen.
c) Das *vermutete Fremdbild*, wie Sender oder Empfänger glauben, daß der andere ihn sieht.
d) Durch das *Wunschbild*, wie Sender oder Empfänger gerne möchten, daß der andere ihn sähe.

Das, was an gemeinsamem Kommunikationsergebnis übrig bleibt, ist in dem ganzen *Eindruck/Ausdruck – Ausdruck/Eindruck-Geschehen* relativ klein. Es bedarf hier der bewußten Teilhabe am Kommunikationsprozeß, um dies nicht zu übersehen.

2. *Das Gespräch als kommunikativer Vorgang*

Menschliche Kommunikation vollzieht sich meist im Gespräch. Es ist ein Vorgang, bei dem Informationen zwischen zwei oder mehreren Personen mit Hilfe sprachlicher und nichtsprachlicher Symbole übermittelt werden.
Die *Elemente des menschlichen Kommunikationsprozesses* sind:

- Situation und Beziehungen zueinander (Interaktion) als Voraussetzung für den Kommunikationsprozeß,
- Sender (Kommunikator),
- Mitteilung (Kommunikationsmittel, Botschaft, Nachricht),
- Medium (Kommunikationsmittel, Kanal, Übertragung),
- Empfänger (Kommunikant),
- Metakommunikation (nicht-sprachliche Ausdrucksebene),
- Wirkung (Eindruck, Effekt),
- Rückmeldung (Feedback).

Abb. 86 macht *Barrieren und Schwierigkeiten der Verständigung*, sowie *Möglichkeiten, wie es zu Mißverständnissen im Gespräch kommt*, deutlich (vgl. Fittkau, Müller-Wolf, Schulz v. Thun 1977).
Beim Sender sind Risiko-, Willens- und Fähigkeitsbarrieren zu überwinden, die mögliche Konfliktgefahren signalisieren. Subjektiv verstanden, d. h. gefiltert, kann eine Mitteilung als Nachricht rational, emotional oder sozial an den Partner als Empfänger übermittelt werden. In Abb. 87 sind Beispiele für die Intention der Aussage eines Sprechenden gegeben. Die *rationale* Aussage gibt den Sachgehalt (Symbol) nüchtern wieder, der *emotionale* Gefühlsausdruck ist durch entsprechende Symptome gekennzeichnet, z. B. Bedauern, Enttäuschung, Freude etc. *Sozial bezogene Gesprächsabsichten* sind gewissermaßen ein Appell, der an den Gesprächspartner als Empfänger übermittelt wird.
In gleicher Weise subjektiv gefärbt kann der Empfänger die Aussage rational, emotional oder sozial verstehen, wodurch es zu Mißverständnissen kommen kann. Abb. 87 macht dies in den Antworten durch verschiedene Kombinationsmöglichkeiten deutlich.
Darüberhinaus zeigt Abb. 86 *beim Empfänger* noch weitere Spezialfilter, die zu Verständnisschwierigkeiten führen oder Verständigungsbarrieren sein können. Es sind wiederum Fähigkeitsbarrieren, die in der Vorkenntnis über das Mitgeteilte oder aber auch in der Intelligenz des Empfängers liegen können. Ferner sind es Willens- bzw. Einstellungsbarrieren, die aufgrund von anderen Erwartungen oder Interessen zustandekommen. Oder es bestehen Konfliktgefährdungen durch Abwehrmechanismen oder Mißtrauen.

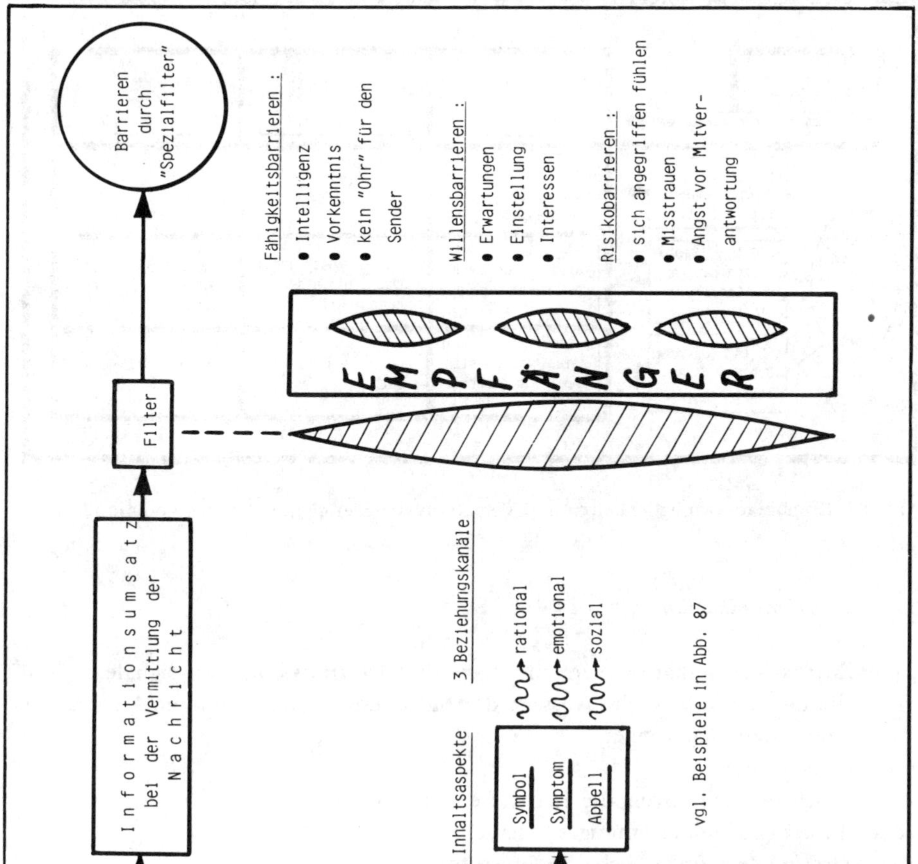

Abb. 86 Möglichkeiten und Schwierigkeiten bei kommunikativer Verständigung

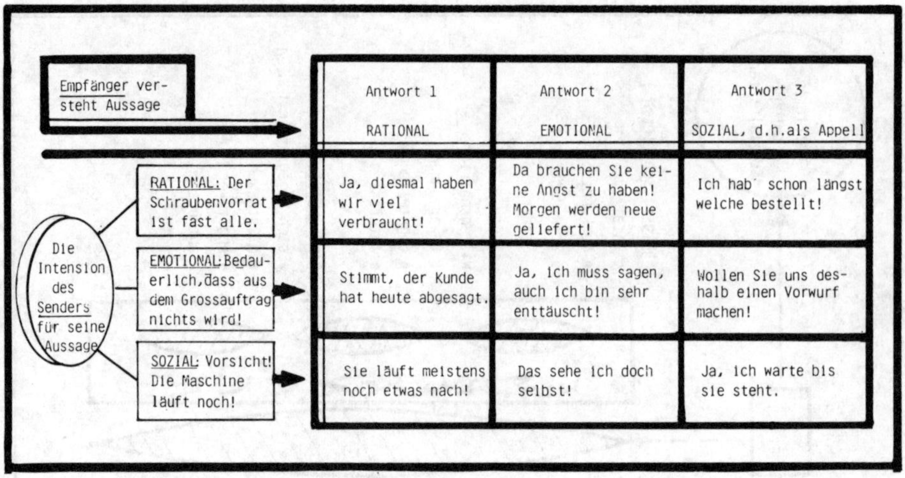

Abb. 87 Kombinationsmöglichkeiten und Verständnisschwierigkeiten bei der Kommunikation

3. *Metakommunikation*

Unter Metakommunikation versteht man alle *Ausdrucksformen*, -signale, -symptome, die die rein inhaltliche Aussage der Mitteilung begleiten und ihr Verständnis fördern oder hemmen können.

Man unterscheidet:

- Audruckserscheinungen, die an den Sender gebunden sind, wie
  - *Mimik* (Lächeln, grimmiges Schauen),
  - *Gestik* (Zeigefinger, geballte Faust, etc.),
  - *Kinesik*-Gebärden des gesamten Körpers (drohendes Vorschnellen, sich aufrichten, zurückweichen, usw.),
  - *Sprechstimme* (laut, leise, eindringlich usw.),
  - *vegetative Ausdruckserscheinungen* (Hüsteln, Räuspern usw.).
- *Ausdruckserscheinungen*, die sowohl vom Sender wie auch vom Empfänger ausgehen und die gesamte Gesprächssituation bestimmen, wie Ironie, Drohung, Freundlichkeit und Entgegenkommen, Heiterkeit und Humor u. ä.
- *Medienspezifische Ausdruckssymbole* und Ausdrucksformen, wie rosa Briefpapier, Herzchen, Trauerrand u. ä.

Metakommunikation findet auch dann statt, wenn sich die *Kommunikation auf verschiedenen Bewußtseinsebenen* vollzieht, d. h. außer der bewußten kommunikativen Ebene auch eine andere Ebene, *Metaebene*, der Kommunikation berührt wird, wie beim Witz, beim Flirt, bei Ablenkungsmanövern oder Aufbauen von Fassaden in Verhandlungen oder Konferenzen. Metakommunikation wird hier bewußt gepflegt oder vollzieht sich auch auf einer unbewußten Ebene, bei der Sympathie, Antipathie, Hoffnungen und Befürchtungen eine große Rolle spielen.

Wie im letztgenannten Punkt können auch sonstige metakommunikative Signale von den Gesprächspartnern absichtlich oder unabsichtlich gegeben werden. In unterschiedlichem Maße spielt die Metakommunikation in jedem Kommunikationsprozeß eine Rolle. Sie kann Kommunikationsstörungen auslösen und Kommunikationsbarrieren errichten, jedoch in gleicher Weise auch überwinden. Solche metakommunikatorischen Eingriffe setzen eine gewisse Sensitivität für die sich untergründig abspielenden Vorgänge voraus.

4. *Verständigung und Verständnis (Fallbeispiele)*

Am folgenden *Beispiel* sollen negative und positive Gesprächseinstellungen und ihre Folgen verdeutlicht werden.

Zur Situation: Der Facharbeiter Keller geht mit einem besonderen Anliegen zu seinem Abteilungsleiter Lehmann. Er hat in seinem Familienleben so große Schwierigkeiten, daß er glaubt, sie in diesem kritischen Stadium sofort lösen zu müssen: sein Sohn ist Drogen verfallen und seine Frau darüber schwer erkrankt. Er will deshalb sofort eine Woche Sonderurlaub nehmen. Aufgrund eines Lieferverzugs bei einem wichtigen Kunden kann der Betrieb auf einen Spezialisten wie Herrn Keller nicht verzichten, zumal auch gerade allgemeine Urlaubszeit ist.

Ein negativ verlaufendes Gespräch:

Keller: „Kann ich Sie einen Moment stören?

Lehmann: Ja, was ist denn los?

Keller: Sie müssen mir unbedingt eine Woche Urlaub geben. Ich habe zuhause mit meinem Sohn und mit meiner Frau solche Schwierigkeiten, daß ich keine andere Möglichkeit sehe,

(*Lehmann* denkt bei sich: Weiß denn dieser Keller nicht, wieviel Arbeit wir haben! Typisch – ihre eigenen kleinen Probleme stellen sie über alles. Was interessiert sie da die Firma oder gar meine eigene Lage!)

Keller: . . . daß ich mich diesen Problemen eine Woche voll und ganz widme. Am liebsten möchte ich gleich gehen, da ich mich auf meine Arbeit sowieso nicht konzentrieren kann.

Lehmann: Das ist absolut unmöglich! Durch die Urlaubszeit sind einige andere Männer, die ich dringend brauche, schon nicht da und der Kunde sitzt mir im Nacken, weil die Anlage noch immer nicht fertig ist.

(*Keller* denkt bei sich: Hört der mir denn nicht zu? Das geht dem gar nicht in den Kopf hinein, daß es hier um meine Familie geht und nicht um einen Urlaub zur Erholung.)

Keller: Ich muß aber eine Woche frei haben, dies ist für meine Familie äußerst wichtig!

(*Lehmann* denkt bei sich: Was ist hier wichtig? Dieser Kerl denkt wohl, er ist wichtiger als andere hier. Extra-Touren gibt es bei mir nicht. Das soll er gleich sehen!)

Lehmann: Wir sind mit der Anlage im Verzug und müßten eigentlich Überstunden machen. So sieht es aus, von Sonderurlaub kann hier keine Rede sein!

Keller: (Kunde! Verzug! Auslieferung! Dieser Schwachkopf denkt nur an seine Produktion und glaubt mich hier herumkommandieren zu können. Geht er nicht auf mich ein, werde ich es ihm zeigen.)

Sie tun so, als ob Sie mich nicht verstehen?

Lehmann: Mein Urlaubsplan ist für jeden genau geplant und mit jedem vorher abgestimmt und ausgearbeitet worden und den wirft mir keiner um! Sie sind erst in einigen Wochen dran, und vorher geht es nicht.

Keller: Begreifen Sie denn nicht, daß ich nicht zum Vergnügen Urlaub mache. Wegen meiner persönlichen Notlage müssen Sie mir früher Urlaub gewähren!

Lehmann: Das kommt überhaupt nicht in Frage! Sie haben mir anscheinend überhaupt nicht zugehört!

Keller: Das glaube ich auch von Ihnen. Anscheinend haben Sie etwas gegen mich? Das können Sie mit anderen machen? Ich jedenfalls kündige!"

Die persönliche Gesprächseinstellung ist geprägt von dem Ziel des Gesprächs und der motivationalen Einstellung der Gesprächspartner. *Vorgesetzter und Mitarbeiter waren so sehr mit sich selbst beschäftigt, daß keiner richtig hinhörte*, was der andere ihm eigentlich sagen wollte. Ihre *Einstellung* war so *grundverschieden*, daß sie zu keiner Kommunikation und zu keinem Gesprächserfolg kommen konnten. *Jeder hatte ein anderes Ziel*, das er ansteuerte, anstatt zu einem gegenseitigem Verständnis zu kommen, gab es hier nur eine *Verhärtung der Fronten.*

Ein positiv verlaufendes Gespräch:

Keller: „Herr Lehmann, ich habe ein persönliches Anliegen! Haben Sie jetzt einen Augenblick Zeit für mich?

Lehmann: Ja natürlich, Herr Keller! Kann ich etwas für Sie tun?

Keller: Ich habe zuhause ein sehr heikles Problem und ich glaube, ich kann es nur lösen, wenn ich mir sofort eine Woche Urlaub nehme.

Lehmann: (Denkt bei sich: Auch du liebe Zeit, bei dem Engpaß, in dem wir gerade stecken. Aber das weiß Keller auch, da muß es schon ganz böse aussehen. Da will ich mal hören, was los ist.)

Keller: ... Mein Sohn macht uns z. Zt. solche Schwierigkeiten, daß meine Frau darüber krank geworden ist und zu Bett liegt. Ich muß mich ihnen unbedingt eine Woche widmen!

Lehmann: (Denkt bei sich: Na ja, ich bin auch Familienvater und habe einiges erlebt. In einer solchen Situation wäre ich sicherlich auch zuhause geblieben.)
Sie wissen ja selbst, wie sehr wir mit der Arbeit im Verzug sind und daß auch noch Urlaubszeit ist. Wie sollen wir das bloß schaffen, die Anlage muß wenigstens noch geprüft werden! Sehen wir mal, ob das vielleicht noch geht?

Keller: (Denkt bei sich: Na ja, auf der Stelle kann ich meinen Arbeitsplatz auch nicht so im Stich lassen, vielleicht werde ich doch nötiger gebraucht, als ich mir vorstellte.)
Wenn Sie mich im Moment so nötig brauchen, was können wir dann trotzdem tun?

Lehmann: Schauen wir uns doch einmal die Urlaubsliste an, vielleicht kommt uns da eine Idee?

Keller: Mir fällt da gerade ein, daß einer der Kollegen morgen oder übermorgen in Urlaub gehen will; vielleicht wäre dieser bereit, mit mir zu tauschen?

Lehmann: Das wäre eine gute Lösung! Fragen Sie Ihn doch erst mal selbst. Wenn nötig, werde ich mit ihm sprechen. Wenn Sie sich beeilen, sind Sie mit dem Prüfen der Maschine spätestens morgen mittag fertig. Wie wir das andere schaffen, das ist meine Sache!

Keller: Solange Sie mich unbedingt brauchen, werde ich schon bleiben. Vor allem danke ich Ihnen für Ihr Verständnis, bei all der Arbeit, die wir haben!

Durch die *gesprächsoffene Einstellung*, die der Vorgesetzte vor allem durch die Aufmunterung am Anfang zeigte, kam es zur *gegenseitigen Verständigung*, indem jeder dem anderen zuhörte, aber auch zum gegenseitigen Verständnis, daß jeder die Ziele des anderen wahr- und ernstnahm.

Die *Verhaltenselemente in der Kommunikationskette* in Abb. 88 kennzeichnen die einzelnen Vorgangsschritte, die *zu guter Verständigung und gegenseitigem Verständnis* führen. Sie weisen auf Kommunikationsschwierigkeiten hin und wo in der Kommunikationskette Verhaltensschwächen auftreten können. Am Beispiel des positiv und negativ verlaufenden Gespräches werden die einzelnen Schritte nachvollzogen, um Lösungshinweise allgemeiner Art zu geben.

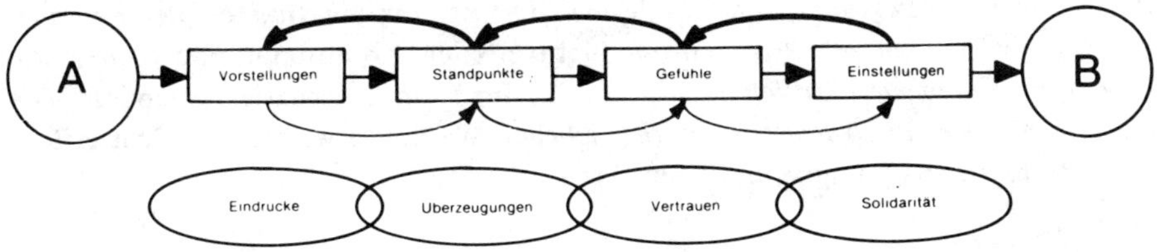

Abb. 88 Verständigungs- und Verständniskette

Nach der Begrüßung und dem *Kontakt* haben beide Gesprächspartner ganz bestimmte *Vorstellungen*, sowohl von dem Gesprächsinhalt wie auch von dem Gesprächspartner.
Schon die ersten *Eindrücke* beider Gesprächspartner im Negativ-Gespräch sind bestimmt durch die distanzierte und unpersönliche Begrüßung. Keller hat den Eindruck, zu stören, und es zeigt sich auch gleich, daß ihre Vorstellungen weit auseinander liegen und ich-bezogen sind. Beide haben die Vorstellung, der andere sei ein Gegner, der unmögliche Forderungen stelle. Von daher beziehen sie auch ihre *Standpunkte*, die laufend zu Mißverständnissen führen, so daß jeder meint, der andere höre nicht zu und verstehe ihn nicht. So kommt es zur Verhärtung der Fronten und zur Entwicklung von feindseligen *Gefühlen*. Die Mißtrauenshaltungen festigen sich bei beiden zur endgültigen *Einstellung*, die in ihrer Konsequenz zum Bruch führen.
Ganz anders dagegen verläuft das positive Gespräch. Die Begegnung, der erste Kontakt, findet in einer offenen freundlichen Atmosphäre statt. Der Vorgesetzte Lehmann hat auch seinen Standpunkt, will aber erst einmal zuhören, wodurch es erst zur Verständigung kommt. Die Standpunkte des Mitarbeiters Keller ändern sich, weil sein Vorgesetzter Verständnis aufbringt und es versteht, ihn zu *überzeugen*, daß die Betriebslage ebenfalls sehr ernst ist. Lehmann kann seinem Mitarbeiter sehr gut nachfühlen, was das gegenseitige *Vertrauen* stärkt und schließlich zu einer Einstellung führt, die ein *solidarisches Handeln* im Einvernehmen beider ermöglicht.

C. Interaktion

Partizipative Interaktion im Betrieb ermöglicht Mitwirken und schafft Mitverantwortung.

1. Schwerpunkte von Interaktion

Die Arbeit im Betrieb vollzieht sich größtenteils in der Arbeitsgruppe. Dies setzt Interaktion voraus. Innerhalb der Interaktion zwischen mindestens zwei Partnern werden die grundlegenden Phänomene gegenseitigen Verhaltens als zweckgerichtete gegenseitige Beziehung sichtbar. *In der Interaktion zeigt sich, ob die Kontaktauf-*

nahme von zwei Personen und die Form der Kommunikation erfolgreich war. Hierzu gehören auch alle Formen der nichtverbalen Kommunikation. *Durch die Interaktion bilden sich Rollen* (vgl. Abb. 62) im spontan-situativen Handeln. *Die Interaktion macht auch Rollenerfüllung sichtbar.* Werden Erwartungen nicht erfüllt, so kommt es zu Spannungen und Konflikten.

2. *Wirkung von Interaktion*

In Auswertung des empirischen Materials der Hawthorne Studien stellt *Homans* (1958) seine zentralen Thesen zur Interaktion in Gruppen auf, die er später (1965) zu einer *individualistischen Austauschtheorie* ausbaut, die besagt, daß zwischenmenschliches Verhalten auf einem ständigen Geben und Nehmen beruht. Homans geht in seiner Analyse von *Gruppenverhalten* davon aus, daß dies primär *auf drei Grundkomponenten beruht*:

- Aktivität,
- Interaktion,
- Empfindungen.

Alle drei Komponenten stehen miteinander in einem engen, wechselseitigem Verhältnis.

Als Folgen von Interaktion nennt er:

- *Interaktionshäufigkeit.* Sie beeinflußt die positiven Gefühle füreinander. Wenn er auch später von seiner bereits zitierten Sympathiehypothese abrückt, indem er sie so modifiziert, daß sie nur dann Gültigkeit hat, wenn sich beide Seiten Vorteile erhoffen, so bleibt sie doch grundsätzlich bestehen.
- *Anpassung durch Interaktion.* Personen, die häufig miteinander zu tun haben, passen sich in ihren Aktivitäten gegenseitig an. Sie kommen dadurch zu einer besseren Zusammenarbeit.
- *Wirkung des sozialen Status.* Personen in höherer Position oder mit größerem Ansehen in der Gruppe zeigen auch mehr Initiative und höhere Aktivität.
- *Einfluß auf Normen.* Personen in höheren Positionen zeigen in ihrer Aktion größere Übereinstimmung mit den Gruppennormen und nehmen hierauf auch stärker Einfluß.

Interaktionen haben *Einfluß* auf:

- *Lernprozesse* für den einzelnen und in der Gruppe,
- *Planungsprozesse*, sowohl im Hinblick auf das Kreativitätspotential wie auch auf die Innovationskonsequenzen (vgl. hierzu Abb. 103),
- *Konfliktlösungsprozesse*,
- *Problemlösungsprozesse*,
- *Entscheidungsfindungsprozesse.*

Die *wichtigsten Untersuchungen zur Interaktionsanalyse hat Bales* (1950, 1957, 1965) gemacht (vgl. hierzu Abb. 74).

3. *Hinweise zu den wichtigsten Methoden der Interaktionsanalyse*

Die bedeutsamsten Methoden zur Analyse von Interaktionen wurden bereits beschrieben. Es sind:

(1) *Soziometrie* mit ihren Hilfsmitteln der
   - Soziomatrix,
   - Soziogramm,
   - Interaktiogramm,
   - Organigramm für die formalen Beziehungen,
   - Kommunigramm (Jaschke 1980).

(2) Das *Bales'sche Interaktionsschema* hat sich besonders für die Analyse und Beobachtung des gruppendynamischen Prozesses bewährt. Die beiden *Verhaltensbereiche*
   - *sachlich-rationales Verhalten*,
   - *sozial-emotionales Verhalten*

   werden, wie Abb. 74 zeigt, mit *je sechs Funktionsarten*, die gruppendynamische Verhaltensprozesse positiv und negativ charakterisieren, gekennzeichnet.

(3) Das *Johari-Fenster* (vgl. Abb. 75), das Interaktionen zwischen Personen und in Gruppen bewußt macht und verschiedene Bewußtseinsbereiche mit ihren Konfliktgefahren kennzeichnet.

D. Konflikte

Konflikte gehören unaufhebbar zur Betriebswirklichkeit. Jeder einzelne muß sich persönlich und im Gruppenprozeß hiermit auseinandersetzen. Je bewußter dies geschieht, desto eher kann der Konflikt in seinen positiven und negativen Auswirkungen geregelt werden.

1. *Konflikt und seine Ausdrucksformen*

Wenn *miteinander unvereinbare Aktivitäten gleichzeitig* auftreten, spricht man ganz allgemein von einem Konflikt. Im Verhaltensbereich gehen diesem meist Spannungen voraus. Die einzelnen *Typen* sind Intrapersonale, Interpersonale, Intragruppen-, Intergruppen-, Interorganisationen- oder Intraorganisationen-Konflikte, je nachdem, ob sie vornehmlich Personen, Gruppen oder Organisationen betreffen. In ihrer typischen Form als *Rollenkonflikte* sind sie bereits im 3. Kapitel, II, A, 6 gekennzeichnet worden. Wesentliche Merkmale, die *Verhaltenstendenzen des Konflikts* kennzeichnen (vgl. u. a. Ulrich 1971, 33; Berkel 1978, 308) sind

- Gleichzeitigkeit,
- Gegensätzlichkeit,
- Unvereinbarkeit.

Hierdurch ist auch eine *Abgrenzung von Konflikt und Problem* möglich. Während ein Problem in der Ist-Abweichung von einem Soll-Zustand besteht, herrscht bei dem Konflikt eine widersprüchliche Spannung zwischen zwei Soll-Differenzen.

Ein Konflikt ist die Spannung, die eine Person in einem Interaktionsprozeß aufgrund gleichzeitiger, gegensätzlicher oder unvereinbarer Rollenerwartungen, oder kybernetisch ausgedrückt: Soll-Diskrepanzen aufgrund von Feedback, erfährt.

Die Ausdrucksform des Konfliktes kann sich vorgängig zunächst einmal in *Spannungen* äußern. Als *Konflikt* zeigen sie sich in den Verhaltenstendenzen des Gruppenprozesses und eskalieren über ein *Kampfverhalten* zu *Streit*, je nach Größe der Gruppe zu offenen *Streitereien* und Kampfgefechten, in Großgruppenräumen der Gesellschaft zum *Krieg. Die Ausdrucksform von Konflikten im Betrieb* kennzeichnet Dahrendorf (1972, 48f.):

- *informelle Konflikte*, wobei es sich hier „um Gegensätze und Streitigkeiten, die nicht formalisiert, d. h. weder in ihrem Verlauf geplant, noch von organisierten Gruppen getragen" handelt,
- *umgeleitete Konflikte*. Scheinbar rein individuelle Verhaltensweisen haben nachweislich soziale Ursachen, wie z. B. Arbeitsplatzwechsel, weil man mit dem Lohnsystem nicht einverstanden ist, oder Flucht in die Krankheit wegen Auseinandersetzungen mit dem Vorgesetzten,
- offene, *manifeste Konflikte*. Sie haben ihre Ursachen in Organisationsgruppen und -strukturen und werden von organisierten Gruppen ausgetragen, wie z. B. Streik.

2. Konflikte und ihre Folgen

Meistens werden die Konflikte *in ihrer dysfunktionalen Form* gesehen. Dies gilt nicht nur in der gruppendynamischen Interpretation, sondern auch im Bereich der rationalen Problemlösungs- und Entscheidungsfindungsatmosphäre, die sich auf das Verhalten auswirkt. So bezeichnen March und Simon (1976, 107 ff.) Konflikte als einen Zusammenbruch von Standardmechanismen der Entscheidungsfindung (vgl. hierzu Abb. 24 und 30).

Die Auffassung, daß Konflikte *unliebsame Störungen* im reibungslosen Ablauf der Zusammenarbeit sind, an denen ein Betrieb krankt, geht vor allem auf die *Human Relations Bewegung*, insbesondere auf Elton Mayo, zurück, der meint, daß man Konflikte möglichst schnell überwinden müsse. Gegen diese logische Konsequenz, daß es die beste Konfliktlösung sei, keinen Konflikt aufkommen zu lassen, wendet sich Coser (1972, 24) und nennt dies „eine ausgeprägte Unfähigkeit Interessenkonflikte zu verstehen".

Konflikte haben auch eine *kreative Wirkung*. Sie sind treibende Kräfte von Wandel und Veränderung. „Selbst scheinbar unpersönliche Kräfte, wie die technische Entwicklung, findet ihren Ausdruck in unterschwelligen (unter der Schwelle zur offenen Auseinandersetzung bleibenden), umgeleiteten oder offenen Gegensätzen zwischen Gruppen" (Dahrendorf 1972, 46).

Entscheidend für die Folgen des Konflikts ist die Konfliktbewältigung. Sie kann je nach Art der Regelung für die Beteiligten einen konstruktiven oder destruktiven Verlauf zur Konsequenz haben.
Die Motivationsforschung hat gezeigt, daß Organisationen dazu tendieren, ein optimales Anreizniveau für die Mitarbeiter anzustreben, das sich durchaus in Spannungen und Konflikten zeigt. Konträre Auffassungen fördern neue Ideen von Kreativität und Problemlösungen.

3. Konfliktregelung

Personen, im Betrieb vor allem Führungskräfte, die in Konfliktsituationen stecken, haben mehrere Reaktionsmöglichkeiten zur Konfliktregelung zur Verfügung. Folgende *Klassifikation von Reaktionstypen zur Konfliktregelung* sind allgemein feststellbar (vgl. u. a. Neuberger 1976, 81):

- *Konfliktunterdrückung*: Konflikte werden nicht gelöst, sondern nur umgeleitet solange es möglich ist, bis es dann zu größeren Auseinandersetzungen kommt.
- *Wahrnehmungsabwehr*. Eine Auseinandersetzung mit der Konfliktursache ist deshalb nicht möglich, weil man sich der Konfrontation mit dem Konflikt verschließt, indem man sich sozusagen wehrt, den Konflikt wahrzunehmen. Dies geschieht meist auf zweierlei Art:
  - *durch Konfliktleugnung*, indem man einen „blinden Fleck" entwickelt und z. B. verkündet „bei uns gibt es keine Probleme, wir sind eine große harmonische Familie".
  - durch *Konfliktverdrängung*. Konflikte tauchen im Bewußtsein selbst nicht auf, machen sich aber in Abwehrerscheinungen (vgl. hierzu 2. Kap. II, D, 4) bis hin zur sog. „Flucht in die Krankheit" bemerkbar.
- *Konfliktflucht*. Zwei Wege sind hier typisch:
  - *aus dem Weg gehen*. Man meidet die Person und alle Gelegenheiten, die durch diesen Konflikt berührt werden, z. B. durch Dienstreise, Urlaub oder dergl.
  - *aus dem Feld gehen*. In schlimmeren Fällen läßt man sich versetzen oder kündigt gar.
- *Konfliktregelung*. Man betrachtet den Konflikt als gegeben und nimmt ihn als unvermeidlich und unlösbar hin. Konfliktsymptome und Konfliktfolgen versucht man zu mildern und abzuschwächen. Zwei Arten von Reaktionen sind hier typisch.
  (1)*Änderung der Konfliktoptik*. Sie ist gekennzeichnet durch:
    - Verzögerung,
    - Hinhaltemanöver,
    - Mentalität: vielleicht erledigt's sich von alleine.
    - Verschleierung. Man legt sich nicht deutlich fest, macht mehrdeutige Aussagen und vermeidet es, klare Auskunft zu geben.
    - Rollentrennung. Man begibt sich nur in eine Schiedsrichterrolle hinein, ohne selbst Stellung zu nehmen; man redet den Leuten nach dem Mund.
    - Rechtfertigung, meist mit dem Hinweis auf die Rangordnung höherer Werte oder die Einwirkung höherer Gewalt.

(2) *Konfliktanpassung*. Man akzeptiert den Konflikt als unveränderbare Realität und versucht dadurch mit ihm fertigzuwerden, daß man das eigene Verhalten anpaßt. Dies erfolgt durch:

- Parteinahme,
- Koalition,
- Neutralitätserklärung,
- Neudefinition der eigenen Rolle, indem man sich nicht für zuständig erklärt.

- *Konfliktlösung*. Hier versucht man nach den Ursachen des Konflikts zu fragen und Konfliktursachen endgültig zu beseitigen. Den Konfliktverlauf einer Konfliktepisode kennzeichnet Abb. 89.

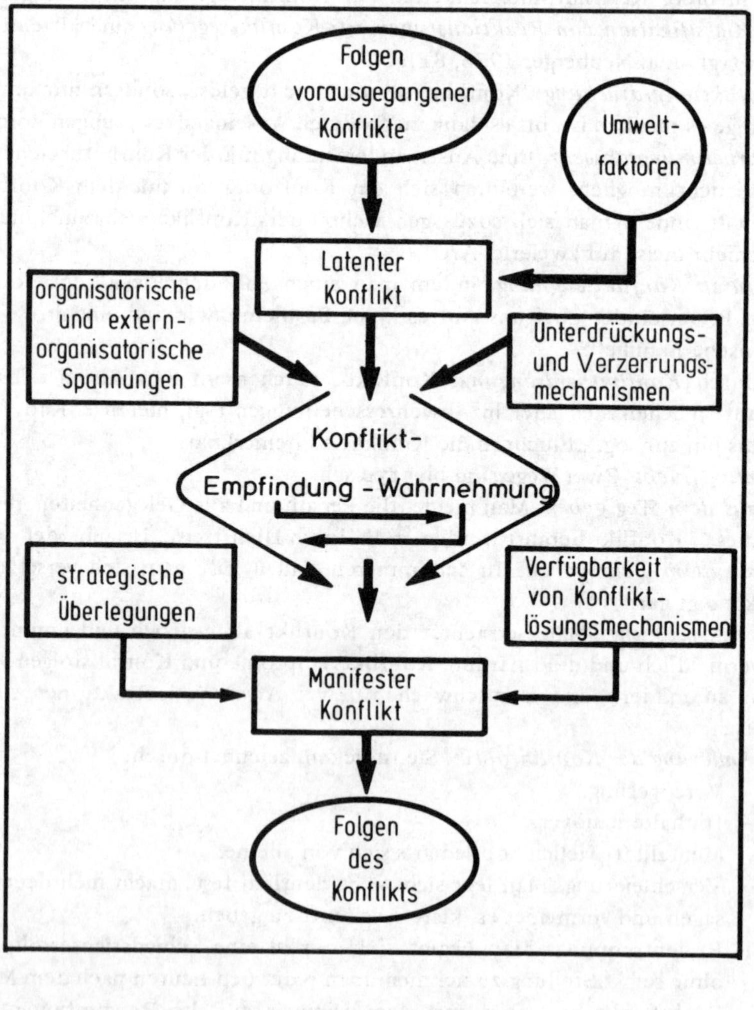

Abb. 89 Konflikt-Lösungs-Episode (Quelle: Pondy 1967, 306)

4. *Sozialer Konflikt*

Neben dem engen Konfliktbegriff, der sich auf Erwartungen und Verhaltenstendenzen in der Gruppe direkt bezieht, versucht man im Sinne einer allgemeinen Theorie des sozialen Konflikts „jede soziale Situation und jeden sozialen Prozeß, in dem zwei oder mehrere soziale Einheiten" (Fink 1968, 455) in widerstreitenden Beziehungen zueinander stehen, als sozialen Konflikt zu definieren. Hiermit wird auch der Tatsache Rechnung getragen, daß *die soziale Situation des Menschen im Miteinanderleben Widersprüchlichkeiten und Zwänge aufbaut, die zu Antagonismus führen.* Max Weber (1947) macht dies in seiner These deutlich, daß sich mitmenschliches Verhalten stets in Abhängigkeit von Organisationsstrukturen vollzieht. Hier gibt es Regelungen und Vorschriften, die die Entfaltung des Menschen in seinen eigenen Strebungen völlig lahmlegt. Am auffälligsten erleben wir dies im Straßenverkehr, wenn wir bei Androhung von Strafe den Weisungen des Schilderwaldes folgen, ohne daß eine Person in Erscheinung tritt. Wir sprechen hier von *Sachzwängen.*

In gleicher Weise nötigen uns Organisationen, insbesondere der Betrieb, aber auch Familie und Verein, Verhaltensweisen ab, die nicht unbedingt unseren individuellen Wünschen und Interessen entsprechen und unseren persönlichen Zielen häufig zuwiderlaufen. Dies sind *Sozialzwänge.*

Durch Sozial- und Sachzwänge sind wir *außengesteuerte Menschen* (David Riesmann 1958). Individualität und Selbstbestimmung scheinen von außen her durch Regelungen und Vorschriften aufgehoben, die umso engmaschiger werden, je größer die Gesellschaftssysteme, so auch die Betriebe, werden. *Je enger das Netz dieser Vorschriften wird, umso mehr werden die Menschen in ihren Freiheiten beschnitten.* Dadurch werden zunehmend unerwünschte Reaktionen provoziert. Es entstehen soziale Konflikte. Sie sind latent oder unterschwellig vorhanden oder erscheinen in umgeleiteten Ausdrucksformen.

E. Ideenfindung, Problemlösung und Entscheidungsfindung in Gruppen

Veränderungen und Neuerungsprozesse im Betrieb sind wesentlich abhängig vom Verhalten der Gruppe der betroffenen Mitarbeiter. Sind sie in Planungs-, Problemlösungs-, Entscheidungsfindungsprozesse miteinbezogen, so ist die Durchsetzung der Entscheidung und die Durchführung der Innovation in der Regel durch konstruktive Zusammenarbeit gewährleistet. (vgl. Abb. 103, vgl. ferner zur Problematik 2. Kapitel, III, E, 2; D, 3, d, e).

1. *Situationsanalyse und Problemdefinition*

Die Situation für eine Gruppe, die kreativ und problemlösend arbeiten will, muß zunächst *Arbeits- und Lernökologie* (vgl. 3. Kapitel, I, E, 1) beachten. Sodann sollte die *Gruppengröße* selbst zwischen drei und fünf bei strukturierten Problemen, und fünf bis neun Gruppenmitgliedern bei Problemen, die hohe Kreativität verlangen, liegen. Bei Gruppen ab acht kann man arbeitsteilige Gruppenarbeit mit drei und mit fünf Gruppenmitgliedern etc. günstig gestalten.

Den *Ablauf einer Situationsanalyse* stellt Abb. 24 in einzelnen Vorgangsschritten dar. Es ist ein *Grobprozeß* (vgl. Schlicksupp 1977, 64). Es müssen ständig Rückkoppelungen zwischen den einzelnen Vorgangsschritten der Problemdefinition (Ziel der Situationsanalyse) stattfinden, die durch Such-, Auswahl- und Umstrukturierungsprozesse (Konstellations- und Konsequenzprobleme) gekennzeichnet sind. Folgende drei Vorgänge sind dabei zu unterscheiden:

- *Informationsbeschaffung*, indem Situationen erfaßt und bewußt gemacht werden. Dieser Schritt ist durch die *Suchproblematik* gekennzeichnet.
- *Bildung von Alternativen*, indem man Prioritäten setzt, ist durch *Konstellations- und Konsequenzprobleme* besonders geprägt.
- *Kennzeichnung der Problematik*, indem die Aktionsfolge bestimmt wird, wobei es sich von der Methodik her um
  - Problemanalyse (*Ist-Soll-Vergleich*),
  - Entscheidungsfindungsanalyse (*Zielkontrolle*),
  - Analyse zukünftiger Probleme (*Erfolgssicherung*),

  handeln kann.

Heuristiken der Ideenfindung sind die weit verbreiteten Methoden des *Brainstorming*, der *Synektik* und der *morphologischen Methode*, insbesondere des morphologischen Kastens. Von besonderer Bedeutung hierbei ist, daß die Aufgabe in ihrer *Zielvorgabe deutlich definiert* ist. Es darf nicht zu verschwommen sein, aber auch nicht „überdefiniert" (Schlicksupp 1977, 46), d. h. durch ein Zuviel an Anforderungen überfrachtet.

2. *Vorgehensweise nach Kepner/Tregoe*

Weite Verbreitung haben die Vorgehensweisen und die Techniken von Kepner/Tregoe (1970) in der Praxis gefunden. Dies mag vor allem darauf zurückzuführen sein, daß sie *auf einem hohen Plausibilitätsgrad beruhen* und die Techniken *den Bedürfnissen der Praxis weit entgegenkommen* (vgl. hierzu Heidack/Brinkmann 1982). Die Abb. 90 gibt eine sehr detaillierte Anleitung zur Problemlösungstechnik. Sie berücksichtigt die beiden ersten Techniken von Kepner/Tregoe:

(1) Situationsanalyse,
(2) Problemanalyse.

Weitere Techniken sind:

(3) Entscheidungsfindungsanalyse,
(4) Analyse potentieller Probleme.

Problem - Lösungs - Technik

Frage: Was hindert mich (uns) meine (unsere) Arbeit fehlerfrei, pünktlich und kostengerecht auszuüben?

Was ist ein Problem? „Ein schwerwiegendes Hindernis, das der Lösung einer Aufgabe im Weg steht" oder kurz eine „Abweichung vom Soll"

Wichtig: Klare Abgrenzung, was ist **nicht** das Problem!

1 Problem-Beschreibung	Weg	Abgrenzung Ist	Abgrenzung Ist nicht	Weitere Fragemöglichkeiten
· die Problem-Beschreibung muß eine **sachliche und objektive** Feststellung der **Tatsachen** sein. Sie darf keine Frage sein keine Maßnahme enthalten keine Ursache enthalten	· Objekt was hindert mich? wer hindert mich?	B	A, C, D	**Was** läuft denn in Ihrer Abt. nicht richtig? **Wer** kann etwas dazu sagen? **Welche** Masch. ist betroffen? **Wo** ist das passiert? **Wie** stellt sich das Problem aus Ihrer Sicht?
	· Ort wo?	x	a, b.	
	· Zeit wann?	10.00	8.00, 12.00	
	· Ausmaß wieviel?	3	alle restl.	

2 Problem-Ursache	Wie finde ich die Ursachen? 1. Fragen nach d. Ursachen	Ergebnis	2. Fragen nach d. Besonderheiten	Ergebnis	Prüfung der Ursachen
· nur sachliche u. objektive Ursachen angeben! · ein Symptom (Fehler, Beschädigung, Verständigungsschwierigkeiten) ist die Auswirkung einer Ursache · **alle möglichen Ursachen feststellen** und erfassen (Logik) · mögliche Ursachen sortieren nach Gemeinsamkeiten, aber hier keine Bewertung durchführen. · folgerichtig die einzig möglichen Ursachen herausfinden	· Was ist die Ursache des Problems? · Wo liegen nach Ihren Erfahrungen die möglichen Ursachen? · 10 Uhr, warum nicht 8 Uhr oder 12 Uhr? · haben wir alle möglichen Ursachen erfaßt? · Welche Ursachen können noch in Frage kommen?		· Was ist die Besonderheit von B gegenüber A, C, D? · Durch welche Besonderheit unterscheidet sich B von A, C, D? · Warum nur 3 Stück und nicht alle? · Haben sich irgendwelche Veränderungen ergeben? · Welche Veränderungen ergeben sich?		· Wenn das die Ursache ist, wie erklärt sich, daß B und nicht A, C, D davon betroffen ist?

3 Zielsetzung	Weg	Ergebnis	Wie formuliert man Ziele?
· Vorsicht, Ziele und Maßnahmen nicht verwechseln! · Nur wirklich erreichbare Ziele festlegen! · **Leistungsziele mit Maßstab angeben,** damit Soll-Ist-Vergleich durchgeführt werden kann. Leistungsziele – Maßstab Kosten – Mark und Pfennig Termine – Kalender Qualität – Null-Fehler	· Was wollen wir erreichen? · Welche Ziele haben Sie? · Wann muß es erreicht sein? · Welche Bewertungsmaßstäbe wollen wir anlegen?		1. Ein gutes Ziel ist positiv und nützlich. 2. Ein gutes Ziel hält sich in vernünftigen Grenzen, es darf aber nicht zu einfach sein. 3. Ein gutes Ziel ist präzise und meßbar. 4. Über ein gutes Ziel kann leicht und verständlich berichtet werden.

4 Abhilfemaßnahmen	Weg	Ergebnis	Ablauf/Verteilung
· Es empfiehlt sich, möglichst viele Abhilfemaßnahmen durchzudenken, **damit die optimalen Maßnahmen** gefunden werden.	· Welche Maßnahmen schlagen Sie vor? · Welche Maßnahmen sind geeignet, unser Ziel zu erreichen? · Was kann getan werden? · Wo kann etwas getan werden? · Wer kann helfen?		· Wie soll das ablaufen? · Wie kommen wir dorthin? · Wie lange soll das dauern? · Welche Nachteile müssen wir berücksichtigen? · Soll das für alle gelten?

5 Bewerten	Weg	Ergebnis	Prüfung des Aufwandes
· Das Ziel gibt uns den Maßstab für Maßnahme · Maßnahme am Ziel messen · Die Maßnahmen bewerten, die am besten geeignet sind, das Ziel zu erreichen. · **nur eine ist optimal**	· Was ist die beste Lösung? · Welche Erfolge haben wir? · Wie lange dauert das? · Wie ist der Einfluß auf die Kosten? · Wie ist der Einfluß auf die Termine? · Wie ist der Einfluß auf die Qualität		· Was darf es kosten? · Was kostet das?

6 Aktionsplan	Weg	Ergebnis	Prüfung
· Die Aufgaben sollen möglichst auf freiwilliger Basis übernommen werden! Stufenplan, kleine Schritte **damit der Erfolg sichtbar wird** · Gesamtzusammenhänge berücksichtigen.	· Wer macht was? Mit wem? Bis wann? · Wer unterstützt Sie? . Wann fertig? · Was wird getan? · Wo wird etwas getan? · Wie wird etwas getan?		· Wer soll was tun? · Sind zusätzliche Maßnahmen notwendig? Welche? · Auswirkung? · Nebenwirkung?

7 Ergebniskontrolle	Weg	Ergebnis	Prüfung
· Soll-Ist-Vergleich entsprechend Qualitätsmaßstab · **Wer die Aktionen nicht kontrolliert,** kann den Ablauf nicht beeinflussen und **bringt sich um seinen Erfolg!**	· Haben wir Übereinstimmung zwischen Vorhaben und Ausführung? · Welchen Erfolg brachte es uns? · Was ist das nächste Ziel?		· Warum wurde mit der optimalen Lösung das Ziel nicht erreicht?

8 Rückkoppelung	Weg	
· Plan zur Verbesserung	· Im Regelfall wird bei einer Ziel-Abänderung eine erneute Problem-Bearbeitung wegen andersartiger Problembenennung erforderlich sein.	GL Krippendorf Ausgabe 4/74

Abb. 90 Problem-Lösungs-Technik

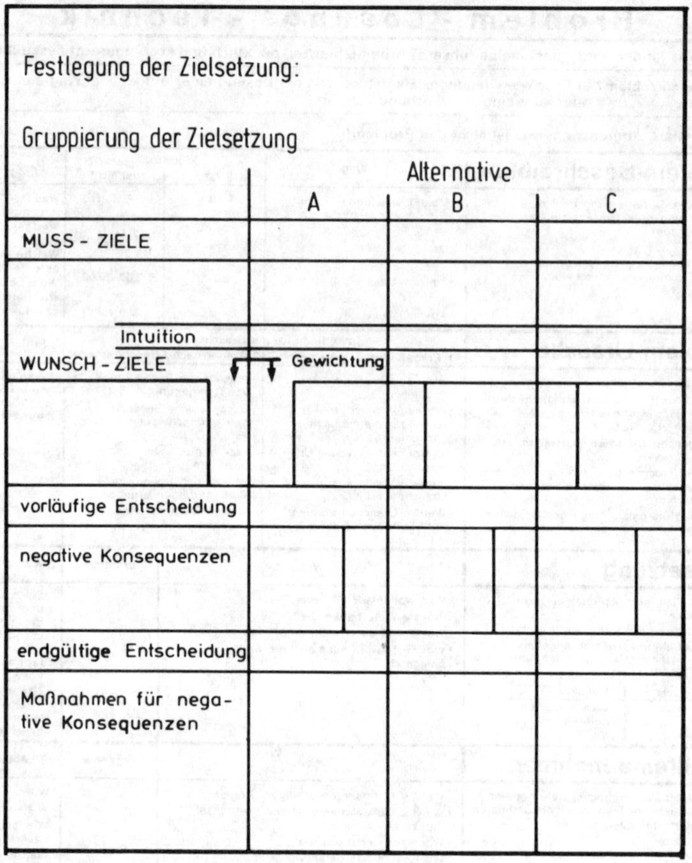

Abb. 91 Entscheidungsgitter (in Anlehnung an Kepner/Tregoe)

Zur Entscheidungsfindungsanalyse bietet das *Entscheidungsgitter* in Abb. 91 ein Raster, das die Entscheidungsfindungstechnik vor allem in der Gruppe systemgerecht und sehr schnell durchführen läßt.

3. Der Entscheidungsprozeß in Gruppen

In der amerikanischen Managementliteratur steht die Entscheidungsfindung im Mittelpunkt der Managementüberlegungen als umfassender *Prozeß der Entscheidungsfindung* wie auch der Entscheidungsdurchsetzung und Kontrolle der Durchführung, wie dies Abb. 92 zeigt.

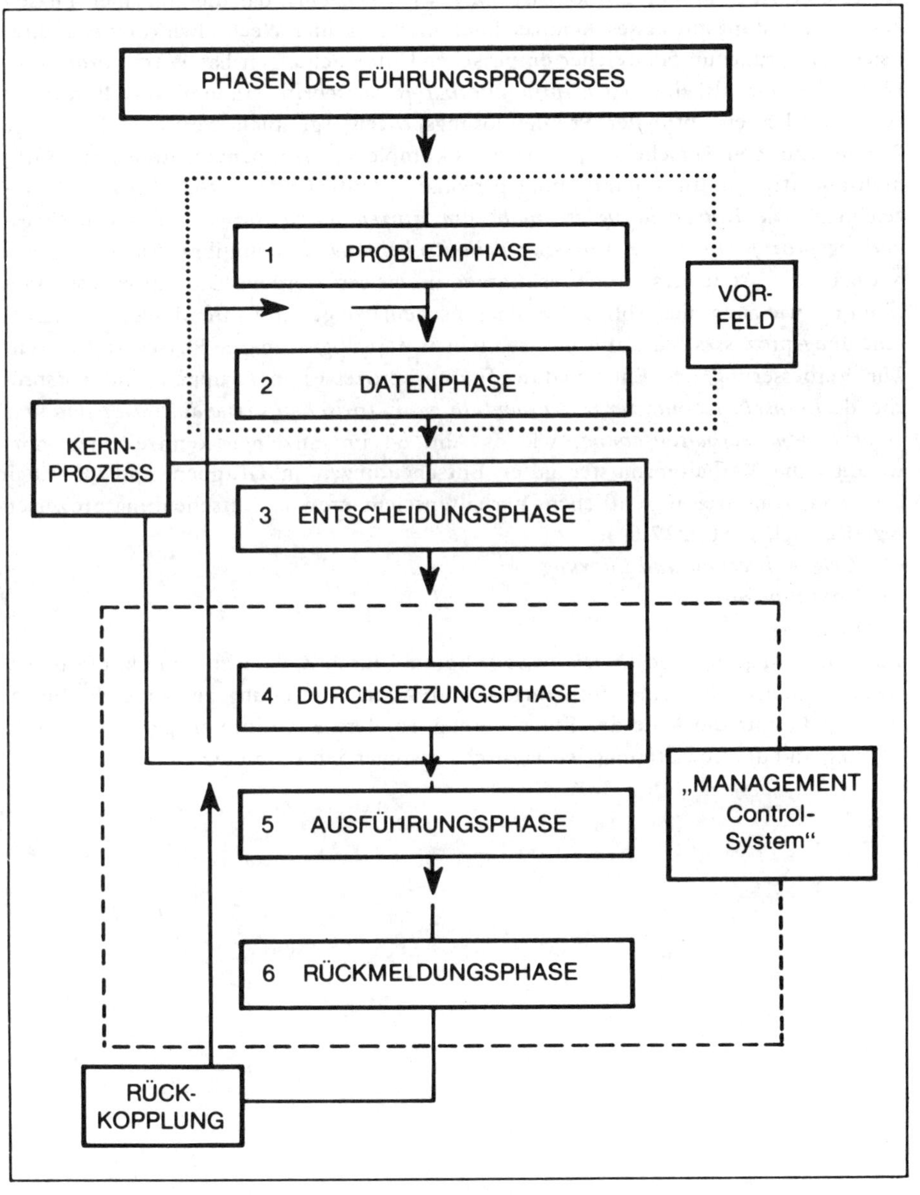

Abb. 92 Phasen des betrieblichen Problemlösungsprozesses nach dem klassischen Phasentheorem (Quelle: Heidack 1979, 31)

Es ist eine *Abwandlung des klassischen Phasentheorems*, das die einzelnen Phasen des Entscheidungsprozesses kennzeichnet und in seiner Wechselwirkung charakterisiert. Aufgrund umfangreicher empirischer Untersuchungen hat Witte (1968) dies Phasentheorem als eine *präskriptive Verhaltensvorschrift* erkannt. Ihre Befolgung verspricht keinen optimalen Problemlösungsprozeß (vgl. auch Irle 1971). Witte legt Wert darauf, den Entscheidungsprozeß als komplexen Gruppenverhaltensprozeß der multioperativ, multitemporal, multipersonal abläuft (Witte 1968, 644), zu kennzeichnen. Die *Entscheidung ist nicht ein Einzelakt, sondern ein Entscheidungsbildungsprozeß von vielen Vor- und Teilentscheidungen*, die in ihrer Entscheidungsrelevanz am Ende des Prozesses immer intensiver werden. Die Informationsgewinnung, wie auch hier Abb. 92 im Phasenschema zeigt, ist während des ganzen Entscheidungsprozesses wirksam und ist nicht in fest abgrenzbaren Phasen zu fixieren. Zur Verbesserung des Entscheidungsfindungsprozesses in Gruppen sind entsprechende *Lernschritte auf der instrumentalorganisatorischen sowie der rationalen und emotionalen Verhaltensebene*, wie es Abb. 64 im einzelnen kennzeichnet, notwendig. Die Verhaltensmuster guter Entscheidungen in Gruppen sind inhaltlich bestimmt von drei wesentlichen Verhaltenselementen in Entscheidungsprozessen (vgl. Heidack 1980, 227 ff.):

(1) Zielgerichtetheit und Führung,

(2) Kommunikation,

(3) Einigung.

Ein hoher Einigungsgrad (*Partizipation*) kommt durch Zielklarheit und kommunikativen Austausch über die Problematik und Alternativstellung zustande. Er beeinflußt nicht nur die Güte der Entscheidung, sondern auch ihre zielgerechte Durchführung und die Bewältigung der dadurch entstehenden Probleme.

5. Kapitel: Verhaltenssteuerung im Betrieb

Die Grundlagen des Verhaltens von Individuen und Gruppen ermöglichen einen tieferen Verständniszugang zur Verhaltenssteuerung im Betrieb. Zwar sind die Zusammenhänge und Auswirkungen auf *ausführende* und *durchführende* Tätigkeit im entsprechenden Kontext dargestellt worden, die funktionalen und institutionalen Aspekte der *Führung* und Leitung im Führungsverhalten werden in diesem Kapitel dargestellt und erörtert (vgl. auch Bisani 1977, Hub 1982).
Verhaltenssteuerung kommt durch *Selbststeuerung* oder *Fremdsteuerung* zum Ausdruck. Sie kann innen- oder außengesteuert sein und unterliegt ständig Sach- und Sozialzwängen. Soziotechnische Veränderungen erfordern persönliche Verhaltensänderung und bedingen sozialen Wandel im Betrieb. Die wichtigen Wirkprozesse der Verhaltenssteuerung sind:
Leitung, Führen, Lernen.

I. Führungsverhalten bei der kooperativen Leistungserstellung im Betrieb

Die personenbezogene Komponente des Management nimmt an Bedeutung zu, was auch zu einem Wandel der Auffassung von Führung beiträgt (vgl. hierzu u. a. March/Simon 1976; Neuberger 1976, 1978; Wunderer/Grunwald 1980; Staehle 1980; Sahm 1981). Wenn Koontz/O'Donnell (1976, 587) nur etwa 60–65% der Leistungsbereitschaft von den Mitarbeitern auf den Einsatz *sachbezogener Managementaktivitäten* zurückführen und meinen, daß sich personenbezogene Maßnahmen mit weiteren 40% auf die *Mitarbeiteraktivität* niederschlagen, so ist dieser Prozentsatz zwar fragwürdig, verdeutlicht jedoch den Trend. Hierbei rücken kooperative Formen der Führung stärker in den Vordergrund. Der kooperative Führungsanteil muß im Sinne einer „*inneren Humanisierung*“ (Sahm 1975) sicherlich wachsen. Er bleibt jedoch, bezogen auf die Gesamtführungsaktivität einer Führungskraft oder einer Führungsmannschaft „eine Teilmenge von Führung“ (Brezinka 1975, 25 f.). Wunderer/Grunwald (1980, II, 7) stellen in ihrem grundlegenden Werk zur kooperativen Führung fest: „Wer über kooperative Führung spricht, der muß auch über Führung reden, aber nicht umgekehrt!“ Führung als Verhaltenssteuerung sollte man deshalb im Rahmen der Gesamtaufgabe der Vorgesetztenfunktion sehen.

A. Management ist Leiten und Führen

1. *Begriffliche Abgrenzung*

Management wird in der derzeitigen anglo-amerikanischen Literatur in zweierlei Bedeutungen verwendet:

- *Management als Institution.* Dies ist die Kennzeichnung von Personen oder Gremien, die mit der *Geschäftsführung* betraut sind.
- *Management als Funktion.* Damit sind spezielle Prozesse und Aufgaben gekennzeichnet, die Funktionsträger im Betrieb in der Regel als Vorgesetzte, wenn es um Verhaltenssteuerung im Rahmen der Betriebsziele geht, ausüben. Es ist somit die *Vorgesetztenfunktion* insgesamt gekennzeichnet.

Plant z. B. ein Betrieb, seine Produktion auf ein weiteres Produkt auszuweiten, so ist dies zunächst eine Sachentscheidung, die der *Leitungsfunktion* zuzuordnen ist. Dazu gehören alle organisatorischen Dispositionen, wie die Bereitsstellung von Fabrikationsraum, Maschinen, Schaffung neuer Stellen und Arbeitsplätze, wie auch entsprechend im Vertrieb neues Werbematerial etc.

Gleichzeitig muß sich das Management auch Gedanken darüber machen, wie man die Mitarbeiter dazu bewegen kann, sich den Neuerungen anzupassen. Dies gehört zum *Führungsaspekt*.

In gleicher Weise greifen die beiden *Aspekte Leitung und Führung* (vgl. Abb. 93) ineinander. Betrachten wir näher die Aufgaben, um die Aspekte zu differenzieren, so plant und definiert ein Vorgesetzter Leistungsziele, er disponiert und koordiniert technische und ökonomische Mittel. Er steuert und organisiert Arbeitsprozesse. Er überprüft und bewertet Arbeitsergebnisse. Dieser Teil der Vorgesetztenfunktion ist Leitung.

2. *Intitutionalisierte Aspekte der Verhaltenssteuerung*

Leitung schafft durch organisatorische Regelungen die Möglichkeit der Zusammenarbeit. Das menschliche Verhalten wird dadurch *von außen gesteuert*.

Unter Institutionalisierung dieser organisatorischen Regelungen wird eine *administrative Verhaltenssteuerung* geschaffen, in der sich Formen des Leitens ausdrücken. Sie finden vor allem in den Organisationsstrukturen ihren Niederschlag, die je nach ihrer hierarchischen Stellung mit Weisungsbefugnissen ausgestattet sind. Die Regelungen beziehen sich jedoch nicht nur auf die *Weisungsfunktion*, sondern beziehen auch die *Beratungsfunktion* der Stäbe in die administrative Verhaltenssteuerung mit ein, wenngleich nach unserem Organisationsverständnis nur Linienvorgesetzte leitende Funktionen haben. Der institutionalisierte Wirkungseffekt (Management als Institution) kommt jedoch hierdurch deutlich zum Ausdruck. Die hierarchische Unterteilung in untere, mittlere und obere Führungskräfte macht nur einen graduellen

Unterschied. Institutionalisiert ist Leiten als sachorientierte Komponente des Management in den Weisungs- und Regelungsbefugnissen aller Stellen, die nicht lediglich ausführende Tätigkeit zum Gegenstand haben, gegeben. Wie schwierig die Zuordnung der Begriffe ist, zeigt die Abgrenzung der *Leitenden Angestellten*, die in der hierarchischen Struktur des Unternehmens als Bindeglied zwischen dem Top-Management (Vorstand, Geschäftsführung) und den sonstigen Mitarbeitern als Arbeiter oder Angstellte einzuordnen sind. Aufgrund dieser recht schwierigen Abgrenzung wird meist Führung und Leitung synonym gebraucht.

3. Bürokratie und Technokratie

Die *Verhaltenssteuerung durch organisatorische Regelung*, ihre Formalisierung und Institutionalisierung in der Bürokratie hat insbesondere *Max Weber* (1974, erstmals 1921) und in seiner Bürokratismuskritik *Crozier* (1963) untersucht.
Weber stellt die These auf, daß sich *menschliches Verhalten stets in Abhängigkeit von Organisationsstrukturen* vollzieht. In der Sprache der Führungslehre ausgedrückt heißt dies, daß menschliches Verhalten nur dann wirksam und erfolgreich gesteuert werden kann, wenn man die jeweiligen Gegebenheiten in der Organisation berücksichtigt.
Weber entwirft ein *idealtypisches Bürokratie-Modell*, das sich nicht am Faktischen, sondern am optimalen, rationalen Handeln orientiert. Bürokratie ist nach Weber ein System miteinander verbundener Ämter. Mit dem jeweiligen Amt sind Autorität und Verantwortung verbunden und nicht mit dem Amtinhaber. Methoden und Aufgaben der Amtstätigkeit bleiben konstant unabhängig vom aktuellen Amtinhaber und seinen spezifischen Fähigkeiten und Interessen. Folgende charakteristischen Merkmale gibt Weber (1947, 559 f.) als *Grundzüge der Bürokratie* an:

(1) Das *Prinzip der festen*, durch Regel, Gesetze oder Verwaltungsreglements generell geordneten behördlichen *Kompetenzen*, die die Zuordnung von Beamten und amtlichen Pflichten festlegen, sowie Zwangsmittel vorsehen.
(2) Das *Prinzip der Amtshierarchie* mit ihrem hierarchischen Aufbau und hierarchischen Instanzenzug.
(3) Das *Prinzip der Aktenmäßigkeit* mit der überragenden Bedeutung von Schriftstücken. Es bildet die Gesamtheit der bei einer Behörde tätigen Beamten mit der entsprechenden Sachgüterausstattung und dem Aktenapparat ein „*Büro*".
(4) Die bürokratische Amtstätigkeit „setzt normalerweise eine eingehende Fachschulung voraus". Dies bestimmt die *Laufbahn*.
(5) Das *Prinzip der Vollbeschäftigung*. Für den Beamten bedeutet seine Arbeit Hauptbeschäftigung in seinem Leben.
(6) Der Zugang zu dem Amt und der Amtsführung selbst setzen technische Kenntnisse voraus, vor allem Rechtskunde, Verwaltungslehre mit entsprechendem Einsatz der technischen Mittel. Dies führt zu einer Funktionalität und technischen Überlegenheit der Bürokratie-Organisation *(Technokratie)*.

Zu beachten ist nach Weber, daß nicht alle Merkmale dieser idealtypischen Kennzeichnung in jeder Organisation zugleich auftreten. *Realtypsich* können einzelne Merkmale in unterschiedlicher Anzahl, Konfiguration und Intensität auftreten. So untersuchen die klassischen amerikanischen Studien (Merton 1940; Gouldner 1955; Agyris 1957; vgl. March/Simon 1976) Strukturen und Funktionen von gegenwärtigen Organisationen, indem sie sie mit Webers Idealtypen vergleichen, jedoch nicht alle heranziehen.
Die *Kritik an diesem Bürokratiemodell der sog. Strukturalisten* hat zwei Schwerpunkte (vgl. Mayntz 1968, 13):
Von den Normen der Bürokratie her gibt es *Widersprüche zu demokratischen Idealen*. Die Zweckmäßigkeit der bürokratischen Organisation erscheint unter *veränderten Herrschaftsvoraussetzungen* als durchaus begrenzt. Die Kritik am Bürokratismus (Crozier 1963, March/Simon 1976; Simon 1981) zeigt die *begrenzte Rationalität* und den Ansatz für viele dysfunktionale Konsequenzen, was vor allem Untersuchungen der Gruppendynamik darlegen.
Den psychologisch-situativ bedingten Ansatz, der in der Verhaltenssicherheit und der Verhaltenssicherung beruht und den Bürokratie einmal bietet, kennzeichnen March/Simon (1976, 157 f.) dadurch, daß sich „adaptives Handeln in Organisationen immer" nur auf wenige Elemente des Systems zu einem bestimmten Zeitpunkt richten kann. Die anderen müssen wenigstens kurzfristig als gegeben, d. h. nicht beeinflußbar, angesehen werden.

B. Führung als personale Komponente des Management

1. *Der Vorgesetzte als unmittelbare Führungskraft*

Die wichtigsten Funktionen der sachorientierten formalen Organisation bestimmen durch Dauerregelung den Verhaltensspielraum der Mitarbeiter.
Sie sind aber für das konkrete betriebliche Verhalten noch unzulänglich, einmal weil sie von Fall zu Fall flexibel in der Situation von der Sache her ergänzt werden müssen (*Leistungsaspekt*), zum anderen sind sie auch wegen geringer oder abweichender Motivation, sowie mangelnder Qualifikation der Mitarbeiter in geringerem Maße verwirklicht als sie voraussetzen. Hier bedürfen die Mitarbeiter der *Führung* (vgl. Abb. 93). Um beides zu gewährleisten, gibt es im Betrieb den Vorgesetzten. Im *Vorgesetzten* erlebt der Mitarbeiter sozusagen personifiziert das organisatorische Wirken des Betriebs unmittelbar. „Die Nähe zum Ort des Geschehens und seine besondere Loyalität gegenüber der Organisationsleitung setzen den Vorgesetzten in die Lage, die Interpretations-, Informations-, Kontroll- und Motivationsfunktion wahrzunehmen, die für den Erfolg der Organisation von ausschlaggebender Bedeutung sind" (Neuberger 1978, 273).

2. *Führungsfunktion und Führungsautorität*

Führung vollzieht sich dadurch, daß ein Vorgesetzter mit Menschen zusammenarbeitet, wobei er sowohl für die Form wie für den Erfolg und die Zusammenarbeit mit ihnen Verantwortung trägt. Seine Aufgabe ist es, Ziele zu verwirklichen. Dies kann er nur durch deren Mitarbeit. Hier liegt der Schlüssel zum Erfolg. Ein erfolgreicher Vorgesetzter muß das Verhalten der Mitarbeiter so steuern, wie es den Zielen des Unternehmens entspricht, daß er aber auch den Bedürfnissen der Mitarbeiter gerecht wird, daß sie sich am Arbeitsplatz wohlfühlen und sich entfalten können. Diese mitarbeiterorientierte Funktion des Vorgesetzten nennen wir Führung.

> Führung beinhaltet das unmittelbare zielorientierte Verhaltenssteuern von Mitarbeitern und soziale Einflußnahme mit der Absicht, sowohl die Ziele des Betriebes, wie auch der in ihr wirkenden Menschen möglichst weitgehend zu erfüllen.

Die *Führungsfunktion* ist mit Kompetenzen ausgestattet, *nicht* um ihren *Herrschaftscharakter* zu untermauern, sondern um ihr eine Funktionsautorität zu verleihen (vgl. u. a. Sahm 1977, 8; Heidack 1981; 28; siehe 1. Kap. I. A). Der Vorgesetzte heute hat eine Art übergeordnete *Service-Funktion*, wodurch er vor allem Voraussetzungen schafft, daß der einzelne und mit ihm die Gruppe sich leistungsmäßig voll entfalten kann. Dieser Leistungserfolg seiner Mitarbeiter steigert auch seine *persönliche Autorität*.
Dieser funktionale Aspekt entspricht auch den Erfordernissen und Gegebenheiten von Mehrfachunterstellungen, wenn dies auch mit größeren Konfliktgefahren verbunden ist und höhere Anforderung an die Fähigkeit der Konfliktbewältigung stellt.

3. *Führung erfordert Führungstechnik und Führungspsychologie*

Mitarbeiterführung stellt an den Vorgesetzten, wie Abb. 95 zeigt, Anforderungen auf dem Gebiet der Führungspsychologie und Führungstechnik in gleicher Weise. Die wechselseitige Bezogenheit in den wichtigsten Funktionsbereichen macht die Gegenüberstellung der *Kataloge der wichtigsten Problem- und Aufgabenstellungen* der Führungskraft deutlich:

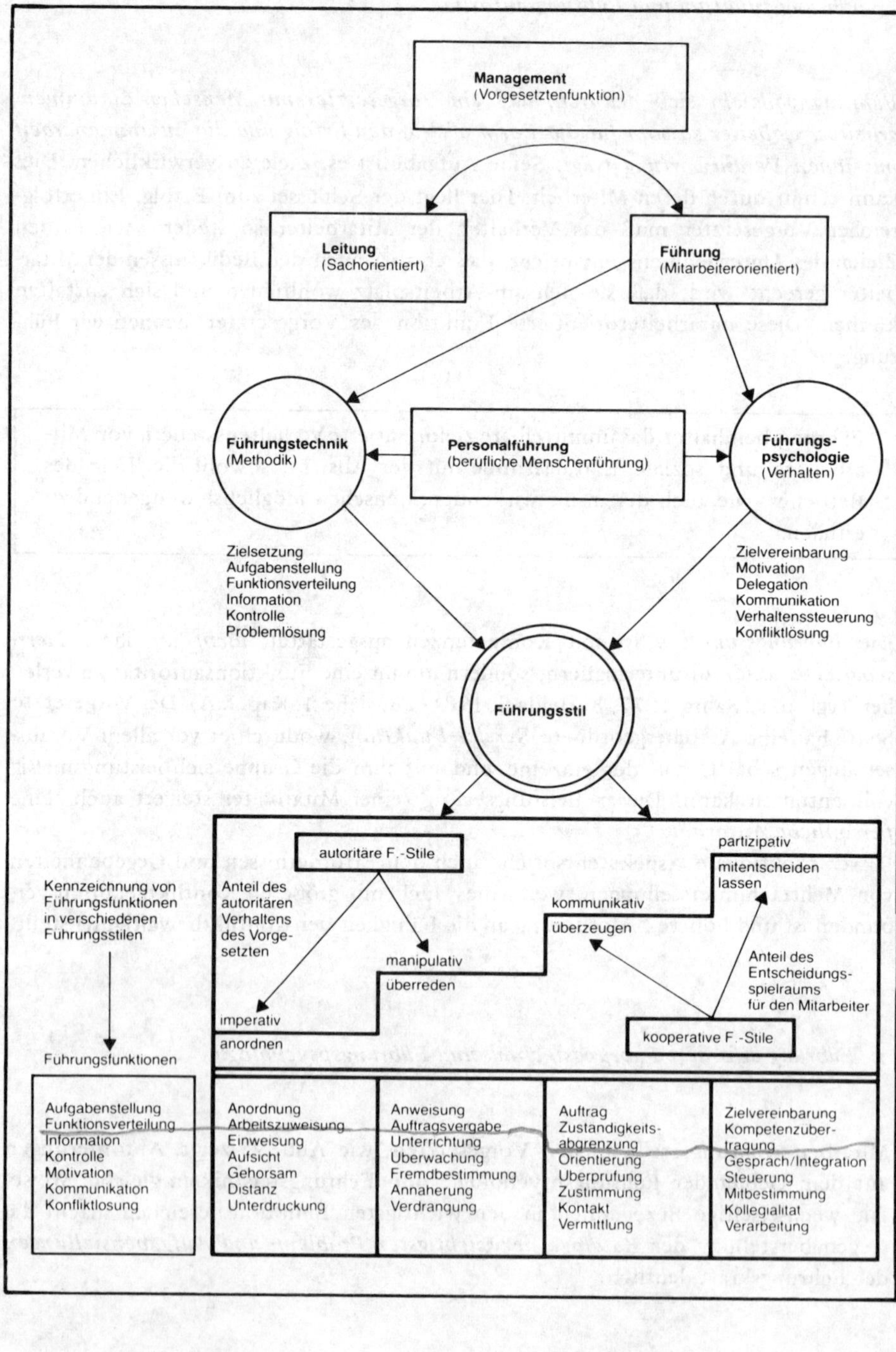

Abb. 93 Übersicht über Führungsstruktur und Führungsstil im Betrieb (vgl. Sahm 1977, 25)

Fragen der Führungstechnik beinhalten im wesentlichen *Leistungsaspekte*, und lauten in etwa: welches sind die wirksamsten Methoden um die o. g. Funktionen wirksam wahrzunehmen.
Die Führungspsychologie bezieht sich vor allem auf Kenntnisse und Fähigkeiten aus dem Verhaltensbereich. Sie beinhaltet im wesentlichen *Beziehungsaspekte* und berührt die Problematik der Qualifikation des Vorgesetzten für seine Verhaltenssteuerung zur kooperativen Zusammenarbeit. Als solche befaßt sie sich speziell mit dem Verhalten und den Verhaltensänderungen des Vorgesetzten. In ihrer Problemstellung untersucht sie vor allem Voraussetzungen und Anforderungen des Vorgesetzten für erfolgreiches Führen.
In der obigen Gegenüberstellung werden die Unterschiede der beiden Aspekte durch verschiedene Kennzeichnung der gleichen Funktion deutlich. Während der führungstechnische Aspekt den rein methodischen Fertigkeitsaspekt umreißt, deutet Zielvereinbarung etc. den psychologisch verhaltensmäßig zu erstrebenden Inhalt der gekennzeichneten Führungsfunktion an.
Führungstechnische Fertigkeiten und führungspsychologische Fähigkeiten kommen im konkreten Führungsverhalten zum Ausdruck. Sie prägen zusammen mit persönlichen Einstellungen und den Umfeldfaktoren den Führungsstil als typisch häufiger auftretendes Führungsverhalten. In Abb. 93 werden die *Führungsfunktionen nach vier verschiedenen Führungstilen gekennzeichnet* (vgl. Likert 1973; Sahm 1977). Die Führungsstile orientieren sich nach der klassischen Einteilung in autoritären und kooperativen Verhalten des Vorgesetzten in Entscheidungssituationen, wobei der Anteil der Selbststeuerung bei seiner Aufgabe den Partizipationsgrad des Mitarbeiters den kooperativen Anteil des Führungsstils bestimmt. Diese duale Form ist durch eine weitere Unterteilung nochmals differenziert.

4. Personal- und Menschenführung

Während in der allgemeinen begrifflichen Staffelung von Führung und vom Ausmaß her Menschenführung so verstanden wird, daß sie sich im Betrieb auf den rein führungspsychologischen Bereich beschränkt, muß dagegen aus der allgemeinen verhaltenswissenschaftlichen Sicht die Menschenführung weiter und differenzierter gesehen werden.
Menschenführung wird in folgenden unterschiedlichen Bedeutungen verwendet:

- Losgelöst vom Betrieb ganz allgemein für das *Führen von Menschen in allen Lebensformen*, ob in Familie, Berufsleben oder in der Freizeit.
- Im wissenschaftlichen Sinn wird der Begriff vor allem *im Zusammenhang mit pädagogischen und psychologischen Fragen* im Bereich der Erziehung verwendet, z. B. bei der Frage nach Erziehungsprinzipien, soll man den heranwachsenden Menschen führen oder wachsen lassen.

- Im Sinne der *betrieblichen Menschenführung* wird er speziell so gebraucht, daß er inhaltlich weitgehend mit dem identisch ist, was führungspsychologisch von Bedeutung ist.

Personalführung (Vgl. Abb. 93) umfaßt die mitarbeiterbezogenen Aufgaben des Managements. Sie kann wie folgt gekennzeichnet werden:

- Personalführung beschränkt sich auf die direkt unterstellten Mitarbeiter (*Führungs- oder Kontrollspanne*).
- Personalführung erstreckt sich sowohl auf führungstechnische, wie auf psychologische Fragestellungen.
- durch das Anwachsen von führungspsychologischen Problemen wird Personalführung immer mehr *zur beruflichen Menschenführung*.

Wenn auch der relative Anteil von Leitungsaufgaben mit der höheren Stellung in der Betriebshierarchie zunimmt, so hat auch der oberste Vorgesetzte seine Mitarbeiter. Diese ihm direkt unterstellten Mitarbeiter zeichnen sich dadurch aus, daß sie meist selbst Führungskräfte oder hochqualifizierte Spezialisten sind. Auch ihnen gegenüber müssen die oberen Führungskräfte ihre Personalführungsfunktion wahrnehmen und sollten dabei ein besonderes Vorbild sein und überzeugen. Was sie positiv erreichen, wirkt sich unmittelbar auf die unteren Führungsebenen aus. Kein Vorgesetzter kann sich von daher mit Fragen der Mitarbeiterführung nur nebenbei befassen, als gingen sie ihn nur am Rande etwas an. Sie gehören als etwas Unentbehrliches zu seiner Aufgabe, zu seinem Beruf. Wie auf seinem Fachgebiet muß der Vorgesetzte sich auch hier um Kenntnisse bemühen und die erforderlichen Fähigkeiten bewußt trainieren.

II. Schwerpunkte der Führungslehre und der Führungsforschung

Kaum ein Gebiet der Verhaltenswissenschaften hat eine ähnliche Aufmerksamkeit erfahren, wie der Bereich der Führung. Entsprechend unterschiedlich sind die Ansätze in Forschung und Lehre. Einige Schwerpunkte in ihrer unterschiedlichen Auffassung sollen hier aufgezeigt werden.

A. Ansätze der Führungstheorie

1. *Einheitliches Rahmenkonzept*

Von der Führungstheorie sind Aussagen darüber zu erwarten, die bei stark abstrahierender Betrachtungsweise des Führungsprozesses folgende Komponenten (Variablengruppen) ausweisen (vgl. Neuberger 1977, 275 f.), wie es Abb. 94 darstellt:
Im Innenkreis der Abb. 94 zeigen sich die sozialen Wechselwirkungen der Führungskraft zwischen Führungskraft und Geführten, die sich mit einer gemeinsamen Sachaufgabe auseinandersetzen. Aus dieser Interaktion ergeben sich Wirkungen, die nicht unabhängig von der Organisationssituation ablaufen. Diese organisatorische Situation ist das soziale Umfeld der Arbeitsgruppe und des Betriebes.

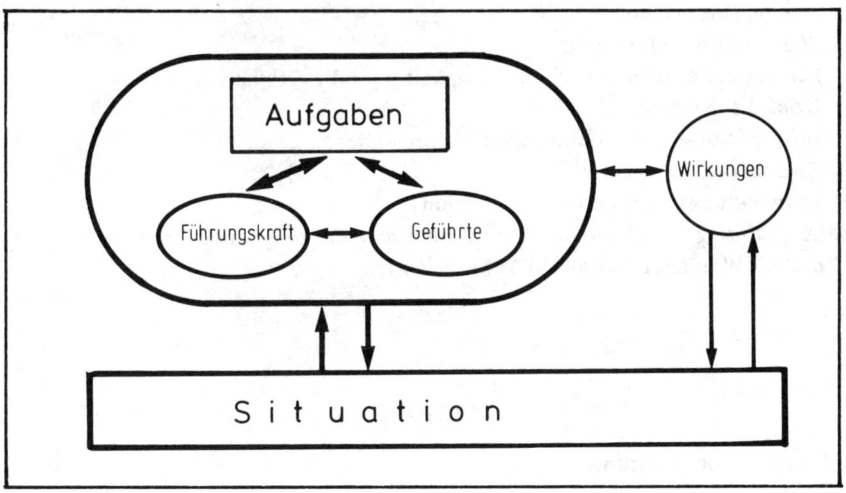

Abb. 94 Rahmenkonzept für Führung im Betrieb

2. *Begriffe über Führung*

Eine Sichtung der Vorstellungen über die Führung in der Führungsliteratur haben die Sammelreferate von Stogdill, Mann, Ghiselli u. a. herbeigeführt. So unterscheidet Stogdill (1974, 7 f) in der verwirrenden Vielfalt und Komplexität der Aussagen über das Führungsphänomen insgesamt 11 unterschiedliche *Führungsansätze*.

(1) Führung als Mittelpunkt des Gruppenprozesses,
(2) Führung als Persönlichkeit des Führers,
(3) Führung als Fähigkeit, bei anderen Einverständnis zu erreichen,
(4) Führung als Ausübung von Einfluß,
(5) Führung als Handlung oder Verhalten,
(6) Führung als eine Form der Überredung,
(7) Führung als Machtbeziehung,
(8) Führung als Ergebnis der Interaktion,
(9) Führung als Instrument der Zielerreichung,
(10) Führung als Rollendifferenzierung,
(11) Führung als Initiierung von Strukturen.

Wunderer/Grunwald (1980, I, 150 f.) halten es für notwendig, folgende 11 Merkmale bei einer angemessenen Beschreibung und Erklärung zu berücksichtigen, wenn sie sich auch überlappen:

(1) Ziel-, Ergebnis- und Aufgabenorientierung,
(2) Gruppenprozesse,
(3) Rollendifferenzierung,
(4) Einflußprozesse (Macht),
(5) Soziale Interaktion,
(6) Wert- und Normbildung,
(7) Persönlichkeitseigenschaften, Fähigkeiten und Fertigkeiten,
(8) Konfliktprozesse,
(9) Informations- und Kommunikationsprozesse,
(10) Entscheidungsprozesse,
(11) Entwicklungsprozesse (Zeitdimension).

Eine *Aufzählung verschiedener Funktionen von Führung* findet sich bei Neuberger (1978, 273; Wunderer/Grunwald 1980, I, 54 f.).

B. Theorien über Führung

1. Allgemeine theoretische und klassische Ansätze

Neben den Merkmalen über Führung faßt Stogdill Ausführungen über Führungstheorien zusammen. Von ihnen werden Aussagen über die Zusammenhänge erwartet, die im Rahmenkonzept in Abb. 93 gekennzeichnet sind. Sie sollen Bedingungen, Strukturen, Prozesse und Konsequenzen von Führung beschreiben, erklären und vorhersagen (Wunderer/Grunwald 1980, I, 114). Stogdill unterscheidet folgende *theoretischen Ansätze*:

- *Great-Man-Theorien.* Außergewöhnliche Eigenschaften und Fähigkeiten unterscheiden den Führer von den Geführten.
- *Umwelttheorien.* Führer entstehen dadurch, daß ihnen aufgrund von besonderen Umweltbedingungen (Krisen, Krieg, etc.) Gelegenheit zum Aufstieg gegeben wird.
- *Personen-Situations-Theorien.* Aus der Kombination der beiden Theorien ergibt sich eine Konstellation, daß Führer über bestimmte Eigenschaften verfügen, die ihnen helfen, auf die besondere Situation einer Gruppe einzugehen.
- *Interaktion-Erwartungs-Theorien.* Die Führungskraft hat die Initiative, Interaktionen auszulösen, die die anderen gleichzeitig motivieren und Erwartungen von Vorteilen und Belohnungen erwecken.
- *Humanistische Theorien.* Sie haben das Ziel, daß man in gleicher Weise organisatorische Ziele, Wachstum, Entwicklung und Selbstverwirklichung der Mitarbeiter erreichen soll.
- *Austausch-Theorien.* Im Problemlösungsprozeß wird dem Einsatz (input) der Führungskraft durch Anstrengungen und Ergebnisse (output) der Geführten entsprochen und umgekehrt.

Normalerweise unterscheidet man in der allgemeinen Management-Literatur weniger differenziert und beschränkt sich auf drei Ansätze:
(1) Eigenschaftstheoretischer Ansatz (Trait-approach),
(2) Verhaltenstheoretischer Ansatz (Behavioral-approach),
(3) Situationstheoretischer Ansatz (Situational/Contingency-approach).

2. Überblick über ihre Entwicklung

Was den eigenschaftstheoretischen Ansatz betrifft ist die Führungsforschung inzwischen zu der Erkenntnis gekommen, daß *die persönlichen Eigenschaften des Führers für den Erfolg der Führung nicht in dem Maße ausschlaggebend sind*, wie es einseitig aus der Persönlichkeit des Führers abgeleitet wird. In der Praxis wird die Eigenschaftstheorie nach wie vor trotz mangelnder empirischer Evidenz vor allem von denjenigen geschätzt, die Führungspositionen innehaben.
Mit dem *verhaltenstheoretischen Ansatz* deutet sich seit Ende der 40er Jahre mit dem *Aufschwung der Gruppendynamik* und einer Vielzahl von empirischen experimentellen und feldforscherischen Arbeiten ein Interessenwandel der Führungsforschung an. Allerdings werden bei dieser sog. *Führungsstil-Forschung* größtenteils noch wesentliche Einflußfaktoren, wie Situation und Aufgabe, vernachläßigt.
Der *situationstheoretische Ansatz* kommt zu der realistischen Annahme, daß unterschiedliche Gruppen- und Führungssituationen auch unterschiedliche Führungsstile bedingen und erfordern. Sie sehen durchaus, daß die Kenntnis unterschiedlicher Führungsstile als Verhaltensmuster sehr nützlich ist, daß aber die erfolgreiche Führung aufgrund von Motivation erforderlich ist, wobei der entsprechende Führungsstil dieselbe fördert.

Von besonderer Bedeutung sind die *interaktionstheoretischen Ansätze*, die den gesamten Wirkprozeß der Führung mit der Interaktion aller berücksichtigen. Sie gelten zwar als die von der Theorie her anspruchvollsten Ansätze, sie sind jedoch bei der empirischen Überprüfung und pragmatischen Anwendung viel zu kompliziert, so daß sie von der Praxis bisher verneint wurden.

C. Verhaltensmuster der Führung (Führungsstile)

Um Führungsverhalten zu kennzeichnen, bedient man sich vor allem im deutschsprachigen Raum einer *Typologie* von Führungsstilen. Gebräuchlich sind hierbei *idealtypische und realtypische Verhaltensmuster*. Die Typisierung hat entweder ihre Tradition, die meist auf Max Weber zurückgeht, oder wird auf die klassischen Experimente von Lewin und seine Mitarbeiter zurückgeführt, wobei die Führungsstile als typisierte Verhaltensmuster einer oder mehrerer Führungsdimensionen zugeordnet werden.

1. Bedeutung und Begriff von Führungsstil

Der Begriff Führungsstil nimmt in der Management- und Führungsliteratur einen zentralen Stellenwert ein. In der Theorie wie auch Praxis wird er nicht nur unterschiedlich weit gefaßt, sondern auch mit dem Begriff Führung synonym verwendet. Das Führungsverhalten der Vorgesetzten, die Aktivität und die Leistung in der Gruppe werden vom Führungsstil maßgeblich beeinflußt. Dies liegt als Grundannahme der häufigen Verwendung in der Praxis wie auch der Beschäftigung in der Forschung mit dem Führungsstil zugrunde. Entsprechend weit faßt Häusler (1966, 87) den Begriff *Führungsstil*: „Der Führungsstil ist die Form, in der die Führungs- und Leitungsaufgaben von den Führungskräften im Rahmen der Organisation ausgeübt werden". Über die inhaltliche Seite, d. h. die spezielle Typisierung, wird hier noch nichts ausgesagt. Um inhaltlich stärker zu differenzieren und der Verschwommenheit und Vielfalt der Begriffe entgegenzuwirken, schlägt Bleicher (1969, 31 ff.; Bleicher/Meyer 1976, 135 f.) vor, zwischen Führungsstil, Führungsform und Führungselementen zu unterscheiden: „Unter einem *Führungsstil* soll die allgemeine raum-zeit-(epochen-)spezifische Art der Ausübung von Führungsfunktionen verstanden werden. Eine *Führungsform* kennzeichnet führungspersonenspezifisch die besondere situations- und aufgabenbezogene Ausübung der Führungsfunktionen durch einen Vorgesetzten. Sie ist darstellbar durch eine Mehrzahl von Merkmalen, die „*Führungselemente*", für die eine bestimmte Ausprägung angegeben werden kann" (Bleicher 1969, 189).

Wenn sich diese Terminologie auch nicht durchgesetzt hat, so trägt sie zu einem differenzierten Verständnis des Sachverhaltes bei. Stil ist im allgemeinen Sprachgebrauch, wie es auch Bleicher zu kennzeichnen versucht, Ausdruck einer Epoche. Dies kann jedoch nicht für die verschiedenen *Führungsstile als typisierte Verhaltensmuster* gelten, die gleichzeitig zu verschiedenen Zeiten an verschiedenen Orten und sogar von der gleichen Person im Wechsel gehandhabt werden, wenn es die Situation erfordert.

Die *inhaltliche Typisierung* des Führungsstils kann idealtypisch sein, wie z. B. bei Max Weber. Hierbei geht es um ein widerspruchsfreies Gedankenbild, in das bestimmte Aspekte einer Handlungssituation eingeordnet werden können. Ein *Idealtyp* ist keine Hypothese, sondern dient nur im heuristischen Sinne der Sammlung von Aspekten, um damit Hypothesen zu bilden, wie es Weber selber deutlich macht (vgl. hierzu auch Staehle 1980, 345). *Realtypen* werden dagegen aus empirischen Daten gewonnen und sind daraufhin überprüfbar, wenngleich ihnen meist eine idealtypische Konzeption zugrundeliegt. Oft wird aufgrund wiederholt beobachtbarer Verhaltensmuster der Führungskraft in bestimmten Führungssituationen ein Führungsstil erschlossen. Neuberger (1977, 97) versteht in diesem Sinne unter Führungsstil „ein in wechselnden Situationen relativ konstantes, sinnvoll strukturiertes Verhaltensmuster". Hierin kommen konkret Einstellungen oder Grundhaltungen des Vorgesetzten, wie Verhalten zu gestalten und zu organisieren ist, zum Ausdruck.

2. Die idealtypischen Führungsformen von Max Weber

Die Tradition von idealtypischer Darstellung von Führungsstilen und Autoritätstypen geht auf Max Weber zurück. Er unterscheidet charismatische, legale bzw. bürokratische, traditionale Herrschaftsformen. In unterschiedlichen Variationen werden sie in der deutschsprachigen Literatur (u. a. Witte 1969; Witthauer 1973; Lattmann 1975; Baumgarten 1976; Staele 1980) angeführt und meist durch den patriarchalischen und autokratischen Führungsstil ergänzt.

Für die Untersuchung von Weber steht die Frage im Vordergrund, *woher der Anspruch auf Herrschaft abgeleitet und wie er gerechtfertigt wird*. Folgende vier Führungsstile werden in der Tradition von Weber am häufigsten unterschieden:

(1) Charismatischer Führungsstil. Der Herrschaftsanspruch ist auf besondere *charakteristische Persönlichkeitszüge* begründet, die besonders in Krisen- oder Notsituationen hilfreich sind und gefragt werden und den charismatischen Führern Gefolgschaft verleihen. Sie wirken durch ihren persönlichen Auftritt und beziehen hierher ihren Erfolg.

(2) Patriarchalischer Führungsstil. Er kommt auch heute noch in kleineren und mittleren Familienbetrieben vor. Das *Familienoberhaupt* (Patriarch) hat die unangefochtene Autorität und unbefragte Anerkennung. Er ist Vorbild darin, daß er in treuer Fürsorge sich gegenüber den Geführten verpflichtet fühlt und in gleicher Weise Dankbarkeit, Loyalität und treuen Gehorsam als Gegenpflicht erwartet. Der Patriarch ist alleinige Führungs- und Entscheidungsinstanz.

(3) *Autokratischer Führungsstil*. Er ist in großen Organisationen in gleicher Weise heute noch anzutreffen, wie der patriarchalische in kleinen. Typisch ist der *umfangreiche Führungsapparat*, der zur Herrschaftsausübung hierarchisch gesteuert wird, indem nachgeordnete Linieninstanzen die Entscheidungen der Spitze durchsetzen, obwohl kein persönlicher Kontakt besteht.

(4) *Bürokratischer Führungsstil*. Im Hinblick auf den autokratischen Führungsstil ist die Unpersönlichkeit noch gewachsen. Extreme Formen der *formalen Strukturierung und Reglementierung* bestimmen den bürokratischen Führungsstil. Die *Sachkompetenz* des Bürokraten ist an die Stelle der Willkür des Autokraten getreten. Die Grundlage, daß diese Herrschaft akzeptiert ist, ist Legalität.

3. *Die klassische Führungsstiltypologie von Lewin*

a) Bedeutung der Experimente

Die Entwicklung einer Typologie von Führungsstilen in den USA konzentriert sich von Anfang an auf empirische Tests mit deren Ergebnissen von typischen alternativen Führungsverhaltensmerkmalen. Eine Schlüsselposition hat dabei die von Lewin und seinen Mitarbeitern durchgeführte sog. *Iowa-Studie*. Die klassische *Dreiteilung zwischen demokratischen, autokratischen* und *laissez-faire Führungsstilen* geht auf seine Laborexperimente zurück und beeinflußt die weitere wissenschaftliche Diskussion grundlegend.

Die Experimente wurden mit 10–11 jährigen Schülern durchgeführt, die sich in Gruppen zu je fünf in ihrer Freizeit nach der Schule zum Basteln von Theatermasken trafen. In einer bestimmten Reihenfolge wurden sie von einem erwachsenen Gruppenleiter angeleitet, der autoritär oder demokratisch führte. Der Laissez-faire-Stil wurde aufgrund eines Zufalls, als einem demokratischen Leiter die Kontrolle über die Gruppe entglitt, systematisch ins Experiment einbezogen, in Nachfolgeexperimenten jedoch nicht mehr berücksichtigt, da die Beeinflussung nicht im Sinne der Definition von Führung vorliegt.

b) Charakteristik der Führungsstile

Folgende *Charakteristika für das Führungsverhalten* in den Experimenten waren operational vorgegeben (Lewin/Lippitt/White 1939; White/Lippitt 1960; vgl. Bastine 1972):

- *Im autokratischen Stil* werden die Aktivitäten und Ziele der einzelnen und der Gruppe bestimmt und gelenkt (*Strukturierung*). Jedem Gruppenmitglied wird seine Tätigkeit und seine Partner zugeteilt (*Entscheidungsgewalt*). Bewertung der Tätigkeiten (*Kontrollart*) lassen keinen Bewertungsmaßstab erkennen. Der Leiter nimmt nicht am Gruppenprozeß teil (*Partiziptionsrate*).

- *Im demokratischen Stil* ermutigt und unterstützt der Leiter die Aktivitäten, so daß Ziele zum Gegenstand von Gruppendiskussionen und Entscheidungen werden. Die Arbeitsverteilung nehmen die Mitglieder selbst vor. Bei der Bewertung der Tätigkeiten versucht der sich in die Gruppe integrierende Leiter objektive Kriterien der Beurteilung zu finden.
- Im *laissez-faire-Stil* wird den Gruppenmitgliedern volle Freiheit gelassen. Auf Fragen wird die gewünschte Information gegeben, ohne einen Vorschlag zu machen. Es wird vermieden irgendeine positive oder negative Bewertung zu geben. Der Leiter verhält sich passiv.

Die Ergebnisse der Verhaltensweisen (vgl. u. a. Neuberger 1972) der unterschiedlich geführten Gruppen ist auch auffällig vom gewählten Führungsstil abhängig:

Die *Gruppenatmosphäre* ist (Verhaltensmaße)

- autokratisch: gespannt, feindselige Ausdrucksformen,
- demokratisch: freundlich, entspannt,
- laissez-faire: gelangweilt, gespannt.

Aufgabeninteresse (Leistungsmaße)

- autokratisch: hohe Arbeitsintensität, Unterbrechung bei Abwesenheit des Leiters,
- demokratisch: hohes Interesse an der Aufgabe, hohe Originalität der Ergebnisse, Weiterarbeit bei Abwesenheit des Leiters,
- Laissez-faire: geringes Aufgabeninteresse, schlechteste Resultate.

Gruppenzusammenhalte (Einstellungsmaße)

- autokratisch: unterwürfiges, gehorsames Gruppenverhalten,
- demokratisch: hoher Zusammenhalt, geringe Austritte,
- laissez-faire: alles bleibt dem Zufall überlassen, Zufriedenheit ist entsprechend.

Diese *Ergebnisse* der Lewinschen Experimente sind leider *vielfach in unzulässiger Weise verallgemeinert* worden. Fälschlicherweise werden sie als Untersuchungen zwischen Führungs- und Leistungsverhalten interpretiert und auf Betriebsverhältnisse ohne weitere Überlegungen übertragen. Die Forschungsintention war jedoch eindeutig festgelegt: Auswirkungen unterschiedlichen Führungsverhaltens auf aggressives und feindseliges Verhalten von Kindern zu untersuchen.

c) Empirische Nachfolgestudien

Die Untersuchungen haben auf die Führungsforschung und auch *Nachfolgestudien vor allem im Bereich der pädagogischen Psychologie* (Tausch/Tausch 1973) großen Einfluß ausgeübt, wobei man von den Mängeln dieser klassichen Dreiteilung in der neueren Forschung abrückt und sie *durch empirisch ermittelte Faktoren bzw. Dimensionen ersetzt.*

Ein empirisch fundierter Versuch einer Weiterentwicklung der Lewinschen Typologie zeigt ein Koordinatensystem mit zwei quantitativ abgestuften Hauptdimensionen:

- Geringschätzung vs. Wertschätzung,
- minimale Lenkung vs. maximale Lenkung.

Die typologischen Verhaltensstile von Lewin sind als autokratisches, sozialintegratives und Laissez-Faire-Typenkonzept innerhalb beider Dimensionen allgemein verständlich eingeordnet.

4. Einordnung verschiedener Führungsstile in die Führungsdimension Entscheidung

Abb. 95 zeigt die Einordnung verschiedener Führungsstile in zwei Verhaltensdimensionen. Am gebräuchlichsten ist jedoch die eindimensionale Darstellung als *idealtypisch konzipiertes Klassifikationsschema*, das sich an der Führungsdimension bzw. dem Führungsaspekt Entscheidungspartizipation orientiert. Wie Abb. 95 zeigt werden auf einem Kontinuum 4 *Stil-Klassifikationen als Verhaltensmuster* nach dem Merkmal der Entscheidungsdelegation unterschieden. Die Extrempole sind als autoritäres bzw. vorgesetztenorientiertes und als kooperatives bzw. mitarbeiterorientiertes Verhalten gekennzeichnet.

Dieses Klassifikationsschema ist unzulänglich, weil nur ein Führungsaspekt herausgegriffen wird, und empirisch nicht haltbar, wie viele Feldforschungen erwiesen haben. Als erste Orientierung in Konflikt- und Entscheidungsfindungssituationen erscheint dies Schema doch recht nützlich, wie an der folgenden Fallstudie gezeigt wird. (Vgl. Sahm 1975, 80; Heidack 1979)

5. Fallstudie: „Eine umstrittene Entscheidung" (Sahm 1975, 80f.)

1. Situation:

Herr Schnell fühlt sich unbehaglich, als er beginnt, vor den Mitarbeitern seiner Abteilung zu sprechen. Er weiß, daß seine Ankündigung neuer Arbeitszuteilungen einige seiner Mitarbeiter hart treffen wird. Aber die Abteilung befindet sich in einer schwierigen Situation, die ein konsequentes Handeln erfordert und Herr Schnell meint, daß dies die einzige Lösung ist.

Herr Schnell leitet eine Produktionsabteilung einer größeren Firma, die u. a. Elektromotoren herstellt. Die Abteilung zählt 18 Mitarbeiter.

Er war vor einigen Monaten in die Firma eingetreten, als deren Umsätze im Steigen begriffen waren. Das bedeutete, daß seine Abteilung in Hochdruck arbeiten mußte, um alle Bestellungen zu erledigen. Unter dem früheren Abteilungsleiter montierten einige Mitarbeiter nur Motoren, während andere sowohl Motoren montierten als auch prüften, bevor sie ins Lager kamen. Herr Schnell war der Ansicht, daß das ein unzweckmäßiges System sei. Er entschloß sich aber, noch so lange zu warten, bis er sich besser in den Betrieb eingelebt hatte.

Aber er wird gezwungen, früher in dieser Sache zu handeln, als er wollte. Eine Woche zuvor berichtet der Verkaufsleiter, daß eine steigende Anzahl von Kundenbeschwerden über fehlerhafte Motoren vorläge.

Mit zunehmender Arbeitsbelastung vernachlässigten einige der Montageprüfer die Überprüfung der Motoren. Offensichtlich werden sogar einige Motoren übergangen und überhaupt nicht geprüft. So beschließt Herr Schnell, einige Mitarbeiter ausschließlich zu Prüfern zu befördern. Die Arbeit stellt eine höhere Einstufung dar und wird deshalb besser bezahlt. Schnells Vorgesetzter und der Betriebsrat geben zu dieser Maßnahme ihre Zustimmung.

Zuvor hatten 10 Mitarbeiter sowohl Montage als auch Kontrolle durchgeführt. Nach Ansicht von Herrn Schnell werden nur 5 Mitarbeiter ganztätig als Prüfer benötigt.
Die Namen der neuen Prüfer werden durch eine Organisationsmitteilung bekanntgegeben. Herr Schnell erläutert, daß seine Auswahl sich auf Leistung und Berufsjahre begründet.
„Wir meinen", so erklärt er in der Abteilungsbesprechung, „daß die neue Stellung Mitarbeiter erfordert, die selbst unter Zeitdruck eine schnelle und solide Arbeit leisten können. Und ich habe dies bei der Auswahl der neuen Prüfer berücksichtigt. Ich hoffe, daß Sie alle Ihr Bestes geben, um dem neuen System zum Erfolg zu verhelfen."
Herr Schnell hat kaum mit seiner Rede aufgehört, als Sepp Wirt sich sofort zu Wort meldet. Er ist einer der zehn, die zuvor montierten und prüften und nicht für die neue Aufgabe übernommen wurden. „Ich meine, Sie sind sehr ungerecht", sagte er ärgerlich, „Sie sollten mir zumindest eine Chance in der höher bezahlten Aufgabe geben und dann sehen, wie ich mich anstelle. Falls Sie nicht mit der Art zufrieden waren, in der ich die Motoren prüfte, warum haben Sie mir das dann nicht früher gesagt? Außerdem bin ich nun schon 10 Jahre in der Firma, und das ist eine ganz schöne Zeit länger als bei einigen Kollegen, die Sie ausgewählt haben."
„Wirt hat recht", stimmt ein anderer Mann, der auch nicht befördert wurde, ein. „Zählt denn das Dienstalter hier überhaupt nicht mehr? "
Herr Schnell „überhört" die Bemerkungen der beiden Mitarbeiter und beendet die Abteilungsbesprechung.
Die Sache läßt ihm aber keine Ruhe, und er fragt sich:
Wie hätte ich das Problem lösen sollen, um auf den geringsten Widerstand von seiten meiner Leute zu stoßen?
Was kann ich nun tun, um aus der Situation zu lernen und die Unruhe in der Abteilung zu beheben?

2. Fragen zur Lösung:

Wie sind die Fehler eines imperativen Führungsverhalten etwa durch lernen zu korrigieren? Ist eine Korrektur möglich, ohne daß Herr Schnell seinen Mitarbeitern gegenüber seine Autorität und beim Vorgesetzten und Betriebsrat sein „Gesicht" verliert?
Muß die getroffene Entscheidung bestehenbleiben? Können die Mitarbeiter nachträglich von ihrer Notwendigkeit überzeugt werden, vielleicht durch individuelle Gespräche? Ist die Entscheidung für die negativ Betroffenen zu mildern, etwa durch Versprechungen, finanziellen Ausgleich usw.?
Sollen bei prinzipieller Beibehaltung der Entscheidung Kompromisse gesucht werden, z. B. Überprüfung und evtl. Revidierung nach einiger Zeit? (Vgl. Abb. 35, 36, 37)
Oder gibt es im Gegensatz zu allen die entstandene Situation stabilisierenden Maßnahmen die radikale Forderung: Zurücknahme der Entscheidung und einen neuen Entscheidungsbildungsprozeß unter Beteiligung der Mitarbeiter einleiten?
Die Abb. 95 gibt Hinweise für eine kooperative Lösung.

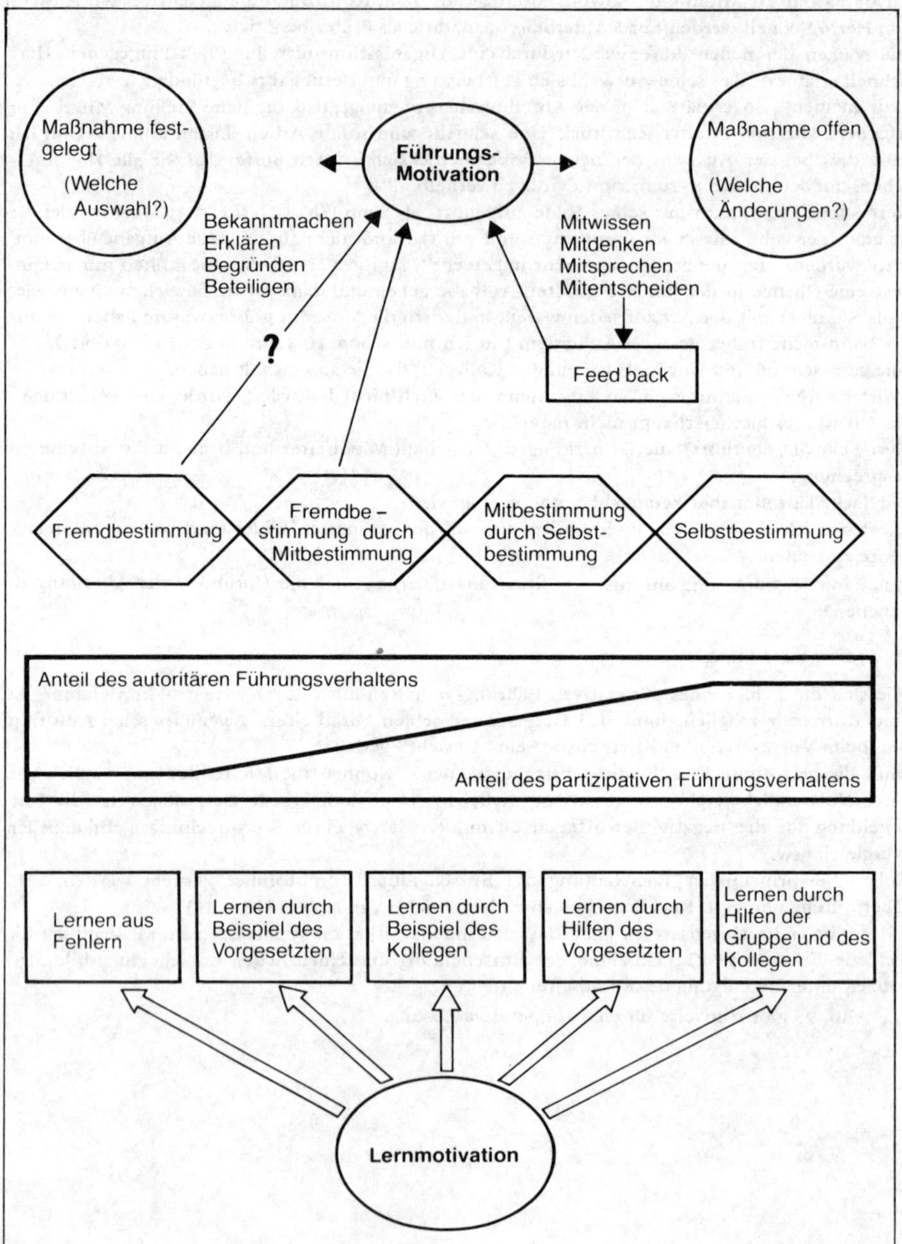

Abb. 95 Verhaltensmuster bei der Entscheidungsfindung aufgrund von Lern- und Führungsmotivation (Quelle: Sahm 1975, 92 nach Heidack 1979, 34)

D. Verhaltensforschung und Führungskonzepte

Die Verhaltensforschung versucht vor allem der Komplexität des Führungsverhaltens in *Feldstudien* gerecht zu werden. Die Ergebnisse der umfangreichen Studien kommen jedoch letztlich immer wieder auf autoritäres und kooperatives Verhalten in den beiden Führungsdimensionen Mitarbeiterorientierung und Aufgabenorientierung zurück.

1. Ansätze der Verhaltensforschung

a) Gruppendynamische Ansätze

Die *Iowa-Studien* brachten unter Lewin und seinen Mitarbeitern, wie bereits beschrieben, durch *Laborexperimente* 1939 die erste klassische Typologie von Führungsstilen. In ihrem Ansatz gingen die Studien von einer dualen Auffassung autoritärer und demokratischer Führungsformen aus.
Die weiteren gruppendynamischen Studien (vgl. Cartwright/Zander 1968) kommen auf der Basis von einer Vielzahl von Forschungen zu folgendem Ergebnis: zwei wesentliche Funktionen der Gruppe bestimmen das Führungsverhalten, die sich in den deutschsprachigen Begriffen von Lukasczyk (1960)

- *Lokomotionfunktion* = Ziel- bzw. Aufgabenorientierung: Streben nach dem Erreichen eines oder mehrerer Gruppenziele,
- *Kohäsionfunktion* = Stärkung und Aufrechterhalten des Gruppenzusammenhalts

schnell verbreiteten.
Ferner versuchten Tausch/Tausch (1967, 1969, 1973) die Lewinsche Typologie empirisch weiterzuentwickeln, wie bereits dargelegt.

b) Die Ohio-Studien

aa) Anlage und Ergebnisse

Mit großangelegten Feldstudien untersuchten danach *zwei voneinander unabhängig arbeitende Forschungsruppen* in den USA das Führungsverhalten in der Führungspraxis selbst, und nicht in Labor-Situationen. Sie versuchten mit der Methode der Verhaltensbeschreibung auf der Grundlage von Fragebogen eine Vielzahl von Daten über das Führungsverhalten von Führungskräften in den unterschiedlichsten Organisationen zu sammeln, um sie faktorenanalytisch so aufzubereiten, daß sie mit Hilfe der sich daraus ergebenden voneinander unabhängigen Dimensionen Unterschiede im Führungsverhalten meßbar machen könnten.
Die *Ohio-Studien* (seit 1945) ermittelten unter Hemphill, Fleishman, Stogdill u. a. die beiden Führungsdimensionen

- *Consideration* = Mitarbeiterorientierung,
- *Initiation-Structure* = Aufgabenorientierung.

bb) Die Instrumente

Sie kamen zu dem Ergebnis, indem sie aus einer Liste von fast 1800 Aussagen über die unterschiedlichsten Führungsverhalten, die sie durch Experteneinschätzung auf 150 ohne Informationsverlust verringerten, einen *Fragebogen* entwickelten, der später mehrmals Veränderungen und Verbesserungen erfuhr. Bekannt unter dem Namen *„Leader Behavior Description Questionnaire" (LBDQ)* wurde er den Mitarbeitern zur Befragung des Führungsverhaltens ihrer Vorgesetzten vorgelegt. Als *„Leadership Opinion Questionnaire" (LOQ)* dient er der Eigenbefragung von Vorgesetzten.

Im Gegensatz zur traditionellen eindimensionalen Kontinuum-Annahme, wobei sich die beiden Führungsdimensionen gegenseitig ausschließen, behaupten die Ohio-Studien die *Unabhängigkeit dieser beiden Dimensionen*.

Diese Unabhängigkeitsbehauptung erscheint jedoch problematisch (vgl. Korman 1966, Kerr u. a. 1974).

Die Ohio-Studien stellen noch eine echte Pionierleistung dar. Sie hatten einen sehr intensiven Einfluß auf die Entwicklung praxisnaher „und damit erfolgreich trainierter Führungskonzepte".

c) Die Michigan-Studien

aa) Effizienzkriterien und Ergebnis

Eine parallele Entwicklung (etwa seit 1947) sind die Michigan-Studien unter Likert, Katz, Kahn, Seashore u. a. Sie zeichnen sich in ihrem Forschungsansatz in gleicher Weise dadurch aus, daß sie in Felduntersuchungen in Industrie und Verwaltung empirisch-induktiv vorgingen, indem sie Verhaltensunterschiede von erfolgreichen und wenig erfolgreichen Vorgesetzten untersuchten, ohne sich von einer umfassenden Führungstheorie leiten zu lassen. Entscheidend war die *quantitative Messung der Leistung und der Effizienz der Arbeitsgruppen*. Als *Effizienskriterien* galten:

- Motivation von Führendem und Geführten,
- Arbeitszufriedenheit der Gruppenmitglieder,
- Fehlzeiten und Fluktuation,
- Produzierter Ausschuß und Abfall,
- Produktionsleistung pro Mitarbeiter und Stunde, um Produktionsziele zu erreichen,
- Anfallende Kosten.

Als *Forschungsergebnis kamen* sie zu folgenden zwei Führungsdimensionen:

- *Mitarbeiterorientierung,*
- *Produktionsorientierung.*

Diese zwei Stile, die sich bei der Suche nach Kategorien, die positiv miteinander und mit bestimmten Effizienzmaßen korrelieren, bilden ein eindimensionales Kontinuum, das sog. *Michigan Stilkontinuum.*

Mitarbeiterorientierung heißt ein Führungsverhalten, wenn die zwischenmenschlichen Beziehungen bei der Aufgabenerfüllung besonders beachtet werden. Hierbei

wird der Mitarbeiter als Person mit seinen eigenen Interessen, Bedürfnissen und Zielen akzeptiert und in seiner Entwicklung gefördert.
Leistungsorientierung kennzeichnet ein Führungsverhalten, wenn technische und Leistungsaspekte der Aufgabe stark im Vordergrund stehen und der Mitarbeiter lediglich Mittel zur Erreichung von Organisationszielen ist.

bb) Das Konzept von Likert

Likert vor allem versucht in seinem *Konzept* die traditionale Zweiteilung der Führungsstile in kooperativ und autoritär zugunsten *eines vierfach unterteilten Führungssystems* zu ersetzen, um ein umfassendes kooperatives Führungssystem zu entwickeln. Er stellt sie als abgestufte Kontinua dar (vgl. die Darstellung in Abb. 93). Für eine bestmögliche Realisierung des partizipativen, gruppenbezogenen Führungssystems stellt er drei *Hauptprinzipien* auf:

- Das *Prinzip der unterstützenden Beziehungen*, wodurch die Mitarbeiter zu einem hohen Selbstwertgefühl und zur Selbstverwirklichung gelangen sollen.
- Das *Prinzip der überlappenden Gruppen* (vgl. hierzu 4. Kap. II. C. 4)
- Das *Prinzip der hohen Leistungsziele.* Durch Gruppenentscheidungsprozesse sowie durch die überlappende Gruppenstruktur soll bei den Mitarbeitern das Bedürfnis geweckt werden, sich hohe Leistungsziele zu setzen.

Das *Analysekonzept* für ein kooperatives Führungsystem von Likert ist als empirische Grundlage *für integrierte Personal- und Organisationsentwicklungsprozesse* gut geeignet (vgl. Wunderer/Grunwald 1980, I, 260).

2. Führungskonzepte im Anschluß an die Ohio-Studien

Typologien und Führungskonzepte haben einen normativen Aufforderungscharakter und üben die Funktion von verhaltenssteuernden Prinzipien aus: *in der Praxis als Führungsinstrument* und *im Training als didaktisches Mittel zur Veranschaulichung von Führungsproblemen.* Wenn damit kein Absolutheitsanspruch verbunden ist, können sie sehr sinnvoll eingesetzt werden, um Unsicherheit zu nehmen und Orientierungs- und Ordnungshinweise zu geben. Dies ist mit den folgenden drei Führungskonzepten, die sich deutlich an Ergebnisse der Ohio-Studien anlehnen, gegeben.

a) Das Verhaltensgitter (Managerial Grid) nach Blake/Mouton

Weltweit verbreitet und trainiert wird mit dem Verhaltensgitter von Blake/Mouton (1968, 1980). Kern dieses in mehreren Versionen und Veränderungen angebotenen und dargestellten Trainingsprogramms ist das Verhaltensgitter als Ausdruck eines Führungskonzepts mit zwei Führungsdimensionen, die dem Ohio-Konzept inhaltlich, wie auch in der Annahme, daß sie voneinander unabhängig sind, gleichen. Mit Verfechtern von Humanitätstheorien, wie McGregor oder Argyle z. B. ist ihr *Ausgangspunkt der Gegensatz von humanen und ökonomischen Zielen im Betrieb.* Sie versuchen diese beiden Denkweisen im Führungsbewußtsein der Manager und Vorgesetzten zu einer integrativen, oder wenigstens additiven Denkweise zu kombinieren (Mensch/Arbeit).

aa) Charakteristik des GRID-Konzepts

Wie Abb. 96 zeigt, spiegelt das Verhaltensgitter den Wechselbezug zwischen den beiden Führungsdimensionen

- *Betonung des Menschen (human concern),*
- *Betonung der produktiven Leistung (productive concern).*

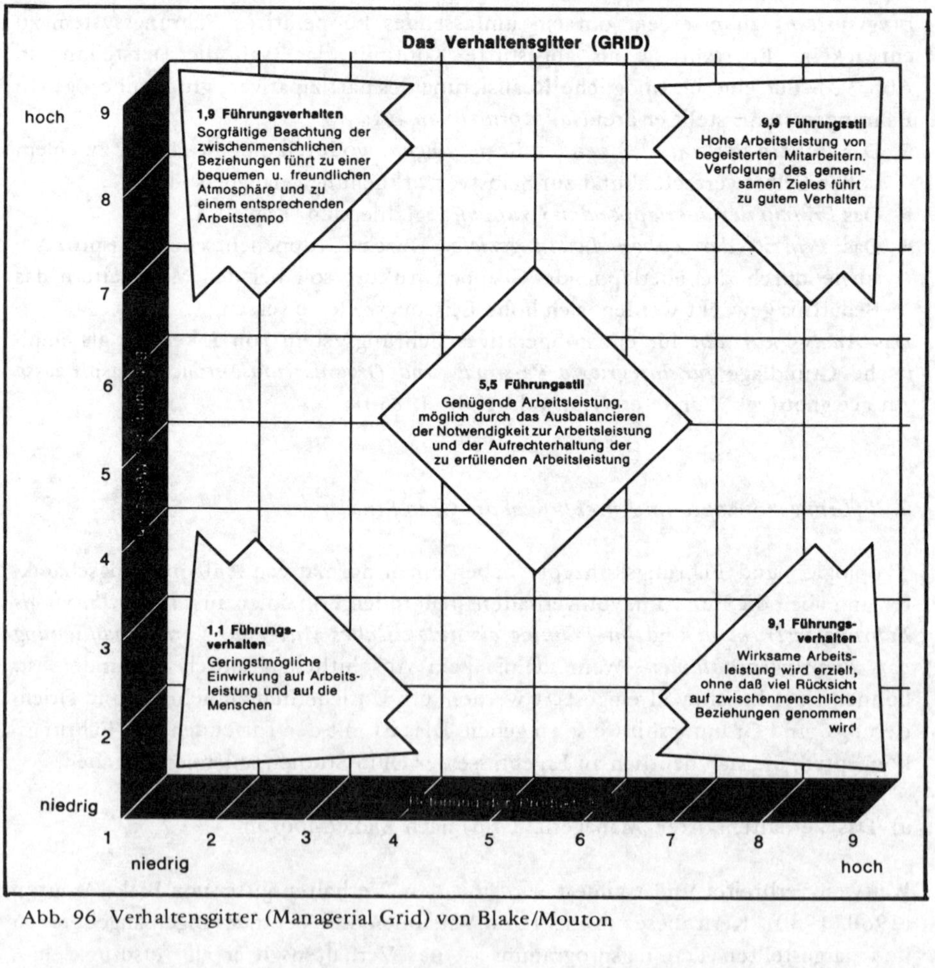

Abb. 96 Verhaltensgitter (Managerial Grid) von Blake/Mouton

Jede Dimension hat 9 Ausprägungsmerkmale, mit 1 der geringsten und 9 der höchsten Ausprägung. Theoretisch sind somit 81 unterschiedliche Kombinationen als Führungsstile denkbar. Es werden jedoch in typologisierender Weise nur *fünf kritische Führungstile* beschrieben, die ein sog. *Schlüsselverhalten* charakterisieren. So-

weit enthält das Führungskonzept deskriptive Elemente die in Abb. 14 in einer zusammenfassenden Übersicht von Bleicher (1969) erläutert werden.
Ferner wird daraufhingewiesen, daß die richtige Wahl des Führungsstils je nach gegebener Situation für eine bestimmte Person von folgenden *Einflußfaktoren* abhängt (Blake/Mouton 1980, 26):

- *Organisationsstruktur,*
- *Führungssituation,*
- *Werthaltungen des Führenden und der Geführten,*
- *Persönlichkeitsmerkmale des Führenden,*
- *Wissen und Bewußtsein anderer Führungsstile.*

Zu diesen Komponenten kommt dann jedoch noch eine klare *normative Charakteristik* mit eindeutiger Empfehlung des *Führungsstils 9.9 als den einzig optimalen,* was im Hinblick auf die differenziert gekennzeichneten Einflußfaktoren, die soeben aufgezählt wurden, zu einlinig und monokausal (Wunderer/Grunwald 1980, I, 227) wirkt.

bb) Bedeutung der GRID für Führungstraining und Organisationsentwicklung

Da diese Verhaltensänderung nicht ohne begleitenden organisatorischen Wandel sinnvoll möglich ist, sehen die beiden Forscher ein „Zwei-Stufenentwicklungs- und Trainingsprogramm“ vor, das das gesamte Führungskonzept als *Ansatz für Organisationsentwicklung* verständlich macht. In einem ersten Seminar kommt es auf das *Training und die Entwicklung der Führungsperson* an, was durch gruppendynamisches Training und *Team-Entwicklung* geschieht. In einer zweiten Stufe geht es um *Organisationsentwicklung* durch Entfaltung der Beziehungen zwischen den Arbeitsgruppen, durch Planen, Setzen, Erreichen von Arbeitszielen etc.
Die *Vorzüge des GRID-Modells* liegen in der operationalisierbar gesstalteten Einstufung und der Identifizierung eines praktizierten Führungsstils, wenngleich es an einer fundierten wissenschaftlichen Nachweisbarkeit der Postulate mangelt. Das Besondere liegt vor allem darin, daß *nicht nur ein neues Denkmodell* aufgestellt worden ist, sondern *auch ein operationalisierter methodischer Ansatz* aufgezeigt wird und gleichzeitig ein Bildungs- und Entwicklungsprogramm angeboten wird, das leicht, einsichtig und operationalisierbar zu handhaben ist. Die Stärke liegt im methodischen Konzept, das sich leicht zur Verbesserung der Führungseffizienz einsetzen läßt und mit anderen Methoden der Fachschulung (vgl. Heidack 1980) und der Führungsqualifikation (vgl. Sahm 1981) ergänzen läßt.

Abb. 97 Führungsformen nach Blake/Mouton (Bleicher/Meyer, 1976, 168 f.)

	Führungsformkennziffer	9.1	1.9	1.1	5.5	9.9
	Allgemeine Darstellung	Starkes sachliches Interesse an der Aufgabenerfüllung. Humane Ziele werden bei der Führung nicht berücksichtigt (sollen außerhalb der Unternehmung erfüllt werden – „Freizeitproblem). Unterstellungen: Mitarbeiter sind unselbständig, haben Abneigung gegen Arbeit; Ordnung ergibt sich aus Uniformität. Andere Führungsformen schaffen Zweifel an der Autorität.	Starkes Interesse der Führung an humanen Elementen. Werden als leistungsbestimmend angesehen. Unterstellungen: Mitarbeiter finden Erfüllung in der Arbeit bei entsprechenden Arbeitsbedingungen. Sie können selbständig arbeiten. Ordnung und Leistungsstreben sind natürliches Resultat des Vertrauens, das dieser Führungsform zugrunde liegt.	Geringes Interesse an persönlichen Belangen und sachlichen Aufgabenerfüllungsaspekten (fraglich, ob „Führung"). Ziel des Führenden: Überleben, Meiden von Kritik, da potentielle Schwächung der eigenen Position, Ursache oft: Resignation.	Ausgeglichene, mittlere Berücksichtigung humaner und sachlicher Elemente. Kein Maximum angestrebt („das wäre zu ideal"). Unterstellungen: Beide Ziele allein nur im Idealfall erreichbar, daher Kompromiß, Regelgerichtetes Funktionieren garantiert automatisch Erreichen von Sach- und Formalzielen.	Gleichmäßige Betonung der persönlichen Probleme und der Aufgabenerfüllungsnotwendigkeiten ergibt Maximum an formalem Ergebnis. Arbeitsbedingungen müssen den Anforderungen geistig reifer Menschen entsprechen. Unterstellungen: Mitdenken und Einfluß wirken positiv auf Ergebnis. Fehler nur durch Mißverständnisse (durch Lernprozesse vermeidbar).
Personalpolitische Konsequenzen	*Sachzielbezug* Organisationsgrad	hochgradige Konkretisierung der Aufgaben	geringe Konkretisierung der Aufgaben (management by objectives)	tendenziell gering	mittelmäßig	gering
	Aufgabenverteilung	starke Entscheidungszentralisation	starke Entscheidungsdezentralisation	starke Entscheidungsdezentralisation	mittlere Entscheidungsdezentralisation	Entscheidungen weitgehend dezentral, Gruppen- und Einzelentscheidung
	Leitungsbeziehungen Rolle des Vorgesetzten	Autoritätsperson, Zwang zur Subordination	er sorgt für Arbeitsbedingungen, die Leistungswillen anregen	„Chamäleon"	Funktionär, Repräsentant der Organisation	helfender Lehrer
	Unterstellungsverhältnisse	streng hierarchisch, klare Kompetenzen	formale Organisation durch informale Beziehungen ergänzt oder gar substituiert	zumeist hierarchisch (Organisationsplan)	hierarchische Züge (Organisationsplan)	Vorgesetzter steht Gruppe der Untergebenen gegenüber

	Art der Anordnung	verbindliche Anordnung, keine Begründung (diszipl. Drohung)	gemeinsame Lösung, Überzeugung, fachliche Autorität, zusätzliche Informationen	unverbindliche Weiterleitung	verbindliche Anordnung mit background-Informationen	gemeinsame Lösung und Überzeugung
	Art der Anordnung	verbindliche Anordnung, keine Begründung (diszipl. Drohung)	gemeinsame Lösung, Überzeugung, fachliche Autorität, zusätzliche Informationen	unverbindliche Weiterleitung	verbindliche Anordnung mit background-Informationen	gemeinsame Lösung und Überzeugung
	Arbeitsbeziehungen	Kommunikation folgt Instanzenzug; keine kollegialen Arbeitsbeziehungen	informale Kanäle erlaubt. Direktverkehr; kollegiale Arbeitsbeziehungen	wenig frequentiert: Tendenz: Isolation, keine kollegialen Formen	formale und informale Kommunikation. Kollegien betont	kollegiale Formen stark betont; auch Entscheidungskonferenzen
	Formalzielbezug	unmittelbar (Mengen-, Zeit-, Geldstandards)	kaum Standards; menschliche Erfüllung zählt	persönlichkeitsbezogen: Überleben	Funktionieren der Organisation	leistungsbezogen; Blick auf Gruppenerlebnis
Organisatorische Konsequenzen	Förderung	effizientester Mitarbeiter wird gefördert	Teamarbeiter bevorzugt	keine Förderung	Förderung organisationsgerechten Verhaltens	menschliche Qualifikation und Problemlösungsfähigkeiten sind als Beförderungskriterium gleichbedeutend
	Konflikt	persönliche Einordnung oder Wechsel	geleugnet oder geglättet	vermiedem	= Verletzung der Organisationsregeln	direkte Konfrontation, rationale Lösung
	Innovation	Ideen nur von „oben“ (Führung)	gering, da Spannung und Widerspruch	dient Erhaltung des „status quo“	sachliche Innovation	große Bereitschaft
	Motivation	fast ausschließlich materielle Anreize, Zwang, Folgemotiv; Erhaltung der ökonomischen Existenz	hohe persönliche Motivation über Möglichkeit der Selbstverwirklichung	reines Erhaltungsstreben. Keine besondere Leistungsmotivation	Kompromiß zwischen Zielen des Einzelnen und der Organisation. Materielle und immaterielle Anreize	sozialbezogene Leistung, hohe Motivation über Gruppe, Materielle und immaterielle Anreize harmonisch abgestimmt
	Entwicklung von Führungsfähigkeiten	gering, sachliche Leistung dominiert	gering, sachliche Förderung fehlt	fehlt (mangelnde Führung)	organisierte Verfahren	starke Förderung

b) Das 3-D-Führungskonzept von Reddin

Reddin (1967, 1970) lehnt sich an die Ohio-Studien an. In seinem Modell unterscheidet er jedoch drei *Dimensionen:*

- *Aufgabenorientierung,*
- *Beziehungs- bzw. Kontaktorientierung,*
- *Effektivität,* die als dritte Dimension den von den Ohio-Studien her bekannten hinzugefügt wird.

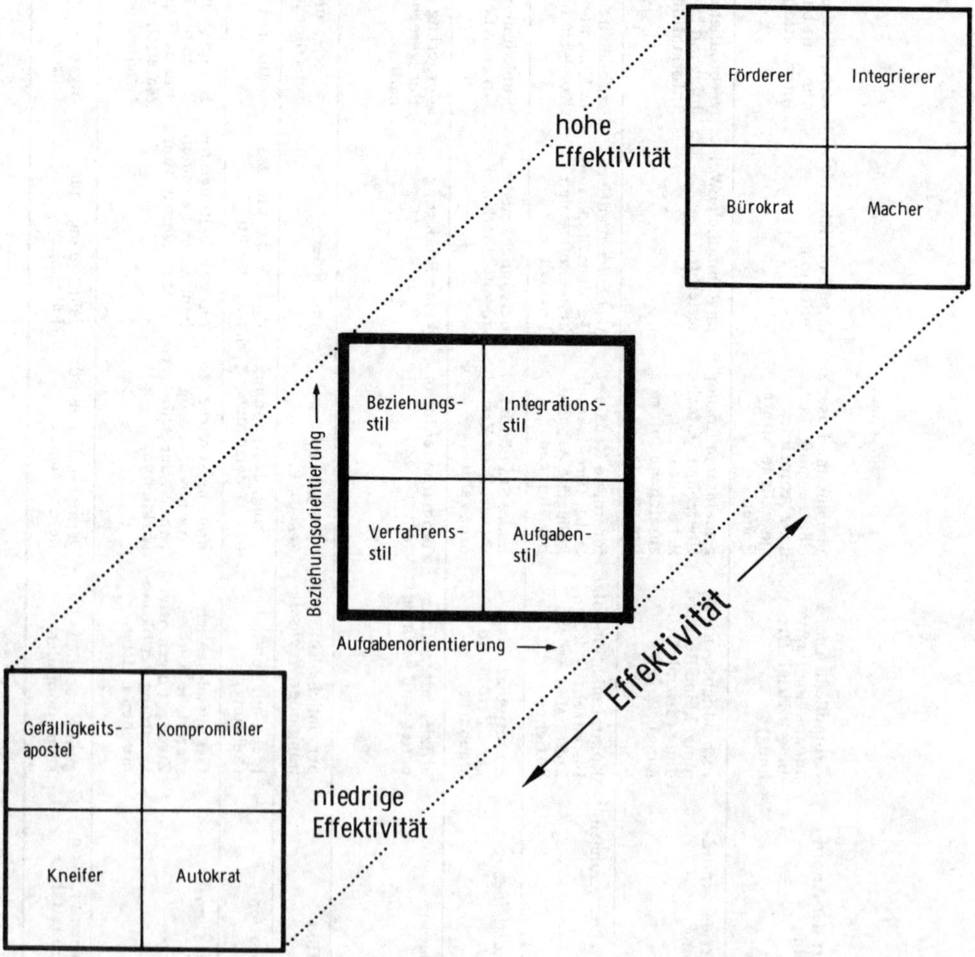

Abb. 98: Das 3-D-Modell von Reddin

Wie aus Abb. 98 ersichtlich ist, bilden die vier Quadranten im Mittelquadrat die *vier Grundstilformen*, die in etwa den Führungsstilen im entsprechenden Quadranten des GRID-Systems entsprechen:

- *Verfahrensstil* (1.1 im GRID),
- *Beziehungsstil* (1.9 im GRID),
- *Aufgabenstil* (9.1 im GRID),
- *Integrationsstil* (9.9 im GRID).

Die Dimension Effektivität rückt ab von der normativen Auffassung der GRID-Theorie, daß es nur einen optimalen Führungsstil gibt.
Reddin bestreitet die Existenz eines generell gültigen und „besten" Führungsstils. Alle vier Stilarten können effizient oder ineffizient sein. Dies hängt ab von der spezifischen Situation, in der sie angewendet werden. Die *Einflußfaktoren der Situation* können sein: die Mitarbeiter, Kollegen, Vorgesetzten, die Arbeitsweise, die Technologie, die Organisationsstruktur, etc. Als die drei *zentralen Führungseigenschaften* werden deshalb angesehen:

- *Fähigkeit zur Situationsdiagnose,*
- *Flexibilität des Vorgesetzten,*
- *Fähigkeit zur Situationsveränderung.*

Wie aus Abb. 98 ersichtlich, sind in Grundführungsstilen weniger effektive und höher effektive Rollenbezeichnungen zugeordnet. Wenngleich Reddin von einem normativ richtigen Führungsstil Abstand nimmt, so zeugen doch diese *stereotypen Rollenbezeichnungen* wie Kompromißler, Missionar, Deserteur, etc. bei kritischer Betrachtung von normativen Vorstellungen. Die Veranschaulichungsform von Reddin ist noch eingängiger als die des Verhaltensgitters. Darüber hinaus ist sie didaktisch informativ, insofern, als auf wichtige Besonderheiten in der Führungssituation hingewiesen wird und *derselbe Führungsstil sowohl Erfolg wie Mißerfolg bewirken kann.*

c) Das Führungskonzept des situativen Reifegrads von Hersey/Blanchard

Hersey und Blanchard (1977) greifen unmittelbar auf das Konzept von Reddin zurück, *untersuchen jedoch nur effektive Ausprägungen des Führungsverhaltens* und unterscheiden hier, anders als Reddin, vier erfolgreiche Führungsstile, die in der Modelldarstellung der Abb. 99 der Glockenkurve folgen, die auch nur durch den Bereich des Quadranten geht, der effektives Verhalten bewirkt. Die Führungsstile finden Ausdruck in

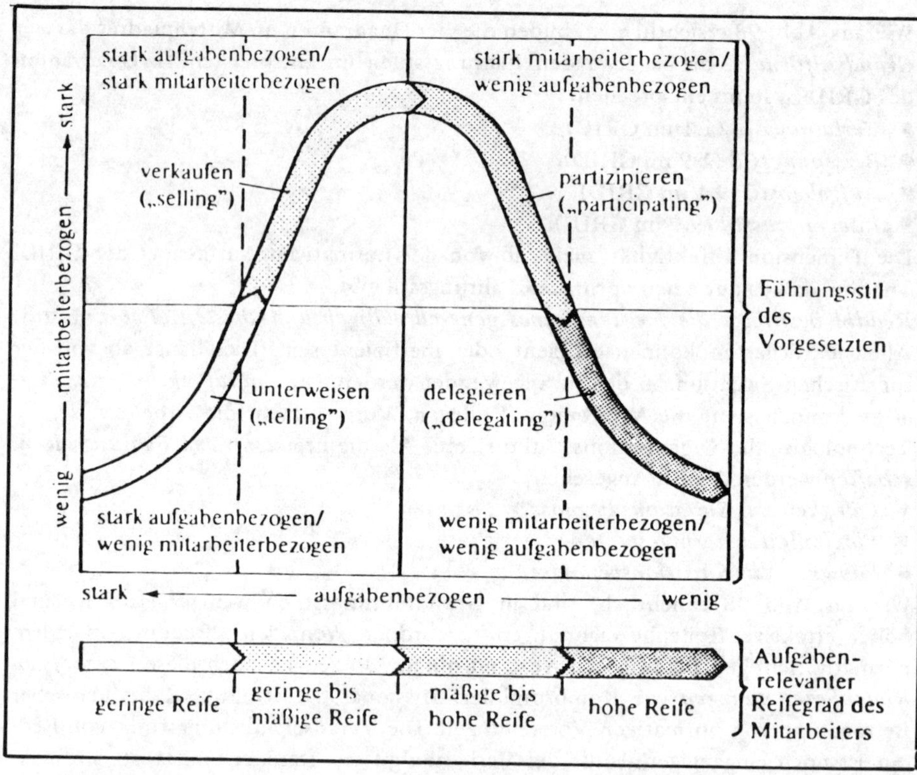

Abb. 99 Führungskonzept des situativen Reifegrads von Hersey/Blanchard (Quelle: Bisani 1981)

- *Unterweisung (Telling).* Bei geringer Reife, wobei es an Fähigkeit und Motivation mangelt, muß der Mitarbeiter aufgabenorientiert geführt werden. Im Sinne der *Ein-Weg-Kommunikation* sagt der Vorgesetzte seinem Mitarbeiter, was er zu tun und zu lassen hat (*autoritärer Führungsstil*),
- *Verkaufen (Selling).* Bei mäßiger Reife, die durch mangelnde Fähigkeit, aber stärkere Motivation, gekennzeichnet ist, muß der Vorgesetzte sowohl mitarbeiter- wie auch aufgabenbezogen auf den Mitarbeiter einwirken. Über gegenseitige Kommunikation versucht er durch rationale Argumentation und sozial-emotionale Unterstützung denselben dazu zu bringen, daß er die Aufgabenstellung akzeptiert (*integrierender Führungsstil*).
- *Beteiligung (Participating).* Bei höherem Reifegrad, wenn zwar Fähigkeit gegeben ist, es an Motivation jedoch noch mangelt, verhält sich der Vorgesetzte dann erfolgreich, wenn er wenig aufgabenbezogen, aber stark mitarbeiterbezogen mit dem Mitarbeiter gemeinsam entscheidet. Es sind vor allem sozial-emotionale Hilfen notwendig (*partizipativer Führungsstil*).
- *Delegation (Delegating).* Den fähigen und willigen (reifen) Mitarbeiter wird der Vorgesetzte selbstständig arbeiten lassen und sich auf gelegentliche Kontrollen beschränken (*Delegationsstil*).

Der Reifegrad ist die wichtigste Situationsgegebenheit. Er wird nicht absolut gesehen, sondern relativ zur gestellten Aufgabe. *Mitarbeiterbezogen drückt sich der Reifegrad in der Motivation aus. Aufgabenbezogen ist die Fähigkeit*, die nach folgenden drei Komponenten den Reifegrad bestimmt:

- Die Fähigkeit, hohe aber erreichbare Ziele zu setzen.
- Die Fähigkeit und Bereitschaft, Verantwortung zu übernehmen.
- Die notwendige Ausbildung und Erfahrung.

Der Reifegrad des Mitarbeiters wird vom Vorgesetzten mit nur 11 Kriterien ermittelt. Welchen Stil der Vorgesetzte je nach Situation bevorzugt, kann man durch einen hierfür entwickelten Fragebogen ebenfalls feststellen.

Im Gegensatz zu normativen Lehren über Führungsstile ist nach diesem Konzept *jeder Führungsstil wählbar*. Der Vorgesetzte kann seinen Führungsstil sogar mit der Reifesituation seines Mitarbeiters, die er selbst feststellt, rechtfertigen. Hierin liegt wiederum die *Gefahr* dieses sonst sehr plausiblen Konzepts. Es zeigt seine *Schwäche* auch darin, daß Mitarbeiter auf höheren Führungsebenen für „reifer" gehalten werden, als Sachbearbeiter mit weniger qualifizierten Aufgaben.

3. Das Kontingenz-Modell effektiver Führung von Fiedler

Das Führungskonzept von Fiedler gehört zu den meist diskutierten Führungsmodellen der Gegenwart (vgl. Wunderer/Grunwald 1980, I, 261). Auf induktivem Wege, d. h. über eine Vielzahl von Einzeluntersuchungen, hat Fiedler seine „Kontingenztheorie effektiver Führung" entworfen. Er hat als erster Autor in einer Führungstheorie Behauptungen von Zusammenhängen aufgestellt, die eindeutig überprüfbar sein sollten, und auch entsprechende Meßverfahren entwickelt.

a) Ansatz und Komponenten des Konzepts

Vom Ansatz her bezeichnet Fiedler sein Konzept als *Kontingenztheorie, weil die Effektivität der Führung abhängig von verschiedenen Situationen untersucht wird.* Kontingenz bedeutet Bedingtheit, bzw. Abhängigkeit, von bestimmten Situationen oder Ereignissen, die in Untersuchungen typischerweise als *Wenn-dann-Beziehungen* gekennzeichnet werden können. Als motivationale Orientierung ist *der Führungsstil des Vorgesetzten Kerndimension seines Führungskonzepts.* In Übereinstimmung mit den Ergebnissen der Feldstudien unterscheidet Fiedler zwischen aufgaben- und mitarbeiterorientiertem Führungsverhalten. Als *weitere Dimension* für die Effektivität von Führung in Gruppen nennt er die Gruppensituation (vgl. hierzu Abb. 100), wobei die *„Günstigkeit der Situation"* eine besondere Rolle spielt. Sie hängt ab von *drei Situationsvariablen*, wie Abb. 100 verdeutlicht.

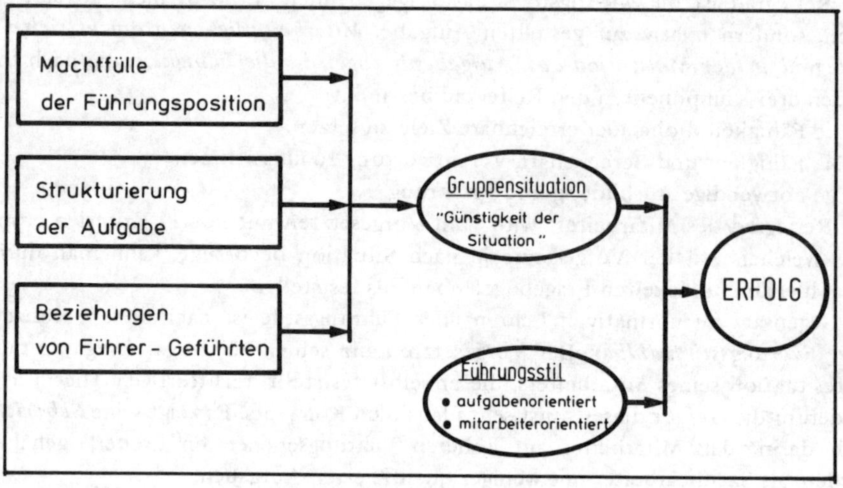

Abb. 100 Komponenten und Zusammenhänge für den Führungserfolg nach Fiedler

- der *Machtfülle der Führungsposition* (Positionsmacht).
- der *Strukturierung der Aufgabe*. Hierbei unterscheidet Fiedler zwischen strukturierten und unstrukturierten Aufgaben. Die Messung erfolgt nach folgenden vier Kriterien.
  - *(1)* Zielklarheit.
  - *(2)* Anzahl der gebotenen Lösungsalternativen.
  - *(3)* Spezifische Erfordernisse und Genauigkeit der Arbeitsanforderungen und Problemlösungen.
  - *(4)* Die Möglichkeit, die Aufgabenerfüllung durch qualifizierbare Leistungsstandards zu beurteilen.
- *Vorgesetzten-Mitarbeiterbeziehungen*. Sie werden über sieben Aussagen erfaßt, die der Vorgesetzte bewerten soll, und konzentrieren sich auf positiv unterstützende Eigenschaften, wie Solidarität, Vertrauensbildung, Konfliktfreiheit, Arbeitsklima, etc.

Um den Führungsstil auf die Führungsorientierung hin zu erkunden, legt Fiedler eine *operationale Definition mit Hilfe des sog. LPC-Wertes* vor, (LPC = Least Preferred Coworker = der am wenigsten geschätzte Mitarbeiter). Anhand von 16–24 achtstufigen bipolaren Adjektivpaaren in der Form des semantischen Differentials wird die Einstellung des Vorgesetzten geschätzt zu jenem Mitarbeiter, mit dem er bisher am schlechtesten zusammenarbeiten konnte. Fiedler geht dabei von der *Annahme* aus, daß eine Wohlwollende Beschreibung auch wenig geschätzter Mitarbeiter aussagt, daß der Vorgesetzte mitarbeiterorientiert führt.

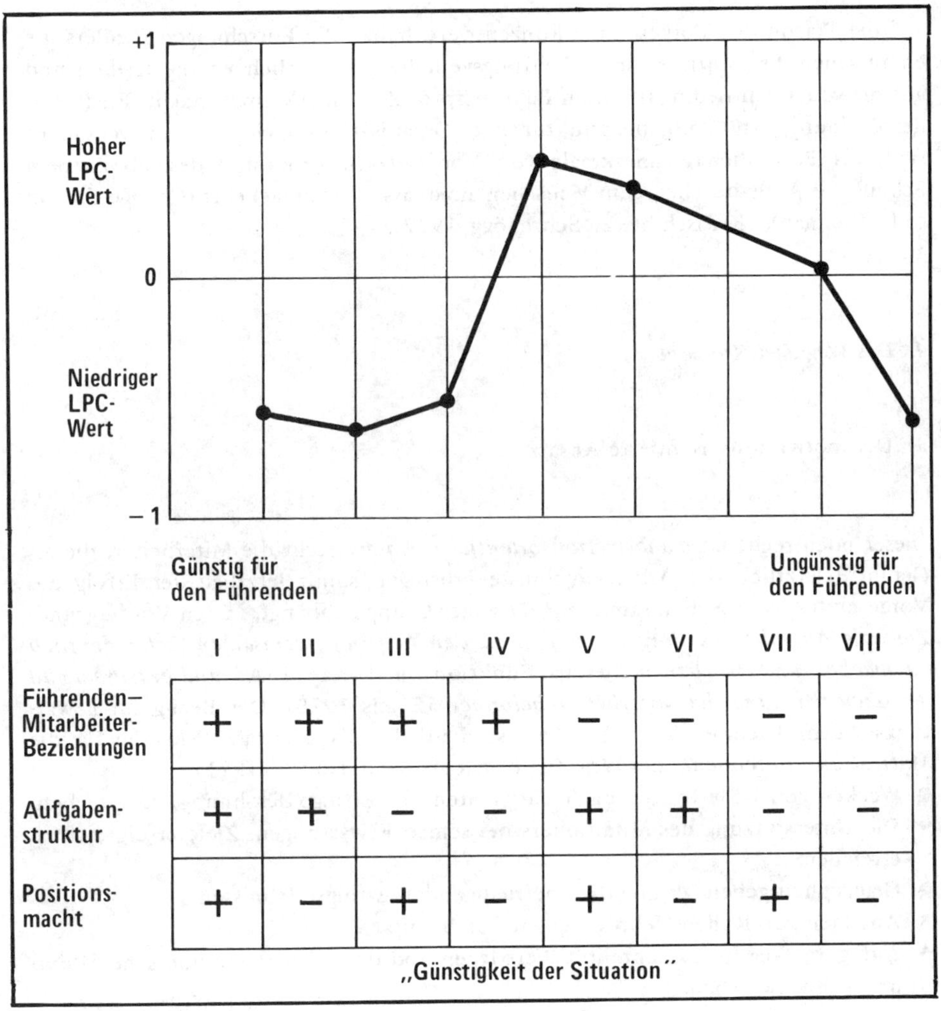

Abb. 101 Kontingenz-Modell der Führungseffektivität nach Fiedler

b) Zusammenhänge und Ergebnisse des Kontingenz-Modells

Die *Zusammenhänge des Fiedlerschen Kontingenzmodells* sind in Abb. 101 dargestellt. Sie zeigen die Korrelationen zwischen den LPC-Werten und der Gruppenleistung in Abhängigkeit von der Günstigkeit der Situation. Das umgekehrte U des Kurvenzuges zeigt an, daß *in sehr günstigen und sehr ungünstigen Führungssituationen Vorgesetzte* mit niedrigem LPC-Wert, d. h. *mit aufgabenorientiertem Führungsstil, erfolgreicher sein werden, während mitarbeiterorientierte Vorgesetzte in mäßig günstigen Führungssituationen die besten Erfolge haben*. Trotz der vielfachen *Kritik*, vor allem an der Aussagekraft des LPC-Wertes und daß sich Fiedler zu stark auf die Person des Vorgesetzten konzentriert, haben die Forschungen Fiedlers die empirischen Erkenntnisse über Führungsverhalten wesentlich vorangetrieben und auf die situativen Bedingungen im Führungsprozeß aufmerksam gemacht. Fiedler ist der Meinung, daß Aufgabenstruktur und Organisationsmacht eher zu verändern sind, als Persönlichkeitsmerkmale von Vorgesetzten. Er kommt deshalb zu dem Schluß, die Aufgabe eher dem Menschen anzupassen als umgekehrt (Change the job to fit the man). (Kritisch hierzu Schreyögg 1977).

4. Das Weg-Ziel-Konzept

a) Der motivationsorientierte Ansatz

Dieser noch recht *neue motivationsorientierte Ansatz* stellt die Mitarbeiter, die als Geführte letztlich die Arbeitsergebnisse erbringen, somit letztlich der Erfolg des Vorgesetzten vom gemeinsamen Erfolg seiner Gruppe abhängt, in den Vordergrund. *Zentrale Aufgabe des Vorgesetzten ist es, den Weg zu gemeinsamen Zielen deutlich zu machen und zu ebenen* (Service-Funktion vgl. 1. Kap. I, A.) *und entsprechend der Zielerreichung die Mitarbeiter belohnen* (Evans 1970). Der Bezug zur Erwartungs-Valenz-Theorie (Vgl. Abb. 56) ist deutlich. Als wichtige Faktoren für die *Motivationskomponente* des Weg-Ziel-Konzepts sieht House (1971):

- Wecken von Bedürfnissen nach Tätigkeiten, die Erfolg (Belohnung) versprechen.
- Die Unterstützung des Mitarbeiters bei seinen Erwartungen, Ziele erfolgreich zu erreichen.
- Gelegenheit geben, zu innerlich befriedigenden Erfolgserlebnissen.
- Abbauen von Rollen-Mehrdeutigkeit (-ambiguität).
- Auf gute Weg-Instrumentalität Wert legen und dazu arbeitsmethodische Hilfen und Hinweise geben.
- Hindernisse und Barrieren auf dem Weg zum Ziel beseitigen (vgl. Abb. 52)

b) Bedeutung der Aufgaben-Umfeld-Strukturierung

Zu strikte Weg-Ziel-Vorgaben können die Arbeitszufriedenheit mindern. Die *Instrumentalitätskomponente* des Weg-Ziel-Konzepts ist abhängig von der *Aufgabenstruktur* und darüber hinaus den *Umfeldfaktoren*, die mit der Aufgabe gegeben sind, d. h. daß die Zufriedenheit bei unstrukturiertem Aufgabenfeld wächst, je intensiver der Vorgesetzte Anteil nimmt, was bei Strukturiertem Aufgabenfeld umgekehrt der Fall ist. Dabei muß jedoch berücksichtigt werden, wieweit der Vorgesetzte in seiner Unterstützung akzeptiert wird.

c) Konzept-Komponenten und Erfolgsvoraussetzungen

Für die Erwartungshaltung und Einstellung der Geführten und eine wirksame Weg-Instrumentalität als Fundament des Weg-Ziel-Konzepts sind elementar wichtig:
- Motivation,
- Arbeitszufriedenheit,
- Akzeptanz der Führung.

Als *situative Einfluß(Kontingenz)-Faktoren* sind bedeutsam:
- die *persönlichen Charakteristika der Mitarbeiter*
- der *Grad der Strukturiertheit des Aufgabenfeldes* und der Umfeldfaktoren auf dem Weg zum Ziel.

Als *Erfolgsvoraussetzungen der Führung* nach dem Weg-Ziel-Konzept nennt Neuberger (1977, 300) folgende Gegebenheiten:

(1) Der Vorgesetzte muß die *Ziele des Mitarbeiters kennen* und auch die Möglichkeit haben seine Werthaltung (durch Überredung, Situationsveränderung etc.) zu ändern.

(2) Der Vorgesetzte muß die *Wege kennen*, die sein Mitarbeiter einschlagen wird, und die Möglichkeit haben:
   (a) ihre Wertgegebenheiten (z. B. durch Intervention) und/oder
   (b) die Wahrscheinlichkeit, mit den Wegen das Ziel zu erreichen, indem er das Verhalten erleichtert oder erschwert, ändert oder beeinflussen kann.

(3) Der Vorgesetzte muß deutlich machen, daß er sich *laufend* über Anstrengungen und Leistungen der Mitarbeiter *informiert*, und sie auch durch äußere Zeichen der Belohnung wie Prämien oder Beförderungen erkenntlich macht. (Möglichkeiten der Sekundärmotivation)

Der Weg-Ziel-Ansatz zeigt einen *hohen Integrationseffekt*, wenn man das Rahmenkonzept der Führung betrachtet. Von besonderer Bedeutung scheint der *Moderatoreffekt* (Weinert 1981, 374) *auf die Aufgaben- und Umfeldstruktur des Vorgesetzten*. Er ist jedoch zu neu, um ein abgewogenes Urteil zu fällen, über das was er in Theorie und Praxis zu leisten vermag.

III. Gestaltung der kooperativen Verhaltenssteuerung im Betrieb

A. Gestaltungsmuster der Führung (Führungsmodelle)

Unter Führungsmodellen versteht man in der deutschsprachigen Literatur *normative Globalkonzepte der Führung zur Gestaltung von Gesamtsystemen* (Unternehmen, Behörden z. B.) (vgl. u. a. Wild 1974; Bleicher/Meyer 1976; Staehle 1980). Sie werden in der betriebswirtschaftlichen Managementlehre entwickelt oder in ihrer für die Praxis bekannteren Form von Ausbildungsinstitutionen propagiert.

1. *Überblick über bekannte Führungsmodelle*

Zu den gängigen, vor allem von Management-Instituten angebotenen Führungs- oder Management-Modellen im deutschsprachigen Bereich (vgl. hierzu Albach/Gabelin 1977) gehören

- *Harzburger Modell* (Höhn/Böhme 1977),
- *DIB/MAM-Management-System* vom Deutschen Institut für Betriebswirtschaft; Management-Akademie-München;
- *Management-Modell* der Deutschen Management-Gesellschaft (vgl. Hub 1982, 12),
- *SIB-Modell* (Schweizerisches Institut für höhere kaufmännische Bildung),
- *St. Galler Management-Modell* (Ullrich 1978. Ansatz zum evolutorischen Management, Malik 1980).

Auf *Mängel und Gefahren* dieser Globalkonzepte weisen Wissenschaftler (u. a. Wild 1974, Neuberger 1977a, Staehle 1980), wie Praktiker (Zander u. a. 1972) hin. Auf das Harzburger Modell als das bekannteste Konzept dieser Art wird noch näher eingegangen.

2. *Hinweise auf die „Management-by-Ansätze"*

Führungsmodelle enthalten als wesentliche Bestandteile

- *Führungsgrundsätze.* Es sind schriftlich formulierte, meist in generellen Statements abstrakt gefaßte Richtlinien für die Führungstätigkeit, um situationsunabhängige Hinweise zu geben (vgl. Tschirky 1981).
- *Führungstechniken.* Als *Mangement-by-Techniken* sind sie im deutschsprachigen Gebiet sehr beliebt und weit verbreitet, sind dagegen mit Ausnahme des Management-by-Objectives und Management-by-Exception in der US-Literatur völlig ungebräuchlich (Staehle 1980, 388). Es werden u. a. folgende Management-by-Techniken erörtert (vgl. u. a. Demmer u. a. 1971, Bieding/Scholz 1975; Häusler 1977; Wunderer/Grunwald 1980):

- Management by Breakthrough (Führung durch organisatorischen Wandel).
- Management by Exception (Führung nach dem Ausnahmeprinzip).
- Management by Delegation (Führung durch Delegation).
- Management by Ideas (Leitbildorientierte Führung).
- Management by Motivation (Führung durch Motivation).
- Management by Objectives (Führung durch Zielorientierung).
- Management by Results (Führung mit Ergebnisorientierung).
- Management by Systems (Führung mit Systemorientierung).

Als Führungsmodelle sind Management by Objectives und Management by Delegation, das das Harzburger Modell verwirklichen will, am bedeutsamsten.

3. *Das Harzburger Modell (Management by Delegation)*

a) Vorzüge und Bedeutung des Harzburger Modells

Die Vorzüge des Harzburger Modells liegen darin, daß es dazu beigetragen hat,

- die *Delegation* ständiger Aufgabenbereiche auf den Mitarbeiter, anstatt zeitlich begrenzte Einzelaufträge, zu fördern.
- der Forderung nach einer *Dezentralisierung der Entscheidungsbefugnisse* Nachdruck verliehen zu haben,
- durch *Stellenbeschreibung* die Transparenz der betrieblichen Organisation erhöht zu haben,
- *Information und Beratung* im Betrieb besonders zu betonen,
- die *Diskussion um „zeitgemäße" Führungsformen* in Verwaltung und Wirtschaft im deutschsprachigen Raum gefördert zu haben.

Die Konzeption (Höhn/Böhme 1969) hat zunächst viel Erfolg gehabt, weil sie den Mitarbeitern mehr Entscheidungsbefugnisse einräumte, als in einer offensichtlich dirigistischen oder autoritären Konzeption. Auch die Forderung nach flexibleren, selbständig handelnden Spezialisten wurde erfüllt. Wo diese rudimentären Forderungen der Menschenführung nicht vorhanden waren, bedeutete das Harzburger Modell einen Fortschritt. Wo nur hausgeschneiderte oder noch keine Art systematischer Unternehmensführung gegeben war, bildet es ein plausibles und durchdachtes delegatives System von Führungsanweisungen und Führungsmitteln, das Flexibilität und Wirksamkeit verspricht, ohne dabei die hierarchische Grundstruktur des Unternehmens anzutasten. Auf der einen Seite wird dem Mitarbeiter mehr Selbständigkeit zugebilligt und eine bessere Leistung des Mitarbeiters dadurch in Aussicht gestellt, andererseits aber auch wird die Furcht vieler Vorgesetzter vor zuviel Mitsprache der Mitarbeiter durch ausgefeilte Kontrollverfahren und striktes Einhalten von Dienstregeln im Rahmen der Hierarchie beruhigt.

b) Kritik am Harzburger Modell

Bei höheren Anforderungen an kooperative Zusammenarbeit zeigt sich, daß die ausgefeilte Systematik der Führungskonzeption zu Formalismus und Bürokratismus führt. In den letzten Jahren hat sich die Kritik am Harzburger Modell verschärft. (Bieding/Scholz 1973; Guserl 1973; Baugut/Krüger 1976 Hofmann/Guserl 1976).

(1) Es werden *zu wenig psychologische und gruppendynamische Gesichtspunkte berücksichtigt,* zweckrationales Denken steht absolut im Vordergrund.

(2) Die *Delegationsbereiche sind nicht funktional miteinander verbunden*, wodurch ein „Kästchen-Denken" entsteht.

(3) Die *Perfektion der Stellenbeschreibung* führt zu organisatorischer Zementierung und zur Überorganisation.

(4) Das Modell nimmt *auf Entwicklungsphasen keine Rücksicht.*

(5) Die *allgemeine Führungsanweisung hat zu starken Zwangscharakter*, vor allem ist der geheimgehaltene Kontrollplan kein kooperatives Instrumentarium, sondern hat autokratischen Charakter.
(6) Die *Unterscheidung zwischen Mitarbeiter- und Dienstbesprechung* ist künstlich und entspricht nicht der natürlichen Gruppendynamik.
(7) Der *Allgemeingültigkeitsanspruch*, daß die Führung im Mitarbeiterverhältnis der optimale Führungsstil sei, ist nicht gerechtfertigt.

4. Management by Objectives

a) Kennzeichnung des Bedeutungsspektrums von MbO

Von allen Management-by-Formen ist das Management-by-Objectives allein als geschlossenes Führungskonzept anzusehen, das im Grunde Management-by-Exception und Management-by-Delegation mit einbezieht. (Vgl. Baumgarten 1976, 206 ff.; Staehle 1980, 372) Es ist „das umfassendste und meist diskutierte gesamtorganisatorische Führungssystem der Gegenwart" (Wunderer/Grunwald 1980, I, 305). In seiner *Grundform favorisiert es keinen spezifischen Führungsstil*, sondern kann als reines systematisches Vorgehen, um operationale, akzeptable Ziele zu erhalten, angesehen werden. Deshalb wird es auch in drei verschiedenen *Varianten* angetroffen, die in ihren Bezeichnungen das geplante Ausmaß ausdrücken, wie weit Vorgesetzte und Mitarbeiter an der Festlegung und Durchsetzung von Zielen beteiligt sind:
(1) Management durch Zielorientierung = neutrale Variante,
(2) Management durch Zielvorgabe = autoritäre Variante,
(3) Management durch Zielvereinbarung = kooperative Variante.
Als Führungskonzept gebrauchte *Drucker* (1953) das MbO zum ersten Mal. *Odiorne* (1967, 1970) und *Humble* (1972) haben im wesentlichen zu seiner weiten Verbreitung beigetragen. Odiorne sieht es in seiner theoretischen Konzeption wertneutral an, während Humble es als leistungs- und zufriedenheitsorientiertes Führungsmodell in seiner kooperativen Variante hervorhebt.

b) Der Prozeß der Zielformulierung

Wesentliches Kennzeichen von MbO ist, daß die Mitarbeiter mit spezifischen Zielen arbeiten, an deren Festlegung sie beteiligt sind.
Nachdem Arbeits-, Entscheidungs- und Verantwortungsverteilung bestimmt sind, legen Vorgesetzter und Mitarbeiter gemeinsam die Ziele fest, die die Mitarbeiter selbständig erreichen sollen. Verlangt wird dabei eine selbständige zielgerichtete Arbeitsweise jedes einzelnen, die an den Zielen des Unternehmens ausgerichtet ist. *Probleme bei der Zielformulierung* werden in Schulungsprogrammen besonders trainiert. Sie sind:

- Formulierung operationaler Teilziele,
- Vereinbarkeit der Einzelziele mit dem Gesamtziel
- Realistische und flexible Zielvorgaben,
- Partizipative Zielformulierung.

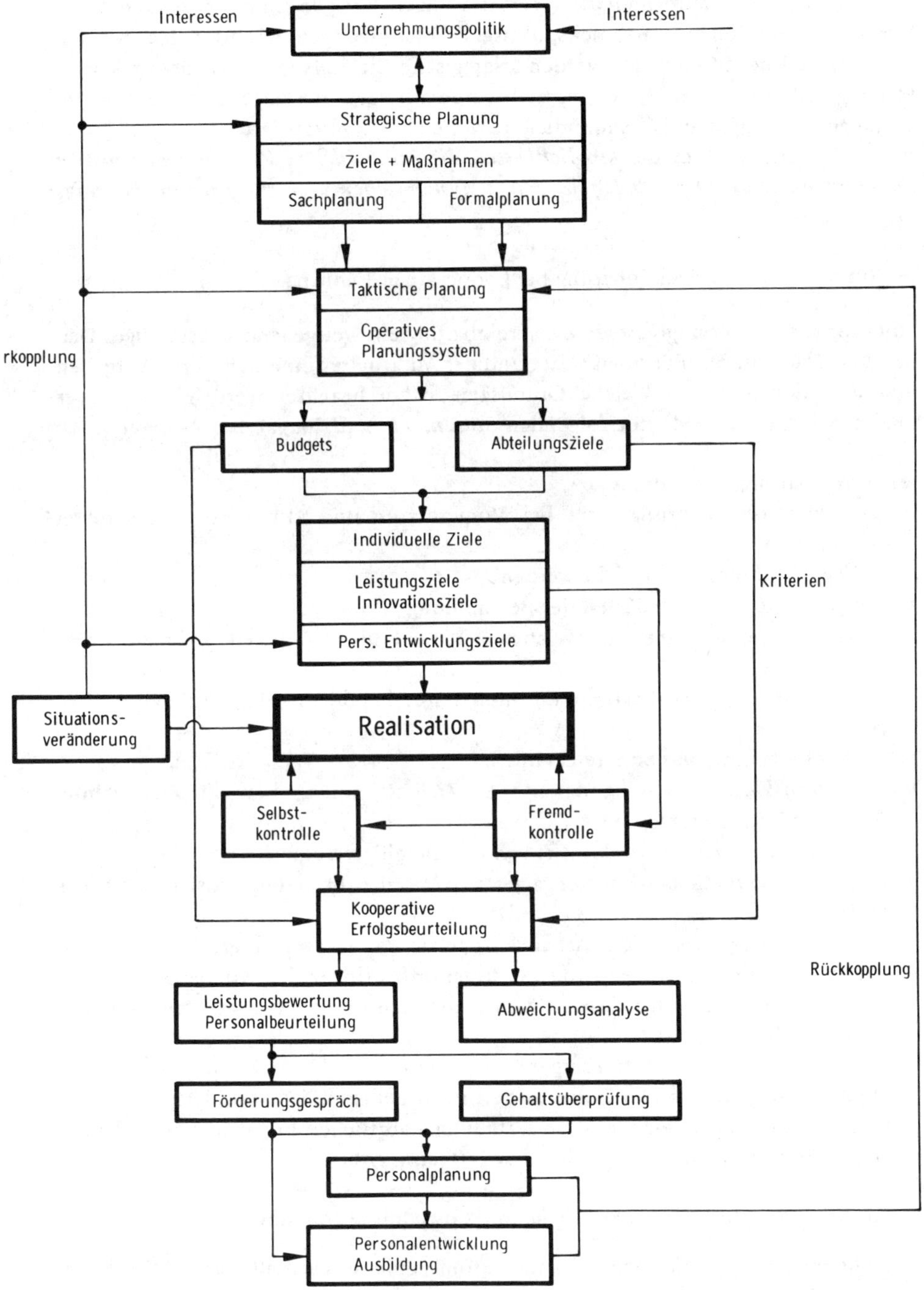

Abb. 102 Grundmodell des Management by Objectives (nach Bleicher/Meyer 1976, 242)

Der *Vorgang der Zielformulierung* selbst vollzieht sich in einem *kaskadenartigen Verfahren*: von den unternehmenspolitischen Zielsetzungen, wie Abb. 102 in einem Grundmodell des MbO zeigt, werden strategische Ziele als Oberziele über taktische Planungsziele hin bis zu Abteilungszielen operationaler Art abgeleitet und entsprechend als Leistungsstandards in individuellen Zielen konkretisiert.
Abb. 102 kennzeichnet die *Möglichkeiten, die individuellen Ziele mit den institutionell-organisatorischen Zielen in einem dynamischen und integrativen Führungsmodell zu vereinen.*

c) Grundzüge der Zielvereinbarung bei kooperativer Führung

MbO fordert und ermöglicht als Zielvereinbarung ein weitgehend selbständiges Denken und Handeln der Führungskräfte und der Mitarbeiter innerhalb ihrer Aufgaben- und Funktionsbereiche. Welche Grundsätze dabei beachtet werden müssen, verbindet Sahm (1977, 24) mit folgenden *Statements und Fragen zur konkreten Aktion*:

Zielvereinbarung setzt voraus:

- *Zielprojektion*: Führung setzt bei Vorgesetzten und Mitarbeitern Zielvorstellungen voraus.
  - Was soll insgesamt erreicht werden?
- *Zieldefinition*: Ziele bedürfen der Bestimmung.
  - Was ist im einzelnen in welcher Zeit und unter welchen Bedingungen zu erreichen?
- *Zielpartizipation*: Zielbestimmung muß unter Beteiligung der Mitarbeiter erfolgen.
  - Wer bestimmt, was zu erreichen ist?
- *Zielidentifikation*: Beteiligung an der Zielbestimmung bewirkt Zielbejahung durch die Mitarbeiter.
  - Auf welche Weise wird das Ziel von den Beteiligten akzeptiert?
- *Zielmotivation*: Zielbejahung engagiert die Mitarbeiter und mobilisiert Leistungskraft.
  - Womit ist ein Einsatz der Arbeitsgruppe auf das Ziel hin zu erreichen?
- *Zielevaluation*: Engagement und Leistungskraft bringen den Kooperationserfolg, der durch Vergleich zwischen dem Erreichten und dem Erstrebten zu messen und zu bewerten ist.
  - Wie wird das Kooperationsergebnis beurteilt?

Ein kooperativ gestaltetes MbO „vermittelt mehr Selbständigkeit und Mitverantwortung und damit auch eine bessere Erfüllung beruflicher Erwartungen und mehr Chancen für persönliche Erfolgserlebnisse." (Sahm, ebd.)

d) Realisierbare Vorteile bei konsequenter Anwednung von MbO

Bemüht man sich, betriebswirtschaftliche und verhaltenswissenschaftliche Erkenntnisse der Führungsforschung zu integrieren, wären nach folgendem *Soll-Konzept im Sinne eines konsequent kooperativ gehandhabten MbO* (Humble 1977, 402) folgende Vorteile realisierbar:

(1) „Höhere Effektivität der Führung bei größerer Zufriedenheit der Mitarbeiter,
(2) bessere Planung und Zielabstimmung im gesamten Unternehmen,
(3) höhere Anpassungsfähigkeit und Schlagkraft des Unternehmens durch geregelten Prozeß der Zieländerung und -fortschreibung,
(4) Offenlegung von (anderenfalls versteckten) Zielkonflikten, Aufdeckung von Abstimmungserfordernissen,
(5) Entlastung der Führungsspitze, Freistellung der Vorgesetzten für Aufgaben,
(6) mehr Erfolg der Vorgesetzten durch gezielter eingesetzte, leistungsbereitere und erfolgreichere Mitarbeiter,
(7) Förderung der Leistungsmotivation, Eigeninitiative, Verantwortungsbereitschaft und Selbstregelungsfähigkeit,
(8) mehr Ziel- und Leistungsbewußtsein, Identifikation der Mitarbeiter mit den Unternehmenszielen, Förderung des Kostenbewußtseins,
(9) mehr Entfaltungsmöglichkeiten, Erfolgserlebnisse und persönliche Sicherheit,
(10) klarere Leistungserwartungen und Verknüpfung von Anreizen und Belohnungen mit der erbrachten bzw. verlangten Leistung,
(11) objektivere Leistungs- und Personalbeurteilung, gezielte und sachlich fundierte Personalentwicklung unter Berücksichtigung persönlicher Ziele,
(12) Hilfe für den Vorgesetzten, um sachlich fundiert kritisieren und helfen zu können,
(13) Abbau von Verhaltenskontrollen, die negative Motivationseffekte auslösen; Ersatz durch ergebnisbezogene Kontrollen und Selbstüberwachung,
(14) besseres Kontroll-Informationssystem durch Feststellung des Informationsbedarfs, Änderung des Informationsverhaltens,
(15) bessere Organisation durch Aufdeckung von Organisationsmängeln,
(16) systematische Erkenntnis von Verhaltens- und Systemschwachstellen und laufende Steigerung der Leistungsfähigkeit der Unternehmung durch Verbesserungsmaßnahmen und gezieltes Management Development,
(17) günstigere Voraussetzungen für die Verwirklichung von Innovationszielen, Erkenntnis von Innovationsnotwendigkeiten,
(18) Förderung des Teamgeistes und des Kooperationsklimas durch Partizipation der Mitarbeiter an der Willensbildung." (Wild 1973, 307).

Kritikpunkte

Folgende *Einwände gegen das MbO* sollten beachtet werden:

- Es bestehen Zweifel daran, daß das MbO als integratives Modell für sich Widerspruchsfreiheit beanspruchen kann.
- Eine empirische Überprüfung der behaupteten Vorzüge fehlt weitgehend.
- Es besteht die Gefahr, daß in wertneutralen Varianten des MbO gruppendynamische Prozesse vernachlässigt werden, die für Führungsformen kooperativ sind (Baugut/Krüger 1976, 66), ebenso andere sozialpsychologische Erkenntnisse.
- Wirkungen werden von den Vertretern schon bei Drucker, vor allem aber bei Humble stark übertrieben herausgestellt und zu sehr verallgemeinert.

B. Die Gestaltung der Mitbestimmung

Gestaltung der Mitbestimmung soll wesentlich zur Humanisierung der Arbeitswelt beitragen. Drei Gestaltungsformen betreffen die Verhaltenssteuerung im Betrieb.

1. Gesetzliche Mitbestimmung

Bei den in der Bundesrepublik diskutierten Mitbestimmungskonzepten handelt es sich um eine *mittelbare Entscheidungspartizipation* der Arbeitnehmer an den unternehmenspolitischen Entscheidungen des Gesamtunternehmens. Nach demokratischen Prinzipien soll ihre Repräsentanz im parlamentarischen Sinne gesichert sein. Ohne auf die weitere Problematik (vgl. u. a. Dlugos 1980) einzugehen, sei auf *die verschiedenen Gestaltungsrechte* bei der Unterscheidung des Betriebsverfassungsgesetzes vom 15. 1. 1972 nur zwischen

- *Mitsprache*
- *Mitwirkung*
- *Mitbestimmung*

hingewiesen.

Daß die gesetzliche Mitbestimmung die kooperative Führung am Arbeitsplatz kaum beeinflussen kann und ohne praktizierte kooperative Führung möglich ist, zeigt die Montanmitbestimmungs-Gesetzgebung vom 21.5.1951. *Kooperative Führung im Betrieb ohne Mitbestimmung wäre leicht unglaubwürdig* und ist nicht „unabhängig von einem Bestehen oder Nichtbestehen einer mittelbaren Mitbestimmung", wie Zepf (1972, 183) der Meinung ist.

2. Mitbestimmung und Partnerschaft

Stärkeren Bezug der Basis der Mitarbeiter im Betrieb haben Mitbestimmungsformen *in Partnerschaftsmodellen, die mit Erfolgsbeteiligung* in der Regel gekoppelt sind. Nicht gesetzliche, sondern betriebliche Regelungen bestimmen hier die Mitbestimmungsgestaltung. Der *Partizipationsaspekt* ist dabei *meist stärker ausgeprägt* und drückt sich auch in kooperativeren Führungsformen aus.

3. Mitplanen, Mitdenken, Mitentscheiden, Mitverantworten

Wirksam für die Gestaltung der Verhaltensteuerung ist Mitbestimmung erst dann, wenn sie die Mitarbeiter am Arbeitsplatz und Arbeitsgruppe erreicht, wenn diese selbst betroffen sind, vor allem bei Veränderungen und Neuerungen (vgl. Abb. 103).

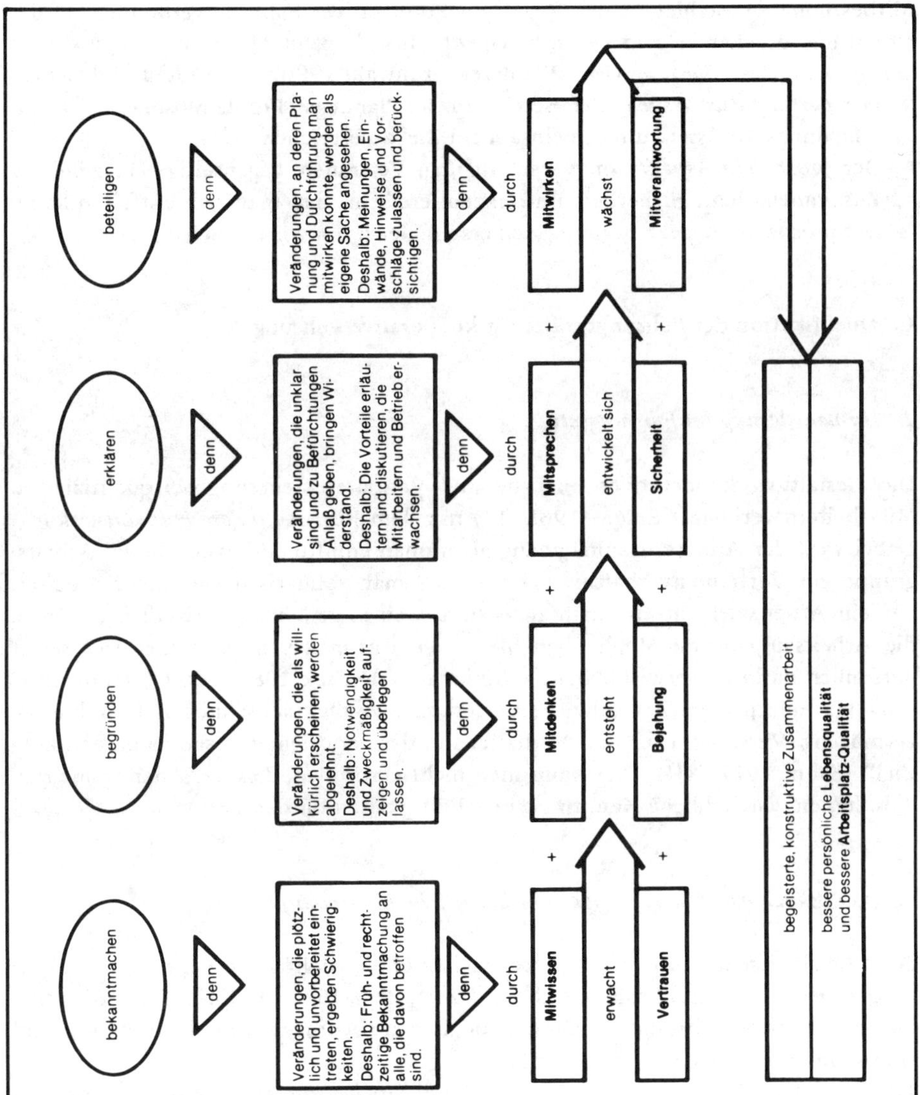

Abb. 103 Voraussetzungen für eine konstruktive Zusammenarbeit beim Planen und Entscheiden bei Veränderungen

Mitbestimmung ist hier in der Regel mit kooperativer Führung verbunden. In der Gestaltung drücken sich meist *zwei Aspekte* aus, die generell bei den *Auffassungen von kooperativer Führung* (vgl. Wunderer/Grunwald 1980) im Vordergrund stehen:

- Der *partizipative Aspekt* der Beteiligung an Planungs-, Problemlösungs- und Entscheidungsprozessen, um gemeinsam ein Ziel zu erreichen.
- Der *prosoziale Aspekt* von Verständigung, Vertrauen, gegenseitige Hilfe bei der Zusammenarbeit, Sicherheit und akzeptiert sein, daß man sich entfalten kann. Der prosoziale Aspekt begleitet den ersten gleichsam wie ein Schatten.

C. Qualifikation der Führungskräfte für kooperative Führung

1. *Humanisierung im Führungsstil*

Die Gestaltung kooperativer Führung und Verhaltenssteuerung bei qualifizierten Mitarbeitern verknüpft Sahm (1965, 11) mit dem Begriff *„innere Humanisierung"*. Dabei wird der Arbeitszusammenhang als human empfunden, wenn in der Arbeitsgruppe ein Vertrauensverhältnis besteht, daß man solidarisch zusammen arbeitet, auf ein Arbeitsziel hin, das man akzeptiert, weil es gemeinsam erstellt ist, „wobei die Arbeitsaufgabe die Möglichkeit bietet, das was man kann und auch sich selbst persönlich darin zu verwirklichen" (Brinkmann/Heidack 1982, 100 f.). Humanisierung im Führungsstil hat „die Verbesserung zwischenmenschlichen Einfühlungsvermögens, Verständnisses und Verhaltens in der beruflichen Zusammenarbeit zum Ziel" (Sahm 1977, XII). Dies kann man nicht verordnen, dies muß man trainieren, d. h. lernen wie fachliche Kenntnisse und Fertigkeiten für den Beruf.

2. *Qualifikationsvoraussetzungen für berufliche Menschenführung*

Das Übersichtsschema in Abb. 104 kennzeichnet die wichtigsten Führungsvoraussetzungen der Menschenführung durch ein *Wirksystem.* Die wichtigsten Komponenten, die kooperatives Führungsverhalten ermöglichen, bedingen sich wechselseitig und sind so miteinander vernetzt dargestellt.

Der *Kern des Wirksystems* in Abb. 104 sind *Motivation und Zielsetzung*, sie sind integrativ aufeinander bezogen dargestellt, d. h. die Art der Zielsetzung bedingt die Motivation und umgekehrt, beide sind in dynamischen Handlungsgeschehen unteilbar aufeinander bezogen (vgl. Abb. 36) Motivation ohne Ziele wäre verpuffte Energie. Zur Strategie, d. h. zur Planung der Realisierung von Zielen gehört genauso die Motivation, ein jedes Ziel bliebe ohne Motivation ein leerer Plan. *Motivation ohne Ziel ist blind, aber genauso sind Zielsetzungen ohne Motivation leer*, könnte man in Abwandlung des Erkenntnistheorems von Kant für die Motivationsstrategie den Doppelaspekt der Leistungserstellung formulieren (vgl. Heidack 1981, 60).

Dem Kern: Motivation/Zielsetzung sind *6 weitere Verhaltenselemente* zugeordnet. Die drei oberen sind als *personenbezogene Komponenten* in der Mitte mit

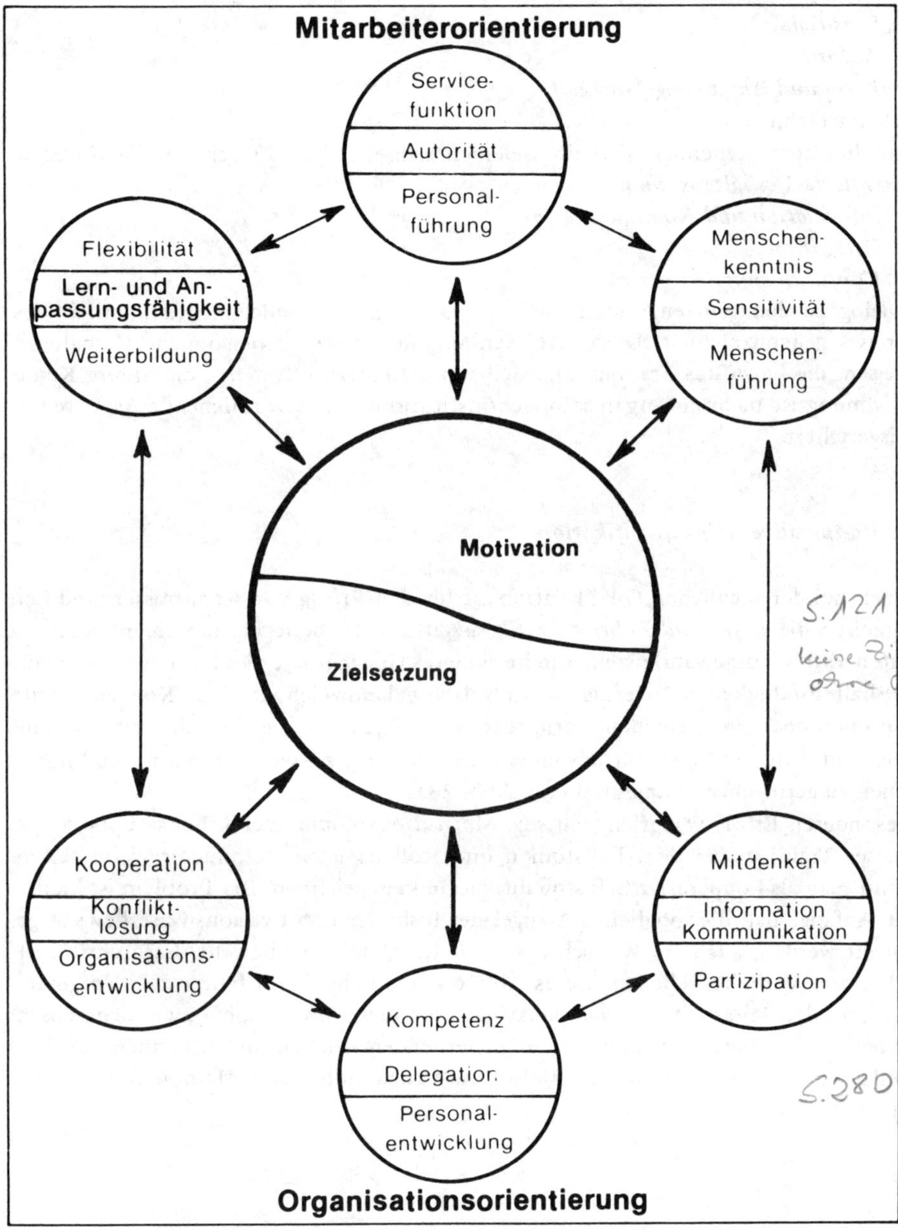

S. 121 S. 238
keine Zielsetzung
ohne Motivation

S. 280

Abb. 104 Übersicht über das Wirksystem von Führungsvoraussetzungen für kooperative Verhaltenssteuerung

die 10 Punkte lernen

7) = Autorität
8) = Menschenführung

- *Sensitivität*
- *Autorität*
- *Lern- und Anpassungsfähigkeit*

gekennzeichnet.
Die drei untenstehenden Verhaltenselemente ergeben hervorstechende *oranisationsorientierte Verhaltenskomponenten* an:

- *Information und Kommunikation*
- *Delegation*
- *Konfliktlösung.*

Analog zu dem ganzen System sind die einzelnen Satellitenelemente innerhalb des Kreises gekennzeichnet. Die obere Nennung kennzeichnet persönliche Verhaltensweisen, die bewußtes Training und Selbstqualifikation erfordern, die untere Kennzeichnung ist mehr auf organisatorisch/institutional zu verwirklichende Aspekte hin ausgerichtet.

3. *Kooperative Selbstqualifikation*

Auch bei der fachlichen Qualifikation ist für den Erfolg von Kenntnissen und Fertigkeiten die *Lern- und Lehrmethodik* spezifisch zu überlegen, um einen möglichst guten Erfolg zu gewährleisten. Ein besonderes Gewicht hat dies für den Erwerb von Verhaltensfähigkeiten, wie sie in Abb. 104 gekennzeichnet sind. Konventionelle Lernmethoden in formellen Lernprozessen mögen für die Grundkenntnisse hinreichend sein, sind aber für das eigentliche Training zu wenig lernaktiv und haben einen zu geringen Wirkungsgrad (vgl. Abb. 23).
Besonderen Erfolg verspricht ein sog. *Motivationstraining* der Arbeitsgruppe selbst. Dieses Training, bei dem Fallstudien und Rollenspiel in besonderer Weise helfen, kann man als kooperative Selbstqualifikation kennzeichnen. Das Problem ist hierbei zu Anfang, daß die möglichen Mängel der bisherigen Motivationsweise bewußt gemacht werden, auch ein Wunsch zur Verhaltenskorrektur besteht. Lernschritte auf allen drei Verhaltensebenen, wie es Abb. 64 veranschaulicht, führen den Vorgesetzten und den Mitarbeiter sowie die Arbeitsgruppe bewußt zu mehr zwischenmenschlicher Einfühlung, Verständigung, dem lernenden Erleben und Erkennen von Veränderungen. Sowohl gruppendynamische wie auch individuelle Methoden haben sich hier bewährt.

Literatur

Ackermann, K. F., Reber, G.: Personalwirtschaft. Motivationale und kognitive Grundlagen, Stuttgart, 1981.

Adolphs, D.: Beurteilungsfehler. Personal-Enzyklopädie, Bd. 1, München, 1977, 511ff..

Agyris, Ch.: The applicability of organizational sociology, London, 1972.

Agyris, Ch.: Gefahren bei der Anwendung von Ergebnissen aus der experimentellen Sozialpsychologie. *Gottwald, P., Kreuker, C.,* (Hrsg.): Zum Verhältnis von Theorie und Praxis in der Psychologie, München, 1976.

Albach, H., Gabelin, T.: Mitarbeiterführung, Text und Fälle, Wiesbaden, 1977.

Alderfer, C. P.: Existence, relatedness and growth, Human needs in organizational settings, New York/London, 1972.

Alewell, K., Bleicher, K., Hahn, D.: Entscheidungsfälle aus der Unternehmenspraxis, Bd. 1, Wiesbaden, 1971.

Alioth, A.: Entwicklung und Einführung alternativer Arbeitsformen, Bern 1981.

Allport, G. W.: Personality, New York, 1937.

Amthauer, R.: Die Beurteilung der Mitarbeiter, Wiesbaden, 1968.

Anastasi, A.: Differentielle Psychologie, 2 Bde., Weinheim/Basel, 1976.

Anastasi, A.: Psychological testing, 4. Aufl., New York, 1976.

Antons, K.: Praxis der Gruppendynamik, Übungen und Techniken, Göttingen, 1973.

Asch, A. W.: Forming impressions of personality. Journal of Abnormal and Social Psychology 41, 1946, S. 258 ff..

Ashby, V. R.: Design for a Brain, New York, 1954.

Ashby, V. R.: Einführung in die Kybernetik, Frankfurt, 1974.

Atkinson, J. W.: An Introduction to Motivation, Princetown, 1964. Deutsch: Einführung in die Motivationsforschung, Stuttgart, 1975.

Atkinson, J. W., Feather, N. T.: A theory of achievement motivation, New York etc., 1966.

Atkinson, J. W., Raynor, J. O. (Hrsg.): Motivation an achievement, New York, 1974.

Back, K. W., Beyond Words: The story of sensitivity training and the encounter movement, New York, 1972.

Baetge, J.: Betriebswirtschaftliche Systemtheorie, Opladen, 1974.

Baetge, J.: Grundlagen der Wirtschafts- und Sozialkybernetik, Opladen, 1975.

Baetge, J.: Systemtheorie und sozioökonomische Anwendungen, Berlin, 1976.

Bales, R. F.: Interaction process analysis: A Method for the study of small groups, Cambridge, Mass., 1950.

Bales, R. F.: Personality and interpersonal behavior, New York, 1970.

Bandura, A.: Principles of behavior modification, New York, 1971.

Bandura, A.: Social Learning theory, New York, 1971.

Bandura, A., Walters, R. H.: Learning and Personality Development, New York, 1963.

Bass, B. M.: Leadership psychology and organizational behavior, New York, 1960.

Bartenwerfer, H.: Psychische Beanspruchung und Ermüdung. *Mayer, A., Herwig, B.:* Betriebspsychologie, Handbuch der Psychologie, Bd. 9, Göttingen, 1970.

Bastine, R.: Gruppenführung, Handbuch der Psychologie 7/2, Göttingen, 1978, 1674–1709.

Baugut, G., Krüger, S.: Unternehmensführung, Opladen, 1976.

Baumgarten, R.: Führungsstile und Führungstechniken, Berlin/New York, 1976.

Bavelas, A. A.: A mathematical model for group structure, App. Antrop. 7, 1948, 16–30.

Becker, C. B.: Optimierung schulischer Gruppenprozesse durch situatives Lehrtraining, Heidelberg, 1973.

Becker, H.: Organisationsentwicklung und Gruppendynamik in der betrieblichen Praxis. Handbuch der angewandten Psychologie, Bd. 7, München, 1980, 869 ff.

Beckerath, v.P.G., Sauermann, P., Wiswede, G.: Handwörterbuch der Betriebspsychologie und Betriebssoziologie, Stuttgart, 1981.

Behrens, G.: Werbewirkungsanalyse, Opladen, 1976.

Benne, K. P., Sheats, P.: Functional roles of group members. Journal of sociological Issues, 4, 1948, 41–49.

Bennis, W. G.: Organisationsentwicklung, Baden-Baden/Bad Homburg v.d.H., 1972.

Bennis, W. G., Benne, K. P., Chin, R.: Änderungen des Sozialverhaltens, Stuttgart, 1975.

Bergius, R.: Produktives Denken (Problemlösen). Handbuch der Psychologie, Bd. 1.2, Göttingen 1964, S. 519 ff..

Bergius, R.: Psychologie des Lernens, Stuttgart, 1971.

Bergler, R.: Vorurteile – erkennen, verstehen, korrigieren, Köln, 1976.

Bergler, R., Six, B.: Stereotype und Vorurteile. Handbuch der Psychologie, Bd. 7.2, Göttingen, 1972, 1371.

Berne, E.: Spiele der Erwachsenen, Reinbek, 1967.

Bertalanffy, L. v.: General System Theory, New York, 1968.

Bieding, F.: Stellenbewertung und Personalbeurteilung, Bad Harzburg, 1979.

Bieding, F., Scholz, K.: Management-Modelle in der Praxis, Köln, 1973.

Biliza, K.: Leistungsvorteile in Gruppen. Die Psychologie des 20. Jahrh., Bd. 8, 1977, 477–485.

Binet, A., Simon, T.: Le dévelopement de l'intelligence chez les enfants, Ann. Psychol. 14, 1908.

Bion, W. R.: Erfahrungen in Gruppen und andere Schriften, Stuttgart, 1971.

Bisani, F.: Personalwesen, Wiesbaden, 2. Aufl. 1980.

Bisani, F.: Personalführung, Wiesbaden, 2. Aufl., 1981.

Blake, R. R., Mouton, J. S.: Verhaltenspsychologie im Betrieb, Düsseldorf/Wien, 1980.

Blankertz, H.: Theorien und Modelle der Didaktik, 6. Aufl., München, 1972.

Blauner, R.: Alienation and freedom, Chicago, 1964.

Bleicher, K.: Führungsstile, Führungsformen und Organisationsformen. Zeitschrift für Organisation 1, 1969.

Bleicher, K., Meyer, E.: Führung in der Unternehmung: Formen und Modelle, Reinbek bei Hamburg, 1976.

Blohm, H.: Organisation, Information und Überwachung, Wiesbaden, 1977.

Bloom, B. J.: Taxonomie von Lernzielen im kognitiven Bereich, Weinheim, 1973.

Bösel, R. (Hrsg.): Streß, Einführung in die psychosomatische Belastungsforschung, Hamburg, 1978.

Boulding, K.: Conflict management and organizations, Ann Arbor, Mich., 1961.

Bornemann, E.: Betriebspsychologie, Wiesbaden, 1967.

Bradford, L. P.: Gruppenmitgliedschaft – und Lernprozeß, ders. u. a., Gruppentraining, Stuttgart, 1972.

Bradford, L. P., Gibb, J. R., Benne, K. D.: Gruppentraining, Stuttgart, 1972.

Bräutigam, G.: Die innerbetriebliche Information. Handbuch der Psychologie, Bd. 9, Göttingen, 1961.

Brandenberg, A. G.: Der Lernerfolg im Erwachsenenalter, Göttingen, 1975.

Brandstätter, H.: Die Beurteilung von Mitarbeitern, Handbuch der Psychologie, Bd. 9, Göttingen, 1970.

Brandstätter, H., Schuler, H., Stocker-Kreichgauer, G.: Sozialpsychologie, Stuttgart, 1981.

Brenner, Ch.: Grundzüge der Psychoanalyse, 6. Aufl., Frankfurt/M., 1972.

Brezinka, W.: Grundbegriffe der Erziehungswissenschaft, München, 1975.

Brinkmann, E. P., Heidack, C.: Betriebliches Vorschlagswesen, Bd. 1, Standard in Industrie und Verwaltung, Freiburg i.B., 1982.

Brocher, T.: Gruppendynamik und Erwachsenenbildung, Braunschweig, 1967.

Bruggemann, A., Großkurth, P., Ulich, E.: Arbeitszufriedenheit, Bern/Stuttgart/Wien, 1975.

Burkardt, F.: Arbeitssicherheit. Handbuch der Psychologie, Bd. 9, Göttingen, S. 385–415, 1970.

Carrow, G.: Arbeitszeit, Schichtarbeit und menschliche Tagesrhythmik. Arbeit und Leistung, 1972.

Campbell, J. R., Richard, R.D.: Motivation theory, in: Industrial and Organizational Psychology, *Dunette, M. D.* (Hrsg.): Chicago, 1976, 63–130.

Cartwright, D., Zander, A. (Hrsg.): Group dynamics: Research and theory, 3. Aufl., New York, 1968.

Cermak, L. S.: Human memory, New York, 1972.

Chomsky, N.: Aspekte der Syntax-Theorie, Frankfurt/M., 1969.

Chomsky, N.: Sprache und Geist, Frankfurt/M., 1970.

Correll, W.: Einführung in die pädagogische Psychologie, Donauwörth, 1966.

Coser, L. A.: Theorie sozialer Konflikte, Neuwied/Berlin, 1972.

Correll, W.: Lernpsychologie, Donauwörth, 1967.

Cronbach, L. J., Gleser, G. C.: Psychological tests and personal decisions, 2. Aufl., Urbana, 1965.

Crozier, M.: Le phénomène bureaucratique, (eng. 1964, Chicago), Paris, 1963.

Cube, F. v.: Kybernetische Grundlagen des Lernens – und Lehrens, 2. Aufl., Stuttgart, 1968.

Cube, F. v.: Erziehungswissenschaft, Stuttgart, 1977.

Dahrendorf, R.: Elemente einer Theorie des sozialen Konflikts. Gesellschaft und Freiheit, München, 1962, 197–235.

Dahrendorf, R.: Homo Soziologicus. Ein Versuch zur Geschichte, Bedeutung und Kritik der Kategorie der sozialen Rolle, Köln/Opladen, 1964.

Dahrendorf, R.: Sozialstruktur des Betriebes – Betriebssoziologie, Wiesbaden, 1972a.

Dahrendorf, R.: Konflikt und Freiheit, München, 1972b.

Däumling, A. M., Fengler, J., Nellessen, L., Svensson, A.: Angewandte Gruppendynamik, Stuttgart, 1974.

Demmer, K. H., Deyle, A., Falkenhausen, H. v.: Die neuen Managementtechniken, 6. Aufl., München, 1971.

Deutsch, M.: Konfliktregelung, München (eng. 1973), 1976.

Dlugos, G.: Mitbestimmung. Handwörterbuch der Organisation, 2. Aufl., Stuttgart, 1980.

Dörken, W.: Formen der Arbeitsstrukturierung. Leistung und Lohn, Köln, 1975.

Dollard, J., Miller, N. E.: Personality and Psychotherapy, New York, 1950.

Dollase, R.: Soziometrische Techniken, 2. Aufl., Weinheim, 1976.

Dreitzel, H. P.: Rollentheorie. Die Psychologie des 20. Jahrh., Bd. 8, Zürich, 1979, 70–77.

Drever, J., Fröhlich, W. D.: Wörterbuch zur Psychologie, 6. Aufl., München, 1972.

Drucker, P.: Praxis des Management, Düsseldorf, 1954.

Duncker, K.: Zur Psychologie des Produktiven Denkens, Berlin (orig. 1935), 1966.

Dunette, M. D.: Handbook of Industrial and Organizational Psychology, Chicago, 1976.

Eibl-Eibesfeldt, J.: Grundriß der vergleichenden Verhaltensforschung, München, 1967.

Eibl-Eibesfeldt, J.: Der vorprogrammierte Mensch, Wien/München/Zürich, 1973.

Emery, F. E., Thorsud, E.: Democracy at work – The report of the Norwegian industrial democracy programm, Canberra, 1975.

Erikson, E. H.: Kindheit und Gesellschaft, Stuttgart, 1965.

Evans, M. G.: The effects of supervisory behavior on the path-goal relationship. Organizational Behavior and Human Performance 5, S. 277–298, 1970.

Feger, H.: Gruppensolidarität und Konflikt. Handbuch der Psychologie 7, 1972, 1594–1653.

Fengler J.: Veränderung in Gruppenprozessen, Heidelberg, 1975.

Fengler, J.: Gruppenhomogenität und Transfer. Gruppendynamik 3, 1976.

Festinger, L.: Conflict, decision and dissonance, Standford, 1964.

Fiedler, F. E.: Leader attitudes and group effectiveness, Urbana, 1967.

Fiedler, F. E.: Persönlichkeits- und situationsbedingte Determinanten der Führung. *Grochla, E.* (Hrsg.): Organisationstheorie, 1. Bd., Stuttgart, 1975.

Fink, C. J.: Some conceptual difficulties in the theory of conflict. Journal of conflict resolution, 12, 1968, 412–460.

Fischer, J.: Müdigkeit, Symptom oder Signal, Zürich/Stuttgart, 1970.

Fischer, G.: Die wachsende Zahl der „Spezialisten" verändert Personalorganisation und Führungsformen. Personal, 1970, 2 ff..

Flanagan, J. C.: The critical incident technique. Psychological Bulletin 51, 1954, 327–358.

Fleishman, E. A., Barrett, G. V.: Individual abilities and task demand in relation to performance and satisfaction on two repetitive monotoring tasks. Journal of Applied Psychology, 63, 1978, 188–196.

Fleishman, E. A.: Manual for the supervisory behavior description questionnaire, Washington D.C., 1972.

Fleishman, E. A., Harris, E. F., Burtt, H. E.: Leadership and supervision in industry, Columbus, 1955.

Foppa, K.: Lernen, Gedächtnis, Verhalten, 7.Aufl., Köln, 1970.

Ford, R. N.: Motivation through the work itself, New York, 1969.

Forster, J.: Teams und Teamarbeit in der Unternehmung, Bern/Stuttgart, 1978.

Frank, H.: Kybernetische Grundlagen der Pädagogik, 2. Aufl., Baden-Baden, 1969.

Frank, H.: Kybernetik – Brücke zwischen den Wissenschaften, Frankfurt, 1970.

Frank, H., Meder, B.: Einführung in die kybernetische Pädagogik, München, 1971.

Frank, H.: Organisationspsychologie als wissenschaftliche Disziplin. *Mayer, A.* (Hrsg.): Organisationspsychologie, Stuttgart, 1978.

Freud, A.: Das Ich und die Abwehrmechanismen, München, 1977.

Fricke, R.: Kriteriumsorientierte Leistungsmessung, Stuttgart, 1974.

Fricke, W.: Arbeitsorganisation und Qualifikation, Bonn/Bad Godesberg, 1975.

Fricke, E., Fricke, W.: Industriesoziologie und Humanisierung der Arbeit, Soziale Welt, 1977, 91–108.

Frieling, E.: Psychologische Arbeitsanalyse, Berlin/Köln/Mainz, 1975.

Frieling, E.: Arbeitsplatzanalyse. *Mayer, A.* (Hrsg.): Organisationspsychologie, Stuttgart, 1978, 72–104.

Fröhlich, W. D., Laux, L.: Serielles Wahrnehmen, Aktualgenese, Informationsintegration und Orientierungsreaktion I – Aktualgenetisches Modell und Orientierungsreaktion. Zeitschrift für experim. angewandte Psychologie, 16, 1969, 250–277

Fürstenberg, F.: Betriebssoziologie, Berlin/New York, 1972.

Fürstenberg, F.: Soziale Unternehmenspolitik, Berlin/New York, 1977.

Gäfgen, G.: Theorie der wirtschaftlichen Entscheidung, 3. Aufl., Tübingen, 1974.

Gagné, G.: Die Bedingungen des menschlichen Lernens, 3. Aufl., Hannover, Darmstadt, Dortmund, Berlin, 1973.

Gälweiler, A.: Was ist Strategie? Was heißt strategisch Denken, Entscheiden und Handeln? Betriebswirtschaftliche Mitteilungen des Instituts für Betriebswirtschaft an der Hochschule St. Gallen, 73, 1981, 33 ff..

Gardell, B.: Arbeitsgestaltung, intrinsische Arbeitszufriedenheit und Gesundheit. *Frese, M.* u. a., Industrielle Psychopathologie, Bern, 1978, 52–111.

Gaugler, E. u. a.: Humanisierung der Arbeitswelt und Produktivität, 2. Aufl., Ludwigshafen, 1977.

Gaugler, E. u. a.: Leistungsbeurteilung in der Wirtschaft, Baden-Baden, 1978.

Gebert, D.: Gruppendynamik in der betrieblichen Führungsschulung, Berlin, 1972.

Gebert, D.: Organisationsentwicklung, Stuttgart etc., 1974.

Gebert, D.: Organisation und Umwelt, Stuttgart etc., 1978.

Gebert, D.: Dezentralisierung und Entformalisierung aus kontingenztheoretischer Sicht. ZfO, 1979, 97–104.

Gellermann, S. W.: Motivation und Leistung, Düsseldorf/Wien, 1973.

Ghiselli, E. E.: Explorations. Managerial talent, Pacific Palisades, Calif., 1971.

Gibb, J. R.: Das Vertrauensklima. *Bradford u. a.:* Gruppentraining, Stuttgart, 1972, 301–336.

Golembiewski, R. T.: Toward the Colleague Concept of Staff: the "team" as an Organizing Device. Organizing, Men, Power, Chicago, 1967, 118–141.
Gordon, W. J. J.: Synectics, The development of creative capacity, New York, 1961.
Gottwald, P.: Kybernetische Analyse von Lernprozessen, München, 1971.
Graf, O.: Arbeitspsychologie, Wiesbaden, 1960.
Graumann, C. F.: Bewußtsein und Bewußtheit, Handbuch der Psychologie I 1, Göttingen, 1966, 79–127.
Graumann, C. F.: Motivation, Frankfurt, 1969.
Graumann, C. F.: Interaktion und Kommunikation. Handbuch der Psychologie, Bd. 7, Göttingen, 1972, 1109–1341.
Graumann, C. F.: Wahrnehmung und Beurteilung der anderen und der eigenen Person. Die Psychologie des 20. Jahrh., Bd. 8, Zürich, 1979, 154–183.
Graumann, C. F., Linschoten, J.: Phänomenologisch-psychologische Forschung, Bd. 4, Berlin, 1963.
Green, D. M., Swets, J. A.: Signal detection theory and psychophysics, New York, 1966.
Grunwald, W.: Betriebliche Information. Psychologie des 20. Jahrh., Bd. 8, Zürich, 1981, 836–862.
Gürtler, H.: Über Motivation in der Arbeitssicherheit. Zander u. a., Arbeitssicherheit V, Freiburg i.B., 1980.
Guserl, P.: Das Harzburger Modell, Wiesbaden, 1973.

Habermas, J.: Technik und Wissenschaft als Ideologie, Frankfurt, 1968.
Hacker, W.: Allgemeine Arbeits- und Ingenieurpsychologie, Bern/Stuttgart/Wien, 1978.
Hacker, W.: Psychische Anforderungen. Die Psychologie des 20. Jahrh., Bd. 13, Zürich, 1981, 635–659.
Hacker, W., Matern, B.: Methoden zum Ermitteln tätigkeitsregulierender kognitiver Prozesse und Repräsentationen bei industriellen Arbeitstätigkeiten. *Volpert* (Hrsg.): Beiträge zur psychologischen Handlungstheorie, Bern/Stuttgart/Wien, 1980.
Hackmann, J. R., Oldham, G. R.: The job diagnostic survey, Yale University, 1974.
Hackmann, J. R., Morris, C. G.: Group task, group interaction process and group performance effectiveness. *Berkowitz, L.* (Hrsg.): Advances in exp. social psychology, New York, 1975, 47–100.
Häusler, J.: Führungssysteme und -modelle, Köln, 1977.
Haider, M.: Ermüdung, Beanspruchung, Leistung, Wien, 1962.
Hajos, A.: Wahrnehmungspsychologie, Stuttgart, 1972.
Harris, Th. A.: Ich bin o.k. – Du bist o.k., Reinbek, 1975.
Heckhausen, H.: Motive und ihre Entstehung. *Weinert, F. E., Graumann, C. F., Heckhausen, H., Hofer, M.:* Pädagogische Psychologie, Frankfurt, 1974, 135 ff.
Heckhausen, H.: Motivation und Handeln, Göttingen, 1980.
Heckhausen, H.: Motivationsanalysen, Berlin etc., 1979.
Heidack, C.: Fallstudie: Eine umstrittene Entscheidung in der ELMO-AG, Köln, 1979.
Heidack, C.: Planspiel-Praxis, Speyer, 1980.
Heidack, C.: Neue Methoden der Leistungsmotivation der Außendienstmitarbeiter, Kissing, 1981.
Heidack, C. (Hrsg.): Strukturveränderungen und Strukturanpassungen in der mittelständischen Wirtschaft, Hagen 1981a.
Heidack, C.: Organisationsentwicklung und Verbesserungsvorschlagswesen – Vorteile der Gruppenarbeit. Planung und Produktion, 1, 1982, 7–13.
Heidack, C., Brinkmann, E. P.: Das Betriebliche Vorschlagswesen, Fortentwicklung zum Ideenmanagement durch Motivation und Gruppen, Bd. 2 (in Vorb.).
Heil, K. D.: Programmierte Einführung in die Psychologie, Reinbek, 1975.
Heiß, R.: Psychologische Diagnostik, Handbuch der Psychologie, Bd. 12, Göttingen, 1964.
Hellriegel, D., Slocum, J. W.: Organizational behavior – contingency views, St. Paul etc., 1976.
Herrmann, T.: Informationstheoretische Modelle zur Darstellung der kognitiven Ordnung. Handbuch der Psychologie, Bd. 1.2, Göttingen, 1964, 641 ff..

Herrmann, T.: Psychologie als Problem, Stuttgart 1979.
Hersey, P., Blanchard, K. H.: Management of organizational behavior, 3. Aufl., Eaglewood Cliffs, N. J., 1977.
Hertog, F. J. den: Arbeitsstrukturierung, Wien, 1978.
Herwig, B.: Zur Systematik der Betriebspsychologie, Handbuch der Psychologie 9, Göttingen, 1961.
Herzberg, F.: Work and the nature of man, Cleveland, Ohio, 1966.
Herzberg, F.: The Managerial Choice, Homewood, 1976.
Herzberg, F., Mausner, B., Snyderman, B. B.: The motivation to work, 2. Aufl., New York etc., 1959.
Hilgard, E., Bower, G.: Theorien des Lernens, Bd. 2, Stuttgart, 1971.
Hill, W., Fehlbaum, R., Ulrich, P.: Organisationslehre, Bd. 1 und 2, 2. Aufl., Bern/Stuttgart, 1976.
Hillebrand, M. J.: Psychologie des Lernens, Berlin, 1963.
Hische, W.: Arbeitspsychologie, Hannover, 1950.
Hochberg, J. E.: Wahrnehmung, Bern/Stuttgart, 1977.
Höhn, R., Böhne, G.: Führungsbrevier der Wirtschaft, 9. Aufl., Bad Harzburg, 1977.
Hofmann, M., Guserl, R.: Das Harzburger Modell, 2. Aufl., Wiesbaden, 1976.
Hofstätter, P. R.: Gruppendynamik, 2. Aufl., Reinbek, 1971.
Hofstätter, P. R.: Sozialpsychologie, Berlin/New York, 1973.
Holm, K.: Die Befragung, 5 Bde., München, 1975–77.
Homans, G. C.: Theorie der sozialen Gruppe, Köln/Opladen, 1960.
Homans, G. C.: Elementarformen sozialen Verhaltens, Köln/Opladen, 1968.
House, R. J.: A path goal theory of leadership effectiveness. Administrative Science Quarterly, 16, 1971, 321–338.
Hoyos, C. G.: Arbeitspsychologie, Stuttgart etc., 1974a.
Hoyos, C. G.: Motivationstheorie. Personal-Enzyklopädie, München, Bd. 2, 1978, 622 ff.
Hoyos, C. G.: Arbeitspsychologie. Ders., Grundbegriffe der Wirtschaftspsychologie, München, 1980a.
Hoyos, C. G.: Psychologische Unfall- und Sicherheitsforschung, Stuttgart, 1980b.
Hoyos, C. G.: Gefahrenkognition und Risikoverhalten. Ders. u. a., Grundbegriffe der Wirtschaftspsychologie, München, 1980c, 533–541.
Hoyos, C. G., Kroeber-Riel, W., Rosenstiel, L. v., Strümpel, B.: Grundbegriffe der Wirtschaftspsychologie, München, 1980.
Hub, H.: Unternehmensführung, Wiesbaden 1982.
Hull, C. L.: Essentials of Behavior, New Haven, 1951.
Humble, J.: Praxis des Management by Objectives, München, 1972.

Ingenkamp, K.: Pädagogische Diagnostik, Weinheim, 1975.
Ingenkamp, K.: Die Fragwürdigkeit der Zensurengebung, 7. Aufl., Weinheim, 1977.
Irle, M.: Soziale Systeme. Eine kritische Analyse der Theorie von formalen und informalen Organisationen, Göttingen, 1963.
Irle, M.: Verhalten in organisierten Gruppen. Handbuch der Psychologie, Bd. 7, Göttingen, 1972, 1865–1890.
Irle, M.: Lehrbuch der Sozialpsychologie, Göttingen, 1975.
Irle, M.: Kommunikation in Organisationen. *Hoyos u. a.* (Hrsg.): Grundbegriffe der Wirtschaftspsychologie, München, 1980.

James, W.: The principles of psychology, London, 1901.
Jäger, A. O.: Personalauslese, Handbuch der Psychologie, Göttingen, 1970.
Jeserich, W.: Mitarbeiter auswählen und fördern, Assessment-Center-Verfahren, München 1981.
Johnson, R. C.: The psychology of thought and judgement, New York, 1955.
Joschke, H. K.: Darstellungstechniken. Handwörterbuch der Organisation, Stuttgart, 1980.

Kast, F. E., Rosenzweig, J. E.: Organization and management, a system approach, 3. Aufl., Tokyo etc., 1979.

Katona, G.: Das Verhalten der Verbraucher und Unternehmer, Tübingen, 1960.

Katz, D., Kahn, R. L.: The social psychology of organizations, New York, 1966.

Kelly, H. H., Thibaut, J. W.: Group problems solving. *Lindzey, J., Aronson, E.* (Hrsg.): The handbook of social psychology 4, Reading, Mass., 1969.

Kepner, C. H., Tregoe, B. B.: Managemententscheidungen vorbereiten, 2. Aufl., München, 1970.

Kern, H., Schumann, M.: Industriearbeit und Arbeitsbewußtsein, 2. Bd., 3. Aufl., Frankfurt/M., 1973.

Kerr, S., Schriesheim, C. A., Murphy, C. J., Stogdill, R. M.: Toward a contingency theory of leadership based upon the consideration and initiating structure literature, Org. Behavior und Human Performance, 12, 1974, 68–82.

Kieser, A., Kubicek, H., Organisation, Berlin/New York 1977.

Kirsch, W.: Entscheidungsprozesse, 3 Bände, Wiesbaden, 1971.

Kirsch, W., Klein, H. K.: Management Informationssysteme, 2 Bde., Stuttgart, 1977.

Klix, F.: Information und Verhalten, Berlin, 1971.

Klix, F. (Hrsg.): Psychologische Beiträge zur Analyse kognitiver Prozesse, Berlin, 1976.

Koeck, R., Strube, G.: Beobachtung und Befragung. Die Psychologie des 20. Jahrh., Bd. 5, Zürich, 1977, 150 ff.

Koehler, W.: Psychologische Probleme, Berlin, 1933.

Kolbinger, J.: Arbeitsmarktpolitik am Arbeitsplatz durch Berufs- und Aufgabengestaltung, Linz, 1979.

Koontz, H., O'Donnell, C. J.: Zur Management Spanne, *Grochla, E.* (Hrsg.): Organisationstheorie, Stuttgart, 1, 1975, 62–78.

Korman, A. K.: The prediction of mangerial performance. Personal Psychology, 21, 1968, 259–322.

Kosiol, E.: Aufgabenanalyse, Handwörterbuch der Organisation, Stuttgart 1969, 199–212.

Kraak, B.: Soziale Praxis, Problemlösen und Entscheiden, 1978.

Krech, D., Crutchfield, R. S., Ballachey, E. L.: Individual in Society, Tokyo etc., 1962.

Kretschmar, A.: Betriebssoziologie, Wiebaden, o.J.

Kretschmer, E.: Körperbau und Charakter, 20. Aufl., Berlin, 1951.

Krippendorf, M.: Management der Qualitätssicherung, die Einführung eines Nullfehler-Programms. Qualität und Zuverlässigkeit, 1976, 18.

Kroeber-Riel, W.: Konsumentenverhalten, München, 1975.

Kroeber-Riel, W.: Die Verhaltensbiologie, *Tietz, B.*(Hrsg.): Die Werbung, Bd. 1, Landsberg 1981, 41–50.

Krueger, F.: Zur Philosophie und Psychologie der Ganzheit, Berlin/Göttingen/Heidelberg, 1953.

Krüger, W.: Konfliktsteuerung als Führungsaufgabe, München, 1973.

Küchler, J.: Gruppendynamische Verfahren in der Aus- und Weiterbildung, München, 1979.

Lang, A.: Die Feldtheorie von Kurt Lewin. Die Psychologie des 20. Jahrh., Bd. 8, 1979, 51 ff..

Lappassade, G.: Gruppen, Organisationen, Institutionen, Stuttgart, 1972.

Lattmann, Ch.: Das Norwegische Modell der selbstgesteuerten Arbeitsgruppe – Ein Beitrag zur Verwirklichung der Mitbestimmung am Arbeitsplatz, Bern, 1972.

Lattmann, Ch.: Die Ausbildung des Mitarbeiters als Aufgabe der Unternehmung, München, 1974.

Lattmann, Ch.: Führungsstil und Führungsrichtlinien, Bern/Stuttgart, 1975.

Lawler III, E. E.: Motivierung in Organisationen, Bern/Stuttgart, 1977.

Lazarus, R. S.: Psychological stress and coping process, New York, 1966.

Leavitt, H. J.: Some effects of certain communication patterns on group performance. Journal of Abnormal and Social Psychology 46, 1951, 38–50.

LeBon, G.: Psychologie der Massen, Stuttgart (erstmals 1845), 1957.

Legewie, H., Ehlers, W.: Moderne Psychologie, München/Zürich, 1972.

Legge, D. (Hrsg.): Skills, Harmondsworth, 1970.

Lehmann, G.: Praktische Arbeitsphysiologie, Stuttgart, 1953.
Leiter, R., Runge, T., Burschik, R., Grausam, G.: Der Weiterbildungsbedarf im Unternehmen, München/Wien 1982.
Lewin, K.: Feldtheorie, Bern, 1963.
Lewin, K.: Die Lösung sozialer Konflikte, Bad Nauheim, 1968.
Lewin, K.: Grundzüge der Topologischen Psychologie, Bern, 1969.
Lewin, K., Lippitt, R., White, R. K.: Patterns of aggressive behavior in experimentally created social climate. Journal of Social Psych., 1939, 271–299.
Liebel, H.: Führungspsychologie, Göttingen 1978.
Lienert, G. A.: Test und Testaufbau, Weinheim, 1969.
Likert, R.: The human ofganization, New York etc., 1967.
Likert, R.: Neue Formen der Unternehmensführung, Bern, 1972 (eng. 1961).
Likert, R.: Die integrierte Führungs- und Organisationsstruktur, Frankfurt, 1975 (eng. 1967).
Losse, K. H., Thom, N.: Das Betriebliche Vorschlagswesen als Innovationsinstrument, Frankfurt/Bern, 1977.
Luce, R. D., Bush, R. R., Galanter, E. (Hrsg.): Handbook of mathematical psychology, London, 1963.
Lückert, H. R.: Mitarbeiter auswählen, beurteilen, einsetzen, München, 1974.
Luft, J.: The Johari window. Human Relations Training, News, 1961, 6–7.
Luft, J.: Einführung in die Gruppendynamik, Stuttgart, 1971.
Luft, J., Ingham, H.: The Johari window, a graphic model of interpersonal awareness. Proceedings of western training laboratory in group development, UCLA, Los Angeles, 1955.
Luhmann, N.: Vertrauen, Stuttgart, 1968.
Luthans, F.: Organizational behavior, Tokyo/New York, 1973.
Luthans, F.: Intoduction to management: A contingency approach, New York etc., 1976.

Mager, R. F.: Lernziele und Programmierter Unterricht, Weinheim, 1972.
Mager, R. F.: Lernziele und Unterricht, Weinheim/Basel, 1974.
Maier, N. R. F., Sollem, A. R., Maier, A. A.: Rollenspiel-Praxis im Führungstraining, Stuttgart, 1974.
Mann, F. C.: Toward an understanding of the leadership role in formal organization. *Dublin, R., Homans, G. C., Mann, F. C., Miller, D. C.* (Hrsg.): Leadership and productivity: some facts of industrial life, San Francisco, 1965.
March, J. G., Simon, H. A.: Organisation und Individuum, Wiesbaden, 1976 (eng. 1958).
Marschner, G.: Möglichkeiten und Grenzen betrieblicher Eignungsuntersuchungen. Handbuch der angewandten Psychologie, Bd. 1, 1980, 74–94.
Maslow, A.: Psychologie des Seins, München (Towards a Psychology of Being, Princetown 1962), 1973.
Maslow, A.: Motivation und Persönlichkeit, 2. Aufl., München/Olten (Motivation and Personality, 2. Aufl., Princetown 1970), 1978.
Maukisch, H.: Einführung in die Eignungsdiagnostik, *Mayer, A.* (Hrsg.): Organisationspsychologie, Stuttgart, 1978, 105–136.
Mayer, A., Herwig, B. (Hrsg.): Betriebspsychologie, Handwörterbuch der Psychologie, Bd. 9, Göttingen, 1961/1970.
Mayer, H., Däumer, U., Rühle, H.: Werbepsychologie, Stuttgart 1982.
Mayer, A. (Hrsg.): Organisationspsychologie, Stuttgart, 1978.
Mayntz, R. (Hrsg.): Bürokratische Organisation, Köln/Berlin, 1968.
Mayntz, R.: Soziologie der Organisation, Reinbek, 1968.
McClelland, D. C.: Die Leistungsgesellschaft, Stuttgart, 1961.
McClelland, D. C.: Assessing human motivation, Morristown N. J., 1971.
McClelland, D. C., Winter, D. G.: Motivating economic achievement, New York, 1969.
McCormick, E. J.: Job analysis, New York, 1979.
McDougall, W.: Introduction to social psychology, London, 1908.
McGrath, J. E. (Hrsg.): Social and psychological factors in stress, New York, 1970.
McGeoch, J. H.: The Psychology of Human Learning, New York, 1945.

McGregor, D.: Der Mensch im Unternehmen, Düsseldorf/Wien (The Human Side of Enterprise, New York/Toronto/London 1960), 1970.
Melezinek, A.: Ingenieurpädagogik, Wien/New York, 1977.
Merton, R. K.: Bürokratische Struktur und Persönlichkeit, *Mayntz, R.* (Hrsg.): Bürokratische Organisation, Köln/Berlin, 1968.
Metzger, W.: Figural – Wahrnehmung, Handbuch der Psychologie, Bd. 1.1, Göttingen 1966, 693 ff.
Metzger, W.: Gesetze des Sehens, 3. Aufl., Frankfurt/M., 1975.
Metzger, W.: Psychologie, 4. Aufl., Darmstadt, 1977.
Meyer, W. U.: Leistungsmotiv und Ursachenerklärung von Erfolg und Mißerfolg, Stuttgart, 1973.
Miles, M. B.: Learning to work in groups, New York, 1965.
Miller, G. A.: The magical number seven, plus or minus two: Some limits on our capacity for processing information. Psychological Review 63, 1956, 81–97.
Miller, G. A., Galanter, E., Primbram, K. H.: Strategien menschlichen Handelns (engl. 1960), Stuttgart, 1973.
Miller, E. J., Rice, A. K.: Systems of organiszation, London etc., 1967.
Miller, J. G.: Living Systems, The Organization. Behavioral Science, 1972, 172–182.
Miller, N. E., Dollard, J.: Social learning and imitation, New Haven, 1941.
Mills, T. M.: Soziologie der Gruppe, München, 1969.
Moede, W.: Konsumpsychologie, Berlin, 1933.
Molle, F.: Leitfaden der Berufsanalyse, Köln/Opladen, 1965.
Moreno, J. L.: Die Grundlagen der Soziometrie, Köln/Opladen, 1954.
Münch, J. (Hrsg.): Lernen – aber wo? , Trier, 1977.
Münch, J.: Lernmotivation und Lernverhalten berufstätiger Erwachsener. Kontaktstudium 1, 1980.
Münsterberg, H.: Psychologie und Wirtschaftsleben, Leipzig, 1912.
Murdock, B. B.: Human Memory, New York, 1974.
Myers, M. S.: Who are you motivated workers? Harvard Bus. Rev. 42.1, 1964.
Myers, M. S., Myers, S. S.: Toward understanding the changing work ethies, California Manag. Rev. 1974, 7–14.

Neisser, U.: Kognitive Psychologie, Stuttgart (eng. 1967), 1974.
Neubauer, R., Rosenstiel, L. v. (Hrsg.): Handbuch der angewandten Psychologie, München, 1980.
Neubauer, R.: Die Assessment-Center-Technik: Ein verhaltensorientierter Ansatz zur Führungskräfteauswahl. Handbuch der angewandten Psychologie, Bd. 1, 1980, 122–158.
Neuberger. O.: Messung der Arbeitszufriedenheit: Verfahren und Ergebnisse, Stuttgart etc., 1974.
Neuberger, O.: Führungsverhalten und Führungserfolge, Berlin, 1976a.
Neuberger, O.: Das Mitarbeitergespräch, München, 1976b.
Neuberger, O.: Organisation und Führung, Stuttgart etc., 1977.
Neuberger, O.: Motivation und Zufriedenheit, *Mayer, A.* (Hrsg.): Organisationspsychologie, Stuttgart, 1978a, 201–234.
Neuberger, O.: Führung, *Mayer, A.* (Hrsg.): Organisationspsychologie, Stuttgart, 1978b, 227–304.
Neuberger, O.: Rituelle Selbst-Täuschung, Kritik der irrationalen Praxis der Personalbeurteilung. Problem und Entscheidung 23, 1979, 58–102.
Neuberger, O.: Arbeitszufriedenheit als Einstellung zur Arbeitssituation, *Hoyos, u. a.:* Grundbegriffe zur Wirtschaftspsychologie, München, 1980.
Newell, A., Simon, H. A.: Human problem solving, Englewood Cliffs, 1972.
Nitsch, J. (Hrsg.): Streßforschung, Bern, 1979.
Nordsieck, F.: Ablaufdiagramm, Handwörterbuch der Organisation, Stuttgart, 1969, 1–20.
Norman, D. A.: Memory and attention, New York, 1969.
Norman, D. A.: Models of human memory, New York, 1970.
Nutzhorn, H.: Leitfaden der Arbeitsanalyse, Bad Harzburg, 1969.

Odiorne, G. S.: Management bei Objectives, München, 1967.
Ortega y Gasset: Der Aufstand der Massen, Reinbek, 1955.
o. V.: Work in America, Washington, 1973.

Parsons, T.: The social system, Glencoe, Ill, 1951.
Paschen, K.: Führerspezialisierung und Führungsorganisation, Köln, 1978.
Pauli, R.: Beiträge zur Kenntnis der Arbeitskurve, Archiv Ges. Psychologie, 1936, 97, 465 ff.
Pawlik, K.: Diagnose der Diagnostik, Stuttgart, 1976.
Pawlow, J. P.: Sämtliche Werke, Berlin, 1953.
Perlitz, M., Vassen, P. J.: Grundlagen der Fallstudiendidaktik, Köln, 1976.
Petermann, F.: Veränderungsmessung, Stuttgart, 1978.
Pillat, R.: Personalbedarf, Freiburg i.B., 1980.
Platt, W.: Arbeitsbewertung, München, 1977a.
Platt, W.: Leistungsbewertung, München, 1977b.
Pondy, L. K.: Organizational conflict, concepts and models, Administrative Science, 1967.
Popper, K. R.: Logik der Forschung, 3. Aufl., Tübingen, 1970.
Pornschlegel, H.: Arbeitsanalyse und Arbeitsbewertung, Luxemburg, 1967.
Porter, L. W., Lawler, E. E.: Managerial attitudes and performance, Homewood III, 1968.
Porter, L. W., Lawler, E. E., Hackmann, J. R.: Behavior in organizations, New York, 1975.
Preiser, S.: Die experimentelle Methode. Psychologie des 20. Jahrh., Zürich, 1977, 102 ff..
Presthus, R.: Individuum und Organisation, Frankfurt/M., 1962.
Prewo, R., Ribert, J., Stracke, E.: Systemtheoretische Ansätze der Soziologie, Reinbek, 1973.

Radl, G. W., Tietze, A.: Zur systematischen Bewertung der Sicherheit bei ergonomischen Fragestellungen, Köln, 1976.
Rausch, E.: Probleme der Metrik (Geometrische-optische Täuschungen). *Metzger, W.*, (Hrsg.): Handbuch der Psychologie I, 1, Göttingen, 1966.
Reber, G.: Personales Verhalten im Betrieb, Stuttgart, 1973.
Reber, G.: Wie rational verhält sich der Mensch im Betrieb? Wien/New York, 1975.
Reddin, W. J : Das Drei-D-Programm zur Leistungssteigerung des Managements, München, 1977.
REFA (Hrsg.): Methodenlehre des Arbeitsstudiums, 5. Bd., München, 1980.
Rey, E. R.: Allgemeine Probleme psychologischer Tests. Die Psychologie des 20. Jahrh., Bd. 5, Zürich, 1977.
Rice, A. K.: Führung und Gruppe, Stuttgart, 1971.
Riedel, H.: Psychostruktur, Quickborn, 1967.
Rischar, K.: Schwierige Mitarbeitergespräche erfolgreich führen, Landsberg 1981.
Rivers, W. H. R., Warner, M.: Über Ermüdung und Erholung: Psychologische Arbeiten, 1, 1970, 627 ff.
Rohmert, W.: Physische Beanspruchung, *Schmidtke* (Hrsg.): Ergonomie 1, 1973, München, 225, 1973.
Rohmert, W., Weg, F. S.: Organisation teilautonomer Gruppenarbeit, München/Wien, 1976.
Rogers, C.: On becoming a person, Boston, 1961.
Rogers, C.: Lehren und Lernen. Gruppendynamik, 2.2, 1971.
Rosenstiel, L. v.: Motivation im Betrieb, München, 1972.
Rosenstiel, L. v.: Die motivationalen Grundlagen des Verhaltens in Organisationen, Leistung und Zufriedenheit, Berlin, 1975.
Rosenstiel, L. v.: Arbeitsgruppe, *Mayer, A.* (Hrsg.): Organisationspsychologie, Stuttgart, 1978, 236–271.
Rosenstiel, L. v.: Organisationspsychologie, München, 1980.
Rosenstiel, L. v.: Grundlagen der Organisationspsychologie, Stuttgart, 1981.
Rosenstiel, L. v.: Die Psychologie, *Tietz, B.*, Die Werbung, Bd. 1, Landsberg, 1981, 25–32.
Rosenstiel, L. v., Molt, W., Rüttinger, B.: Organisationspsychologie, 3. Aufl., Stuttgart etc., 1972.

Roth, H.: Pädagogische Psychologie des Lehrens und Lernens, Berlin, 1963.
Rotter, J. B., Chance, J. E., Phares, E. J., (Hrsg.): Applications of a social learning theory of personality, New York, 1972.
Rubinstein, S. L.: Prinzipien und Wege der Entwicklung der Psychologie, Berlin, 1963.
Rühl, G.: Arbeitsstrukturierung heute und morgen, Bergisch-Gladbach, 1976.
Rühl, G.: Untersuchungen zur Struktur der Arbeitszufriedenheit (AZ), Zeitschrift für Arbeitswissenschaft 32, 1978, 129–208.

Sader, M.: Psychologie der Gruppe, München, 1976.
Sahm, A.: Führungspädagogik II, München, 1975.
Sahm, A.: Humanisierung der Arbeitswelt, Freiburg i.B., 1976.
Sahm, A.: Humanisierung im Führungstil, Frankfurt/M., 1977.
Sahm, A.: Verhaltenstraining im Betrieb, Frankfurt/M., 1979a.
Sahm, A.: Lernziel: Zusammenarbeit, Frankfurt/M. 1979b.
Sahm, A.: Neue Methoden der Leistungsmotivation, 3. Aufl., Kissing, 1980.
Sahm, A.: Übungsziel: Führungsverhalten, Berlin, 1981.
Sander, F., Volkelt, H.: Ganzheitspsychologie, München, 1962.
Sanders, A. F.: Psychologie der Informationsverarbeitung, Bern, 1971.
Schanz, H.: Betriebliches Ausbildungswesen, Wiesbaden 1979.
Scharmann, Th.: Teamarbeit in der Unternehmung, Bern/Stuttgart, 1962.
Scheerer, E.: Simultane und sukzessive Informationsverarbeitung bei der Identifikation visueller Reizmuster (Diss.), Bochum, 1970.
Scherke, F.: Betriebspsychologie, Berlin, 1948.
Schlaffke, W., Rühl, G., Weil, R.: Qualität des Lebens am Arbeitsplatz, Köln, 1974.
Schlicksupp, H.: Kreative Ideenfindung in der Unternehmung – Methoden und Modell, Berlin/New York, 1976.
Schmidtke, H.: Die Ermüdung, Symptome – Theorien – Meßversuche, 1965.
Schmidtke, H.: Ergonomie 1 – Grundlagen menschlicher Arbeit und Leistung, München, 1973.
Schmidtke, H.: Leistungsbereitschaft., *Hoyos u. a.* (Hrsg.): Grundbegriffe der Wirtschaftspsychologie, München, 1980.
Schmidtke, H.: Ergonomie, München, 1982.
Schmidtke, H., Schmale, H.: Arbeitsanforderung und Berufseignung, Bern, 1961.
Schmidtke, H., Micko, H. C.: Untersuchungen über die Reaktionszeit bei Dauerbeobachtungen, Köln/Opladen, 1964.
Schnelle, E.: Entscheidungen im Management, Quickborn, 1966.
Schneider, B.: Grundlegende Übersicht über Methoden und Aufgaben der Arbeitsgestaltung. Handbuch „Arbeitssicherheit", IX, Freiburg i.B., 1972.
Schneider, H. D.: Kleingruppenforschung, Stuttgart, 1975.
Schreyögg, G.: Kritik situativer Führungstheorien am Beispiel des Fiedlerschen Kontingenzmodells, *Macharzina, K., Oechsler, W. A.* (Hrsg.): Personalmanagement, Bd. 1, Wiesbaden, 1977.
Schüle, W.: Wahrnehmungspsychologie, Frankfurt/M., 1978.
Schuler, H.: Leistungsbeurteilung in Organisationen, *Mayer, A.* (Hrsg.): Organisationspsychologie, Stuttgart, 1978.
Schuler, H.: Mitarbeiterbeurteilung und Leistungsbewertung, *Hoyos u. a.* (Hrsg.): Grundbegriffe der Wirtschaftspsychologie, München, 1980, 177–187.
Schulz U.: Statistik als Grundlage der Unfallforschung, Bonn, 1973.
Schulz v. Thun, F.: Psychologische Vorgänge in der zwischenmenschlichen Kommunikation, *Fittkau, B., Müller-Wolf, M. M., Schulz v. Thun, F.:* Kommunizieren lernen (und umlernen), Braunschweig 1977.
Seeman, M.: On the personal consequences of alienation in Work. American Sociological Rev. 1967, 273–285.
Seeman, M.: Alienation Studies, *Inkeles, A. et al.*, (Hrsg.): Annual Review of Sociology, Vol. 1, Palo Alto, Calif., 1977, 91–124.

Seibel, D.: Gesellschaft im Leistungskonflikt, Düsseldorf, 1973.

Seidel, R.: Denken – Psychologische Analyse der Entstehung und Lösung von Problemen, Frankfurt/M., 1976.

Semmer, N., Volpert, W.: ·Arbeitspsychologie. Handwörterbuch der Psychologie, Weinheim/ Basel, 1980, 36–43.

Selye, H.: Streß, Reinbek, 1977.

Shannon, C. E., Weaver, W.: The mathematical theory of communication, Urbana, 1949.

Sheldon, W. H., Stevens, S. S.: The vatieties of temperatment: A psychology of constitutional differences, New York, 1942.

Sherif, M.: The psychology of social norms, New York, 1936.

Sherif, M., Sherif, C. W.: Social psychology, New York, 1969.

Shinoda, Y.: ,,Organisationsentwicklung" der Japaner, io-Management-Zeitschrift, 49, 10, 1980, 453 ff..

Sieber, G.: Achtung Test, Stuttgart, 1969.

Siebert, H., Gerl, H.: Lehr- und Lernverhalten Erwachsener, Braunschweig, 1975.

Simon, H. A.: Models of man: Social and rational, New York, 1957 (deutsch: Entscheidungsverhalten in Organisationen, Landsberg, 1981).

Simon, H. A., Newell, A.: Informationsverarbeitung und Problemlösen. Psychologie des 20. Jahrh., Bd. 7, 1981, 930–950.

Skiba, R.: Taschenbuch Arbeitssicherheit, Bielefeld, 1973.

Skinner, B. F.: The Behavior of organisation, New York, 1938.

Skinner, B. F.: Einführung in die Wissenschaft und menschliches Verhalten, 1953.

Skinner, B. F.: Jenseits von Freiheit und Würde, Reinbek, 1973.

Skowronek, H.: Lernen und Lernfähigkeit, 3. Aufl., München, 1971.

Snow, R. E.: A second generation of microteaching skills, Washington, 1969.

Spranger, E.: Lebensformen, 9. Aufl., Tübingen, 1966.

Staehle, W. H.: Management – eine verhaltenswissenschaftliche Einführung, München, 1980.

Steinbuch, K.: Automat und Mensch, 3. Aufl., Berlin etc., 1965.

Stevens, S. S.: Psychophisics, New York/London/Toronto, 1975.

Stogdill, R. M.: Personalfactors associated with leadership: A survey of literature Journal of Applied Psychology, 25, 1948, 35–71.

Stogdill, R. M.: Handbook of Leadership: A survey theory and research, New York, 1974.

Stoll, F.: Anwendungen im Berufsleben, Die Psychologie des 20. Jahrh., Bd. 13, Zürich 1981.

Strasser, St.: Phänomenologie und Erfahrungswissenschaft vom Menschen, Berlin, 1964.

Süllwold, F.: Gedächtnistätigkeit und Vorstellungsverlauf. Handbuch der Psychologie, Bd. I, 2, Göttingen, 1964, 36–52.

Szyperski, N., Winand, U.: Entscheidungstheorie, Stuttgart, 1974.

Szyperski, N.: Informationsbedarf. Handwörterbuch der Organisation, Stuttgart 1980, 904–914.

Tack, W. H.: Probleme des Messens im Bereich des Psychischen. Die Psychologie des 20. Jahrh., Bd. 5, Zürich, 1977, 13–64.

Tack, H.: Auswahl und Plazierung von Mitarbeitern. Psychologie des 20. Jahrh., Bd. 13, Zürich, 1981, 478–504.

Tausch, R., Tausch, E.: Erziehungspsychologie, 7. Aufl., Göttingen, 1973.

Thelen, H.: Dynamic of groups at work, Chicago, 1959.

Thiele, B., Gottschalk, F.: Literaturexpertise über theoretische Grundlagen des Arbeitsschutzes, Dortmund, 1973.

Thom, N.: Grundlagen des Innovationsmanagement, 2. Aufl., Königsstein, 1980.

Thomae, H.: Die Bedeutung des Motivationsbegriffs, *Thomae, H.* (Hrsg.): Handbuch der Psychologie, Bd. 2, Göttingen, 1965, 3–44.

Thomae, H.: Konflikt, Entscheidung, Verantwortung, Stuttgart, 1974.

Thomae, H. (Hrsg.): Die Motivation menschlichen Handelns, 8. Aufl., Köln, 1975.

Thomae, H., Feger, H.: Einführung in die Psychologie, 2. Aufl., Bern/Stuttgart, 1972.

Thompson, J. D., Vroom, V. H. (Hrsg.): Approaches to organizational design, Pittsburgh, 1966.

Thorndike, E. L.: Educational psychology, New York, 1949.
Tobiasch, V.: Länger leben ohne/mit Streß, Bern, 1979.
Tolman, E. C.: Purposive behavior in animal and men, New York, 1932.
Tolman, E. C.: A psychological model. *Parsons, T., Shils, E.:* Toward a general theory of action. Oxford University Press, 1951, Cambridge Mass., 1951.
Tomaszewski, T.: Die Struktur der menschlichen Tätigkeiten, Psychologie und Praxis, 8, 1964.
Tosi, H. L., Carroll, S. J.: Management: Contigencies, structure and process, Chicago, 1976.
Trebeck, R.: Arbeitsplatzanalyse als Grundlage der Arbeitsgestaltung, der Auswahl und Ausbildung von Mitarbeitern und Arbeitsbewertung. Handbuch der Psychologie, Bd. 9, Göttingen, 1970, 210–243.
Trebesch, K.: Teamarbeit, *Grochla, E.* (Hrsg.): Handwörterbuch der Organisation, 2. Aufl., Stuttgart, 1980, 2217–2227.
Tschirky, H.: Führungsrichtlinien, Zürich 1981.

Ulich, E., Grosskurth, P., Bruggemann, A.: Neue Formen der Arbeitsgestaltung – Möglichkeiten und Probleme einer Verbesserung der Qualität des Arbeitslebens, Frankfurt/M., 1973.
Ulman, G.: Kreativität, Weinheim/Berlin/Basel, 1968.
Ulrich, H.: Unternehmenspolitik, Bern/Stuttgart, 1978.
Undeutsch, U.: Motivation zur Arbeitssicherheit. Handbuch „Arbeitssicherheit“ V, Freiburg i.B., 1972.

Vansina, L.: Organisationsentwicklung – Quo vadis? Gruppendynamik, 1976, 82 ff..
Vester, F.: Unsere Welt, ein vernetztes System, Stuttgart, 1978a.
Vester, F.: Denken, Lernen, Vergessen, München, 1978b.
Vester, F.: Phänomen Streß, München, 1978c.
Vilmar, F. (Hrsg.): Menschenwürde im Betrieb I: Modelle der Humanisierung und Demokratisierung der Industriellen Arbeitswelt, Reinbek. Menschenwürde im Betrieb II: Industrielle Demokratie in Westeuropa, Reinbek, 1976.
Vinacke, W. E.: The psychology of thinking, New York, 1952.
Volpert, W.: Sensumotorisches Lernen, 2. Aufl., Frankfurt/M., 1973.
Volpert, W.: Handlungsstrukturanalyse als Beitrag zur Qualifikationsforschung, Köln, 1974.
Volpert, W.: Die Lohnarbeitswissenschaft und die Psychologie der Arbeitstätigkeit, *Großkurth, P., Volpert, W.* (Hrsg.): Lohnarbeitspsychologie, Frankfurt/M., 1975.
Volpert, W. (Hrsg.): Beiträge zur psychologischen Handlungstheorie, Frankfurt 1980.
Vroom, V. H.: Work and motivation, New York etc., 1964.

Wagner, H.: Leistung und Leistungsdeterminanten, *Gaugler, E.* (Hrsg.): Handwörterbuch des Personalwesens, Stuttgart, 1975.
Watzlawick, P., Beavin, J. H., Jackson, D. D.: Menschliche Kommunikation, Bern, 1969.
Weber, M.: Wirtschaft und Gesellschaft, Tübingen, (1922) 1957.
Weiner, B.: Perceiving the causes of success and failures, Morristown, 1971.
Weiner, B.: Theorien der Motivationen, Stuttgart, 1976.
Weinert, A. B.: Lehrbuch der Organisationspsychologie, München/Wien/Baltimore, 1981.
Weinert, F. E. (Hrsg.): Pädagogische Psychologie, Köln, 1970.
Weinert, F. E., Graumann, C. F., Heckhausen, H., Hofer, M.: Pädagogische Psychologie, Frankfurt/M. (Funkkolleg 14), 1975.
Weise, G.: Psychologische Leistungstests, Bd. 1, Göttingen, 1975.
Welford, A. T.: Fundamental skills, London, 1968.
Wellek, A.: Ganzheitspsychologie und philosophische Anthropologie, Bern, 1955.
Werneck, T., Heidack, C.: So entlastet sich der Chef, München, 1975.
Werneck, T., Heidack, C.: Gedächtnistraining, 5. Aufl., München, 1980.
Wertheimer, M.: Produktives Denken, Frankfurt/M., 1957.
Wiener, N.: Mensch und Menschmaschine, 1952.

Wiesner, H.: Aufgabe, Ziel und Wert des Fähigkeitsprofils in der Personalwirtschaft, Personal 3, 1975, 106–110.

Wild, J.: Informationstheorie, Managementenzyklopädie Bd. 3, München, 1970.

Wild, J.: Betriebswirtschaftliche Führung und Führungsmodelle, Unternehmensführung, 1974, 145–179.

Withauer, K. F.: Menschen führen, 2. Aufl., Stuttgart, 1979.

Wittmann, W.: Unternehmung und unvollkommene Information, Köln, 1959.

Wittmann, W.: Information. Handwörterbuch der Organisation, Stuttgrat, 1980, 894–904.

Wunderer, R., Grunwald, W.: Grundlagen der Führung, Bd. 1 u. 2, Berlin/New York, 1980.

Yoshino, M. Y.: Japans Management, Tradition im Fortschritt, Düsseldorf/Wien, 1970.

Zander, A.: Motives and goals in groups, New York, 1971.

Zander, E.: Arbeits- und Leistungsbewertung, Heidelberg, 1970.

Zander, E., Grabner, G., Knebel, H., Pillat, R.: Führungssysteme in der Praxis, Heidelberg, 1972.

Zeigarnik, B.: Das Behalten erledigter und unerledigter Handlungen. Psychol. Forschung, 9, 1927, 7–85.

Zepf, G.: Kooperativer Führungsstil und Organisation, Wiesbaden, 1972.

Zens, H.: Psychologie der Unfallverhütung. Handbuch der angewandten Psychologie, München, 1980, 792–830.

Zimolong, B.: Arbeits- und Gesundheitsschutz. *Hoyos u. a.* (Hrsg.): Grundbegriffe der Wirtschaftspsychologie, München, 1980.

Zink, K. H.: Differenzierung der Theorie der Arbeitsmotivation von *F. Herzberg* zur Gestaltung sozio-technischer Systeme, Frankf./M., 1975.

Zink, K. H.: Begründung einer Zielgruppenspezifischen Organisationsentwicklung auf Basis von Untersuchungen zur Arbeitszufriedenheit und Arbeitsmotivation, Berlin, 1979.

Zink, K. H.: Motivation zur Arbeitssicherheit durch arbeitsorganisatorische Konzepte. REFA-Nachrichten, 1980, 203 ff..

Stichwortverzeichnis